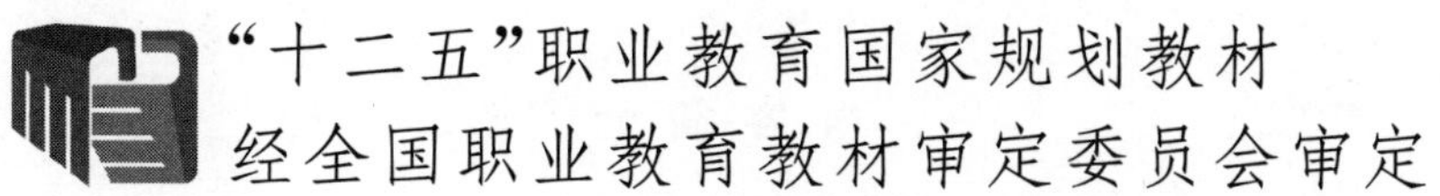

电力牵引供变电技术

陈海军　主编

中国铁道出版社有限公司

2025年·北　京

内容简介

本书为“十二五”职业教育国家规划教材，是根据铁路高职铁道供电技术专业教学计划“电力牵引供变电技术”课程教学大纲的要求编写的。

主要内容包括：电力牵引供电系统基础、牵引供电系统主要电气设备、电气主接线及高压配电装置、变电所接地与防雷、二次接线图分类及阅读、高压开关控制及故障查找、信号回路分析及变电所操作电源、保护装置及自动装置分析、监控装置工作分析、直流牵引供电系统等内容。

本书可作为铁道供电技术专业的专业课教材，也适用于现场工程技术人员参考使用。

图书在版编目(CIP)数据

电力牵引供变电技术/陈海军主编. —2版. —北京：中国铁道出版社，2020.1(2025.1重印)

“十二五”职业教育国家规划教材　经全国职业教育教材审定委员会审定

ISBN 978-7-113-22667-1

Ⅰ.①电…　Ⅱ.①陈…　Ⅲ.①电气化铁道-供电装置-职业教育-教材　Ⅳ.①U223.6

中国版本图书馆CIP数据核字(2016)第321057号

书　　名：电力牵引供变电技术

作　　者：陈海军

责任编辑：阚济存　　**电话**：(010)51873206　　**电子邮箱**：624154369@qq.com

封面设计：王镜夷

责任校对：王　杰

责任印制：高春晓

出版发行：中国铁道出版社有限公司(100054，北京市西城区右安门西街8号)

网　　址：https://www.tdpress.com

印　　刷：三河市宏盛印务有限公司

版　　次：2008年2月第1版　2020年1月第2版　2025年1月第4次印刷

开　　本：787 mm×1 092 mm　1/16　**印张**：19.75　**字数**：515千

书　　号：ISBN 978-7-113-22667-1

定　　价：52.00元

第二版前言

本书为“十二五”职业教育国家规划教材，是在第一版《电力牵引供变电技术》的基础上根据铁路高职铁道供电技术专业教学计划“电力牵引供变电技术”课程教学大纲的要求编写的。本书可作为铁道供电技术专业的专业课教材，并适用于现场的工程技术人员参考使用。

本版教材与第一版教材相比较有以下特点：

1. 坚持职教特色，突出应用性。教材采用模块—项目式编写方式，对内容进行重新整合，改变过去传统章节的编排模式，有利于职业能力和职业素养的培养。每个模块都有对本模块的简单介绍。设计的项目由简单到复杂，由浅入深，循序渐进，知识和技能螺旋式地融于项目中。

2. 坚持校企合作，突出理论与实践结合。本书编者由学校教师和企业工程技术人员组合而成，有丰富的理论知识，企业工程技术人员的加入也为本书提供了丰富的现场典型案例，通过案例分析，使学生对现场故障处理有更深的认识。

3. 坚持新技术、新工艺的引入，突出能力培养。融入高铁新技术，以既有电气化铁路供变电技术为基础，以高铁综合自动化技术为发展方向，吸收高铁新技术、新工艺，整合教学内容，重点增加高铁 GIS 应用、高铁综合自动化及继电保护等内容。

4. 保持标准及内容的先进性，书中各电气原理图以现场图纸为参考，参照最新的国家标准对部分图纸的文字和符号进行了更新。本教材电路图按新标准的表示方法，采用新标准的图形符号，同时还考虑到现场的实际应用情况和使用习惯，尽量兼顾新标准的实施和部分现场应用不完全一致的问题。

本书模块十内容为拓展知识，讲述了地铁供电的基础知识。

本书由广州铁路职业技术学院陈海军主编，广深铁路股份有限公司广州供电段王文雄和南京铁道职业技术学院李乐参编。第三、六、七章由李乐和王文雄编写，其余由陈海军编写。

由于编者的水平所限，书中难免存在疏漏，诚恳欢迎读者提出宝贵意见。

编　者

2020 年 1 月

第一版前言

本书为铁路职业教育铁道部规划教材，是根据铁路高职电气化铁道供电专业教学计划"电力牵引供变电技术"课程教学大纲的要求编写的。本书可作为电气化铁道技术专业的专业课教材，并适用于现场的工程技术人员参考使用。

本书系统地介绍了电气化铁道供变电技术，以交流电气化铁道为重点，同时对迅速发展的直流牵引供电系统作了介绍，以增加读者对牵引供电系统的认识。牵引供电系统中又以牵引变电所为重点，介绍了供电系统一次设备和二次电气设备，对变电所一次电气设备的构成、类型、工作原理及运行维护技术进行了较详细的介绍；对变电所二次装置的构成、工作原理、整定和调试方法及运行维护技术进行了较详细的介绍，对一次设备和二次设备的介绍结合了现场的实际情况。内容的编写以牵引变电所运行维护人员的职业技能为出发点，紧扣职业标准，理论与实践相结合，力求使读者掌握必备的基本知识，同时能掌握必要的技能。

为加强读者对现场的认识，本书增加了典型案例，通过案例的分析，使读者对现场的故障处理有更深的认识。对于现场的读者，也可获得有益的经验和启发。

本教材立足于培养应用型技术人才，图文并茂，结合现场技术，力求通俗易懂。书中的图纸以现场图纸为参考，参照最新的国家标准对部分图纸的文字和符号进行了更新。考虑到高职教育的特点，以突出应用和技能为重点，对以往较为繁琐复杂的计算进行了舍弃，如有必要，可参考其他手册。另外需要说明的是，本次组织编写的教材中，综合自动化的内容自成一书，因此本书中没有重复这部分内容。

本书由广州铁路职业技术学院陈海军主编，广州铁路集团公司广州供电段王维北和南京铁道职业技术学院苏州校区李乐参编。第三、六、七章由李乐和王维北编写，其余由陈海军编写。

由于编者的水平所限，书中难免存在疏漏，诚恳欢迎读者提出宝贵意见。

编　者

2007 年 12 月

目　录

模块一　电力牵引供电系统基础

本模块介绍电力牵引的特点及电气化铁道的发展情况。对电力系统的基本知识及电力系统的中性点运行方式作了介绍。重点讲述了电力系统基本知识，牵引供电系统的组成、各部分功能及电力牵引的供电方式。

项目一　认识电力系统

一、项目介绍

随着现代工业的发展，电力工业在现代化的建设中扮演着越来越重要的角色。电能是绝大多数工矿企业现代化设备的动力能源，可以十分经济又方便地进行输送和分配；电能可以很方便地与其他形式的能量互相转换；电能在使用中易于被操作和控制，使得其自动化生产、输送和在各个领域中的普及应用易于得到实现。电能以其极大的优越性，广泛应用于各个领域。本项目学习电力系统基本组成，认识电力系统主要结构。

二、相关知识

(一)电力系统组成

电能的生产、输送、分配和使用组成了一个系统，称为电力系统，主要由发电厂、电力网、电能用户组成。图 1-1 是电力系统示意图。

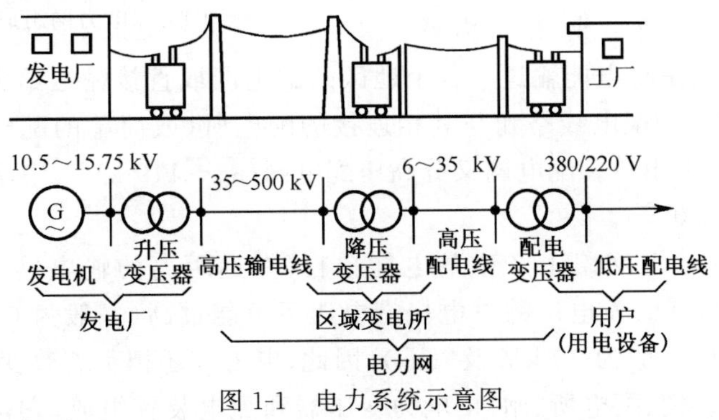

图 1-1　电力系统示意图

1. 发电厂

发电厂是生产电能的工厂，它的生产原材料是煤、水力、原子能等能源，它的产品就是电能。也可以说，发电厂就是将煤、水力、原子能等一次能源转换为电能——二次能源的工厂。按照发电厂所使用的一次能源不同，发电厂可分为如下几种。

(1)火力发电厂

火力发电厂又称火电站或火电厂。火电厂的能源有煤、石油或天然气。我国火电厂的主要能源是煤。有的火力发电厂除了供应电能外，还向电厂附近的工矿企业或居民区供应热能。这种兼供热能的发电厂称为热电厂。

(2)水力发电厂

水力发电厂又称水电站或水电厂。水力发电厂的能源是水。它是将水流的位能通过水轮发电机转换为电能。水电站又分为三类：堤坝式水电站(如长江三峡水电站)、引水式水电站(在具有相当坡度的河段上游筑一低坝，拦住河水，然后用引水道将水直接引到厂房内，通过水轮发电机将水能转换为电能)、混合式水电站(堤坝式和引水式水电站的组合)。

(3)核发电厂

核发电厂又称核电站或核电厂。它的发电原理和火力发电原理相类似，只是热能的产生方式不同而已。核电站能源是原子能燃料铀或钍，它利用原子能燃料裂变产生的大量热能进行发电。

火力发电和水力发电在我国电能生产中占有很大的比例，除此之外，还有风力、地热和太阳能发电等。

2. 电力网

电力网是电力系统的重要组成部分，电力网担负着将发电厂和电能用户联结起来组成系统的任务，它对于电力系统的可靠性和经济性运行有着重要的意义，图 1-2 是电力网组成示意图。

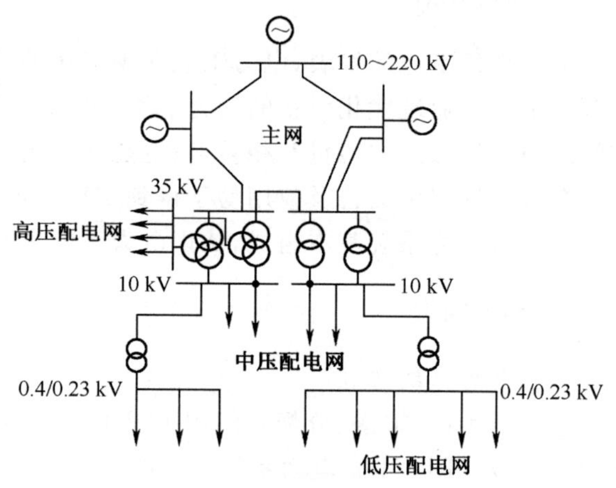

图 1-2　电力网组成示意图

电力网由各种电压等级的输、配电线路和变(配)电站(所)组成。电力网的任务是将电能从发电厂输送和分配到电能用户。按其功能常分为输电网和配电网两大部分，输电网是由 220 kV 及以上的输电线路和与其相连接的变电所组成，是电力系统的主要网络，其作用是将电能输送到各个地区的配电网或直接输送给大型企业用户。配电网是由 110 kV 及以下的配电线路和与其相连接的配电所(或简单的配电变压器)组成，其作用是将电能输送到各类用户。配电网又分高压配电网(35～110 kV)、中压配电网(6～10 kV)和低压配电网(220/380 V)。

为了减少电流在输电网络上产生的电能损耗，在远距离的输电网中，一般采用超高压(330 kV 以上)输电方式。发电厂的发电机端电压不可能过高(一般为 6～10 kV)，电能用户的电压也不可能很高(一般为 10 kV 及以下)，因此，电力网还担负着改变电压等级的作用，这就是变、配电所(站)。变、配电所(站)由电力变压器和配电装置组成，它是改变电压和分配电能的场所：将电压升高的称为升压变电所(站)；将电压降低的称为降压变电所(站)；而配电所(站)只负担分配电能的任务。

3. 用户

电能用户主要包括工矿企业和居民区等。

按用户的重要程度和对供电可靠性的要求，用电负荷可分为三类，负荷等级不同的用户对供电可靠性的要求有所差别。

(1)一级负荷

一级负荷是用户负荷中对供电可靠性要求最高的负荷,这类负荷中断供电将造成人身伤亡、重要设备设备严重损坏、重要产品大量报废、生产秩序被打乱并长期不能恢复或使城市生活发生严重混乱,如炼钢厂、重要矿井、电气化铁路、铁路自动闭塞信号电源、城市重要照明等。对这类负荷,必须有两个以上的独立电源供电。电气化铁路的牵引供电系统即属于一级负荷。

(2)二级负荷

对二级负荷中断供电将造成产品产量及质量严重下降,如纺织厂、化工厂等。对这类负荷,应有两回路电源供电,且当任何一个电源失去后,能保证全部或大部分二级负荷的供电。当负荷较小或地区供电条件困难时,才允许由一回 6 kV 及以上的专用架空线供电。

(3)三级负荷

三级负荷是指不属于一级负荷和二级负荷的其他负荷,这类负荷对供电可靠性要求不高,可以允许非连续性供电,如附属车间、机修车间、小市镇及农村公共用电等,这类负荷通常用一个电源供电。

(二)电能质量指标

电力设备都是在一定频率的电压下工作的。电源的频率或电压偏差,都会影响用电设备的寿命和效率,甚至会直接损坏用电设备,供电部门应保证供电质量。电能的质量指标主要包括以下几个方面。

1. 供电频率

我国国标规定工业用交流电的额定频率为 50 Hz,这也是国际电工学会规定的工业用交流电的标准频率,简称工频 50 Hz。当电力系统的有功功率电源不足或缺乏备用容量时,往往会造成低周波运行。当供电频率低于额定频率运行时,将会造成很大的危害,如影响发电厂的安全运行,使电动机转速下降,影响企业产品的质量、影响电钟行走的准确性等。为此国家“供用电规则”规定:电网容量在 300 万 kW 及以上者,供电频率允许偏差±0.2 Hz;300 万 kW 以下者,允许偏差±0.5 Hz;电力系统非正常状况下,供电频率允许偏差不应超过±1.0 Hz。

为了不影响生产,大部分企业供电系统采用了低周减载的保护装置,当系统出现低于要求频率运行状态时,保护装置将自动切除部分负荷,以提高系统供电频率,保证系统供电电能的质量。

2. 电压偏差

我国国家标准,规定额定电压等级分为三类。就是发电机、变压器和电气设备等在正常运行时具有最大经济效益时的电压。国家规定了标准电压等级系列,有利于电器制造业的生产标准化和系列化,有利于设计的标准化和选型,有利于电器的互相连接和更换,有利于备件的生产和维修等,应选择最合适的额定电压等级。国家标准规定的电压见表 1-1～表 1-3。

表 1-1　第一类额定电压(V)

直流	交　流	
	三相(线电压)	单　相
6	/	/
12	/	12
24	/	/
	36	36
48	/	/

表 1-2　第二类额定电压(V)

用电设备			发电机		变压器			
直流	三相交流		直流	三相交流	交流			
					三相		单相	
	线电压	相电压		线电压	一次线圈	二次线圈	一次线圈	二次线圈
110	/	/	115					
220	/	/	230	(230)	(220)	(230)	220	230
/	380	220	/	400	380	400	(380)	/

表 1-3　第三类额定电压(kV)

电网和用电设备额定电压	交流发电机电压	变压器线圈电压	
		一次线圈	二次线圈
3	3.15	3 及 3.15	3.15 及 3.3
6	6.3	6 及 6.3	6.3 及 6.6
10	10.5	10 及 10.5	10.5 及 11
/	13.8,15.75,18,20	13.8,15.75,18,20	/
35	/	35	38.5
66	/	66	72.6
110	/	110	121
220	/	220	242
330	/	330	363
500	/	500	550

注:1. 表中(　)内电压等级尽量不采用;

2. 铁道供电接触网额定电压为 25 kV;地下铁道直流接触网额定电压为 1 500 V(如广州地铁、上海地铁)或 750 V(如北京地铁)。此两种电压等级是行业特殊电压等级。

第一类额定电压是指 100 V 以下的电压,属于安全电压,主要用于安全照明、蓄电池组、直流控制、操作电源和实验室使用等。

第二类额定电压是指 100～1 000 V 的电压,称为低压,主要用于动力和照明设备。

第三类额定电压是指 1 000 V 及以上电压,称为高压,主要用于发电、变电、输电、配电和高压用电设备。

当电流流过电力线路或变压器时将产生电压降和电能损耗,使受电端电压较送电端电压低一定的数值,在一般情况下,距离电源越远的用户受电电压越低。为了提高线路末端的电压,可采用提高送电端的电压,使送电端的运行电压高于其额定电压。由于负荷随时间不断变化,同一用电设备的受电电压也随时间而变化,即电压波动。电压的过分升高或降低都将影响设备的运行。

当电压过低时,照明设备不能正常发光。如白炽灯的运行电压低于其额定电压 5%时,其发光效率将降低 18%,当运行电压低于其额定电压 10%时,其发光效率将降低 35%。电动机运行电压低于其额定电压时,将使电动机的转矩下降,可能导致工厂产品报废。电压过低,造成电动机启动困难;运行中的电动机电压过低,绕组中电流增大温升超过允许值,加速了绝缘老化,甚至烧毁电动机。电压过低将增加电网中的电能损耗,且电气设备的容量不能被充分利用。当电力系统的电压下降 30%左右时,因为电压下降可能引起系统解列,造成大面积停电,是电力系统最严重的事故。

而当电力系统电压升高超出规定范围时，同样会造成严重的后果，如加速设备绝缘老化，缩短设备寿命，甚至直接烧毁设备。

因此国家规定了电压幅值要求的波动偏差：

(1)35 kV 及以上高压供电用户，电压偏差不超过额定值的±10%；

(2)10 kV 及以下的三相用户，电压偏差值不超过±7%；

(3)220 V 单相供电的用户，电压偏差值不超过＋7%～－10%；

(4)铁路自动闭塞信号变压器的二次端子，其电压偏差值不超过额定电压的±10%；

(5)在电力系统非正常情况下，用户受电端的最大偏差值不应超过额定值的±10%。

3. 电压的不对称性和波形的非正弦性

电力系统中的用电负荷，有很大一部分是冲击性负荷和单相负荷(如轧钢机、电弧炉、电力机车等)它们除引起电压偏移和波动外，还造成三相电压的不对称，而引起三相系统的零点偏移现象，直接影响电气设备的运行。例如：电气化铁路采用单相牵引制，导致电力系统三相不对称运行。

理想状态的电力系统电压是 50 Hz 严格的正弦波，但系统中大量非线性电力元件(大型整流设备、荧光灯等气体放电灯等)的存在，导致高次谐波的出现，使得电压电流波形产生畸变，严重影响电气设备的运行。高次谐波已经成为公共电网的一大"公害"，国家对公共电网中的谐波也有明确的规定。

4. 供电的可靠性

供电中断将导致生产停顿和人们正常秩序生活被打乱，供电可靠性的衡量指标是以年平均供电小时占全年小时数(8 760 h)的百分数表示的。如有一企业全年停电时间为 8.76 h，停电时间占全年小时数的 0.1%，则其可靠性为 99.9%，负荷等级不同的用户对供电可靠性的要求有所差别。

三、项目实施

1. 认识电力系统组成

将图 1-3 中各部分连接起来，构成一个电力系统。

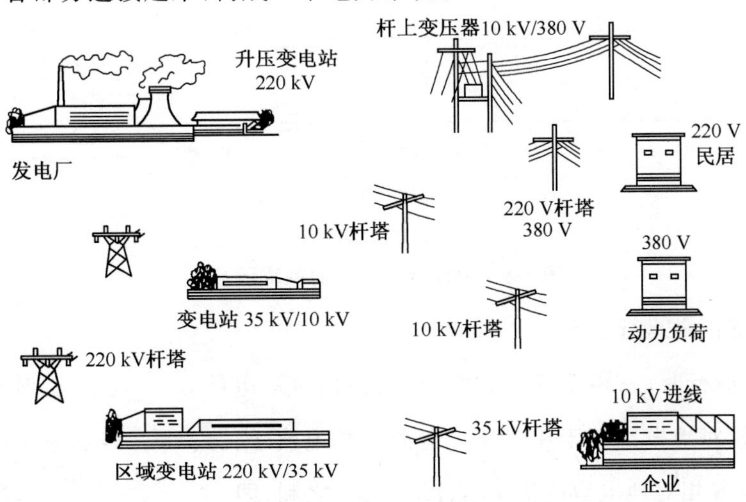

图 1-3　电力系统组成

2. 说明电力系统组成各部分的作用。

项目二　中性点运行方式

一、项目介绍

三相电力系统的发电机和变压器，当采用星形接线时，存在中性点的运行方式问题，电力系统的中性点运行方式主要表现为中性点是否接地及如何接地，一般有两种状态：

1. 中性点非直接接地系统，又称为小电流接地系统。中性点非直接接地系统分为中性点不接地和中性点经消弧线圈接地系统。

2. 中性点直接接地系统，又称为大电流接地系统。中性点直接接地系统分为中性点直接接地和中性点经电抗器接地系统。

本项目主要学习中性点几种运行方式的接线，了解各种运行方式的特点。

二、相关知识

电力系统的中性点运行方式是一个比较复杂的综合性技术经济问题，对于电力系统供电的可靠性、绝缘设计、继电保护及自动装置的整定等有决定性的意义。当系统发生接地短路(特别是单相接地短路)时，中性点运行方式对系统有明显的影响。

(一)中性点非直接接地的三相电力系统

1. 中性点不接地的三相电力系统

中性点不接地的三相电力系统接线原理如图 1-4 所示。由于任何两个相互绝缘的导体之间都存在着一定的电容，因此三相导线之间和各相对地之间，沿线路全长有分布电容存在。在电压的作用下将有附加电容电流流过。由于三相导线型号、规格相同，各相对地电压的有效值相同，故认为三相沿线路对地分布电容量相等。为了讨论的方便，沿线路导线对地均匀分布电容，以集中的等效对地电容 C 代替，而导线间的电容较小，略去不计。

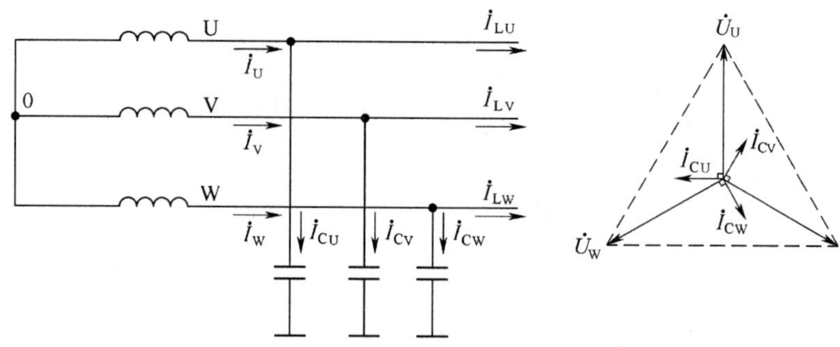

图 1-4　中性点不接地的系统示意图

(1)三相系统正常运行状态

在系统正常运行时，三相系统是对称的，则各相对地电压 $\dot{U}_U$、$\dot{U}_V$、$\dot{U}_W$ 对称，中性点 O 对地电位为零，各相对地电压等于相电压。电源各相电流 $\dot{I}_U$、$\dot{I}_V$、$\dot{I}_W$ 分别等于各相的负载电流 $\dot{I}_{LU}$、$\dot{I}_{LV}$、$\dot{I}_{LW}$ 与各相对地电容电流 $\dot{I}_{CU}$、$\dot{I}_{CV}$、$\dot{I}_{CW}$ 之和，即：$\dot{I}_U=\dot{I}_{LU}+\dot{I}_{CU}$，$\dot{I}_V=\dot{I}_{LV}+\dot{I}_{CV}$，

$\dot{I}_{W}=\dot{I}_{LW}+\dot{I}_{CW}$。由于三相电压对称，三相线路对地电容相等，则三相电容电流对称，其矢量和等于零，故地中无电流流过。

(2)系统发生单相接地系统的变化

当网络的绝缘被破坏，发生单相接地时，将引起各相对地电压和电流产生变化。为了分析的方便，认为系统运行在空载情况下发生单相短路，此时短路情况最严重。图 1-5 是单相(W相)接地电流电压相量图。

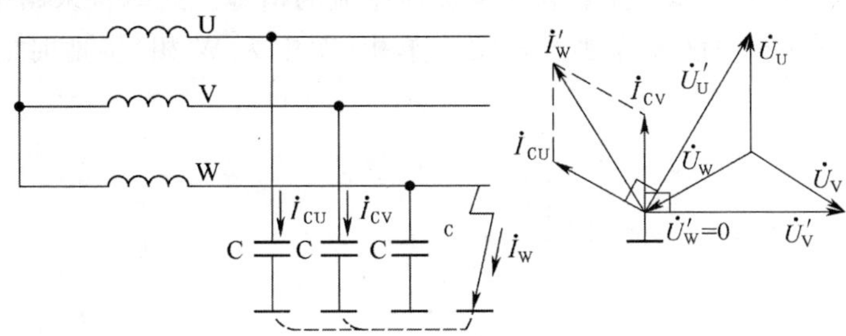

图 1-5　W 相接地电流电压相量图

①各相电压的变化。接地相(W 相)对地电压为零，中性点对地电压不为零，而变为$(-\dot{U}_{W})$，而非接地相(U、V 相)对地电压，变为该相相电压加上中性点对地电压$(-\dot{U}_{W})$，即

$$|\dot{U}'_{W}|=|\dot{U}_{W}+(-\dot{U}_{W})|=0$$

$$|\dot{U}'_{V}|=|\dot{U}_{V}+(-\dot{U}_{W})|=|\dot{U}_{V}-\dot{U}_{W}|=\sqrt{3}\dot{U}_{V}$$

$$|\dot{U}'_{U}|=|\dot{U}_{U}+(-\dot{U}_{W})|=|\dot{U}_{U}-\dot{U}_{W}|=\sqrt{3}\dot{U}_{U}$$

经分析得：三相相间电压对称关系没有改变，故障相对地电压为零，非故障相对地电压为相电压的 $\sqrt{3}$ 倍。

②电流的变化。接地相(W 相)对地电容被短接，非故障相对地电容上所加的电压为原来所加电压的 $\sqrt{3}$ 倍，所以，非故障相(U、V 相)对地电容电流 $\dot{I}_{CU}$、$\dot{I}_{CV}$ 为原来对地电容电流的 $\sqrt{3}$ 倍。

从图 1-5 可知，W 相接地电流 $\dot{I}'_{W}=-(\dot{I}_{CV}+\dot{I}_{CU})$，而 $\dot{U}'_{V}$ 与 $\dot{U}'_{W}$ 相位差是 60°，则 $\dot{I}_{CV}$ 与 $\dot{I}_{CU}$ 同样相差 60°($\dot{I}_{CV}$ 引前 $\dot{U}'_{V}$ 90°，$\dot{I}_{CU}$ 引前 $\dot{U}'_{U}$ 90°)。所以，$\dot{I}'_{W}=\sqrt{3}\,\dot{I}_{CV}$，接地相(W相)接地电流上升为原对地电容电流的 3 倍。

③结论。对于中性点不接地的三相电力系统，当发生单相接地时，系统的相间电压对称关系没有改变，对三相负载无影响，因此允许系统继续运行。但由于非故障相对地电压为原来对地电压的$\sqrt{3}$倍，故障相接地电流上升为原对地电容电流的 3 倍，如系统仍长期运行，可能引起非故障相对地绝缘薄弱处的绝缘被破坏而接地，导致两相接地短路故障，故只允许短期运行(有关规程规定：中性点不接地三相电力系统发生单相接地故障时可继续运行 2 h。)但此时系统应向值班人员发出警告。

当系统发生单相接地时，故障相接地电流上升为原对地电容电流的 3 倍，导致可能出现持续电弧或间歇电弧。持续电弧会引起相间短路，而间歇电弧会引起网络过电压。对于 6～10kV 网络，当单相接地电流大于 30 A 时，其持续电弧较大不易熄灭，容易造成相间短路，而间歇电弧造成的危险并不显著；但对于 20 kV 以上的网络，当单相接地电流大于 10 A 时就会引起接地电弧。故一般当线路额定电压为 110 kV 以下、接地电流单相接地电流在 10 A 及以下；线路额定电压为 6～10 kV，接地电流单相接地电流在 30 A 及以下的网络，常采用中性点不接地的方式。

2. 中性点经消弧线圈接地的三相电力系统

当网络的线间电压为 110 kV 以下，单相接地电流又大于上述的数值时，为了防止单相接地时产生电弧，尤其是间歇电弧，应采取减少接地电流的措施。此时常采用中性点经消弧线圈接地的运行方式。图 1-6 为这种接地方式发生单相（图中为 W 相）接地时的系统图和电流相量图。

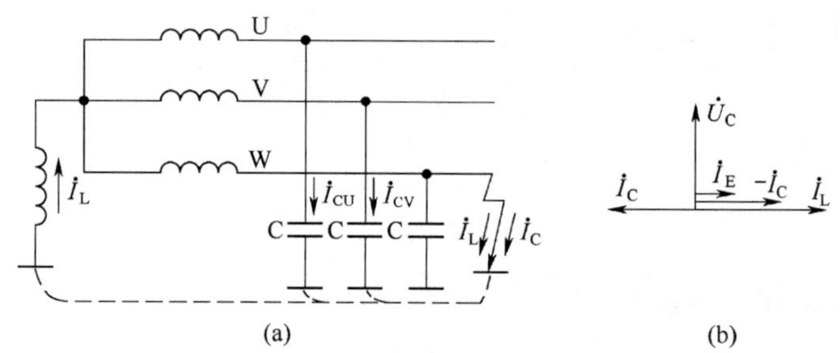

图 1-6　中性点经消弧线圈接地的系统单相接地示意图

（1）工作原理

正常工作时，中性点 O 对地电压为零，消弧线圈中无电流流过，当发生单相（U 相）接地时，此时消弧线圈两端的外加电压就是电容电压 $\dot{U}_C$，流过的电流 $\dot{I}_L$，$\dot{I}_L$ 滞后 $\dot{U}_C 90°$，而接地电流 $\dot{I}_C$ 引前 $\dot{U}_C 90°$，故 $\dot{I}_L$ 与 $\dot{I}_C$ 方向相反。选择合适的消弧线圈，可使 $\dot{I}_L$ 与 $\dot{I}_C$ 相等，使接地电流 $\dot{I}_E=\dot{I}_C-\dot{I}_L=0$。这种原理称为电流补偿。

（2）I_L 与 I_C 的补偿关系

根据 I_L 与 I_C 的补偿关系，消弧线圈对接地电流的补偿分为三种。

①全补偿关系。当 $I_L=I_C$ 时，即 $\frac{1}{\omega L}=3\omega C$，此时系统单相接地电流为零，称为全补偿。从消弧的观点来讲这种方式是最好的，但此时 $X_L=X_C$，容易引起系统串联谐振产生谐振过电压，故不采用这种补偿方式。

②欠补偿关系。当 $I_L<I_C$，即 $\frac{1}{\omega L}<3\omega C$，此时有未补偿的容性电流。当部分电网被切除退出运行时，电网的电容 C 减少，可能出现 $\frac{1}{\omega L}=3\omega C$ 的全补偿状态，故也不予采用。

③过补偿关系。当 $I_L>I_C$，即 $\frac{1}{\omega L}>3\omega C$，这是常用的补偿方式，发生单相接地时，有一定数值的电感电流流过接地点，应控制其不超过一定的数值。

（二）中性点直接接地的三相电力系统

这种系统发生单相接地时，故障相经接地点通过大地形成单相短路回路，单相短路电流很大，故又称为大电流接地系统，如图 1-7 所示。

在大容量中性点直接接地的三相电力系统中，为了减少单相短路电流 I_E 的数值，可以采用中性点经电抗器接地、或只将系统中部分变压器的中性点直接接地，总的要求是使其单相接地电流不超过三相短路电流。

在中性点直接接地的系统中，发生单相接地时，短路电流很大，为了避免电气设备被破坏，必须通过保护装置断开故障线路。

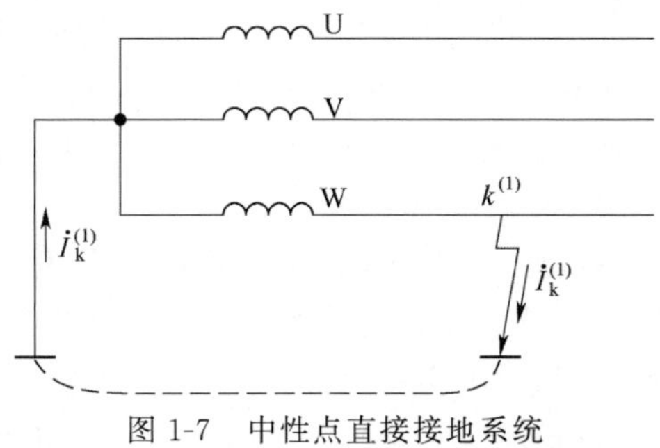

图 1-7　中性点直接接地系统

中性点直接接地的电力系统主要特点是发生单相接地时，中性点的电位不变，因此，非故障相对地的电压也不变。故此时电压的对地绝缘水平决定于相电压，使电网造价大大降低，所以电压越高，其经济效益就越显著。我国 110 kV 及以上的电力系统多采用中性点直接接地或经电抗器接地的方式。

（三）低压配电系统中性点接地方式

在 380/220 V 的低压配电系统中，按配电系统和用电设备接地方式的不同组合分类，分为 TN、TT、IT 三种类型。符号的第一个字母 T 表示配电系统电源端中性点直接接地；I 表示配电系统电源端所有带电部分与地绝缘，或中性点经阻抗接地。符号的第二个字母 T 表示用电设备外露可导电部分直接接地，与电源端中性点是否接地无关；N 表示用电设备外露可导电部分直接和电源端中性接地点做电气连接。

为保障人身和用电设备的安全，我国低压配电系统大多数采用中性点直接接地方式，并从中性点引出线，构成三相四线制或三相五线制。中性点接地称为工作接地，从中性点引出线有三种：中性线（N）、保护线（PE）、保护中性线（PEN），这三种线的功能各不相同。

中性线（N）：用来向单相用电设备提供电源；传导三相系统的单相电流和不均衡电流，减小负荷中性点的电位偏移。

保护线（PE）：用来保障人身安全、防止触电事故的公共接地线。系统中的设备外露可导电部分（如金属构架、金属外壳等）可通过 PE 线接地形成接地保护，当设备发生接地故障时可降低设备金属外壳等带电电压，从而降低触电危险。

保护中性线（PEN）：具有以上两种线的功能，也叫“零线”或“地线”。

三、项目实施

画出低压各种系统的接线，说明各系统特点。

（一）TN 系统

所有设备外壳都与保护线（PE）或保护中性线（PEN）连接，称为 TN 系统。TN 系统又分三种类型。

1. TN-C 系统

系统中的 N 线与 PE 线合并为 PEN 线，可称为 TN-C 系统，如图 1-8 所示。TN-C 系统中性点引出 PEN 线，系统中设备的外露可导电部分均接 PEN 线。此种系统由于 N 线与 PE 线合二为一，节约了导线材料，比较经济。但由于 PEN 线中有电流通过，可对接 PEN 线的某些设备（特别是电子设备）产生电磁干扰，因此系统不适用于对抗电磁干扰要求高的场所。此外，如果 PEN 线断线，使得接 PEN 线的设备外露可导电部分可能带电而造成人身触电危险，因此

TN-C 系统也不适于安全要求高的场所。PEN 线断线，不仅导致人身触电危险，而且当系统发生单相接地短路时，会造成非故障相电压大大升高而烧毁单相用电设备，因此 PEN 线一定要连接牢固可靠，PEN 线上不得装设开关和熔断器，避免 PEN 线断开后造成事故。

2. TN-S 系统

系统中 N 线与 PE 线全部分开，可称为 TN-S 系统(图 1-9)。其中性点分别引出 N 线和 PE 线，系统中设备的外露可导电部分接在 PE 线上。由于 PE 线与 N 线分开，PE 线中没有电流通过，因此不会对设备产生电磁干扰，所以这种系统适用于对抗电磁干扰要求高的数据处理、电磁检测等实验场所。由于 PE 线与 N 线分开，PE 线断线时不会使接 PE 线的设备外露可导电部分带电，因此比较安全，所以这种系统也适于安全要求较高的场所，如潮湿易触电的浴池等及居民生活住所。但由于 PE 线与 N 线分开，导线材料耗用较多，因此其建造投资比 TN-C 系统高。

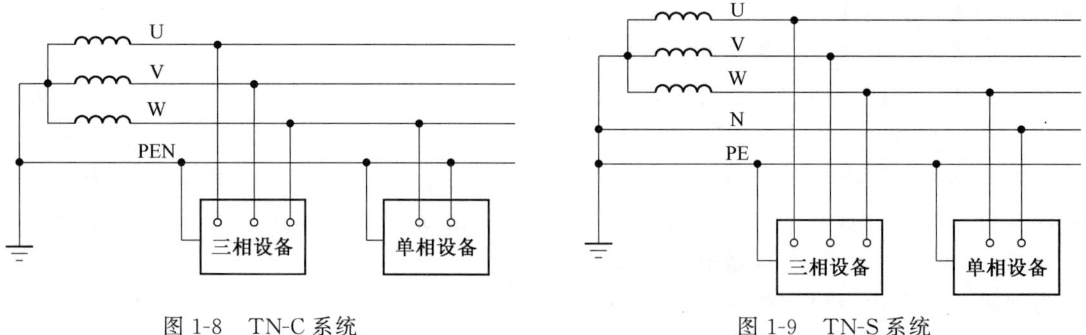

图 1-8　TN-C 系统　　　　图 1-9　TN-S 系统

3. TN-C-S 系统

系统中前部分 N 线与 PE 线合为 PEN 线，后部分 N 线与 PE 线分开，称为 TN-C-S 系统(图 1-10)。其前面线路采用 TN-C 系统，而后面则部分或全部采用 TN-S 系统，设备的外露可导电部接 PEN 线或 PE 线。此系统比较灵活，TN-S 系统适用于对安全要求较高及对抗电磁干扰要求较高的场所，其他情况下则采用 TN-C 系统。因此 TN-C-S 系统兼有 TN-C 系统和 TN-S 系统的优越性，经济实用。这种系统在现代企业中应用日益广泛。

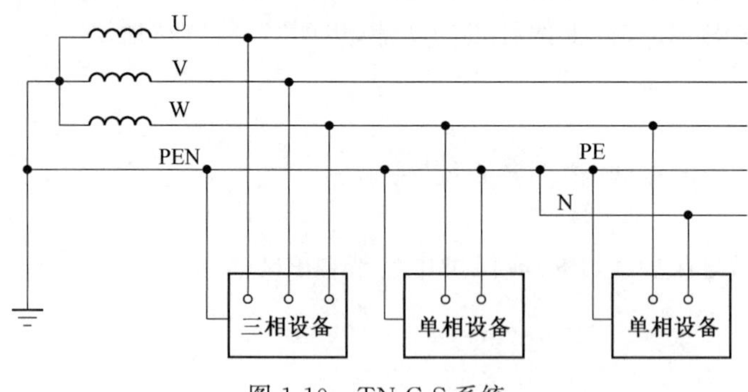

图 1-10　TN-C-S 系统

(二)TT 系统

所有设备外壳各自经 PE 线单独接地，称为 TT 系统，如图 1-11 所示。TT 系统的电源中性点与 TN 系统一样，也直接接地，并同样从中性点引出的有中性线 (N 线)，但该系统中电气设备的外露可导电部分均经各自的 PE 线接地。由于各设备的 PE 线之间没有直接的电气联系，互相之间不会发生电磁干扰，因此这种系统适于对抗电磁干扰要求较高的场所。但这种系统若有设备因绝缘不良或损坏使其外露可导电部分带电时，由于其漏电电流一般很小往往不足以使线路的过电流保护装置动作，从而增加了触电危险，因此为保障人身安全，此种系统中必须装设灵敏的漏电保护装置。

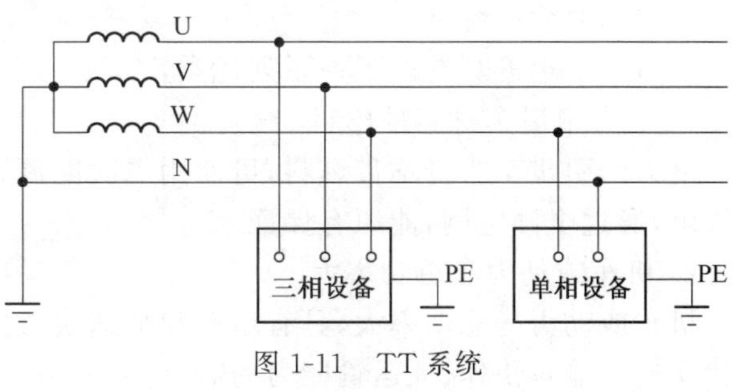

图 1-11 TT 系统

(三)IT 系统

接法与 TT 系统基本相同，只是中性点需经 1 000 Ω 阻抗接地，通常不引出中性线，称为 IT 系统(图 1-12)，也称为三相三线制系统。各设备之间也不会发生电磁干扰，而且在发生一相接地时，设备仍可继续运行，但需装设单相接地保护(如绝缘监察装置)，以便在发生一相接地故障时发出报警信号。IT 系统主要用于对连续供电要求较高及有易燃易爆的场所，如矿山、井下等。

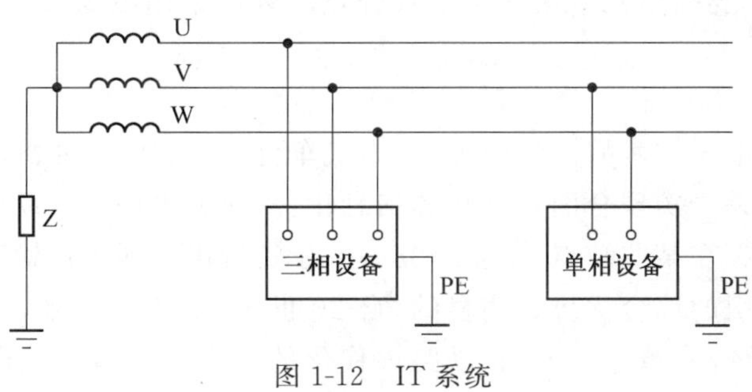

图 1-12 IT 系统

项目三 牵引供变电系统的组成

一、项目介绍

电力牵引供变电系统是指从电力系统或一次供电系统接受电能，通过变压、变相或换流(将工频交流变换为低频交流或直流电压)后，向电力机车负荷提供所需电流制式(交流或直流)的电能，并完成牵引电能传输、配电等全部功能的完整系统。本项目的目的是熟悉牵引供电系统的基本结构及其各部分作用。

二、相关知识

电力牵引在我国是一种新型有轨运输牵引动力形式。在干线铁路、城市交通运输和工矿运输中有着广泛的应用。电力牵引是利用电能作为牵引动力，将电能转换为机械能，驱动铁路列车、电动车组和城市电动车辆等有轨运输工具运行的一种运输形式。

电力牵引按其牵引网供电电流制式不同，分为工频单相交流制、低频单相交流制和直流制。我国电气化铁路采用工频单相交流制电力牵引，直流制电力牵引仅用于地下铁道、城市交通轻轨运输系统和工矿运输系统。

（一）电力牵引特点

电力牵引运输具有以下一系列优点：

1. 电力牵引车身不带燃料

电力牵引机车本身不带燃料，可使用二次能源，为非自给式牵引动力，并由大容量电力系统供电，通过全国电网，能源有保证。

2. 机车或动力车总功率大

机车或动力车总功率大，具有启动和加速快、过载能力强、运输能力大等特点，能满足各种现代交通运输对快速、大运输能力的需要。

3. 不造成污染

电力牵引不造成空气和环境（噪声）污染。

4. 电力牵引的总效率高，节约能源

我国的铁路机车牵引经历了采用蒸汽机车、内燃机车和电力机车的发展阶段，磁悬浮列车的发展处于起步阶段。统计资料表明，电力牵引在指全部或部分为水电厂供电的情况下，包括发电厂、输变电和供电系统以及机车、电动车辆效率在内，比用内燃机为动力的内燃机车和汽车等运输工具的总效率要高出几个至几十个百分点。因而采用电力牵引可有效节约能源，并降低运营成本。

5. 安全性高

随着信息技术、微电子技术的广泛应用，电力机车可实现实时检测故障、自动驾驶、遥测及遥控等，电力牵引系统易于实现全面自动化和信息化，从而大力提高劳动生产率和经济效益。

当然，电力牵引也存在某些缺点，主要是其一次投资费用较同类运输工具要高些。

从上可知，电力牵引的综合优势是明显的，自 20 世纪 50 年代以来，铁路牵引动力电气化已成为世界范围内铁路技术革命的方向、铁路现代化的标志。许多大城市的公共交通运输模式，在经历了多种运输工具的运营实践、比较后，发展地下铁道和城市轻轨交通电力牵引，已日益引起人们的广泛重视。

（二）我国电气化铁路发展概况

我国第一条电气化铁路宝鸡至凤州段于 1961 年 8 月建成，全长 94 km。当时的设想是在山区建设电气化铁路以克服机车爬坡的困难，在平原地带仍以蒸汽和内燃牵引为主。1961～1975 年仅建成电气化铁路 697 km，电气化铁路建设进展缓慢。

20 世纪 80 年代，我国实行改革开放政策，铁路电气化进程加快。1976～1980 年间，新建电气化铁路将近 1 000 km。1983 年，原铁道部确定以铁路牵引动力以电力机车为主的方针，既有主要繁忙干线相继电气化。1981～1985 年、1986～1990 年、1991～1995 年三个五年计划期间，分别建成电气化铁路 2 474、2 800 和 2 762 km。1996～2005 年，两个五年计划建成电气化铁路约 10 000 km，2006 年后开始迅速发展，建成了约 8 000 km，电气化铁路得到了高速发展。我国电气化铁路发展历程见表 1-4。

表 1-4　电气化铁路发展历程表

年　　代	建成电气化铁路里程（km）	建成电气化铁路累计里程（km）
1961～1965	94	94
1966～1970	197	291

续上表

年　代	建成电气化铁路里程(km)	建成电气化铁路累计里程(km)
1971～1975	396	697
1976～1980	974	1 661
1981～1985	2 507	4 168
1986～1990	2 787	6 955
1991～1995	3 012	9 917
1996～2000	4 783	14 750
2001～2005	5 382	20 132
2006～2010	21 462	41 594
2011～2015	32 406	74 000
2016～2020	32 506	106 506
2021	3 444	109 950

1990 年原铁道部提出兴建高铁,向全国人大提交了《京沪高速铁路线路方案构想报告》,开始进行高铁的前期研究。1998 年 5 月,广深铁路电气化提速改造完成了设计最高时速为 200 km 的准高速铁路。

彼时铁路面临的主要问题是客运速度慢、运输能力严重不足,铁路发展遇到了瓶颈,即将成为夕阳行业。1996 年～2000 年期间,铁路进行了 3 次大提速,原铁道部《"十五"期间铁路提速规划》正式将高铁建设列入规划,并于 2002 年建成开通秦沈客运专线,全线设计时速达到 200～250 km。

2004 年 1 月,国务院批准的《中长期铁路网规划》,规划建设里程超过 1.2 万 km 的客运专线(均为高铁),随后大批高铁相继上马开工建设,2008 年 8 月,中国首条设计时速达 350 km 的高铁——京津城际铁路通车运营。2017 年 9 月,北京至上海运行的复兴号动车组,标志着我国自主研发高铁装备的巨大成功,高铁已经成为我国客运的重要组成部分,2019 年,国家铁路完成旅客发送量 35.7 亿人,同比增长 7.7%。

(三)我国铁路发展电力牵引的适应性和重大意义

我国在确定铁路技术发展的总原则中,明确提出应以提高运输能力为中心,保证运输安全为前提,不断提高运输质量和效益。为此,采取的重要战略措施之一是积极进行牵引动力改革,大力发展电力牵引,合理发展内燃牵引;加速繁忙干线的电气化,逐步提高电力牵引承担运输总工作量的比重,并在各种牵引形式中占主导地位。国家和铁路部门制定的国民经济与社会发展近期及远景规划中,也进一步肯定了上述方针与政策。

我国制定铁路大力发展电力牵引的政策并积极推进实施,是和我国地广人多、地貌复杂(山区、高原多)、资源分布不均衡,以及铁路网的长度和密度远不能适应国民经济发展,长期以来铁路运输一直成为制约国民经济发展的瓶颈等具体情况密切相关的。按照我国国情和国家的财力、物力,要又快又省地提高铁路运输能力、有效地解决铁路运能和不断增长的运量之间的矛盾,必须从铁路本身的技术改革,首先是牵引动力改革和适当增建新线与改善路网结构两方面着手。根据我国和世界各国铁路技术改革的长期实践经验证明，大力发展电力牵引、加速繁忙干线电气化，是在最短时间内提高铁路运输能力的一条有效途径。发展电力牵引，对我国铁路的适应性和重要意义主要表现在以下几方面：

1. 提高运输能力和效益

提高运输能力和效益，主要取决于铁路运输三要素，即对列车重量、密度和速度的优化组配。

我国铁路基本上是采用客、货共线的运输模式，在线路固定、设备定型的情况下，运输三要素是相互制约的。一般来说，在扩大铁路输送能力方面，主要依靠提高行车密度和列车重量；在加速客、货列车运行速度和加速机车车辆周转方面，提高行车速度是重要因素。

为适应社会主义市场经济的需求，根据不同线路和运输模式的特点，尤其对于客、货共线繁忙的干线铁路，提高客、货列车速度和货物列车重量，积极增加行车密度都是刻不容缓的现实任务。

牵引动力的类型和功率是提高列车重量的主要因素，也是提高行车速度、密度的关键。电力机车不带原动机，机车功率主要受牵引电机绝缘材料和悬挂空间的限制。而内燃机车功率（电传动式），则因柴油机、交流发电机、整流器和传动、辅助设备体积大，受车体空间限制以及柴油机加工技术要求极高等条件影响，其单节（机）功率不可能做到很大。

在同等牵引重量情况下，列车速度与机车技术特性密切相关。电力牵引的最低计算速度比内燃牵引高一倍以上。电力机车不需加水和燃料，机车整备时间短，启动时间短（约 1 min，内燃为 2 min）。此外，电力机车具有有效地电气制动手段，能使列车在长大下坡道上高速行车时，且空气制动的制动力迅速降低的情况下，保证以较高速度保持安全运行。综合上述各项因素，电力机车牵引的列车技术速度、旅行速度都比内燃机车高。

行车密度牵涉的制约因素较多。电力机车牵引力大，行车速度高，有利于减小双线自动闭塞条件下追踪列车间隔时间，以提高行车密度。

从以上分析可知，采用电力牵引对列车重量、密度、速度三者的优化组配十分有利，从而达到提高铁路运输能力的目的。研究结果表明，我国沿海三大干线铁路，采用电力牵引后运输能力可达到：旅客列车 45～50 对，重车方向年输送能力为 90～120 Mt，并可提高客运速度至 140～160 km/h 及以上。与采用内燃机车牵引相比，运输能力有较大提高。

对于大运量的煤运和客运繁忙区段，我国已先后修建了大秦电力牵引重载运输专线，列车载重量达 10 000 t 以上。随着我国铁路运输的发展和运量的不断增长，电力牵引将发挥日益重要的作用。

2. 铁路牵引动力电气化适应我国能源资源结构状况，并可大幅度实现节能，绿色发展成效明显

铁路牵引动力现代化的决策必须以国家的能源资源结构和能源政策为依据，并应尽量节约能源消耗。我国一次能源资源以水力和煤炭最丰富，原油储量十分有限。我国能源工业的方针是，以发展电力为中心，以煤炭为基础，积极发展新能源，改善能源结构。为此，我国用以发电的能源占一次能源的比重逐年有所增长，其中以火电和水电为主。从能源增长速度看，电力工业一直保持约 10％的年增长率，而同期内原油的增长速度一直较慢，石油的消耗量却日益增长，供需缺口的趋势逐渐扩大。随着发电用的一次能源结构的变化，水电及高参数、高热效率火电厂在总发电量中所占比例日益提高，其直接效果是国家宏观的能源利用率增高。对

铁路运输采用电力牵引带来的好处是，电力机车总效率可相应提高，减少污染。2019 年，铁路的单位运输工作量综合能耗 4 t 标准煤/百万换算吨公里，同比下降 1%，化学需耗氧排放量控制在 1 861 t 以内，两年来铁路货运增加的运量与公路完成同样货运量相比，节省标准煤 380 t，减少二氧化碳排放 934 万 t，节能减排效果可观。

铁路电气化导致对通信线路干扰，对电力系统产生某些不利影响等缺陷。随着现代技术的不断发展，已经获得或正在寻求有效的解决途径。

(四)我国城市公共交通电力牵引发展简况

我国大城市的公共交通运输，最早采用有轨电车和公交汽车，以后发展为汽车运输和无轨电车。从 20 世纪 60 年代初开始，个别大城市修建了少量地下铁道。由于汽车数量激增，成为主导运输工具，造成交通堵塞、空气污染、噪声严重，并日益成为城市的一大公害。

近年来，经济建设的迅速发展，大城市结构及其经济布局产生了巨大变化，其辐射城乡的作用日益突出，促使城市流动人口大增，人们出行、活动更为频繁。据统计，个别特大城市每天客运量已突破 1 000 万人次，一般大城市主流通道高峰期客流量达(1～3)万人次的现象经常出现且已成为大城市普遍存在的公共交通困扰问题。

城市公共交通存在的困扰问题，必须从客运工具革新和运输模式方面加以调整解决。目前，国内外较多采用的公交客运工具有三种：一是大运量的地下铁道，其单向最大小时客运能力为(3～6)万人次；二是中等客运量的轻轨交通运输 LRT(Light Rail Transit)，它是利用轨道作为车辆导向，采用先进信号、调度集中的现代化电力牵引运输系统，其单向最大小时客运能力为(1～3)万人次；三是低客运量的公共汽车、电车，其小时客运能力为(0.4～0.8)万人次。利用这几种运输工具的优化匹配，可因地制宜地构成各种公共交通运输模式，从而达到预期效果。

三、项目实施

(一)画出牵引供电系统基本结构

工频交流单相电力牵引供电系统主要由牵引变电所和牵引网组成。牵引网实行单相供电，由馈电线(简称馈线)、接触网、轨道电路及回流线等组成。为使电能有效、可靠地供给电力机车，牵引网上还安装有分相绝缘器、分段绝缘器等设备，供电系统中还设有分区所、开闭所等。我国规定牵引网额定电压为 25 kV，额定频率为 50 Hz。交流电气化牵引供电系统组成结构如图 1-13 所示，牵引供电构成的回路是：牵引变电所—馈电线—接触网—电力机车—钢轨和大地—回流线—牵引变电所。

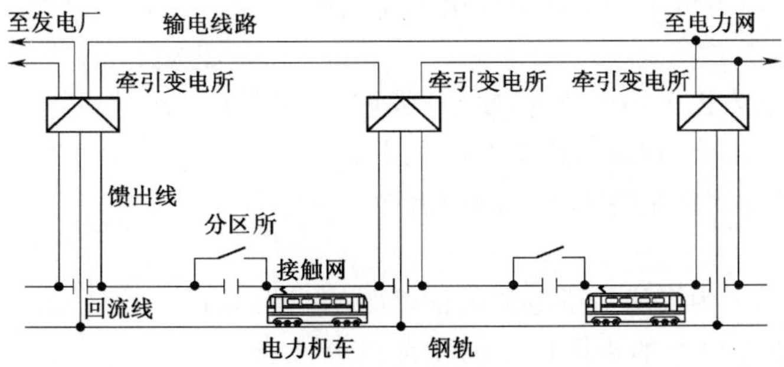

图 1-13　电气化铁路供电系统示意图

地下铁道与城市轻轨交通的直流电力牵引供电系统则由主变电所、直流牵引变电所、牵引网等组成。

交流电力牵引供电系统，因牵引网对抑制通信干扰采取的技术措施不同而区分为直接供电方式、带回流导线的供电方式、带吸流变压器(BT)的供电方式，以及 2×25 kV 自耦变压器(AT)供电方式，不同供电方式的系统和装置结构有所不同。

(二)认识牵引供电系统各部分作用

1. 牵引变电所

牵引变电所是交流工频单相电力牵引供变电系统的重要环节，它完成变压、变相和向牵引网供电等功能，并实现三相交流一次供电系统与单相电力牵引系统的接口与系统变换。牵引变电所停电后，可由相邻变电所实现越区供电，但牵引网电压水平将下降。

根据交流牵引网的不同供电方式和牵引变电所为抑制单相牵引负荷造成电力系统的不对称影响，可采用不同接线方式与结构的主变压器，区分为三相牵引变电所(一般 Y/△-11 接线主变压器)、单相牵引变电所(含 V/V 形接线方式主变压器)，三相一二相牵引变电所(采用特种接线方式，用以变相的平衡变压器)。相对于牵引网不同供电方式而言，则区分为一般(直供、BT 方式)供电方式牵引变电所和自耦变压器(AT)供电方式牵引变电所。

2. 接触网

按电力机车集电方式的不同，接触网可分为：架空单线式、架空复线式和第三轨 3 种方式。交流电气化铁道一般均采用架空单线式；城市无轨电车则采用架空复线式，第三轨方式则普遍应用于地下铁道。

架空接触网是一种悬挂在电气化铁道钢轨上方并和轨面保持一定距离的链型或单导线系统，专为电力机车或电动车组提供电力的特殊供电回路，机车通过受电弓与接触网滑动接触取得电能。正常供电时，由牵引变电所馈线到接触网末端的一段供电线路，称为供电分区，也称供电臂。由于牵引负荷常处于运动之中，对于接触网的要求除了提供数量足够并符合质量标准的电能外，还应保证牵引负荷受流的稳定性。

3. 馈电线

馈电线是连接牵引变电所和接触网的导线，也称馈出线。馈电线一般采用钢芯铝绞线，将变电所的电能输送给接触网。

4. 回流线

回流线是牵引供电回路中的一部分，是将轨道和牵引变电所主变压器接地相之间连接的导线，通过其将流经电力机车的负荷电流引入变电所。

5. 轨道

轨道除了作为电力机车的导轨外，轨道同时是牵引供电系统中回流电路的一部分，在供给机车的电流中有一部分是流入大地的，轨道的作用就是将大地中的回流导入变电所。

6. 分区所

交流电气化铁道上为了增加供电的灵活性，提高运行的可靠性，在两个牵引变电所的供电区中间常加设分区所，分区所原理如图 1-14 所示。分区所的作用可简述如下：

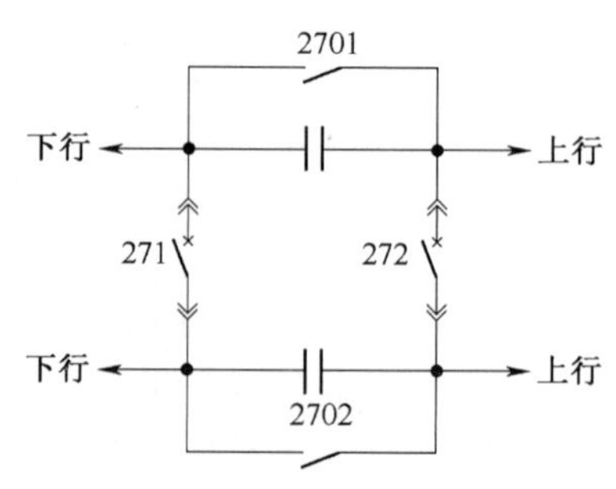

图 1-14　分区所工作原理图

(1)可以使两相邻的供电区段实现并联工作或单独工

作。当实现并联工作时,分区所的断路器闭合,否则打开。

(2)当相邻牵引变电所发生故障而不能继续供电时,可以闭合分区所的断路器,由非故障牵引变电所实行越区供电。

(3)双边供电的供电区内发生牵引网短路事故时,可由分区所的断路器切除事故点所在处的一半供电区,非事故段仍可照常工作。

7. 开闭所

交流电力牵引系统开闭所,实际上是起配电作用的开关站,在牵引网有分支引出时,为不影响电力牵引安全,保证可靠供电而设置带保护跳闸断路器等设施的控制场所。在离牵引变电所较远的铁路枢纽地区,由于站线多,接触网相应复杂,客货运交会、编组和机车整备作业繁忙,致使该地区故障几率增多。为保证枢纽供电可靠性,缩小事故范围,一般将接触网横向分组及分区供电,由开闭所的多路馈线向接触网各分组和分区供电,如图 1-15 所示。因此一般在枢纽站、编组场、电力机务段和折返段等处设置开闭所。

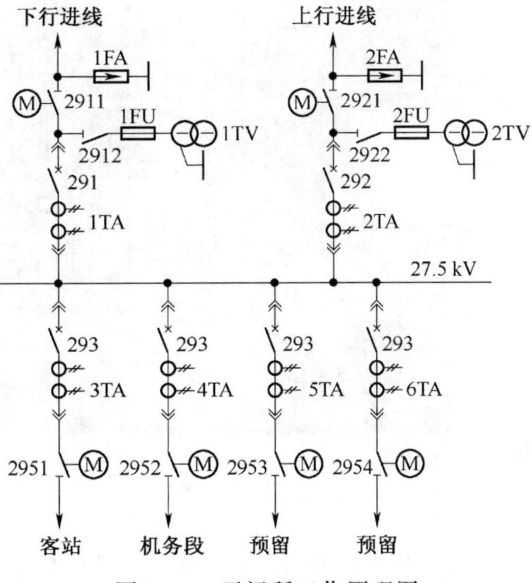

图 1-15　开闭所工作原理图

此外,在复线 AT 牵引网中,由于 AT 供电方式供电电压增高(2×25 kV),供电臂距离增长,可达 40～50 km,为提高供电灵活性,有时为了进一步缩小接触网事故停电范围和降低牵引网电压损失和电能损失,也可在分区所与牵引变电所之间增设开闭所,也称辅助分区所。

开闭所的主要设备是断路器。电源进线一般设两回路,复线时可由上、下行牵引网各引一回路,出线则按需要设置。当出线数量较多时,也可将开闭所母线实行分段。单线时如就近无法获得第二电源也可只引一回电源。

8. 自耦变压器站

自耦变压器站简称 AT 所,是 AT 牵引网的重要组成部分。将自耦变压器(AT)按一定间隔距离跨接在 AT 牵引网的接触网、正馈线和钢轨间,如图 1-16 所示,起着支撑 2×25 kV 馈电系统的作用,图 1-17 是自耦变压器外形。

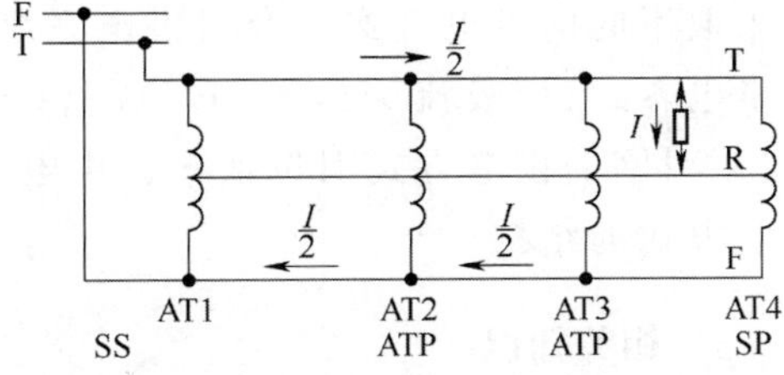

图 1-16　AT 牵引网构成

T—接触网;F—正馈线;R—钢轨;SS—牵引变电所;
AT—自耦变压器;ATP—AT 所;SP—分区所

工频单相交流电气化铁道如采用自耦变压器(AT)供电方式时,在沿线需每隔 10～15 km 设置一台自耦变压器。大致和铁路区间的距离一样,自耦变压器设于沿铁路的各站场上。同时将分区所和开闭所合并,以利运行管理。

9. 分相绝缘器和分段绝缘器

分相绝缘器又称电分相,串在接触网上,目的是把两相不同的供电区分开,并使机车

图 1-17　自耦变压器外形

光滑过渡，主要用在牵引变电所出口处和分区所处。分段绝缘器又称电分段，分为纵向电分段和横向电分段，前者用于线路接触网上，后者用于站场各条接触网之间。通过其上的隔离开关将有关接触网进行电气连通或断开，以保证供电的可靠性、灵活性和缩小停电范围等。

项目四　认识牵引供电方式

一、项目介绍

前面已提到，交流电力牵引供电系统因牵引网对抑制通信干扰采取的技术措施不同而采取不同的供电方式。牵引供电系统的供电方式主要包括直接供电方式、带回流导线的供电方式、带吸流变压器(BT)的供电方式，以及 2×25 kV 自耦变压器(AT)供电方式；牵引网的供电方式则包括单边供电、上下行并联供电和双边供电方式，下面认识各种供电方式的结构。

二、相关知识

铁路沿线敷设有长途通信、地区通信、区段通信和站场通信等铁路信号系统，附近可能设有如邮电系统的各级通信干线或通信线路、军事系统中的军用通信干线和军工工厂用通信线路、城市广播系统的有线广播网络和设备或大型工厂的通信线路等。电气化铁道牵引网是单相高压交流电网，在运行过程中，由于线路负荷变化大，交变磁场将会对沿线路线架设的通信线路产生杂音干扰影响，严重时，通过静电感应和电磁感应，将在邻近通信线路上产生危险电压，破坏设备绝缘，甚至威胁人员安全。

由于电气化铁路接触网带电时，在其周围空间将产生一个工频高压电场，从而使通信线上的各点产生相应的静电感应，或当机车运行时，接触网和钢轨网电流所产生的感应电势在通信线上不能抵消，在通信线上也将产生电磁感应电势，同时由于一部分牵引电流经大地返回牵引变电所，使大地在不同地点出现不同的电位干扰。

牵引网运行时是不对称系统，各次谐波电流将在通信线中产生一系列谐波感应电压，其主要成分都处于音频带，所以谐波感应电压在通信线路中造成的杂音对于通信特别不利，产生干扰。

在工频下，牵引网的高压电场和交变磁场在通信线和其他设备上产生工频的静电感应电压和电磁感应电压，它们及其合成可能对人身安全和设备构成威胁。

所以设计牵引供电方式时，因考虑供电系统对通信产生的干扰，需采取必要的措施减弱或消除不良影响。

三、项目实施

(一)认识牵引供电系统的供电方式

1. 直接供电方式(TR 供电方式)

直接供电方式是在牵引网中不增加特殊防护措施的一种供电方式，属于结构上最简单的一种。电气化铁路最早大都采用这种供电方式，它一根馈线接在接触网(T)上，另一根馈线接在钢轨(R)上，如图 1-18 所示。这种供电方式结构简单，投资最省，牵引网阻损较小，能耗也较低。供电距离单线一般为 30 km 左右，复线一般为 25 km 左右。电气化铁路是单相负荷，机车由接触网取得的电流经钢轨流回牵引变电所。由于钢轨与大地是不绝缘的，一部分回流电流由钢轨流入大地，因此对通信线路产生较大电磁干扰。这是直接供电方式的缺点。它一般采用在铁路沿线无架空通信线路或通信线路已改用地下屏蔽电线的区段。

2. 吸流变压器供电方式(BT 供电方式)

BT 供电方式是在牵引网中架设有吸流变压器——回流线装置的一种供电方式。与直接供电方式相比，是在系统中增加了吸流变压器设备。此种方式目前在我国电气化铁路上采用较广。吸流变压器是变比为 1∶1 的变压器，它的一次绕组串接在接触网(T)上，二次绕组串接在专为牵引电流流回牵引变电所而特设的回流线(NF)上，所以也称吸流变压器——回流线供电方式，如图 1-19 所示。

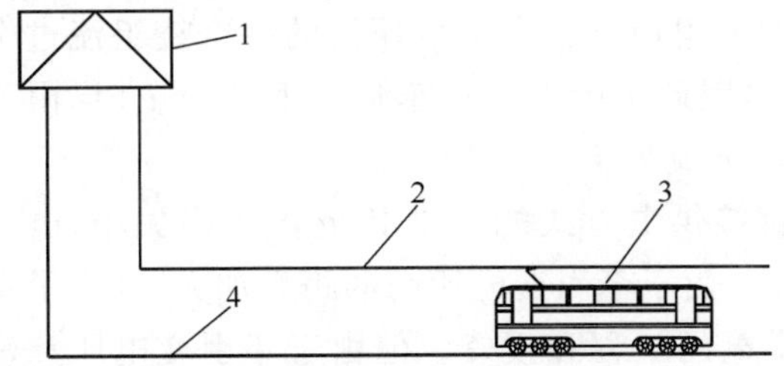

图 1-18　直接供电方式原理图

1—牵引变电所；2—接触网；3—机车；4—钢轨

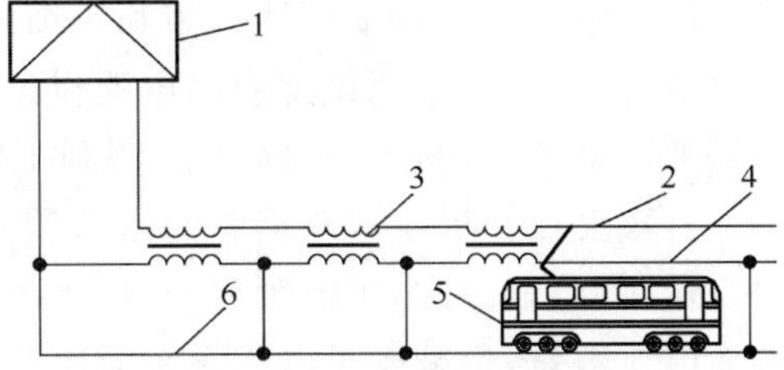

图 1-19　BT 供电方式原理图

1—牵引变电所；2—接触网(T)；3—吸流变压器(BT)；4—回流线(NF)；5—机车；6—钢轨(R)

吸流变压器供电方式的工作原理是，由于吸流变压器的变比为 1∶1，当吸流变压器的一次绕组流过牵引电流时，在其二次绕组中强制回流，通过吸上线流入回流线。由于接触网与回流线中流过的电流大致相等,方向相反,因此对邻近的通信线路的电磁感应绝大部分被抵消,从而降低了对通信线路的干扰。这种供电方式由于在牵引网中串联了吸流变压器,牵引网的阻抗比直接供电方式约大 50%,能耗也较大,供电距离也较短,单线一般为 25 km 左右,复线一般为 20 km 左右,投资也比直接供电方式大。

3. 带回流线的直接供电方式(DN 供电方式)

DN 供电方式是在接触网支柱上架一条与钢轨并联的回流线,如图 1-20 所示。这种供电方式取消了吸流变压器,保留了回流线。利用接触网与回流线之间的互感作用,使钢轨中的回流尽可能地由回流线流回牵引变电所。因而能部分抵消接触网对邻近通信线路的干扰,但其防干扰效果不如 BT 供电方式。这种供电方式可在对通信线路防干扰要求不高的区段采用。由于取消了吸流变压器,只保留了回流线,因此牵引网阻抗比直接供电方式低一些,供电性能好一些,造价也比 BT 供电方式低。目前,这种供电方式在我国电气化铁路上得到了广泛应用。

4. 自耦变压器供电方式(AT 供电方式)

AT 供电方式是 20 世纪 70 年代才发展起来的一种供电方式。它既能有效地减轻牵引网对通信线的干扰,又能适应高速、大功率电力机车运行,故近年来,在我国得到了迅速发展。这种供电方式是每隔 10 km 左右在接触网与正馈线之间并联接入一台自耦变压器,绕组的中点与钢轨相接。自耦变压器将牵引网的供电电压提高一倍,而供给电力机车的电压仍为 25 kV,其工作原理如图 1-21 所示。

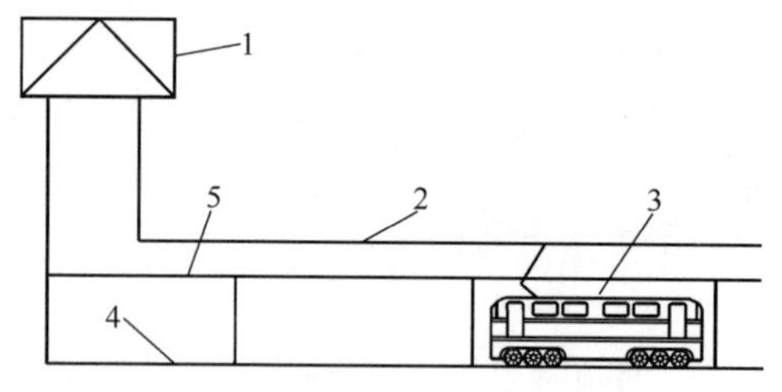

图 1-20 DN 供电方式原理图

1—牵引变电所;2—接触网(T);3—机车;4—钢轨(R);5—回流线(NF)

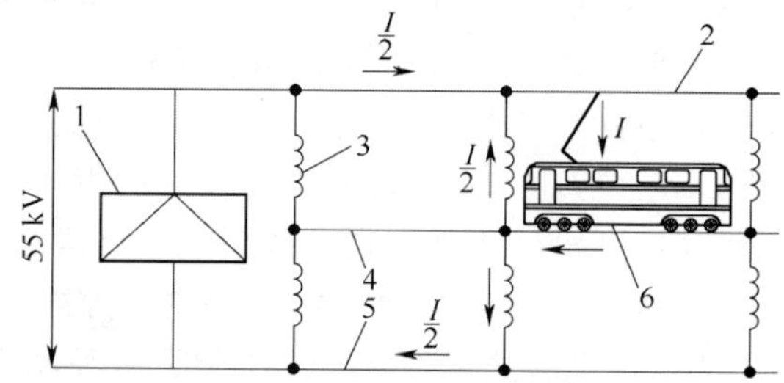

图 1-21 AT 供电方式原理图

1—牵引变电所;2—接触网(T);3—自耦变压器(AT);4—钢轨(R);5—正馈线(F);6—机车

电力机车由接触网(T)受电后,牵引电流一般由钢轨(R)流回,由于自耦变压器的作用,钢轨流回的电流经自耦变压器绕组和正馈线(F)流回变电所。当自耦变压器的一个绕组流过牵引电流时,其另一个绕组感应出电流供给电力机车,因此实际上当机车负荷电流为 I 时,由于自耦变压器的作用,流经接触网(T)和正馈线(F)的电流为 $I/2$。

自耦变压器供电方式牵引网阻抗很小,约为直接供电方式的 1/4,因此电压损失小,电能损耗低,供电能力大,供电距离长,可达 40～50 km。由于牵引变电所间的距离加大,减少了牵引变电所数量,也减少了电力系统对电气化铁路供电的工程和投资。但由于牵引变电所和牵引网比较复杂,加大了电气化铁路自身的投资。自耦变压器供电方式一般在重载、高速等负荷大的电气化铁路上采用。在电力系统较薄弱的地区,为了减少电源部分的投资,经技术经济比较也可采用这种供电方式。

由于牵引负荷电流在接触网(T)和正馈线(F)中方向相反,因而对邻近的通信线路干扰很小,其防干扰效果与 BT 供电方式相当。

5. 同轴电力电缆供电方式(CC 供电方式)

CC 供电方式是一种新型的供电方式。同轴电力电缆沿铁路线路敷设,其内部芯线作为馈电线与接触网连接,外部导体作为回流线与钢轨相接。每隔 5～10 km 作一个分段,如图 1-22 所示。由于馈电线与回流线在同一电缆中,间隔很小,而且同轴布置,使互感系数增大,所以同轴电力电缆的阻抗比接触网和钢轨的阻抗小得多,牵引电流和回流几乎全部经由同轴电力电缆中流过。因此电缆芯线与外部导体电流相等,方向相反,二者形成的磁场相互抵消,对邻近的通信线路几乎无干扰。由于阻抗小,因而供电距离长。但由于同轴电力电缆造价高,投资大,现仅在一些特别困难的区段采用。

(二)认识牵引网的供电方式

1. 单边供电

我国单线电气化铁路全部采用单边供电,如图 1-23 所示。在复线区段当馈电线较短时也可采用单边供电。单边供电与其他区段无联系,继电保护设置简单。

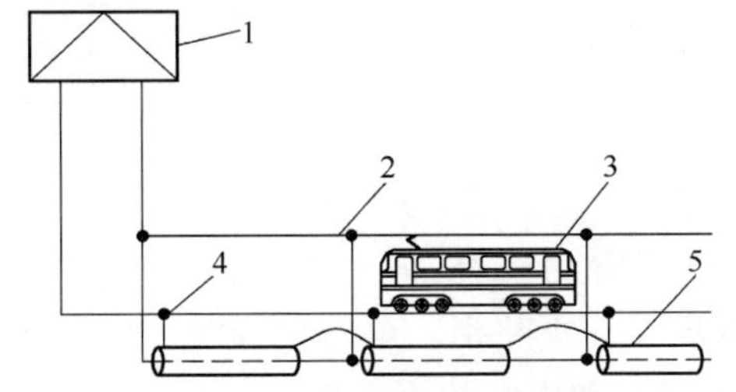

图 1-22　CC 供电方式原理图

1—牵引变电所;2—接触网;3—机车;4—钢轨;5—同轴电缆

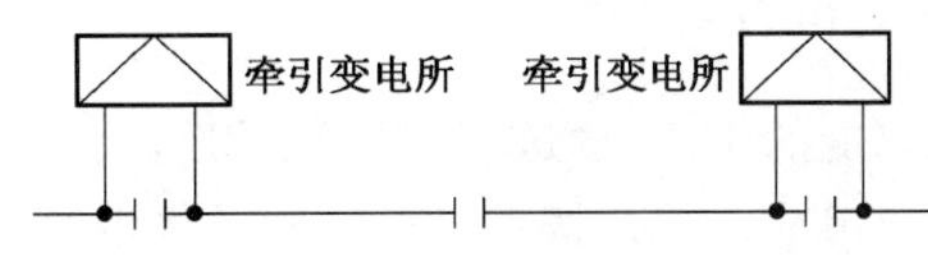

图 1-23　单边供电方式原理图

2. 上下行并联供电

在复线电气化区段的供电臂末端设有分区所,将上下行接触网通过断路器实行并联供电,如图 1-24 所示。这种供电方式的优点是,它能均衡上下行供电臂的电流,降低接触网损耗,提高电压水平,在有轻重车方向和线路有较大坡道情况下,效果更为显著。我国复线电气化铁路大多采用这种供电方式。

3. 双边供电

双边供电是由相邻两个牵引变电所同时向其间的接触网供电,在供电臂的末端由分区所连接起来,如图 1-25 所示。其优点是由两个牵引变电所供电,均衡了负荷,降低了接触网损耗,提高了电压水平。但这种供电方式还存在一些问题,如牵引变电所低压侧双边供电,对电力系统来说,相当于在低压侧联网,若不是同一个电力系统供电的牵引变电所,低压侧绝对禁

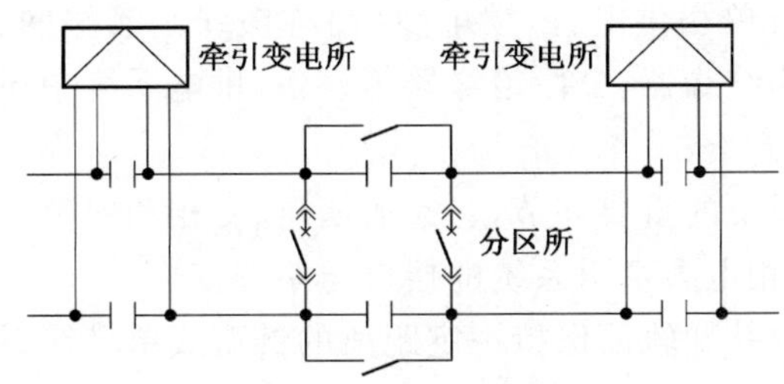

图 1-24　上下行并联供电方式原理图

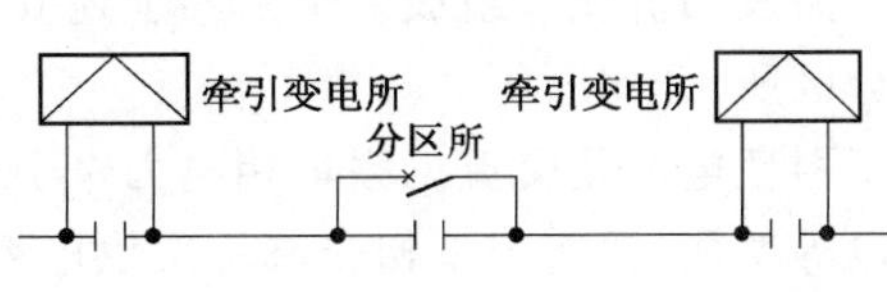

图 1-25　双边供电方式原理图

止联网。即使同一个电力系统供电,接触网双边供电后形成环网,当牵引变电所电源侧线路发生故障,由低压向高压有反馈,会造成继电保护设置困难。严重时,一次边电压会升高,造成设备损坏。目前在我国交流电气化铁路还未采用这种供电方式,双边供电方式多用在城市轨道交通的直流牵引供电系统中。

模块小结

一、电力牵引特点

电力牵引按其牵引网供电电流制式不同,分为工频单相交流制、低频单相交流制和直流制。我国电气化铁路采用工频单相交流制电力牵引,直流制电力牵引仅用于地下铁道、城市交通轻轨运输系统和工矿运输系统。电力牵引运输具有一系列优点:使用二次能源;机车功率大,具有启动和加速快、过载能力强、运输能力大,能满足各种现代交通运输对快速、大运输能力的需要;不造成环境污染;电力牵引的总效率高,并且安全性高。

二、电力系统的组成

电能的生产、输送、分配和使用组成了一个系统,称为电力系统,主要由发电厂、电力网、电能用户组成。用户按重要程度和对供电可靠性的要求,可分为三类,即一级负荷、二级负荷和三级负荷,负荷等级不同的工矿企业对供电可靠性的要求有所差别。电能的质量指标主要包括供电频率、电压偏差、电压的不对称性和波形的非正弦性和供电的可靠性。

电力系统的中性点运行方式一般有两种状态:中性点非直接接地系统,又称为小电流接地系统,中性点非直接接地系统分为中性点不接地和中性点经消弧线圈接地系统;中性点直接接地系统,又称为大电流接地系统,中性点直接接地系统分为中性点直接接地和中性点经电抗器接地系统。

380/220 V 的低压配电系统中,按配电系统和用电设备接地方式的不同组合分类,分为 TN、TT、IT 三种类型。我国低压配电系统大多数采用中性点直接接地方式,并从中性点引出线,构成三相四线制或三相五线制。

三、牵引供电系统组成及供电方式

电力牵引供变电系统是指从电力系统或一次供电系统接受电能,通过变压、变相或换流(将工频交流变换为低频交流或直流电压)后,向电力机车负荷提供所需电流制式(交流或直流)的电能,并完成牵引电能传输、配电等全部功能的完整系统。工频交流单相电力牵引供电系统主要由牵引变电所和牵引网组成。牵引网实行单相供电,由馈电线(简称馈线)、接触网、轨道电路及回流线等组成。牵引网上还安装有分相绝缘器、分段绝缘器等设备,供电系统中还设有分区所、开闭所等。

牵引变电所是交流工频单相电力牵引供变电系统的重要环节,它完成变压、变相和向牵引网供电等功能,并实现三相交流一次供电系统与单相电力牵引系统的接口与系统变换。

架空接触网是一种悬挂在电气化铁道钢轨上方并和轨面保持一定距离的链型或单导线系统,专为电力机车或电动车组提供电力的特殊供电回路,机车通过受电弓与接触网滑动接触取得电能。

交流电力牵引供电系统，因牵引网对抑制通信干扰采取的技术措施不同而采取不同的供电方式。牵引供电系统的供电方式主要包括直接供电方式、带回流导线的供电方式、带吸流变压器(BT)的供电方式，以及 2×25 kV 自耦变压器(AT)供电方式；牵引网的供电方式则包括单边供电、上下行并联供电和双边供电方式。

复习思考题

1. 电力牵引有哪些特点？我国电气化铁路采用的牵引供电制式和国外有何不同？
2. 电力系统由哪些部分组成？电力负荷如何分级？电力牵引负荷属于哪一类？
3. 电力牵引供电系统由哪些部分组成？各部分作用是什么？
4. 牵引变电所的作用是什么？
5. 接触网的作用是什么？
6. 牵引网的供电方式有哪些？
7. 什么是 BT 供电、AT 供电和直接供电？

模块二　牵引供电系统主要电气设备

本模块主要内容包括：牵引供电系统一次设备的基本概念；牵引变压器、电流互感器和电压互感器的作用、原理及其应用；高压断路器的作用和结构特点；高压隔离开关的作用及结构特点；高压断路器、隔离开关和负荷开关的区别；避雷器、放电保护装置、抗雷线圈和电抗器；常用高低压熔断器；功率补偿装置的工作原理、补偿方式及其特点；高、低压成套开关柜的结构及特点，GIS及各类电气设备的运行与维护。

项目一　认识各类电气设备

一、项目介绍

变配电系统的电气设备可分为一次设备和二次设备两大类，一次设备是变配电系统的主体，二次设备是变配电系统安全可靠运行的重要保障，二者缺一不可，共同协调工作才能保证变配电系统安全可靠地运行。本项目对电气设备进行分类和认识。

二、相关知识

（一）一次设备

在变配电所中，直接用来接受电能、改变电能电压和分配电能以及相关的所有设备，均称为一次设备，或称为主设备。由一次设备构成的电路相应称为一次电路或主电路。本章提到的牵引供电系统主要电气设备是指一次设备。

图2-1是某变电所一次设备局部实物示意图，从图中可以看到变电所一次设备的概貌，根据各设备的功能大致可分为以下类型：

1. 开关电器

开关电器是指用于正常控制主电路通、断的设备。主要有断路器、隔离开关和负荷开关等。

2. 变换电器

变换电器是指用于变配电系统中改变电压或电流的设备。主要有电力变压器、电流互感器和电压互感器等。

3. 保护电器

保护电器是指用于变配电系统中进行过电流保护、过电压保护或其他方式保护的设备。如熔断器、限流电抗器、抗雷线圈、阻波器和避雷器等都属于保护电器。

4. 补偿电器

补偿电器是指用于变配电系统中补偿无功功率、提高功率因数的设备。主要有电力电容器和同步补偿机等。

5. 成套装置和组合电器

根据一次电路的要求，将各种一次设备（如断路器、隔离开关和互感器等）组合为一个整体

图 2-1　一次设备实物图

的电气装置称为成套装置。主要有各种成套的配电装置，如高压开关柜、低压成套电器装置（含有简单的保护装置）以及气体绝缘金属封闭组合电器 GIS 等。

随着变电所综合自动化技术的发展，按单元（如一条电源进线或一条馈出回路）将一次设备（如断路器、隔离开关和互感器等）和二次设备（如保护、测量等）组合为一个整体电气装置，成为新型的成套装置，在现代化变配电系统中得到越来越广泛的使用。

（二）二次设备

对一次设备进行控制、保护、监测和指示的设备，称为二次设备。如各种继电器、控制开关、成套继电保护装置等。二次设备是变配电系统的重要组成部分，有关此部分内容在后面模块中有详细介绍。

三、项目实施

（一）认识变电所室外电气设备

对变电所室外电气设备，如变压器、电流互感器和电压互感器、高压断路器、高压隔离开关避雷器等设备进行辨认，加强感性认识。

（二）认识变电所室内电气设备

认识室内高压开关柜、二次电气设备的外观、结构，了解其基本功能。

（三）说明对一次电气设备的基本要求

一次电气设备是变配电系统的主体，设备故障可能导致停电甚至发生重大安全事故，在对电气设备进行设计和选择时，应考虑安全、可靠和经济等多方面的因素，并应满足以下基本要求：

（1）能长期承受工频最高工作电压、短期承受内部过电压和外部过电压的作用而不被击穿；

(2)能长期承受额定电流、短期过载电流的作用,温升在允许范围之内;

(3)能承受短路电动力效应和热效应的作用而不被损坏;

(4)开关电器的断流能力应符合有关的规定;

(5)供测量和保护用的变换电器应符合规定的精度要求;

(6)在规定的使用环境中能承受一定外界条件的影响并安全可靠地运行。

(四)熟悉电气设备一般巡视项目

(1)绝缘体应清洁、无破损和裂纹、无放电痕迹及现象,瓷釉剥落面积不得超过 300 mm^2。

(2)电气连接部分(引线、二次接线)应连接牢固,接触良好,无过热、断股和散股、过紧或过松。

(3)设备音响正常,无异味。

(4)充油设备的油标、油阀、油位、油温、油色应正常,充油、充胶、充气设备应无渗漏、喷油现象。充气设备气压和气体状态应正常。

(5)设备安装牢固,无倾斜,外壳无严重锈蚀,接地良好,基础、支架应无严重破损和剥落。设备室和围栅应完好并锁闭。

项目二　变压器结构及维护

一、项目介绍

电力变压器是变电所中最重要的一次设备,其主要功能是变换电压和传输电能,将一次侧的电能通过电磁能量转换的方式传输到二次侧,同时根据应用的需要将电压升高或降低,完成电能的输送和分配。本项目学习变压器的功能,熟悉其主要部件,学习变压器巡视、维护基本技能。

二、相关知识

(一)变压器分类

通常根据其用途和结构进行分类。常用的几种分类方式如下。

(1)按相数分:单相变压器和三相变压器。

(2)按用途分:普通用途的变压器可分为升压变压器和降压变压器两大类。升压变压器主要用于输送端,降压变压器主要用于负荷端。此类变压器的工作目的是升压或降压后传输电能。

其他特殊用途的变压器有电炉变压器、电焊变压器、整流变压器、调压变压器和试验变压器等。

(3)按铁芯结构分:心式变压器和壳式变压器。心式变压器是绕组包围铁芯,而壳式变压器是铁芯包围绕组。

(4)按绕组数目分:单绕组变压器(自耦变压器)、双绕组变压器、三绕组变压器和多绕组变压器。

(5)按绕组材质分:铝绕组变压器和铜绕组变压器。

(6)按冷却介质和冷却方式分:油浸式变压器和干式变压器。

大容量变压器一般选用油浸式变压器,具有造价低制造技术成熟的优点,油浸式变压器的冷却方式主要有油浸自冷、油浸风冷、油浸水冷、强迫油循环水冷和强迫油循环风冷。多数变电所的主变压器采用油浸自冷方式,而有的大型变压器则采用强迫油循环水冷或风冷的冷却方式。

中小型变压器可根据使用条件的需要选用干式变压器,它主要采用环氧树脂浇注绝缘或充气绝缘(气体变压器,将绕组置于空气或六氟化硫气体当中),其主要特点是安全,无火灾或爆炸危险,主要用于人口密集区或地下,例如:高层建筑和地下铁道常采用干式变压器。

(7)按调压方式分:有载调压变压器和无载调压变压器。调压的目的是保证用户电压的质量要求,例如:为了保证铁路企业的自动闭塞信号电源电压,必须采用调压变压器对信号电源电压进行调节。

(二)变压器结构及其作用

变压器属于静止元件,实质上是一种旋转速度为零的电机,变压器在传输电能的过程中会有损耗,但目前变压器在设计、结构和工艺方面都有较成熟的技术,所以工作效率有较大提高,中小型变压器的效率一般不低于 95%,大型变压器的效率更可达 98%以上。

变压器的关键部分是绕组和铁芯,为了保证变压器能安全可靠地运行,其结构更加复杂,变压器的结构如图 2-2 所示。油浸式电力变压器包括以下几部分:

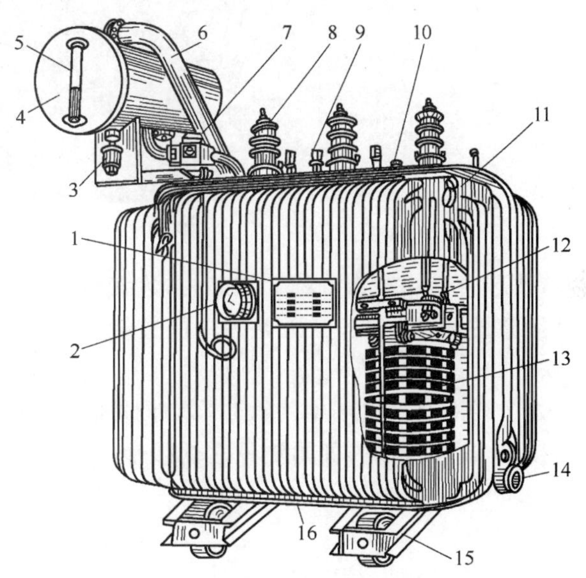

图 2-2　三相油浸式电力变压器

1—铭牌;2—温度计;3—吸湿器;4—油枕;
5—油位指示器;6—防爆管;7—瓦斯继电器;
8—高压套管;9—低压套管;10—分接开关;11—油箱;
12—铁芯;13—绕组;14—放油阀;15—小车;16—接地端子

1. 油箱

油箱包括油箱本体及其附件等。

油箱作为变压器的外壳和盛装绝缘油的容器,同时又是中小型变压器运行时的散热冷却装置。油箱外形主要有平顶油箱和椭圆形油箱。平顶油箱主要用于容量为 6 300 kV·A 以下的变压器,椭圆形油箱机械强度较高,多用于容量为 8 000 kV·A 以上的变压器。

油箱通常用钢板焊成,变压器的铁芯和线圈装在油箱内部。油箱内装有变压器油,整个铁芯与线圈都浸没在变压器油里面。

2. 器身

器身主要包括铁芯、绕组、绝缘及引线(包括调压装置、引线夹件等)。

(1)铁芯

变压器是利用电磁的关系来实现电能的转换和传输的,铁芯是构成磁的通路,而绕组则是电的通路,铁芯和绕组是变压器的核心部分,如图 2-3 所示。

变压器铁芯常用材料是两面涂有绝缘用的硅钢片漆,厚度为 0.35 mm 或 0.5 mm 的硅钢片。硅钢片有热轧硅钢片和冷轧硅钢片,冷轧硅钢片优于热轧硅钢片,因此应用越来越广泛。常用全斜接缝叠装法等低损耗结构,以便降低空载损耗。硅钢片经过一定的工艺叠装后成为

图 2-3　变压器铁芯和绕组

铁芯,铁芯中套绕组部分称为铁芯柱,连接铁芯柱的部分称为铁轭。铁芯由铁芯柱和铁轭构成一个完整的闭合磁路,变压器的一次边绕组和二次边绕组都绕在铁芯柱上。一次、二次边绕组、铁芯的磁路关系如图 2-4 所示。

处于线圈对地电场中的铁芯,具有对地悬浮电位,所以要单点接地。铁芯是通过接地套管引出接地,这样可以方便检测铁芯的接地电阻。

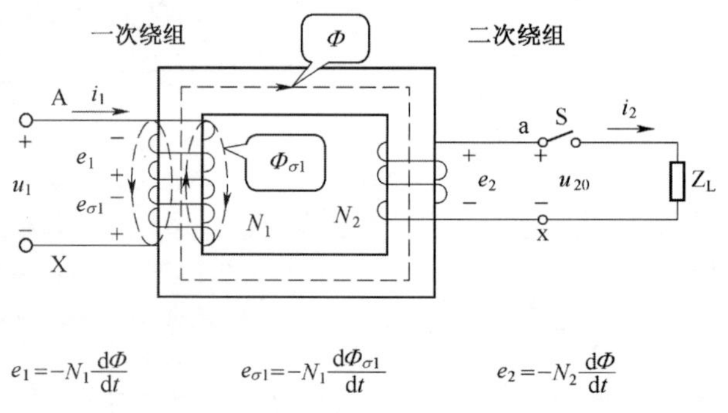

图 2-4　变压器磁路结构示意图

(2)绕组

绕组是变压器的电路部分,主要采用机械强度较高的绝缘铝线或铜线绕制,并套在铁芯柱上。为便于绕组和铁芯的绝缘,通常把低压绕组放在里面,高压绕组套在低压绕组的外面。为保护绕组,低压绕组可采取加厚的绝缘。同时采取紧固措施,提高线圈的动稳定性。

(3)绝缘

变压器绝缘材料主要有变压器油、电缆纸和电话纸等。

变压器油抗电强度约 200～250 kV/cm,是空气的 4～7 倍,同时作为变压器的冷却介质。电缆纸和电话纸常用于绕组的匝间绝缘、层间绝缘及其他部件的绝缘等。变压器的绝缘可分为内绝缘和外绝缘,如图 2-5 所示。

(4)调压装置

电压水平是电能的重要质量指标之一,调压装置为达到此目的而设置。为了保证电压波动在一定范围之内,常用调压方式有两种,即有载调压和无载调压。调压通过分接开关切换来完成,有载调压通过有载分接开关,在负载电流不被切断的情况下切换至另一挡位;无载调压(无激磁调压)在进行调压时,必须切断负载,再通过无载分接开关切换至另一挡位。

不管采用的有载调压或无载调压方式,其所采用的原理是一样的,即通过分接开关的切换来改变高压侧绕组的匝数,以实现调压的目的。但有载调压分接开关由于带负荷进行切换,易于实现自动调压,所以对其要求较高,其结构也较为复杂。

分接开关的调压原理如图 2-6 所示。

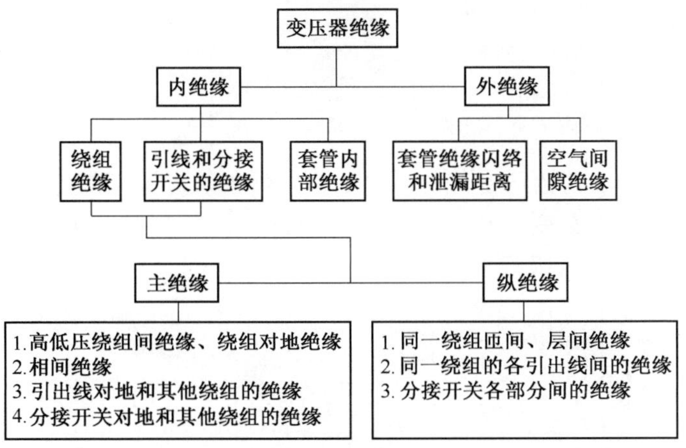

图 2-5　变压器绝缘分类

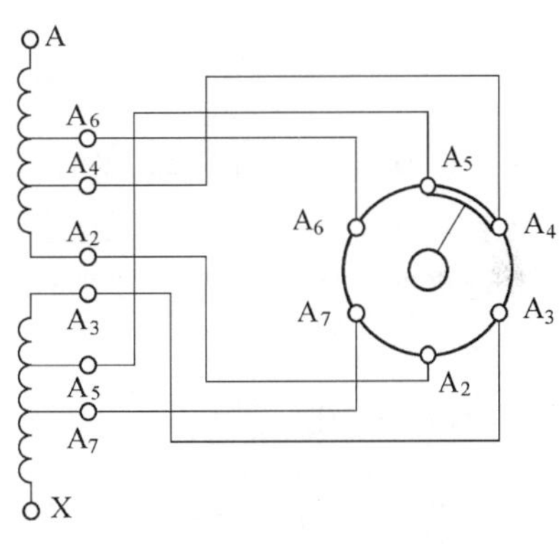

图 2-6　无载调压分接开关原理

3. 冷却装置

包括散热器和冷却器等。

变压器运行时产生大量的热量,对于小容量(20 kV · A 以下)变压器,平顶油箱散热面已足够。对于容量稍大的变压器,需在油箱上装设圆管形或扁形散热器。较大容量的变压器,则装设有专门的冷却装置,如采用风冷或水冷。为进一步加强散热效果,可采用强迫油循环的冷却方式。图 2-7 为具有风冷装置的变压器散热器外形。

图 2-7　变压器散热装置外形图

4. 保护装置

油变压器保护装置包括储油柜、吸湿器、净油器、测温装置、油标、气体继电器、防爆管等。

(1)油枕(储油柜)的作用是当变压器运行时,接纳因受热膨胀的油箱中的油;变压器停止运行或温度降低油冷缩时,使油回流到油箱中,始终保证油箱里的油是充满的；防止变压器油与空气接触，减轻变压器油受氧化和潮湿的影响。油枕容量通常约为变压器油箱总容量的 8%～10%。大型变压器常采用隔膜密封式油枕，如图 2-8 所示。

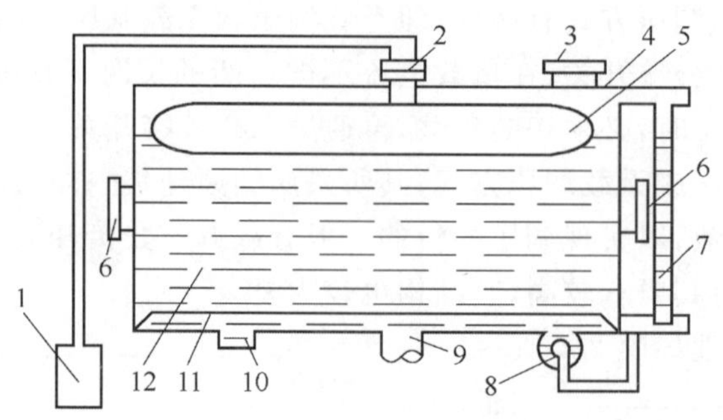

图 2-8　隔膜密封式油枕

1—吸湿器；2—呼吸器；3—注油孔；4—油枕；5—隔膜袋；6—安装孔；
7—油位计；8—压油袋；9—油箱联管；10—沉积器（集污盒）；11—护架；12—变压器油

（2）吸湿器（呼吸器）的作用是吸收进入油枕内的空气的水分。吸湿器中装有干燥剂（变色硅胶），在干燥状态下呈现蓝色，吸湿受潮后逐渐变为粉红色。硅胶变色后将失去吸湿功能应进行更换。图 2-9 为吸湿器的结构图，图 2-10 为吸湿器实物图。

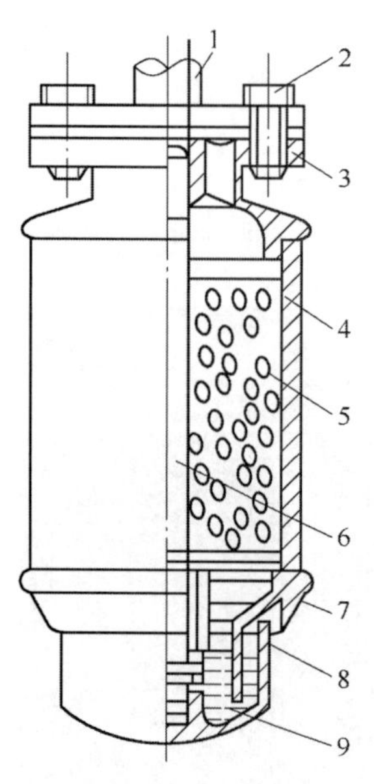

图 2-9　吸湿器结构图

1—连接管；2—螺钉；3—法兰盘；
4—玻璃管；5—硅胶；6—螺杆；
7—底座；8—底罩；9—变压器油

图 2-10　吸湿器实物图

（3）净油器的作用是对运行中的变压器油进行过滤净化，延缓变压器油老化的装置。其结构如图 2-11 所示。变压器运行时由于上下层的温度差，变压器油将从上向下经过净油器形成对流，净油器中的吸附剂将吸收油中的水分与其他杂质，保证油的清洁，延长了油的使用寿命。

(4)测温装置的作用是监视变压器油箱内的上层油温，常用的测温装置有水银式温度计、气压式温度计和电阻式温度计。

(5)油标(油位计)的作用是指示油面的高度，便于运行人员了解油面的高度。

(6)气体继电器(瓦斯继电器)是油浸式变压器内部故障的主要保护装置，装在油箱与油枕的连接管上，如图 2-12 所示。其工作原理在变压器保护中详细介绍。

(7)防爆管(安全气道)的作用是当油箱内压力过高时，使变压器油喷出到指定范围并释放压力。图 2-13 为普通防爆管的结构图。

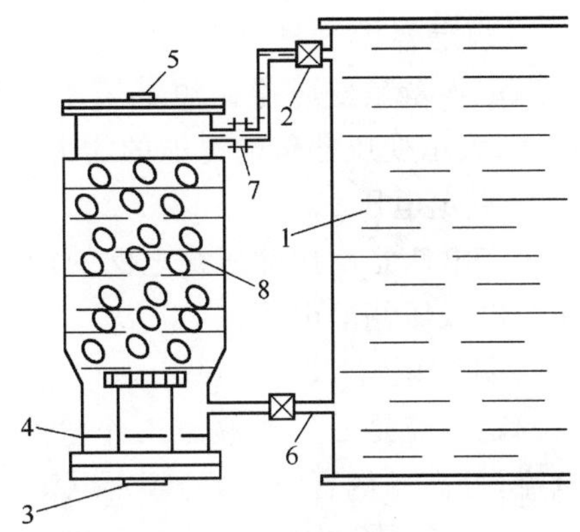

图 2-11　净油器结构

1—油箱；2—油阀门；3—放油塞；4—集污器；5—放气塞；6—连管；7—连接法兰；8—净油罐

图 2-12　瓦斯继电器

5. 引出线装置

变压器引出线装置主要是绝缘套管。

绝缘套管的作用主要是把变压器绕组引线引出油箱外，便于与线路进行连接，同时保证相间的绝缘和相对地的绝缘。引出线装置是变压器短路故障多发处，所以绝缘套管应有足够的电气强度和机械强度。常用的绝缘套管主要有纯瓷质套管、冲油式套管和电容式套管，如图 2-14 所示。

(三)变压器主要技术参数

变压器的主要技术参数均标示在铭牌上，主要有下面 9 项。

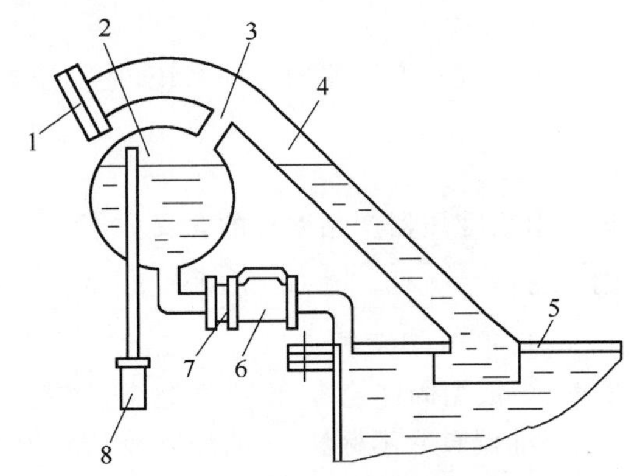

图 2-13　普通防爆管的结构

1—防爆膜；2—油枕；3—油枕与安全气道的连通管；4—防爆管；5—箱盖；6—瓦斯继电器；7—蝶形阀；8—吸湿器

1. 额定容量 S_N

额定容量是变压器在额定工作状态下连续输出的视在功率，表示变压器传输电能的能力。

2. 额定电压 U_N

额定电压是高压侧所接电网的额定线电压，铭牌上同时还给出低压侧的电压。

3. 额定电流 I_N

额定电流是变压器额定工作状态时长期允许通过的线电流，分高压侧、低压侧的额定电流。

4. 空载损耗 ΔP_b

空载损耗是变压器在空载的情况下吸取电网的有功功率称为空载损耗。空载时电流较小，如果忽略变压器绕组的电阻损耗部分，则空载损耗就是变压器的铁芯损耗，铁芯损耗包括铁芯的磁滞损耗和涡流损耗两部分。

5. 短路损耗 ΔP_K

短路损耗是将变压器二次侧短接后，在一次绕组中通过额定电流时变压器吸取电网的有功功率。此时电压较低，铁芯损耗较小，如果忽略铁芯损耗，则变压器的短路损耗就是变压器的铜耗(电阻损耗)。

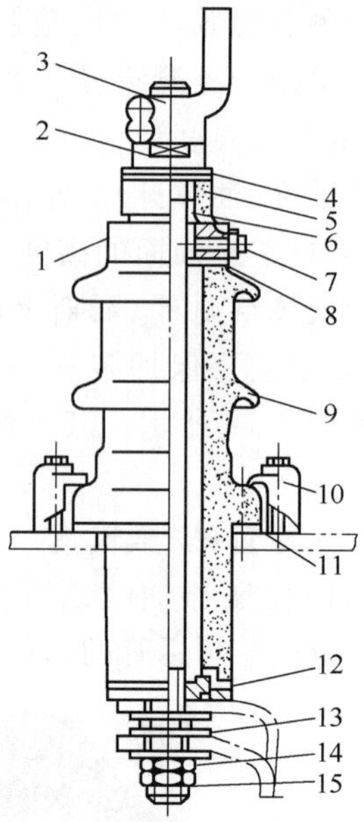

图 2-14　变压器的纯瓷套管

1—罩；2—圆螺母；3—接线头；4、12—衬垫；5—瓷盖；6—封环；7—放气塞；8、11—密封垫圈；9—瓷套；10—压钉；13—垫圈；14—螺母；15—导电杆或电缆接头

6. 阻抗电压百分比 $U_k\%$

阻抗电压百分比表明变压器阻抗大小的参数，表示变压器通过额定电流在变压器绕组上产生的电压损耗百分值。其主要作用是计算短路电流和衡量变压器多台变压器是否可以并联运行。两台变压器的阻抗电压百分比相差超过 10%则不能并联运行。

7. 连接组别

连接组别表示变压器一次侧和二次侧绕组连接方法和电压的相位关系。如 Y_N，d11，表示一次侧是星型接法，中性点引出，二次侧是三角形接法，数字 11 表示一次侧与二次侧电压的相位角关系。

8. 冷却方式

冷却方式表示变压器的冷却系统，用变压器冷却介质和循环方式表示。如 ONAF 表示油浸风冷。

9. 型号

国产电力变压器产品型号的含义如下：

1 2 3 4 5 6 7 — 8 / 9

1——D 单相，S 三相；

2——C 成型固体绝缘，K 空气绝缘，油浸绝缘不标注；

3——油浸自冷不标注，F 油浸风冷，W 油浸水冷；

4——P 强迫循环，D 强油导向，N 自然循环；

5——S 三绕组，双绕组不标注；

6——Z 有载调压，无励磁调压不标注；

7——设计序号；

8——额定容量(kV·A)；

9——高压绕组额定线电压(kV)。

通常变压器型号只标出相数、冷却方式、设计序号、容量和高压侧电压等级。如：SF7-20000/110 表示额定容量为 20 000 kV·A、高压侧额定电压为 110 kV 的油浸风冷三相双绕组电力变压器。

(四)牵引变压器类型

牵引变压器(主变压器)属于电力变压器，其部件及功能与普通电力变压器相同，一般安装在室外，采用油浸变压器。但由于牵引负荷属于不对称负荷，因此有些牵引变压器的绕组接线较为特殊。牵引变压器的功能是将三相 110 kV 电力降压并转换为单相 27.5 kV(或 55 kV)电力，向单相牵引负荷供电。常见且国内已安装的牵引变压器有：单相变压器，三相双绕组变压器，三相三绕组十字交叉结线变压器，斯科特结线变压器和阻抗匹配平衡变压器几种。我国采用的斯科特变压器主要是日本和法国的产品，三相三绕组十字交叉结线变压器和斯科特结线变压器主要用于 AT 供电方式的牵引变电所。

1. V/V 接线

在单相牵引变电所中，一般采用两台单相变压器 V/V 接线，如图 2-15 所示。两台单相变压器的一次绕组和二次绕组都连成 V 形接线。原绕组的两个开口端和公共端接入 110 kV 三相电力系统，二次绕组的公共端接地和钢轨，两个开口端分别接入接触网相邻的两个区段。由于这两开口端对地电压相位不同，相邻的两接触网区段中间必须用分相绝缘器断开。

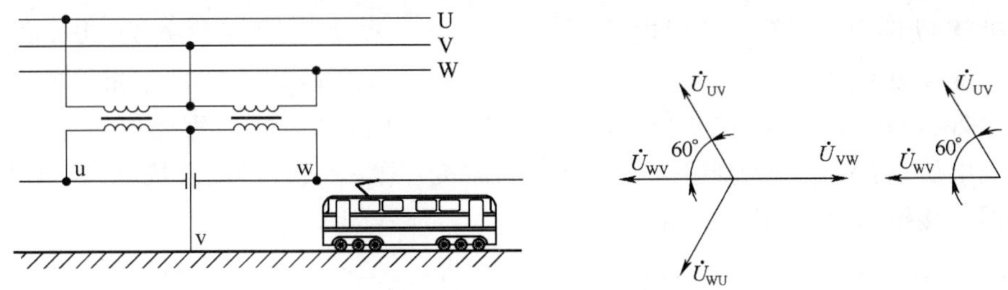

图 2-15　V/V 接线

2. Y_N,d11 接线

三相牵引变电所中，一般采用两台三相双绕组 Y_N,d11 接线的变压器，固定全备用，变压器的星形一次绕组接入三相电力系统，三角形二次绕组一角接地和钢轨，另两角分别接入接触网的两个相邻区段，如图 2-16 所示。相邻两接触网对地电压相位不同，故这两相邻接触网区段间也必须加分相绝缘器。

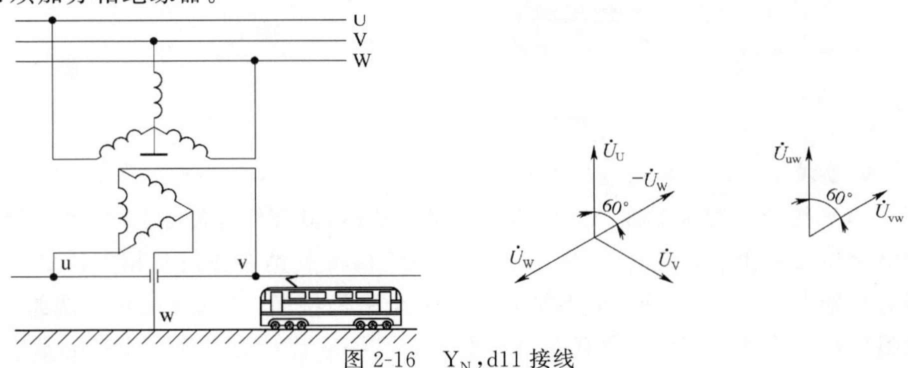

图 2-16　Y_N,d11 接线

3. Y_N,d11,d1 三相三绕组十字交叉接线

采用 Y_N,d11,d1 接线的变压器即十字交叉接线的三相——二相变压器，属于三相三绕组变压器。变压器一次边星形绕组接入三相电力系统，6 个二次绕组连成两个三角形对顶连接组成十字交叉接线。两三角形绕组的对顶角 u_2、w_1 经开关与钢轨和地连接，两三角形绕组的 v_1、w_2 端和 v_2、u_1 端分别接相邻两接触网区段；v_1、w_2，v_2、u_1 端电压 55 kV，相位差 120°，如图 2-17 所示。

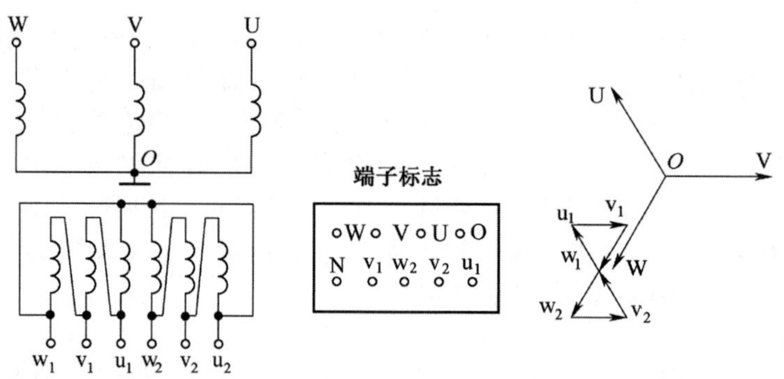

图 2-17　Y_N,d11,d1 接线

4. ⊥/L 接线

如图 2-18 所示，是一种称为斯科特(Scott)接线(⊥/L 接线)的三相—二相变压器。变压器一次绕组连成倒 T 形接入三相电力系统。两个二次绕组间相位差为 90°，额定电压为 55 kV，若两个二次绕组连成 V 形，公共端接钢轨和地，开口两端分别接入相邻的接触网两区段，由于相邻两接触网对地电压相位不同，故相邻两接触网区段间须用分相绝缘器断开，构成普通牵引变电所；若两个二次绕组分别与两台自耦变压器并联后再接入接触网，自耦变压器绕组的中间抽头接钢轨，则构成 AT 牵引变电所。

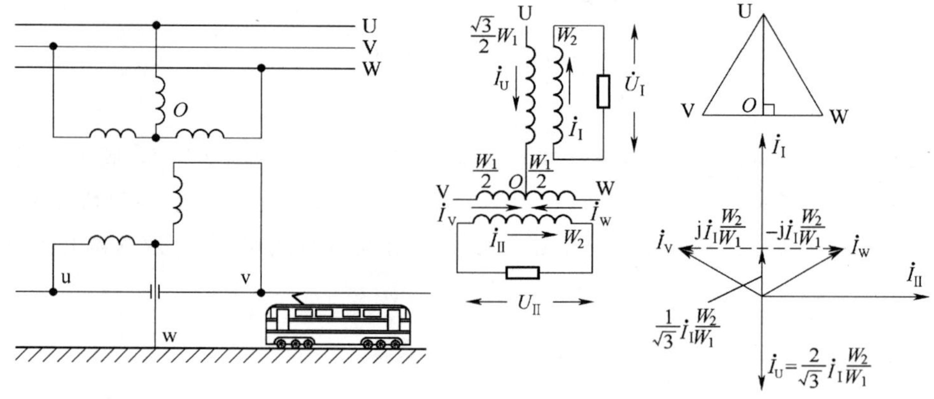

图 2-18　⊥/L(Scott)接线

5. Y_N,V 接线

采用 Y_N,V 接线的变压器称为阻抗匹配平衡变压器，其接线如图 2-19 所示。变压器一次侧三角形绕组接入三相电力系统，二次绕组接线的结构特点是在普通三相三柱式 Y_N,d11 接线变压器的基础上，在中间柱副绕组两端各增加一个平衡绕组，分别与三角形绕组串联组成，利用绕组阻抗匹配达到单相牵引负荷对称分配到一次侧三相电力系统。该变压器二次绕组一

角接钢轨和地，另两角经平衡绕组接入相邻两接触网区段。接触网与钢轨间相位差为 90°，额定电压为 27.5 kV。图 2-20 为某变电所的阻抗匹配平衡变压器外形图。

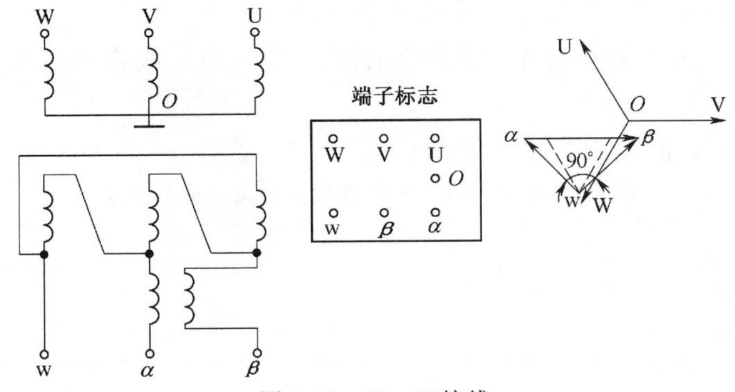

图 2-19　Y_N,V 接线

图 2-20　牵引变电所的阻抗匹配平衡变压器外形图

三、项目实施

(一)检查牵引变压器运行情况

1. 长期停用和检修后的变压器。

长期停用和检修后的变压器，在投入运行前除按正常巡视项目检查外，还要检查下列各项。

(1)分接开关位置应合适且三相一致，有载调压开关位置应符合要求，相位符合要求。

(2)各散热器、油枕、热虹吸装置、防爆管等处阀门应打开，散热器、油箱上部残存的空气应排除。

(3)按规定试验合格。

(4)保护装置应正常。

(5)检修时所做的安全设施应拆除，变压器顶部应无遗留工具和杂物等。

2. 变压器并联运行的条件。

牵引变压器并联运行的三个条件是接线组别相同，电压比相同，短路电压相同。

对电压比和短路电压不相同的变压器，在任何一台都不会过负荷的情况下可以并联运行。

当短路电压不相同的变压器并联运行时，应适当提高短路电压较大的变压器的二次电压，以充分利用变压器容量。

3. 在正常情况下允许的牵引变压器过负荷值，根据制造厂规定的技术条件及负荷情况由铁路局(集团公司)制定。

在事故情况下允许的变压器过负荷值可参照表 2-1 执行。

表 2-1　事故情况下允许变压器过负荷值参照表

过负荷(%)		30	60	75	100	140	200
持续时间(min)	牵引变压器	120	45	20	10	5	2
	其他变压器	120	30	15	7.5	3.5	1.5

当变压器过负荷运行时，对有关设备要加强检查。

(1)监视仪表，记录过负荷的数值和持续时间。

(2)监视变压器音响和油温、油位及冷却装置的运行状况。

(3)检查运行的变压器、断路器、隔离开关、母线及引线等有无过热现象。

(4)注意保护装置的运行情况。

4. 当变更变压器分接开关的位置后，必须检查回路完整性和三相电阻的均一性，并将变更前后分接开关的位置及有关情况记入有关记录中。

5. 变压器在换油、滤油后，一般情况下，应待绝缘油中的气泡消除后方可运行。

6. 运行中的油浸自冷、风冷式变压器，其上层油浸不应超过 85 ℃；风冷式变压器当其上层油温超过 55 ℃时应启动风扇。

当变压器油温超过规定值时，值班人员要检查原因，采取措施降低油温，一般应进行下列工作：

(1)检查变压器负荷和温度，并与正常情况下的油温核对。

(2)核对油温表。

(3)检查变压器冷却装置及通风情况。

7. 当变压器有下列情况之一者须立即停止运行：

(1)变压器音响很大且不均匀或有爆裂声。

(2)油枕、防爆管或压力释放器喷油。

(3)冷却及油温测量系统正常但油温较平素在相同条件下运行时高出 10 ℃以上或不断上升时。

(4)套管严重破损和放电。

(5)由于漏油致使油位不断下降或低于下限。

(6)油色不正常(隔膜式油枕除外)或油内有碳质等杂物。

(7)变压器着火。

(8)重瓦斯保护动作。

(9)因变压器内部故障引起差动保护动作。

(二)巡视牵引变压器并记录

(1)检查储油柜及充油套管内油位、油色。

(2)检查变压器的响声。

(3)检查变压器的套管。

(4)检查冷却装置。

(5)检查变压器的吸湿器。

(6)检查防爆管上的防爆膜。

(7)检查漏油现象。

(8)检查外壳接地情况。

项目三　互感器结构及维护

一、项目介绍

互感器(仪用互感器)是一次电路(主电路)和二次设备(测量、保护及监控电路)之间的联络设备。本项目学习电流互感器和电压互感器结构及运行要求,学会巡视互感器并检查异常情况。

二、相关知识

(一)互感器作用

1. 将二次电气设备(仪表、继电器线圈等)与高压、大电流的一次电路隔离,解决绝缘问题,保证操作人员和二次设备的安全。

2. 将高压、大电流统一变换成标准的低压、小电流,作为二次设备的交流电源。同时便于安装标准化的仪表、继电器。

变电所中装设的互感器有电压互感器和电流互感器,前者将高电压变为标准的低电压(电压互感器二次侧额定电压 U_{2N} 为 100 V 或 $\frac{100}{\sqrt{3}}$ V),后者将高、低压大电流变为标准小电流(电流互感器二次侧额定电流 I_{2N} 为 5 A 或 1 A),配合测量仪表,测量变电所进、出线等处的电压、电流参数,与继电保护配合,保护所内设备和牵引网。

电流互感器和电压互感器的接线原理图如图 2-21 所示。从图中可以看到,电流互感器的一次线圈串联在一次主电路中;其二次侧接入的继电器和仪表的电流线圈也全部是串联的。电压互感器的一次线圈并联在一次主电路中;其二次侧接入的继电器和仪表的电压线圈全部是并联的。

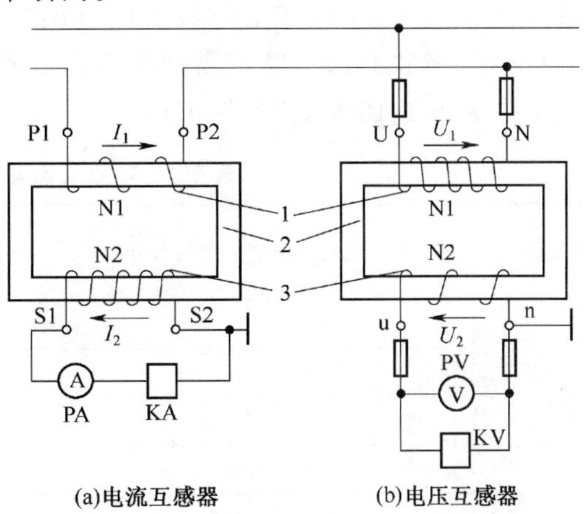

图 2-21　互感器接线原理示意图

1—一次侧绕组;2—铁芯;3—二次侧绕组

(二)电流互感器

1. 电流互感器原理

变电所中装设的电流互感器,由于一次主电路电流很大,所以电流互感器一次绕组匝数极少,绕组截面粗,直接串接于主电路中;二次绕组外接测量仪表和继电保护装置的电流绕组，负荷阻抗极小。所以电流互感器相当于一台容量很小、工作状态近似二次边短路的变压器，结构上也类似变压器。电流互感器又称为变流器，或简称为“流互”，其符号用“TA”表示(现场习惯用“CT”表示)。

电流互感器的主要作用是变换电流，一次侧电流 I_1 与二次侧电流 I_2 的关系如下：

$$I_1 \approx \frac{W_2}{W_1} I_2 \approx K_i I_2$$

式中 K_i——电流互感器的变比，其值 $K_i=\frac{I_{1N}}{I_{2N}}=\frac{W_2}{W_1}$，$W_1$ 和 W_2 分别为电流互感器一次绕组和二次绕组的匝数。

2. 电流互感器主要技术参数

电流互感器的主要技术参数有互感器变比、输出容量、角误差和比值误差、准确度、动稳定倍数与热稳定倍数、10%倍数等。

(1)变比

电流互感器二次侧额定值都为 1 A 或 5 A，所以其变比取决于一次额定电流。

(2)比值误差与角误差

比值误差 $\Delta I\%$ 是指电流互感器二次边测得的一次电流近似值 $K_i I_2$ 和一次电流的额定值 I_{1N} 之差对一次电流额定值 I_{1N} 的百分比。与变压器一样，电磁式电流互感器也存在励磁电流，比值误差因此而产生。其数学表达式如下：

$$\Delta I\% = \frac{K_i I_2 - I_{1N}}{I_{1N}} \times 100\%$$

角误差是指旋转 180°后的二次电流相量 $\dot{I}_2$ 与一次电流相量 $\dot{I}_1$ 之间的夹角 δ。

(3)准确度

电磁式电流互感器的比值误差与角误差是不可避免的，所以在应用中必然存在准确度问题。电流互感器的准确度根据一定运行条件下的最大比值误差确定，准确度在数值上等于此比值误差限值的百分数。例如：准确度为 0.5 级的 TA，当一次主电路的电流 $I_1=(100\%\sim120\%)I_{1N}$(一次主电路额定电流)，TA 二次侧负载 $Z_2=(25\%\sim100\%)Z_{2N}$(TA 二次侧额定负载)，$\cos\phi_2=0.8$ 时，TA 的最大比值误差为±0.5%。电流互感器的准确度级次有 0.2、0.5、1、3、10 级和 D 级。精密测量选用 0.2 级，电能计量选用 0.5 级，一般监视仪表选用 1 级，继电保护选用 3、10 级，差动保护选用 D 级。表 2-2 为电流互感器的准确级次和误差限值。

表 2-2 电流互感器的准确级次和误差限值

准确级次	一次电流为额定电流的百分数(%)	误差限值		二次负载变化范围
		比值误差(%)	角误差(′)	
0.2	10	±0.5	±20	$(0.25\sim1)S_N$
	20	±0.35	±15	
	100～120	±0.2	±10	
0.5	10	±1	±60	$(0.25\sim1)S_N$
	20	±0.75	±45	
	100～120	±0.5	±30	

续上表

准确级次	一次电流为额定电流的百分数(%)	误差限值		二次负载变化范围
		比值误差(%)	角误差(′)	
1	10	±2	±120	$(0.25\sim1)S_N$
	20	±1.5	±90	
	100～120	±1	±60	
3	50～120	±3.0	无规定	$(0.25\sim1)S_N$
10	50～120	±10	无规定	$(0.25\sim1)S_N$
D	100	±3	无规定	S_N
	100n(n 为额定 10%倍数)	−10		

准确度是互感器的重要技术参数，选择不当将导致测量数据不准、继电保护误动作，使用中的 TA 需定期进行准确度校对。

(4)容量

TA 的二次容量 $S_N=I_{2N}^2\cdot Z_2$，因为二次侧额定电流为 5A(或 1A)是定值，电流互感器容量也可以用二次侧负载阻抗 $Z_2(\Omega)$来表示。使用时应注意使其二次侧负载不超过其额定负载，否则准确度等级降级，例如：准确度为 0.2 级的 TA，$S_N=10$ V·A，当 $S_N=15$ V·A 时，准确度等级降为 0.5 级。

(5)动稳定倍数与热稳定倍数

动稳定电流是指一次主电路发生短路时，互感器能承受的无机械损伤的最大一次电流峰值。动稳定倍数就是动稳定电流与电流互感器一次额定电流的比值。动稳定倍数的大小表示了电流互感器承受短路电流电动力作用的能力。

热稳定电流就是指互感器二次绕组短路时，在规定时间内承受短路电流热作用而无损伤的一次电流值。热稳定倍数就是热稳定电流与电流互感器一次电流额定值的比值。热稳定倍数的大小表示了电流互感器承受短路电流热作用的能力。

(6)10%倍数

当电流互感器一次电流成倍增长时，其铁芯磁通将会饱和，励磁电流急剧增加，因此误差也迅速增加。为了保证继电保护装置在主电路出现短路故障时可靠动作，规定用于保护的 TA 比值误差最大不超过 10%，角误差不超过 7°。

用于继电保护的 TA 必须具有良好的过电流性能，通常继电保护装置在电流互感器的比值误差不超过 10%都能可靠动作。当通过电流互感器一次绕组的电流达到电流互感器一次额定电流的 n 倍，而此时比值误差正好达到 10%，则 n 称为 10%倍数，n 越大表示互感器过电流性能越好。图 2-22 是某电流互感器的 10%倍数曲线。

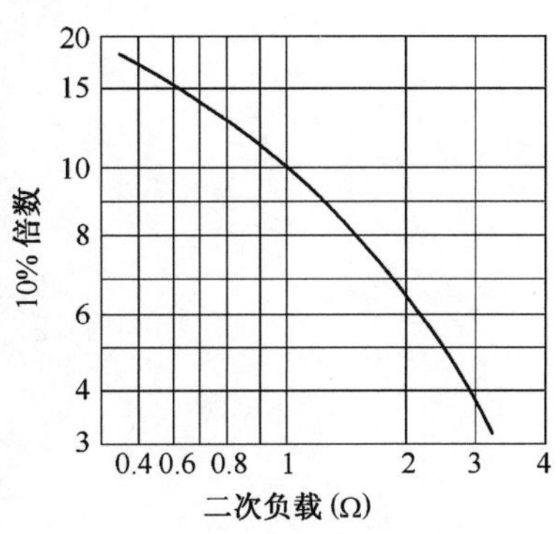

图 2-22　电流互感器 10%倍数曲线

(7)型号

国产电流互感器的产品型号含义如下：

[1] [2] [3] [4] [5] - [6] / [7]

1——L 表示电流互感器。

2——A 穿墙式，B 支持式，C 瓷套式，D 单匝贯穿式，F 多匝贯穿式，M 母线式，Q 线圈式，R 装入式，Z 支柱式。

3——C 瓷绝缘，Z 浇注绝缘，W 户外式，L 电缆型。

4——D 或 C 差动保护用，B 过电流保护用，J 加大容量，Q 加强型。

5——设计序号。

6——额定电压(kV)。

7——额定电流(A)。

如：LFZ2-10 表示 10 kV 多匝贯穿式环氧树脂浇注绝缘电流互感器；LCWB6-110 型表示电压等级为 110 kV 的户外油浸瓷套式过流保护用的电流互感器。

常用的电流互感器按其安装方式可分为单独安装的和设备附属的两大类。按绝缘和冷却方式分则有油浸式和浇注绝缘干式两大类。单装电流互感器其结构多为油浸式，常安装于室外。设备附属式的电流互感器其结构则多为环氧树脂浇注绝缘式，常安装于室内。

3. 牵引变电所常用电流互感器

(1)接地相(轨回流测量用)电流互感器

图 2-23 是 LMZJ1-0.5 型变比系列为 500～800/5 A 的电流互感器外形图，浇注绝缘。其本身不带一次绕组，安装时将母线穿过其铁芯就作为互感器的一次绕组，即其一次绕组只有 1 匝。牵引变电所中牵引变压器接地、钢轨回流电流值的测量可采用该型电流互感器。

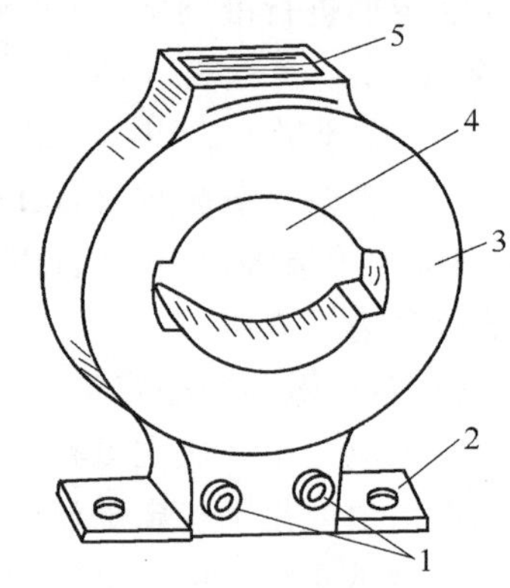

图 2-23　LMZJ1-0.5 型电流互感器外形图

1—二次接线端子；2—安装板；3—铁芯；4——一次母线从此穿过；5—铭牌

(2)牵引侧电流互感器

牵引侧室内真空断路器上采用的电流互感器为环氧树脂浇注绝缘，作为附属件安装于 ZN-27.5 型真空断路器上供测量和保护用。图 2-24 为 27.5 kV 真空断路器所配电流互感器的外形图。

图 2-24　真空断路器上安装的电流互感器

牵引侧也有采用油浸式电流互感器，如 LCWD1-35 型电流互感器为户外式油浸绝缘，用于普通牵引变电所牵引侧馈线及牵引变压器的保护、电流测量及电能计量，LCWD1-35 型户外式电流互感器的外形与 LWCB6-110 型相似。

(3)110 kV 侧电流互感器

110 kV 侧采用的 LWCB6-110 型电流互感器外形如图 2-25 所示。该互感器为油浸式全密封电容绝缘结构，一次绕组为“U”字形，器身固定在托架上，器身及托架固定在油箱内部。主绝缘为电容型油纸绝缘，用高压电缆纸包绕在一次绕组的线圈上，其中设若干电容屏，内屏接高电位，外屏(称末屏或地屏)可靠接地。二次出线板采用防潮性能较好的环氧玻璃布板制成。

图 2-25　LWCB6-110 型电流互感器外形图

油箱上部装有瓷套，瓷套顶部置有储油柜，一次出线端在储油柜上，串并联为外换接装置，即在储油柜外便可以换接，一次接线端子尺寸均按标准规定。电流互感器采用了“波纹式膨胀器”作为油保护装置，且是密封装置，保证了油的质量。产品的油面指示是通过膨胀器上端盖(涂有红漆)随油温变化而上下运动表示出来。油箱上装有标明技术数据的名牌及线圈排列示意图，并有 4 个供起吊产品用的吊攀，油箱底部装有放油阀门及接地螺栓。互感器具有 4 个二次绕组(三个 10P 级和一个测量级)，2×600 A 级以上的互感器的 0.5 级二次绕组有抽头，具有两种电流比，二次额定电流分别为 5 A 和 1 A。一次绕组分为两段，通过串联或并联以改变电流比。一次绕组出线端由瓷套上部的储油柜壁上引出，调整其外部连接板的位置，便可改变一次绕组的串、并联方式。

4. 电流互感器使用注意事项

(1) 电流互感器二次侧必须有一端接地

电流互感器一次侧和二次侧绕组如果发生绝缘击穿，一次侧高压将窜入二次侧，危及人身安全和二次设备安全，因此二次侧必须一端接地以限制二次侧电压的升高。

(2) 电流互感器连接时应注意一、二次端子的极性

电流互感器一次侧端子一般用 P1 和 P2 标注，二次侧用 S1 和 S2 标注，P1 与 S1 同极性(同名端)，P2 与 S2 同极性。极性不能接错，否则可能导致保护装置无法工作甚至烧毁测量仪表。

(3) 电流互感器的二次侧负载不能超过其额定值

一定的准确度对应一定的二次侧额定负载，二次侧负载增加，则互感器的准确度下降，因此二次侧所接仪表不能太多。

(4) 运行中的电流互感器二次侧不能开路

运行中的电流互感器，若二次绕组开路，二次绕组将感应数千伏的高压，危及人身和设备的安全，同时铁芯剧烈发热，导致电流互感器损坏。因此运行中的电流互感器禁止将其二次侧开路，电流互感器二次绕组不允许安装熔断器，不接负载的二次绕组都必须将其短接。

(三)电压互感器

1. 电压互感器原理

变电所中装设的电压互感器，由于一次主电路电压很高，所以一次绕组匝数较多，直接并联于一次电路中；二次绕组匝数较少，直接和测量仪表及继电保护装置的电压绕组相连，负荷阻抗很大。因此，电压互感器相当于一台容量很小、工作状态近似二次开路的变压器，结构上也类似变压器。电压互感器又称为“压互”，其符号用“TV”表示(现场习惯用“PT”表示)。

电压互感器的主要作用是变换电压，一次电压 U_1 与二次电压 U_2 的关系如下

$$U_1 \approx \frac{W_1}{W_2} U_2 \approx K_u U_2$$

式中　K_u ——电压互感器的变比，其值 $k_u = \dfrac{U_{1N}}{U_{2N}} = \dfrac{W_1}{W_2}$，$W_1$ 和 W_2 分别为电压互感器一次绕组和二次绕组的匝数。

2. 电压互感器主要技术参数

电压互感器的主要技术参数有互感器变比、输出容量、角误差和比值误差、准确度等。

(1)变比

电压互感器二次侧额定值为 100 V 或 $\dfrac{100}{\sqrt{3}}$ V，所以其变比取决于一次额定电压。通常在电压互感器铭牌上标示着一次绕组和二次绕组的额定电压。

(2)比值误差与角误差

比值误差 $\Delta U\%$ 是指电压互感器二次侧测得的一次电压近似值 $K_u U_2$ 和一次电压的额定值 U_{1N} 之差对一次电压额定值 U_{1N} 的百分比。其数学表达式如下

$$\Delta U\% = \frac{K_u U_2 - U_{1N}}{U_{1N}} \times 100\%$$

角误差是指旋转 180°后的二次电压相量 $\dot{U}_2$ 与一次电压相量 $\dot{U}_1$ 之间的夹角 δ。

(3)容量

电压互感器的容量(VA)是指二次绕组允许接入的负载功率，与电流互感器一样，其准确度也会随着二次负载的变化而变化。其容量分为额定容量和最大容量两种情况，额定容量是指对应于最高准确级次的容量，最大容量是允许发热条件规定的容量，除了特殊情况和瞬时需

要，一般不应达到最大容量。

(4)准确度

电压互感器准确度等级的确定与电流互感器一样，准确度在数值上等于比值误差限值的百分数。电压互感器的准确级次主要有 0.2、0.5、1 级和 3 级几种，0.2 级常用于精密测量，0.5 级常用于电能计量，一般监视仪表可选用 1 级或 3 级，继电保护所用 TV 不低于 3 级。电压互感器的准确级次和误差限值见表 2-3。

表 2-3　电压互感器的准确级次和误差限值

准确级次	误差限值		一次电压变化范围	二次负荷变化范围
	比值误差(%)	角误差(分)		
0.2	±0.2	±10	$(0.85\sim1.15)U_{1N}$ U_{1N} 为电压互感器一次绕组额定电压	$(0.85\sim1.15)S_{2N}$ S_{2N} 为电压互感器二次绕组额定负载
0.5	±0.5	±20		
1	±1.0	±40		
3	±3.0	无规定		

(5)型号

国产电压互感器的产品型号含义如下：

[1] [2] [3] [4] - [5]

1——J 表示电压互感器。

2——D 单相，S 三相。

3——J 油浸式，G 干式，Z 浇注式，C 瓷箱式，R 电容分压式。

4——B 三相带补偿线圈，W 五柱三绕组，J 接地保护用。

5——额定电压(kV)。

如：JDZ-10 表示是 10 kV 单相双绕组环氧树脂浇注绝缘的电压互感器。

3. 常用电压互感器

变电所中的电压互感器有电磁感应式和电容式两大类，按绝缘和冷却方式分则有油浸式和浇注绝缘干式两大类。电磁感应式实质上相当于一台容量很小(几百伏安)、内阻抗电压降可以忽略的空载变压器，结构与变压器类似。电容式则是一种利用电容分压进行测量的成套设备，主要用于电压等级较高的场合，其实质是一电容分压器，结构上与电磁式有较大的区别。

(1)JCC6-110 型电压互感器。图 2-26 是 JCC6-110 型电压互感器外形图。互感器为油浸式全密封型单相串级绝缘结构。器身部分置于高压瓷箱内，一次绕组的“N”端，二次绕组的出线均由底座上小瓷套引出，互感器采用金属膨胀器作油补偿装置。本型电压互感器为三绕组结构，由两个二次绕组和一个一次绕组组成，一次绕组采用单丝漆包线绕制。瓷套上设有波纹片式膨胀器，膨胀器能使互感器内的变压器油可靠地与大气隔离，在其外罩上设有观察窗，可以看到随油位变化而上下移动的油位指示线。

(2)YDR-110 电容式电压互感器。该型电压互感器的特点是在牵引变电所中，除可用于一次侧高压计测牵引变压器和 110 kV 进线线路保护外，还可供电力线载波通信用。

该型互感器主要由电容分压器、电磁装置、阻尼器等组成，如图 2-27 所示。互感器采用单柱式叠装结构，上部为电容分压器，下部为电磁装置及安装装置，阻尼器为单独单元，可在同一支架上安装。电容分压器瓷套内注有电容器油，为补偿液体体积随温度而变化，瓷套内芯子上

图 2-26　JCC6-110 型电压互感器外形图

方设有膨胀器。

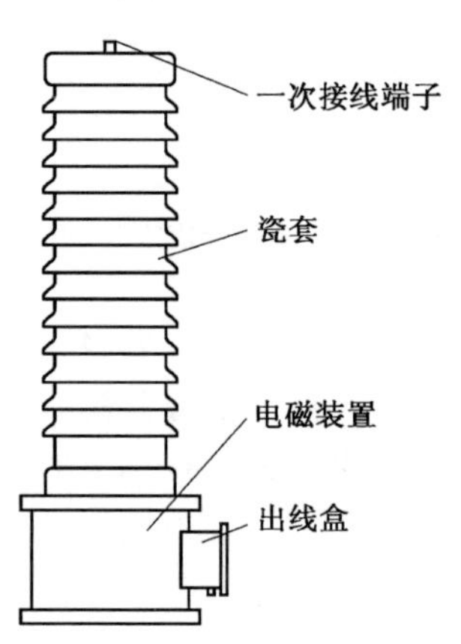

图 2-27　YDR-110 电容式电压互感器外形图

电容式电压互感器的电容分压器同时可用作高频耦合电容器，构成高频通道，以供电力线路载波通信装置使用。

4. 电压互感器使用注意事项

(1)电压互感器二次侧必须有一端接地

电压互感器一次侧和二次侧绕组如果发生绝缘击穿，一次侧高压将窜入二次侧，危及人身安全和二次设备安全，因此二次侧必须一端接地以限制二次侧电压的升高。

(2)电压互感器连接时应注意一、二次端子的极性

单相电压互感器一次侧端子一般用 U 和 N 标注，二次侧用 u 和 n 标注，U 与 u 同极性(同名端)，N 与 n 同极性。三相电压互感器一次侧端子用 U、V、W、N 表示，二次侧其对应的同名端用 u、v、w、n 表示，不能接错，否则测量有误。

(3)电压互感器的二次侧负载不要超过其额定容量

同电流互感器一样，电压互感器一定的准确度对应一定的二次侧额定容量，二次侧负载增加，则电压互感器的准确度下降，因此二次侧所接仪表不能太多，以免超过其额定容量。

(4)运行中的电压互感器二次侧不能短路

电压互感器的二次侧负载主要是仪表和电压继电器线圈，其阻抗很大，电压互感器运行时近似于变压器二次侧开路。电压互感器在运行时，若二次绕组出现短路的情况，则产生过电流，导致电压互感器损坏。因此除放电用电压互感器外，所有电压互感器一次和二次绕组均需安装熔断器保护。

三、项目实施

(一)互感器投入前检查

互感器在投入运行前要检查一、二次接地端子及外壳接地应良好，对电流互感器还应保证

二次无开路，电压互感器应保证二次无短路，并检查其高低压熔断器是否完好。

(二)互感器投入后检查

互感器投入运行后要检查有关表计，指示应正确。

切换电压互感器或断开其二次侧熔断器时，应采取措施防止有关保护装置误动作。

(三)运行中互感器须立即停止运行的情况

1. 高压侧熔断器连续烧断两次。

2. 声响很大且不均匀或有爆裂声。

3. 有异味或冒烟。

4. 喷油或着火。

5. 由于漏油使油位不断下降或低于下限。

6. 严重的火花放电现象。

(四)巡视检查互感器并记录结果

1. 巡视检查电压互感器

(1)检查绝缘子。

(2)检查运行中的电压互感器发出的响声。

(3)检查油色和油位，吸湿器的硅胶是否变色。

(4)检查一、二次回路接线、二次侧接地情况。

(5)检查一、二次熔断器。

2. 巡视检查电流互感器

(1)检查电流互感器各接头。

(2)检查电流互感器的二次侧接线。

(3)检查油色、油位，吸湿器的硅胶是否变色。

(4)检查绝缘子。

(5)检查运行中电流互感器发出的响声。

项目四　高压断路器结构及维护

一、项目介绍

高压开关电器主要用于高压电路中的分、合电路。其种类较多，主要包括高压断路器、高压隔离开关和高压负荷开关等。高压断路器在现场常称为“开关”，而高压隔离开关常称为“刀”或“刀闸”。其中断路器结构最为复杂、性能最为完善、地位也最为重要。本项目重点学习真空断路器、六氟化硫断路器的结构及维护。

二、相关知识

(一)高压断路器作用

高压断路器在结构特点上具有专门的灭弧装置，具备很强的灭弧能力，是一种具有开关和保护双重作用、性能完善的高压开关。其作用概述如下：

1. 高压断路器可通断正常负荷

根据经济运行、改变运行方式或设备检修的需要，通过高压断路器与隔离开关配合进行倒闸作业，通断一次电路。因此高压线路和设备的停、送电操作常通过高压断路器来实现。

2. 高压断路器与继电保护装置或自动装置配合

高压断路器与继电保护装置配合，快速切除故障设备及故障线路，达到保护一次设备和缩小事故范围的目的；高压断路器与自动装置配合，可实现快速重合闸，提高供电可靠性。

因此高压断路器不但用于正常的主电路开合控制操作，也用于开断短路电流，快速切除故障。

（二）高压断路器主要技术参数

（1）额定电压 U_N：断路器长期正常工作允许外加的电压。

（2）额定电流 I_N：断路器长期正常工作允许通过的电流。

（3）额定开断电流 I_{NOFF}：额定电压下，断路器能可靠切断的最大电流，表明断路器的开断能力。

（4）额定断流容量 S_{NOFF}：三相电路的额定断流容量 $S_{NOFF}=\sqrt{3}U_N \cdot I_{NOFF}$。因为 U_N 和 I_{NOFF} 不具有同时发生的条件，额定断流容量 S_{NOFF} 没有实际的物理意义。国际电工委员会(IEC)规定，只把额定开断电流 I_{NOFF} 作为高压断路器开断能力的唯一技术参数，额定断流容量 S_{NOFF} 仅作为描述断路器开断能力特性的一个参数。

（5）动稳定电流 I_d：断路器不被机械性破坏所能承受的最大短路电流峰值（极限通过电流峰值）或有效值，即断路器承受电动力的能力。

（6）热稳定电流 I_t：断路器满足热稳定条件在规定时间（1、4、5、10 s）内允许通过的最大短路电流。

（7）断路时间 t_{oc}：包括断路器固有分闸时间和燃弧时间，断路器技术数据一般给出固有分闸时间。

（三）高压断路器的类型

根据高压断路器采用的灭弧介质和方式来分，目前变配电所中装设的高压断路器主要有以下几种：

（1）少油断路器：利用绝缘油（变压器油）作为灭弧和触头开断后弧隙绝缘介质。

（2）六氟化硫(SF_6)断路器：采用规定压力的、具有优良灭弧性能和绝缘性能的 SF_6 气体作为灭弧介质和弧隙绝缘介质。

（3）真空断路器：灭弧室为 $133.3\times10^{-6}\sim133.3\times10^{-4}$ Pa 的高真空，利用真空中带电质点良好的扩散能力和良好的绝缘性能灭弧。

（4）压缩空气断路器：利用压缩空气的压力迅速开断。其开断能力很大，速度快，检修方便；但结构较复杂，噪声大，需要专门的空压机系统作为操动机构。适合于 110 kV 及以上大容量的发电站、变电站、发动机保护用或频繁操作的场合。

（5）磁吹断路器：采用磁吹灭弧的方式灭弧。特别适合于频繁操作，但结构较复杂，而且电压等级受限制，一般在不超过 20 kV 的场合下使用。

高压断路器的型号表示如下：

[1] [2] [3] - [4] [5] / [6] - [7]

1——S 少油，Z 真空，L 六氟化硫。

2——N 户内，W 户外。

3——设计序号。

4——额定电压(kV)。

5——补充标注(Ⅰ Ⅱ Ⅲ)。

6——额定电流(A)。

7——开断电流(kA)或断流容量(MV·A)。

如:SW4-35/1 000 表示 35 kV 三相户外用的少油断路器,其额定电流为 1 000 A。

(四)高压断路器的基本构成及其操动机构

高压断路器的类型虽然很多,但在结构上都是由开断元件、支撑绝缘元件、传动元件、基座和操动机构五个基本部分组成,如图 2-28 所示。其中动、静触头与灭弧室等零部件组成的开断元件是断路器的核心部分。

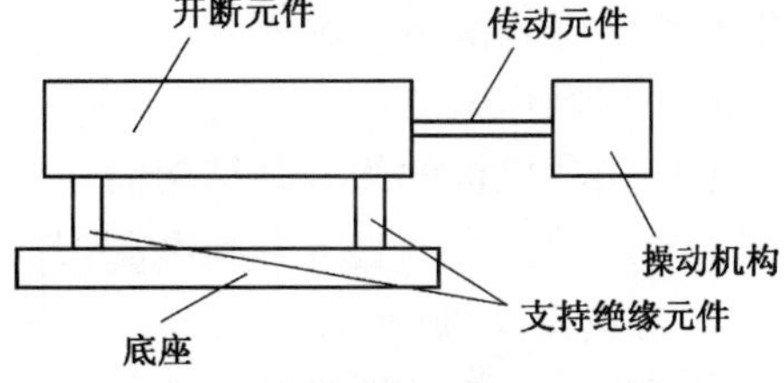

图 2-28　高压断路器的基本结构示意图

断路器的的分、合闸操作功率大,必须由专门的操动机构完成。断路器操动机构结构复杂,传动速度较高,操作功率大,是断路器必备的配件。各种断路器配置不同的操动机构,断路器的各种自动化操作是通过操动机构与控制电路联合实现的。

高压断路器的操动机构主要有手动式、电磁式、弹簧式、液压式和气动式几种。下面介绍变配电系统中常用的电磁操动机构和弹簧操动机构。

1. 电磁操动机构

电磁操动机构主要包括电气部分和机械部分组成。电气部分主要包括分闸线圈、合闸线圈、合闸接触器、辅助开关等;机械部分主要包括分闸弹簧、各种拐臂、连杆、转轴等分、合闸保持机构和传动机构。图 2-29 为 CD10 型电磁操动机构的结构示意图,图 2-30 为机构实物图。

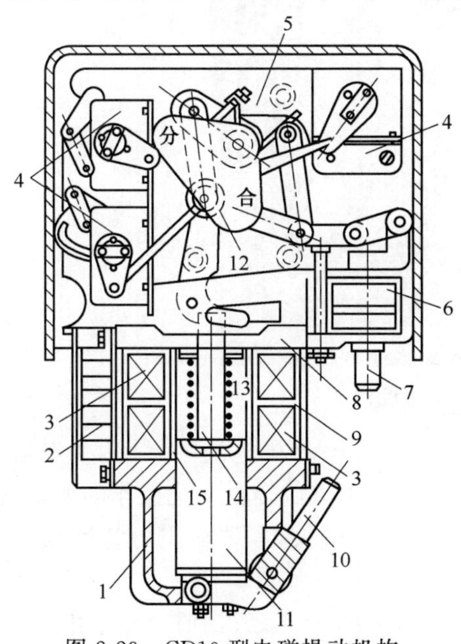

图 2-29　CD10 型电磁操动机构

1—缓冲法兰;2—接线板;3—合闸线圈;
4—辅助开关;5—主转轴;6—分闸线圈;
7—分闸铁芯;8—铸铁支架;9—外铁筒;
10—操作手柄;11—合闸铁芯;12—分、合闸指示牌;
13—复位弹簧;14—顶杆;15—内圆筒

图 2-30　电磁操动机构实物图

合闸时，合闸线圈受电（合闸线圈由合闸接触器控制，图中未画出合闸接触器），合闸铁芯被吸起，驱动传动机构使断路器合闸，合闸线圈失电后合闸铁芯自动落下，但断路器的合闸状态通过合闸保持机构得以维持。

分闸时，分闸线圈受电，分闸铁芯被吸起，此时分闸弹簧（图中未画出）驱动断路器高速分闸，同时断路器保持分闸状态。

电磁型操动机构也可手动控制，用钢管套入合闸手柄后，用力向下压即可使断路器合闸；用钢管向上轻轻敲击分闸铁芯即可实现断路器手动分闸。高压断路器在带电的情况下一般禁止手动机构操作断路器。

电磁操动机构的优点是结构简单，体积小，但缺点是合闸电流较大，达到 100 A 或更高，需要配备专门的大容量直流合闸电源，其应用将逐渐被弹簧操动机构代替。

2. 弹簧操动机构

弹簧操动机构是以弹簧储能来实现断路器分、合闸操作的一种机构，如图 2-31 所示。其储能由电动机实现，断路器每次合闸后均需启动电动机给合闸弹簧储能，否则下次不能操作合闸，储能完毕通过行程开关自动切断储能电动机的电源；而合闸的过程当中已经给分闸弹簧储能，因此分闸后不需启动电动机储能。弹簧操动机构同时也提供了手动储能的方式，可以通过摇臂给操动机构储能。

图 2-31　27.5 kV 弹簧操动机构

弹簧操动机构的优点是速度快，工作稳定，其储能过程中电动机电流不大（几个安培），因此对直流电源要求不高，不需配备专门的合闸电源。其特点比较适合自动化操作的要求，因此应用很广。但其缺点是部件较多，制造工艺要求高，检修难度较大，本体输出力特性与断路器负载特性配合较差等。

由于弹簧式操动机构的合闸电流比电磁式机构要小得多，因此已得到广泛应用。而电磁式对合闸电源要求较高，合闸电流较大，其应用主要在电压等级较低的情况下。目前室内手车式断路器多采用性能好的弹簧操动机构。

3. 液压操动机构

在电压等级较高的场合，常采用液压机构，其工作原理如图 2-32 所示。蓄能器、电机与油泵属于储能元件。液压机构的压力由油压开关监视，压力下降到规定数值时电机启动，压缩储能器中上部的氮气储能。控制阀由分、合闸线圈控制。合闸时，控制阀使高压油进入工作缸活塞的左侧，使活塞向右侧运动，通过操动杆驱使断路器合闸；分闸时，控制阀使工作缸活塞左侧的高压油泄至低压油箱，高压油进入工作缸活塞右侧，通过操动杆驱使断路器分闸。

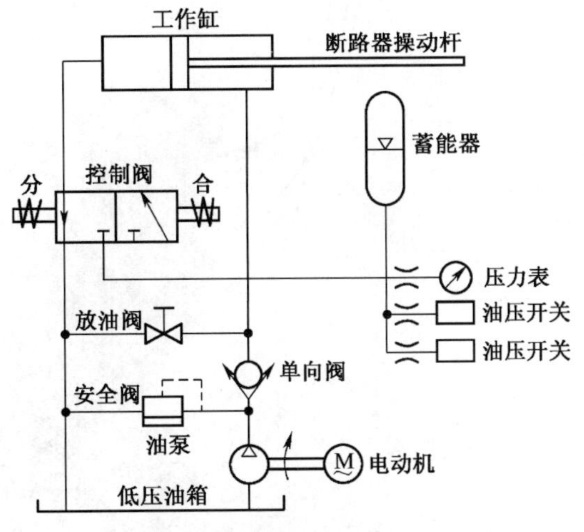

图 2-32　液压机构工作原理

（五）常用断路器结构

1. 少油断路器

特点：少油断路器结构简单，造价较低，适用于各电压等级的变配电所，110 kV 及以上电压等级的少油断路器仍在变电所得到应用。但少油断路器燃弧时间较长，动作速度较慢，体积相对较大，制约了其在 35 kV 及以下电压等级的应用，最终被性能更加优良的六氟化硫断路器和真空断路器取代。

灭弧原理：少油断路器利用绝缘油作为灭弧介质及触头断口间的绝缘介质。少油断路器采用了吹弧的灭弧方法，断路器分闸时导电杆（动触头）向下运动，在动触头和静触头之间产生电弧，灭弧室的温度迅速上升，油在密封的灭弧室里受热分解，压力剧增，导电杆依次打开灭弧室各横断口时，高压油气混合物强烈吹向电弧，形成横吹；分断后期，部分油流喷向静触头，形成纵吹，电弧在横吹和纵吹的作用下被拉长和冷却而迅速熄灭。

如图 2-33 所示为是 SN10-10 型少油断路器的结构图，电压等级较高的少油断路器，其灭弧室常采用多断口结构，以降低每个断口承受的电压，从而达到降低自重、减小体积、降低造价的目的。如 110 kV 电压等级户外用的少油断路器 SW_6-110，其整体采用“Y”字形结构，具有两个串联的断口，并在每个断口上并联电容器，使其电压分布均匀，“Y”字形少油断路器的外形如图 2-34 所示。由于操作功率较大，断路器常配用 CY3 型液压操动机构。

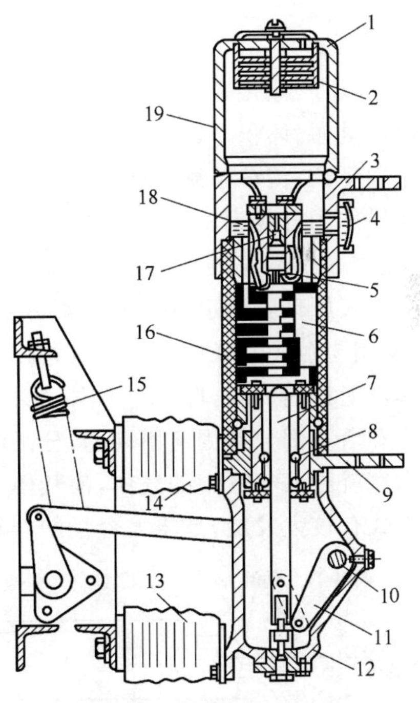

图 2-33　少油断路器结构

1—注油螺钉；2—油气分离器；3—上接线板；4—油标；5—静触头；6—灭弧室；7—导电杆；8—滚动触头；9—下接线板；10—转轴；11—拐臂；12—基座；13—下支柱绝缘子；14—上支柱绝缘子；15—分闸弹簧；16—绝缘筒；17—逆止阀；18—绝缘油；19—铸铁帽

2. 六氟化硫（SF_6）断路器

SF_6 气体是一种无色、无味、无毒（但在高温下与水作用会生成毒性物质）、不可燃、不助燃的惰性气体，分子量大，热容量大，化学性能稳定，具有很强的负电性，因此具有优良的灭弧和绝缘性能，其绝缘能力约为

图 2-34　SW_6-110 的少油断路器外形图

空气的 2.5～3 倍,灭弧能力则是空气的约 100 倍。

特点:六氟化硫(SF_6)断路器具有使用寿命长、操作噪声小、开断性能好、灭弧性能优良、断流容量大、体积小、无火灾危险等优点,属于开断性能优良的品种。但制造工艺要求高,充放气过程复杂,传动系统复杂,调整较困难,造价较高。六氟化硫(SF_6)断路器是高压、大容量、频繁操作场合较为合适的产品,应用越来越广泛。近年来 SF_6 全封闭组合电器得到了快速发展,表明 SF_6 断路器在高压断路器领域中将扮演着重要角色。

灭弧原理:六氟化硫(SF_6)断路器常采用单压气吹式原理灭弧,即在单一气压的 SF_6 气体中,采用与触头并联的活塞装置,在分断的过程中,在喷口处形成气流,吹熄电弧。吹弧后 SF_6 气体不能排向大气,即 SF_6 气体必须处于一封闭的系统中。其灭弧室结构如图 2-35 所示,静触头和活塞部分是固定不动的,分闸时,操动机构带着动触头、绝缘喷口和压气缸一起运动,这样活塞就压缩气缸中的气体,使气体压力升高,高速气流吹向喷口,使电弧迅速熄灭。目前灭弧方式有较大发展,高压大容量的六氟化硫(SF_6)断路器多采用混合式灭弧方式。

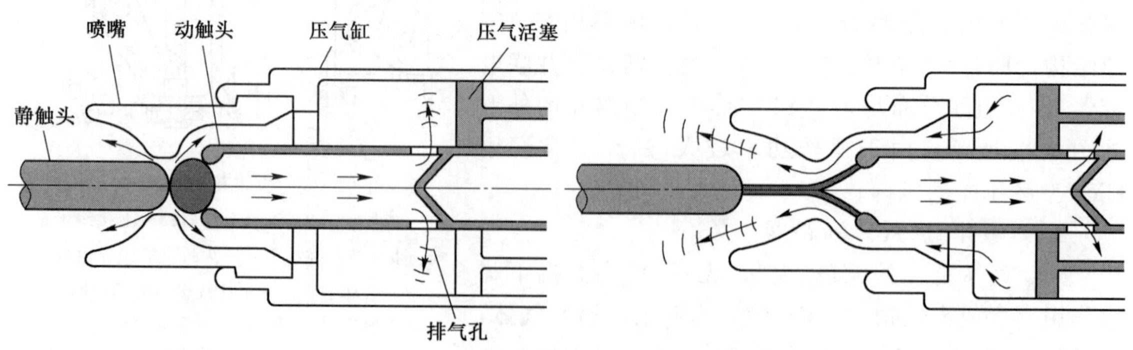

图 2-35　六氟化硫断路器灭弧室结构示意图

结构:变电所中采用的 SF_6 断路器通常有三种布置方式。

(1)绝缘子支柱式:此类断路器的结构特点是将触头和灭弧室安装在金属筒或绝缘筒内,其对地绝缘由支持绝缘子保证。这种结构可以将多个断口串联和加长支持绝缘子来组成更高电压等级的断路器。绝缘子支柱式断路器的耐压水平高,结构简单,容易制造成系列性产品。不足之处是断路器重心高,抗震能力差,而且电流互感器不能安装在断路器本体上,需要单独安装。图 2-36 是绝缘子支柱式 SF_6 断路器的外形图。

图 2-36　绝缘子支柱式 SF_6 断路器外形图

(2)落地罐式:其触头和灭弧室安装在接地金属罐中,使用套管引出线,高压部分与外壳之间的绝缘主要由 SF_6 气体和环氧树脂浇注绝缘子承担。其优点是可以在进出线套管上安装电流互感器,同时利用出线套管的电容制成电容式分压器,获得电压信号,也可以和其他设备组合成复合式开关设备,抗震性强。不足之处是制造工艺复杂,消耗金属材料较多,价格较贵。其外形如图 2-37 所示。

(3)手车式:35 kV 及以下电压等级的六氟化硫(SF_6)断路器安装在可移动的小车内,结构轻巧,方便检修和备用,很适合在室内使用。如 LN2-10 型六氟化硫(SF_6)断路器就安装在手车上。

电压等级较高的回路多采用瓷瓶支柱式和落地罐式,适合于户外安装,电压等级较低的多采用手车式,适合于室内安装。

图 2-38 是 LN2-10 型六氟化硫(SF_6)断路器安装在手车上的外形图。

图 2-37　落地罐式 SF_6 断路器外形图

3. 真空断路器

特点：真空断路器具有动作快（固有分闸时间不超过 0.06 s，固有合闸时间不超过 0.2 s）、体积小、维修工作量小（灭弧室不需检修）、防火防爆性能好及操作噪声小的主要优点，适合于频繁操作（真空断路器机械寿命多达几万次）。目前真空断路器广泛应用在 35 kV 及以下的系统中，是该电压等级中性能最优良的品种。但具有制造工艺要求较高、造价较高、灭弧室真空度变化难以监测等不足之处。

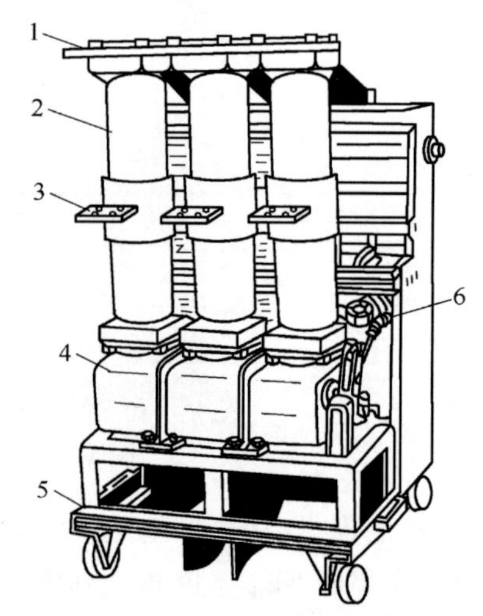

图 2-38　LN2-10 型六氟化硫断路器外形图
1—上接线端；2—绝缘筒；3—下接线端；
4—操动机构；5—小车；6—分闸弹簧

灭弧原理：真空断路器利用具有很高绝缘强度和扩散能力的高真空作为绝缘介质和灭弧介质。真空灭弧室中动触头和静触头分离时，将产生电弧，由于灭弧室中气体较为稀薄，因此电弧主要由金属蒸气形成。金属蒸气电弧在气体稀薄的真空中扩散速度极高，扩散的金属蒸气微粒吸附在屏蔽罩上，因而电弧在过零时容易熄灭。

真空电弧主要有聚集型和扩散型两种，聚集型电弧容易使触头表面局部过热，降低断路器的使用寿命，扩散型电弧则可避免这种情况。真空断路器的触头表面由于采用了特殊结构，使电弧在触头表面高速旋转，避免烧损触头，延长了触头的寿命。

真空断路器在开断较小的交流电弧时，由于真空的优良灭弧性能，真空电弧可能在交流电弧自然过零前突然熄灭，即电流由某一数值突变为零，此过程称为截流。根据能量守恒的关系,此时磁场能量会转变为电场能量。因此截流现象会引起过电压,危及真空断路器的绝缘。

结构:真空断路器的关键部件是真空灭弧室。图 2-39 是真空灭弧室结构图,灭弧室的各主要零部件均封装在玻璃外壳中,主要包括以下几部分:

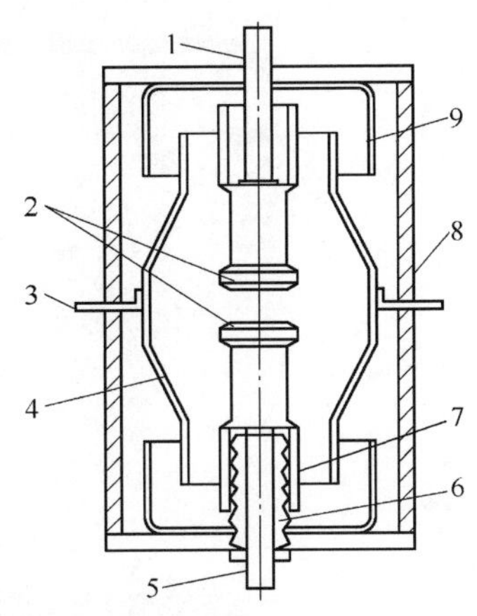

图 2-39　真空灭弧室结构示意图

1—静触头;2—电极;3—屏蔽法兰;4—屏蔽罩;5—动触头;6—波纹管;7—波纹管屏蔽罩;8—绝缘外壳;9—屏蔽

(1)外壳。外壳是真空灭弧室的密封容器,容纳和支承灭弧室内的各种部件,当断路器触头处于开断时起绝缘作用。因此对外壳的要求首先是密封良好,不漏气,同时要有足够的机械强度和绝缘强度。

外壳一般采用硬质玻璃和高氧化铝瓷等材料,或采用微晶玻璃。外壳端盖部分常用不锈钢、无氧铜、可伐合金等金属制成。

也有的真空灭弧室外壳用金属材料制成外部圆筒,再以无机材料制成绝缘端盖。此时金属圆筒又起屏蔽罩的作用。

(2)屏蔽罩。屏蔽罩的作用是吸附金属蒸气电弧的生成物,防止绝缘外壳受污染而降低绝缘强度,缩短灭弧室的寿命。同时生成物被吸附后不再返回电弧间隙,有利于灭弧。

屏蔽罩常用导热性能好的无氧铜、不锈钢、镍合金等材料制成。以利于电弧生成物在其表面冷却凝结,提高灭弧室的开断能力。

(3)触头。触头作为高压导电部分,要求通流能力强,接触电阻小。其表面结构在触头开断后应有利于灭弧。触头的寿命决定了真空灭弧室的开断能力和电气寿命,是灭弧室中最重要的部件。

真空断路器的触头并非简单的平板形状,因为平板形状在开断大电流时电弧容易集中在平板的某一点,导致触头产生熔焊点,不利于电流的开断。所以,真空断路器触头常用中接式螺旋槽触头,其主要材料是铜铬合金。其原理是利用电弧本身产生横向磁场的的作用,触头开断时电弧会在其表面高速旋转。其特殊的表面结构可以避免上述不良情况出现,开断能力可达 40 kA。

(4)波纹管。波纹管是真空灭弧室动态密封的弹性元件,随真空断路器动触头的动作而伸缩,保证在操动机构的作用下完成分、合闸操作而不破坏灭弧室的真空度。其常用材料是不锈钢、磷青铜、铍青铜等。真空灭弧室的寿命取决于波纹管的使用寿命。

真空断路器安装常采用手车式结构,操作灵活、轻巧。图 2-40 为牵引变电所中安装在手车上的真空断路器外形图。

三、项目实施

(一)检查断路器是否满足运行基本要求

断路器要建立专门记录,逐台统计其自动跳闸次数,当自动跳闸次数达到规定数值时应进行检修。

发现断路器拒动时应立即停止运行。

图 2-40　27.5 kV 真空断路器外形图

断路器跳闸时,发生严重喷油、喷瓦斯或发现油内含碳量很高或气体颜色极不正常、气压低于下限值、触头严重烧伤、不对位时应立即停止使用。

断路器每次自动跳闸后,要查明原因,采取措施尽快恢复供电。同时值班人员要对断路器及其回路上连接的有关设备均须进行检查,具体项目和要求如下。

油断路器:是否喷油,油位、油色是否正常。

气体断路器:气体的颜色、压力是否正常;对处于分闸状态的断路器应检查其触头的烧伤情况。

真空断路器:真空灭弧室是否有损坏。

(二)巡视并记录结果

(1)检查断路器油色、油位。

(2)检查瓷套管。

(3)检查各连接头接触状态。

(4)检查绝缘拉杆、拉杆绝缘子及连接软铜片。

(5)检查分、合闸机械指示器。

(6)检查室外操动机构箱的门盖,检查操动机构的连杆、拉杆绝缘子、弹簧。

(7)检查端子箱内二次线端子。

(8)检查真空断路器的真空包。

(三)检查真空断路器,检查弹簧操动机构

(1)拆装真空断路器灭弧室。

(2)拆开操动机构面板,检查机构部件。

(3)检查操动机构手动储能。

(4)测量和调节断路器行程。

项目五　高压隔离开关和负荷开关结构及维护

一、项目介绍

本项目学习高压隔离开关的结构及操作要求，掌握负荷开关的功能及结构特点，熟悉两种设备的区别及应用。

二、相关知识

(一)隔离开关

1. 隔离开关的作用

(1)隔离开关用于隔离电源。因为隔离开关分闸后断口非常明显，而且断口在各种过电压之下都不会击穿，具有足够的绝缘能力，从而保证检修的安全。

(2)隔离开关与断路器配合进行倒闸操作，使有关电气设备按需要在运行、备用及检修三种状态间切换。

(3)隔离开关可以通断小电流电路。

小电流电路包括电压互感器、避雷器电路；电压 35 kV、容量为 1 000 kV · A 及以下或 110 kV、容量为 3 200 kV · A 及以下的空载变压器；10 kV、5 km 以内或 35 kV、10 km 以内的空载线路；变压器中性点的接地线等。

2. 隔离开关的类型

按照隔离开关触头动作的方式，隔离开关的结构一般有插入式、伸缩式、闸刀式和旋转式四种基本形式。图 2-41 所示为 220 kV 伸缩式隔离开关，图 2-42 所示为闸刀式隔离开关，图 2-43 所示为旋转插入式隔离开关(合闸时两侧触头先旋转，最后一侧触头插入另一侧指形触头中)。

高压隔离开关的型号中的第一个字母 G 表示隔离开关，其他字母的含义参见有关手册。

3. 隔离开关的结构

隔离开关和断路器一样首先完成的是其开关的作用，所以在结构上和断路器相似，由开断元件、支撑元件等基本部分组成。但隔离开关没有灭弧室，因此在结构上要比断路器简单得多。

(1)户内隔离开关

图 2-41　220 kV 伸缩式隔离开关外形图

户内隔离开关有单极和三极两种，基本上是闸刀式结构，且静触头用弹簧加紧，保证接触压力。户内隔离开关一般采用手动操作机构，也有根据需要采用电动操作机构的。图 2-42 为 GN_8-10 型隔离开关的外形，其支持结构为绝缘子和套管，安装非常方便。

(2)户外隔离开关

图 2-43 是 GW_5-110D 型隔离开关的结构外形。这是一种旋转式动作的隔离开关，开关的闸刀由两个可以绕轴旋转的棒式支柱绝缘子支持，与棒式绝缘子轴连接的交叉连杆可保证两棒式绝缘子在转动时能同步向两个相反方向同时转动，带动闸刀水平旋转 90°完成分、合闸。

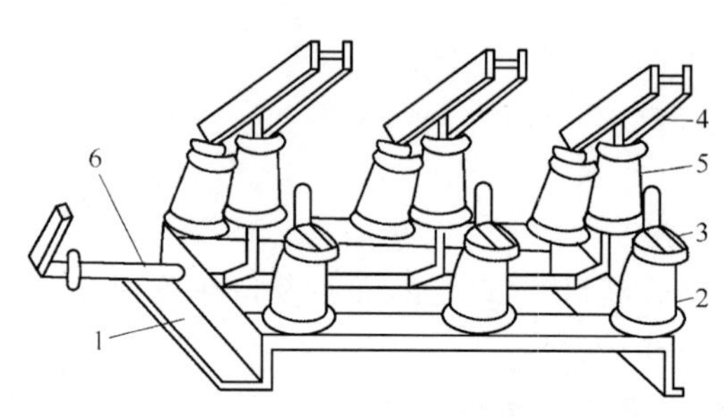

图 2-42　GN_8 型户内隔离开关外形示意图

1—底座；2—支持瓷瓶；3—静触头；
4—闸刀；5—操作瓷瓶；6—转轴

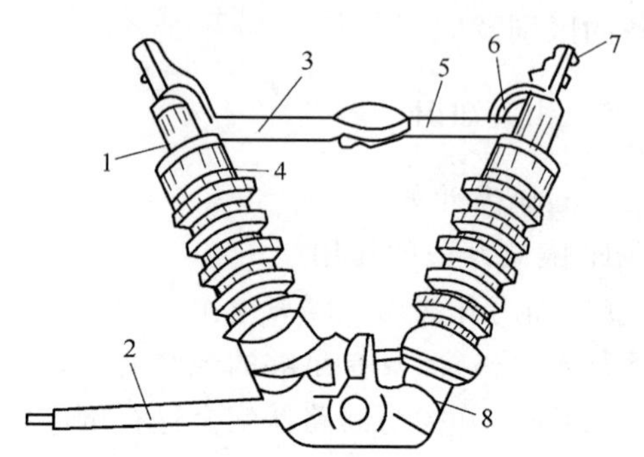

图 2-43　GW_5-110D 型隔离开关外形

1—支承座；2—接地闸刀；3、5—闸刀；
4—棒式绝缘子；6—挠性导体；7—接线端子；8—底座

交叉连杆由操动机构的牵引杆传动。为保证触头闸刀分、合闸过程中可以自动净化，在触头上装有防尘罩，同时闭合后应具有弹性接触压力。用软连接导线将闸刀与接线端子连接起来，以利闸刀旋转。整个开关由钢底架支持并固定在 2.5 m 高的水泥柱上。主闸刀和接地闸刀分别由两套手动操作机构操作。主闸刀合闸后两闸刀成一条直线，在主闸刀靠近支柱绝缘子端装有接地静触头，以保证主闸刀断开且到位后接地闸刀才能闭合。

隔离开关可分相操作，也可三相联动，联动时操动机构装在边相上，通过连杆机构使三相开关同步动作。

4. 隔离开关操作注意事项

隔离开关没有专门的灭弧装置，因此不能带负荷操作。否则将在断口间产生电弧或造成三相弧光短路，造成严重事故。因此必须遵守以下事项：

(1)如图 2-44 所示，当隔离开关与断路器串联于电路时，分闸时先分断路器，再分隔离开关；合闸时先合隔离开关，再合断路器。简单描述为“先合后分”。

(2)如图 2-45 所示，当隔离开关与断路器并联于电路时：分闸时先分隔离开关，再分断路器；合闸时先合断路器，再合隔离开关。简单描述为“先分后合”。

图 2-44　隔离开关与断路器串联　　　　图 2-45　隔离开关与断路器并联

在断路器和电动隔离开关的自动控制电路中，必须设置接点闭锁，使电路满足上述两个要求，以保证隔离开关不带负荷操作。

5. 高压隔离开关的操动机构

高压隔离开关分、合采用操动机构来控制，可以提高操作人员的安全性，同时可实现其操动机构和断路器操动机构的闭锁,防止误操作。

高压隔离开关的操动机构主要有手动和电动两种。手动机构的操作手柄与带电部分用绝缘杆相连,绝缘杆的长度足以保证操作人员的安全。隔离开关机构本身也有闭锁措施,即在分闸位置和合闸位置都能防止开关意外地改变状态。手动机构结构较为简单,价格低廉,因此得到广泛使用。

对于要实现自动控制或距离控制的隔离开关,则需采用电动操动机构。此时隔离开关触头的动作可由电机的正反转来实现,其控制电路和断路器的控制电路可方便地通过电气关系实现操作顺序闭锁,防止误操作。

(二)高压负荷开关

1. 高压负荷开关作用

高压负荷开关的主要作用是通断正常的负荷电流,也可以切断一定的过载电流,断开后有明显的断口,可隔离电源。

高压负荷开关具有简单的灭弧装置,具有一定的灭弧能力,配合热脱扣器可作过载保护装置用,线路过载时自动切断过负荷电流。但其灭弧能力不足以切断短路电流,故不能完全代替高压断路器的作用。如果高压负荷开关和熔断器串联配合使用,则在某些场合可代替高压断路器,以节省投资和简化设备。因为无法实现快速重合闸,供电可靠性较低,不适合应用在重要的场合。

由此可见,高压负荷开关具有高压隔离开关的所有功能,其灭弧能力不如断路器,只具备高压断路器的部分功能。所以高压负荷开关是介于高压断路器和隔离开关之间的一种开关设备,其造价也介于同电压等级的断路器和隔离开关之间。

2. 高压负荷开关的灭弧原理

高压负荷开关的灭弧方式通常采用压气式吹弧或产气式吹弧灭弧。压气式吹弧是当开关分闸时,操动机构带动活塞压缩气缸,压缩空气由喷嘴高速喷出,使电弧熄灭。产气式吹弧是负荷开关的喷嘴中填充了产气材料,电弧的高温作用使喷嘴产生大量的气体高速喷出使电弧熄灭。

3. 高压负荷开关的结构

高压负荷开关结构上同高压隔离开关类似,但在触头断开处多了灭弧的喷嘴,同时考虑到短路保护的需要,加装了熔断器。高压负荷开关有室内和室外用两种。其型号中的第一个字母 F 表示负荷开关,其他字母的含义参见有关手册。

室内用的 FN3 型和 FN5 型负荷开关有三种形式:无熔断器的负荷开关;上部安装熔断器的负荷开关;下部安装熔断器的负荷开关。图 2-46 为 FN3-10RT 型负荷开关的外形。图 2-47 是 FN5-10D 型负荷开关的外形图。

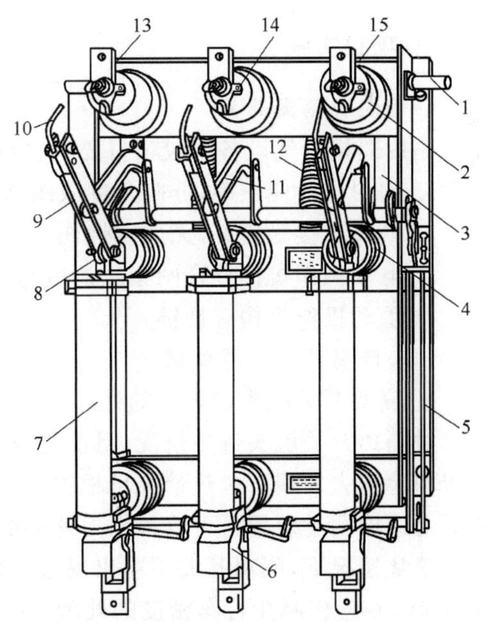

图 2-46　FN3-10RT 型负荷开关的外形图

1—主轴;2—上绝缘子;3—连杆;4—下绝缘子;5—框架;6—热脱扣器;7—熔断器;8—下触座;9—闸刀;10—动触头;11—绝缘拉杆;12—分闸弹簧;13—绝缘喷嘴;14—主静触头;15—上触座

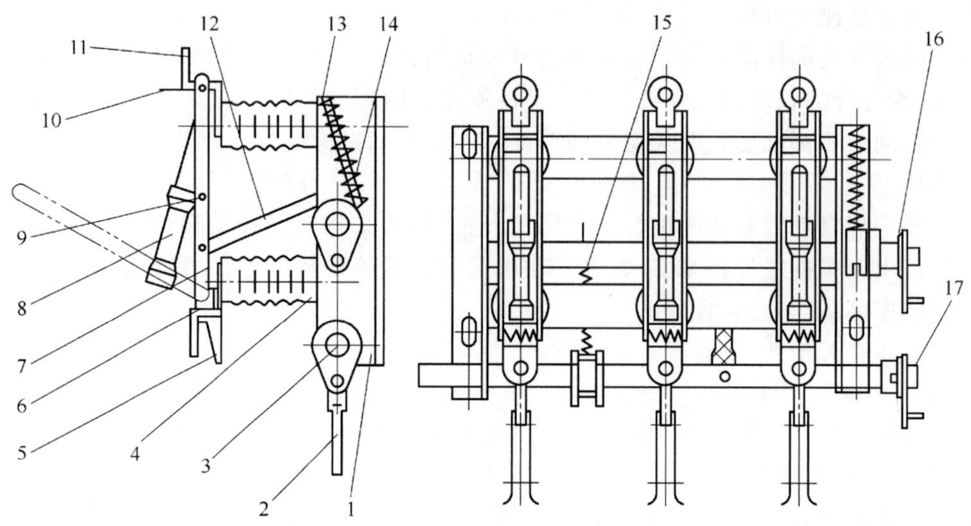

图 2-47　FN5-10D 型负荷开关

1—框架；2—接地刀片；3—接地开关转轴；4—支持绝缘子；5—接地转轴；6—支座接线板；7—刀片；8—灭弧管；9—拉簧及扭簧销轴；10—导向片；11—触座接线板；12—拉杆；13—负荷开关转轴；14—负荷开关弹簧储能机构；15—接地开关弹簧储能机构；16—负荷开关操动机构；17—接地开关操动机构

4. 高压负荷开关的操动机构

高压负荷开关的操动机构一般采用 CS2 和 CS4 手动机构进行操作。为了满足合闸需要，其机构配有快速合闸弹簧，组成快速合闸机构。

三、项目实施

(一)巡视隔离开关

先按巡视电气设备一般项目要求进行巡视，再注意以下几点：

1. 闸刀位置应正确，分闸角度或距离应符合规定。
2. 触头应接触良好，无严重烧伤。
3. 电动操作机构分合闸指示器应与实际状态相符。机构箱密封良好，部件完好无锈蚀。
4. 手动操作机构应加锁。

(二)隔离开关故障处理

1. 隔离开关触头过热时的处理

对隔离开关触头过热情况，目前还没有自动发出警告信号的装置，主要是通过值班人员的巡视和检查去发现。过热情况可根据隔离开关触头部位的变色漆或示温片颜色变化来判断。若无上述检测量装置时可以根据刀片的颜色发暗程度来确定。

正常情况下，隔离开关不应出现过热现象，其温度不应超过 70 ℃。若接触部分温度高达 80 ℃时，则应作减少行车密度的处理。隔离开关触头过热一般是由于压紧的弹簧螺栓松驰或由于弹簧失效，致使刀口处接触不良，接触电阻增加，当电流通过时温度升高(发热与电流的平方成正比)。如若处理不及时，触头部分将形成恶性循环，导致产生较大的电弧，造成接地或短路事故。

隔离开关触头过热应根据不同运行情况进行针对性的处理。

(1)在有可能退出运行情况下应及时退出运行,做好安全措施后进行修复。退出运行的可能性是:投入备用隔离开关;通过供电方式的转换,把故障隔离开关退出运行。

(2)当该隔离开关无法退出运行时,应减轻负荷或停电修复。隔离开关触头过热时,应加强监视,并采取风扇等有利于散热的措施。当上述办法不能收到效果时,应减轻负荷。如果发热严重时,应停电进行检修。

2. 隔离开关拒动时的处理

隔离开关拒合一般是由于机械故障所致,例如隔离开关损坏变形、螺栓松脱、操作机构换调不当等原因。当发生上述故障时应及时进行停电检修,杜绝隔离开关的不正常运行。如若需要紧急供电时,应采取绝缘杆进行合闸操作,待紧急状况过去后,再停电进行检修。如触头部位变形应更换有关元件。

隔离开关拒分一般是由于机械故障所引起,例如隔离开关变形,传动部分的转轴、轴套(轴承)锈蚀,冬天操作机构被冰冻结等。当发生上述故障时,操作人员应反复试操作,千万不可强行拉闸,否则支持瓷瓶受损坏将引起严重事故。此时只有改变设备的运行方式,待停电后进行检修。

室外电动隔离开关拒动的原因,常常是因为长时间未进行倒闸操作,致使操作机构的分、合闸接触器(或线圈)锈蚀而卡死。处理办法是:首先退出运行,在该隔离开关二次回路不受电情况下,用手动分、合操作接触器(或线圈),使锈蚀现象得到临时解决。必要时对隔离开关的分、合闸接触器(或线圈)采取防止锈蚀的措施。

3. 隔离开关支持绝缘破损的处理

运行中隔离开关,由于环境污染或安装过程中碰伤,使其支持绝缘子破损或放电。如果是闪络放电,应加强观察,利用天窗时间进行修复;如果是支持绝缘子破损、断裂超过《检规》规定时,则应使用上级断路器将其退出运行再进行修复。

4. 隔离开关自动掉落分闸的处理

高压室内隔离开关大部分都装于墙壁上,是垂直安装的,其操作方式有手动和电动两种。垂直开合的手动隔离开关,在合闸位置时,如果操作机构的闭锁失灵或未加锁,遇到振动较大的情况下,隔离开关动触头可能会自动落下分闸位置。发生这种情况是十分危险的,当线路上的机车正在取流时,会造成隔离开关带负荷分闸的故障。处理办法是修复隔离开关的闭锁装置或加锁。

项目六 熔断器结构与维护

一、项目介绍

熔断器都属于保护电器。熔断器保护是高低压电路中最简单的一种过电流保护方式。熔断器俗称“保险”,又分高压熔断器和低压熔断器,高压熔断器主要用于高压线路、电力变压器和电压互感器的短路或过载保护;低压熔断器主要用于低压配电系统的短路或过载保护,本项目学习熔断器结构与维护。

二、相关知识

(一)熔断器的保护特性

熔断器的主要部件是熔体(熔件),即熔丝。熔体的额定电流是指熔体允许长期通过而不熔断的电流；熔断器的额定电流则是指固定熔体的导电部分（触头）允许长期通过的电流。同一熔断器可装入不同的熔体，但熔体的额定电流不能超过熔断器的额定电流。

熔断器的保护特性是指通过熔体的电流与熔断时间的关系。熔断器保护特性曲线如图 2-48 所示。熔断器的动作具有反时限特性，即通过熔体的电流一旦超过熔体的额定电流，超过越多，则熔体的熔断时间越短；通过的电流越小，则熔断时间越长。如果通过电流等于或小于熔体的额定电流，则熔体不会熔断。

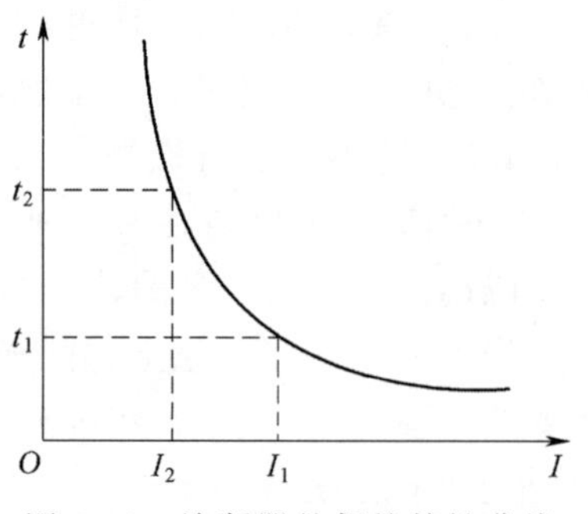

图 2-48　熔断器的保护特性曲线

保护特性主要应用于选择熔断器的熔体额定电流。如果出现短路故障时要熔体迅速熔断，则故障电流通常要达到熔体额定电流的几倍才能够实现。如低压熔断器的熔体额定电流通常为短路电流的四分之一及以下才能确保出现短路故障时迅速熔断。

对于相邻线路熔断器的选择，为确保保护动作的选择性，上级熔体熔断时间为下级熔体熔断时间的 3 倍以上，上级熔体电流较下级熔体大 1～2 级以上。若不能满足此条件，则应将前一级熔断器的熔体电流提高 1～2 级，再进行校验。

例如在图 2-49 中，短路点流过的短路电流为 I_k，此时可在其相应的保护特性曲线上查得其熔断时间分别为 t_1 和 t_2，则 t_1 和 t_2 满足如下关系：

$$t_1 > 3t_2$$

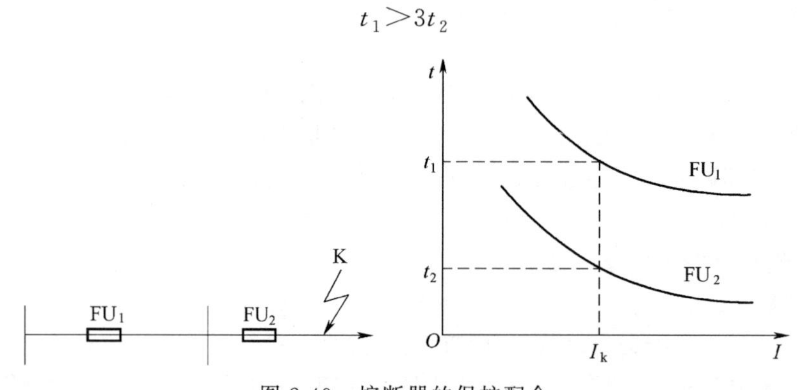

图 2-49　熔断器的保护配合

（二）高压熔断器

高压熔断器主要有室内和室外用两种。高压熔断器型号中的第一个字母 R 表示熔断器，其他字母的含义参见有关手册。

室内常用的高压熔断器有 RN 系列，室外常用的有 RW 系列。

1. RN 系列熔断器

RN 系列熔断器的外形如图 2-50 所示。其结构主要由熔管、接触导电部分、支持绝缘子和底座组成。熔管内安放了熔丝，并填充了石英砂。熔丝的主要材料一般是铜锡合金等。

采用铜锡合金的主要优点是既利用了铜的良好导电能力，又利用了锡的熔点较低的特点使熔丝能在较低的温度下熔断。因为单纯采用铜丝时因其熔点太高（1 080 ℃），熔丝不能迅速熔断，不能尽快切除故障。在铜丝上焊了小锡球后，通过大电流时小锡球因发热先熔化，和铜丝作用后形成铜锡合金，其熔点较纯铜低，因此能迅速熔断。利用锡的作用来降低铜的熔化温度，这种作用称为“冶金效应”。

当 RN 系列熔断器通过短路电流或过载电流时，熔丝就会熔化，其金属蒸气电弧渗入石英砂的空隙并冷却，使电弧熄灭。这种熔断器灭弧迅速，通常能在最大短路冲击电流出现之前(0.01 s 内)就能熄灭，因此属于“限流式”熔断器。熔丝熔断后，拉紧弹簧的张力消失，红色的熔断指示器从弹簧管内弹出。

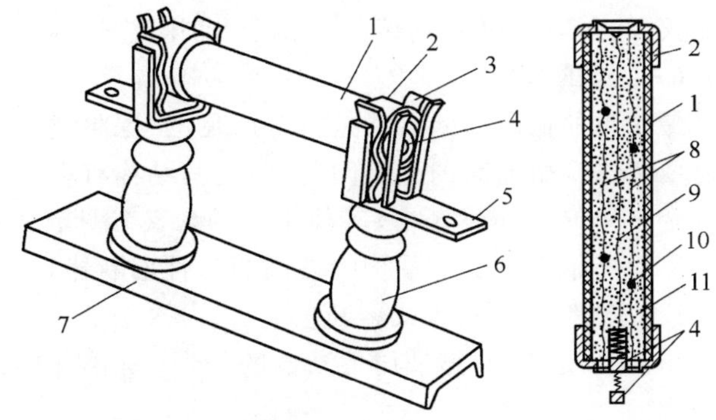

图 2-50　RN 系列熔断器外形及熔管结构示意图

1—熔管；2—铜管帽；3—弹性触座；4—熔断指示器；5—接线端子；6—绝缘子；7—底座；8—熔体(铜丝)；9—指示熔体(铜丝)；10—小锡球；11—石英砂

RN 系列熔断器中，过去常用 RN1 和 RN2 熔断器，改进后其型号为 RN5 和 RN6。RN5 熔断器主要用于电力线路、变电站设备的过载和短路保护，RN6 主要用于电压互感器的短路保护。RN5 和 RN6 的熔管能通用和互换，而且体积更小，重量更轻，防污性能更好。

此外尚有 RN3、RN4H 和 RNZ 型，RN3 型主要用于电力线路短路保护，RN4 主要用于电压互感器短路保护，RNZ 型主要用于直流系统的过载和短路保护。用于电压互感器保护的熔断器额定电流一般为 0.5 A。

2. RW 系列熔断器

RW 系列熔断器主要用于户外 10 kV 的配电线路和电力变压器进线侧，作为短路及过载保护。在一定条件下可通断空载架空线路、空载变压器和小负荷电流。RW 系列熔断器一般不能带负荷操作，但对于 RW10-10(F)型，因属于负荷型熔断器，所以可以带负荷进行操作。

RW 系列熔断器又称为跌落式熔断器。其主要结构包括瓷质绝缘子、接触导电部分和熔管三部分，熔管内安放了熔丝，并填充了高温作用下能产生大量气体的有机纤维材料。图 2-51 为 RW_4-10(G)型跌落式熔断器的外形图。

RW 系列跌落式熔断器的工作原理基本相同。正常运行时，熔管上端的动触头依靠熔丝的张力拉紧，合闸后被上方静触头压紧而处于合闸状态，此时电路接通。当熔丝熔断后，熔管内产生电弧，电弧高温作用下产生大量气体，对电弧形成纵吹，使电弧熄灭。同时上方动触头因熔丝熔断，张力消失，熔管以下静触头为支点，依靠自身重量而向下翻转跌落，形成明显断开点，切断了故障，“跌落式熔断器”也由此得名。

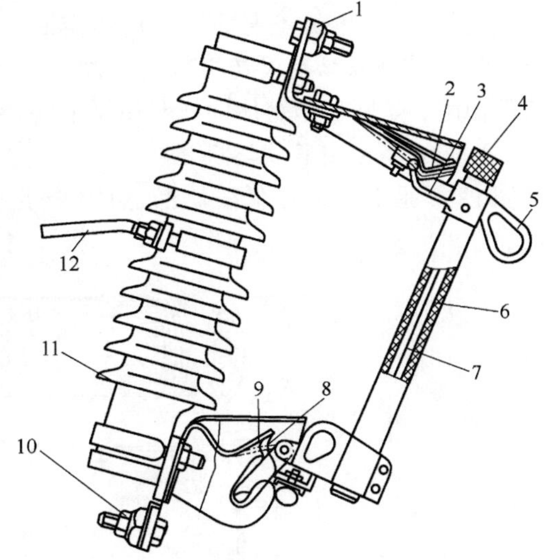

图 2-51　RW_4-10(G)型跌落式熔断器的外形图

1—上接线端；2—上静触头；3—上动触头；4—管帽；5—操作环；6—熔管；7—铜熔丝；8—下动触头；9—下静触头；10—下接线端；11—绝缘瓷瓶；12—固定安装板

RW 系列熔断器虽然有灭弧装置，但其灭弧速度较慢，短路电流通常会达到最大值，不象 RN 系列熔断器那样在最大冲击电流出现之前就能灭弧，所以 RW 系列熔断器属于“非限流式”熔断器。

(三)低压熔断器

最简单的低压熔断器就是日常所见的“保险丝”，但由于开断能力的要求，低压熔断器中一般还要考虑到熔断时的灭弧问题，因而其结构有多种形式。低压熔断器类型较多，其型号中的第一个字母 R 表示熔断器，其他字母的含义参见有关手册。

下面介绍低压配电系统中常用的几种熔断器。

1. RT0 型有填料管式熔断器

图 2-52 是 RT0 型低压熔断器的外形。其结构主要由瓷质熔管、栅状铜熔体和触头底座等构成。

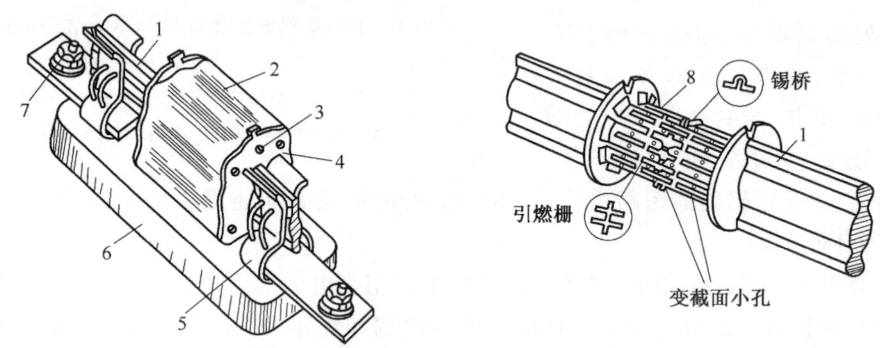

图 2-52 RT0 型低压熔断器外形图及其熔管结构示意图

1—触刀；2—熔管；3—熔断指示器；4—端面盖板；5—弹性触座；6—底座；7—接线端子；8—栅状铜熔体

栅状铜熔体实质上是将熔体等效成许多并联的支路，同时每一支路中的熔体截面也是不同的。使得熔体在熔断时形成多根并联的电弧(将大电弧变成小电弧)，每根电弧又因熔体存在改变截面的小孔而分割成多段短电弧(将长电弧分成短电弧)，同时由于熔管中填充了去游离极强的石英砂，电弧迅速熄灭。熔体熔断后，红色熔断指示器立即弹出。

RT0 型熔断器具有很高的断流能力，属于“限流式”熔断器。常用于分断大电流的场合，作为短路保护用。熔断器中熔体同样利用了铜锡合金的“冶金效应”，因此也可以作为过载保护用。

2. RM10 型密封管式熔断器

图 2-53 是 RM10 型低压熔断器的结构。主要由纤维熔管、变截面锌熔片和触头底座等构成。

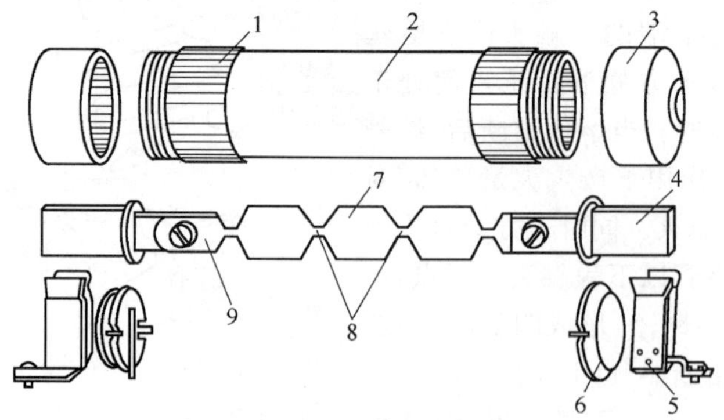

图 2-53 RM10 型低压熔断器

1—黄铜圈；2—纤维熔管；3—黄铜帽；4—触刀；5—刀座；

6—特种垫圈；7—过负荷熔断部位；8—短路熔断部位；9—变截面锌熔片

变截面锌熔片的作用是有过电流通过时，截面较小的部分先熔断，将长电弧分割成短电弧，有利于电弧熄灭。同时熔断后其余部分会自行坠落，拉长电弧，也有利于电弧的熄灭。

在熔体熔断的同时，熔管内的纤维材料产生大量的气体，形成高压，压力的升高有利于灭弧。

RM10 型熔断器结构简单，更换熔体方便。但其灭弧能力不强，属于"非限流式"熔断器。

3. RZ1 型低压自复式熔断器

所谓自复式是指熔体熔断后，切断短路电流，短路故障消失后，不需要更换熔体，熔体本身会恢复为原来正常的导通能力，即可以迅速恢复供电。

图 2-54 是 RZ1 自复式熔断器的结构。在正常温度下，固态钠的导电能力很强，可通过正常的负荷电流。但短路时，固态钠迅速气化，电阻迅速增大，限制了短路电流。同时钠熔体右侧的活塞压缩氩气迅速后退，防止熔管压力过高爆炸。在限流动作过后，钠蒸气又迅速恢复为固态钠，被压缩了的活塞又恢复到原来的位置，电路也恢复到正常的导通状态。

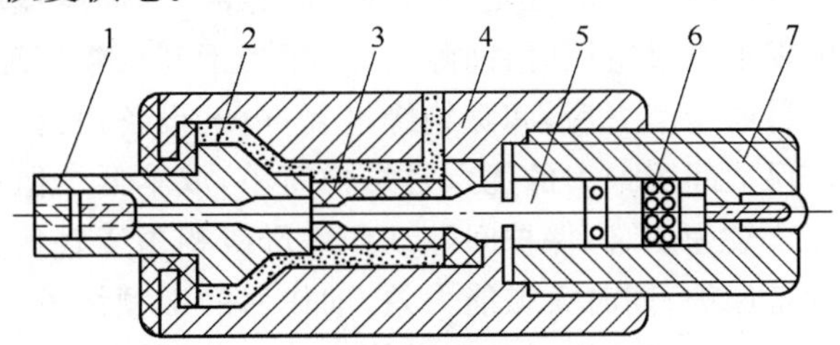

图 2-54　RZ1 自复式熔断器的结构示意图

1—接线端子；2—云母玻璃；3—瓷管；4—不锈钢外壳；5—钠熔体；6—氩气；7—接线端子

为了充分利用自复式熔断器的优点和降低对低压断路器的要求，常将自复式熔断器和低压断路器串联使用，构成低压组合电器。利用自复式熔断器来切断短路电流，用低压断路器来通断正常负荷和作为过负荷保护，提高了供电的可靠性。

三、项目实施

（一）检查熔断器

检查熔断器备品是否完好。

（二）更换高压熔断器

准备好绝缘手套、绝缘靴、安全帽、操作工具等，更换高压熔断器。

高压熔断器通常采用绝缘杆单相操作。高压熔断器不允许带负荷拉、合。否则会产生电弧危及人身和设备安全。一般分闸顺序是先中间后两边，有风时先下风，再上风，合闸顺序与之相反。

（三）更换低压熔断器

戴好绝缘手套、护目镜，站在绝缘垫上，使用绝缘夹钳更换熔断器。

项目七　避雷器、放电保护器和抗雷线圈运行与维护

一、项目介绍

在牵引供电系统中，有可能遭受大气过电压或内部过电压的侵袭，导致设备绝缘被破坏，影响正常运行，还可能因各种原因而出现较大的电流，因此需要安装各种保护设备。下面学习避雷器、放电保护器和抗雷线圈几种保护设备的维护。

二、相关知识

（一）避雷器

避雷器是架空线路或变电所电气设备的防雷保护设备之一。避雷器与被保护的设备并联

并且一端接地，通过避雷器放电来限制被保护电气设备电压的升高，以免损坏电气设备的绝缘。被限制的过电压大多是大气过电压，也可以是作用时间较短的某些内部过电压。

避雷器的常用的类型主要有保护间隙、管型避雷器、阀型避雷器等。

1. 保护间隙

保护间隙的结构如图 2-55 所示。其结构上有两个间隙，一为主放电间隙，另一为辅助间隙。辅助间隙的存在可以防止正常时间隙被其他外物短接，造成误动作。辅助间隙的存在并不影响雷电过电压出现时保护间隙的动作。

保护间隙的原理是：正常时，间隙断开，高压端（与被保护设备并联）与接地端绝缘。高压端出现雷电过电压时，间隙击穿，相当于高压端接地，限制了高压端（被保护设备）电压的升高；雷电过电压消失后，间隙绝缘恢复，电气设备得到保护。这也是避雷器的基本原理。

保护间隙最大的优点是结构简单，成本低。但不足是放电分散性较大，与被保护设备的绝缘配合较为困难；保护间隙动作后母线相当于直接接地，容易形成截波，不适宜用于带有绕组的设备保护；同时灭弧能力差，动作后的工频续流（间隙击穿后，将雷电流泄入地下，间隙绝缘不能及时恢复而形成的工频接地电流）容易造成接地短路，致使线路开关跳闸，如无自动重合闸，将造成停电事故，降低了供电可靠性。因此需设置自动重合闸提高线路得供电可靠性。

2. 管型避雷器

图 2-56 为管型避雷器的结构，主要由产气管、捧形电极等组成。产气管内填充了高温作用下能产生大量气体的纤维材料。

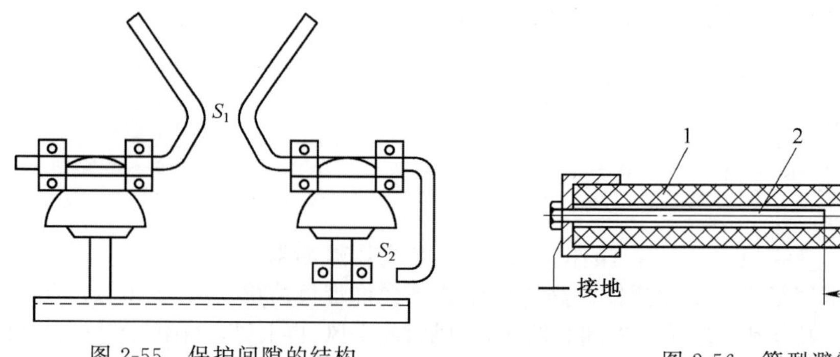

图 2-55　保护间隙的结构

S_1—主间隙；S_2—辅助间隙

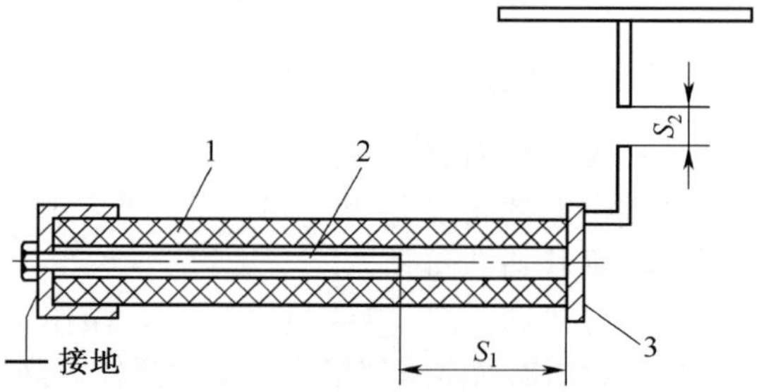

图 2-56　管型避雷器的结构

1—产气管；2—内部电极；3—端部环形电极；

S_1—内部间隙；S_2—外部间隙

当线路出现雷电过电压时，管型避雷器的内外间隙都击穿，雷电流被泄入地下，限制了线路的过电压；雷电消失后，工频续流将流过间隙，此时产气管产生大量的气体，管内压力剧增，高速气流由环型电极处管口喷出，形成强烈的纵吹作用，电弧熄灭。

管型避雷器的外间隙是一个辅助间隙，主要是防止正常时的泄漏电流通过产气管，导致产气管老化加速，外间隙的存在减少了流过产气管的泄漏电流。

管型避雷器与保护间隙相比，有更强的灭弧能力，能够可靠地切断工频续流，提高了供电的可靠性。但管型避雷器仍然存在的放电后容易形成截波和被保护设备绝缘配合较为困难的问题。

3. 阀型避雷器

上述保护间隙和管型避雷器的性能都不够理想，不适宜用于重要电气设备的保护，如电力变压器的保护。理想的避雷器是除了具备限制过电压的基本功能外，还要避免产生高幅值的截波，尽快切除工频续流或避免工频续流的产生，同时避雷器放电容量大，放电分散性小，易于与被保护设备绝缘配合等。阀型避雷器具有这样的特点，阀型避雷器是一种较为理想的避雷器，阀型避雷器的结构如图 2-57 所示。

当阀型避雷器高压端出现雷电流时，此时避雷器呈现较小的电阻，雷电流迅速导入地下，相当于阀门打开。雷电流通过避雷器过后，避雷器的电阻迅速上升，工频续流很难通过避雷器，相当于阀门关闭，避免形成工频接地短路。因此阀型避雷器具有"阀"的特点，"阀"对雷电流开放，对工频电流关闭。

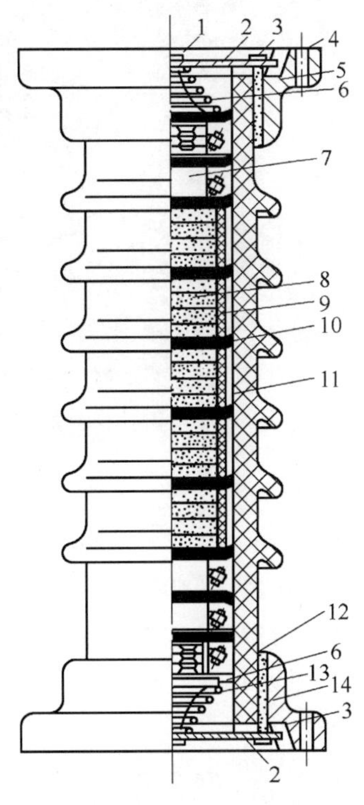

图 2-57　阀型避雷器的结构

1—封闭检查孔螺栓；2—密封钢盘；3—密封橡皮环；4—螺栓；5—漏水管；6—弹簧；7—放电间隙组；8—阀片；9—每组阀片绝缘涂料；10—固定纸板；11—瓷套；12—水泥；13—分接带；14—法兰盘

实现"阀"作用的关键元件是非线性电阻。非线性电阻的阻值不是恒定的，其阻值随施加电压的性质不同而变化。雷电压(冲击电压)作用下阻值很小，工频电压下阻值很高。

从原理上来所说，普通阀型避雷器(FS 型和 FZ 型)、磁吹阀型避雷器(FC 型)和金属氧化物避雷器实质上都是阀型避雷器。不同的是，普通阀型避雷器和磁吹避雷器的非线性电阻采用碳化硅(SiC)为原料，金属氧化物避雷器的非线性电阻采用氧化锌(ZnO)为原料。由于采用了非线性性能更加优良的氧化锌为原料，金属氧化物避雷器在结构上与普通阀型避雷器和磁吹避雷器也有所区别。

普通阀型避雷器的结构主要由火花间隙和碳化硅电阻串联而成，磁吹避雷器在普通阀型避雷器的基础上，增加了利用工频电弧本身形成磁场吹弧的作用。

.金属氧化物避雷器结构上主要由氧化锌电阻构成，因此又称氧化锌避雷器。正常时在工频电压下流过的泄漏电流可控制在允许范围之内，因此金属氧化物避雷器可以不需要火花间隙就能保证线路正常时对地的绝缘。目前我国生产的金属氧化物避雷器有带火花间隙和不带火花间隙两种。同采用碳化硅的避雷器相比，金属氧化物避雷器具有放电容量大、体积小、放电电压平稳，性能更加可靠，金属氧化物避雷器已取代以碳化硅为原料的普通阀型避雷器。图 2-58 是保护间隙和避雷器的实物图。

(二)放电保护器

在牵引网中每隔一定距离设置 AT 向列车供电。AT 的中点与轨道连接(实际是与牵引网中和轨道并联的保护线 PW 连接)，并通过放电器(SD)接地，如图 2-59 所示。设置保护线的目的主要是为了避免将接触网支柱的接地部分直接与轨道相连，以提高信号轨道电路的工作可靠性，当牵引网发生短路故障时，又可为短路电流提供一条良好的金属通路，便于继电保护动作。放电器的作用是当由于某种原因造成 AT 高压侧的套管闪络或避雷器短路时，放电器因电压升高使电极间隙击穿而放电，从而使接地回路通过轨道形成金属性通路，有利于变电

图 2-58 保护间隙和避雷器实物图

所馈线继电保护的动作。当牵引网的正馈线或接触悬挂发生接地故障时，轨道和非故障导线的电位显著升高。设置放电器，可使轨道和非故障导线的电位因电极间隙放电而得到抑制。在正常运行情况下，放电器还可避免 AT 中点直接与大地相连，以减少地中和接地网中的回流，提高对邻近通信线路的防护效果，并提高信号轨道电路的工作可靠性。

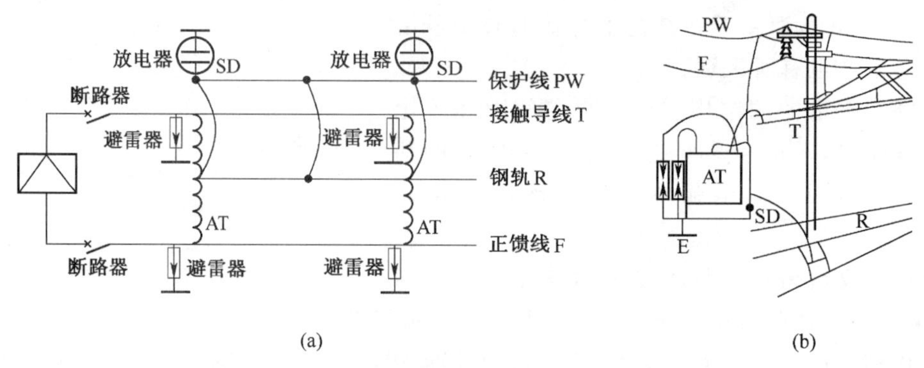

(a) (b)

图 2-59 放电保护器在 AT 供电系统中的位置

图 2-60 是 JF_1-10 型接地放电保护装置原理电路图。高压端子 N 与 N 母线或 N 线连接，接地端子 E 与地连接。P 为放电间隙的电极，L_M 为放电间隙的磁吹线圈。因 AT 一次侧套管闪络等短路接地导致接地端子与高压端于间的电位差达到 3 kV 左右时，将击穿放电间隙而放电，使 N 母线经高压端子、P 及接地端子直接接地。L_1、L_2 和 K 分别为旁路开关的合闸兼保持线圈、合闸线圈和主触头。P 放电时，有大电流经高压端子、L_1、L_2、P、L_M 及接地端子流过，于是 L_1、L_2 两线圈使主触头 K 闭合，并由 L_1 保持 K 于闭合状态，使大电流安全可靠地由 K 通过，并且 P 被旁路而避免烧损。当短路故障被切

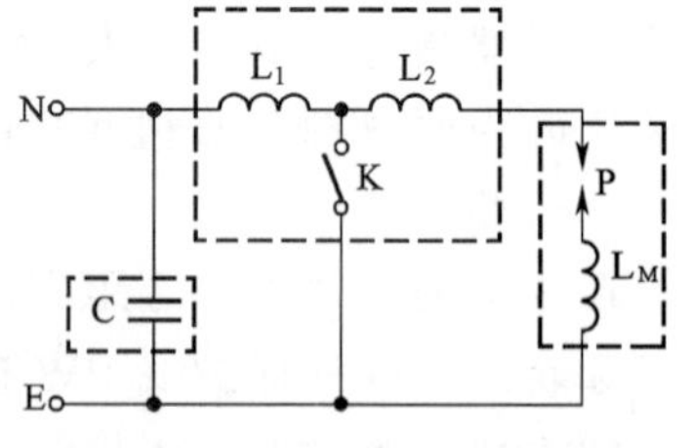

图 2-60 放电保护器原理

除后，流过 L_1 的电流骤减，不能再保持 K 于闭合状态 K 断开。C 为电容器，作用是可吸收侵入的过电压波或使波头陡度降低。这样，若因大气过电压使接地网电位升高时，由于其能量被 C 吸收且作用时间短，P 仅短暂放电，K 合不上，并且 P 的放电较易被 L_M 的磁吹作用而灭弧。该装置用于 AT 供电方式牵引变电所的 N 母线上。

（三）抗雷线圈

抗雷线圈实际上是一个空心的电感线圈，如图 2-61 所示。其作用是为了防止雷电波沿接触网、馈电线入侵变电所而造成电气设备的损害。一般在绝缘水平较低的 27.5 kV 牵引侧的馈电线首端装设抗雷线圈，同时并接避雷器。当波头较陡的雷电波通过抗雷线圈后，由于电感的作用使雷电波头被拉平，使其波形上升的陡度减小，同时与避雷器配合降低入侵波的幅值，从而防止了电气设备绝缘的损坏。

图 2-61　抗雷线圈的外形图

三、项目实施

（一）巡视检查防雷设备

(1)避雷针、避雷器、避雷线的引线接头是否牢固。

(2)瓷套是否清洁，有无破损和放电痕迹。

(3)避雷器的放电记录指示器动作是否正确。低压总开关(或熔断器)接触是无有无断股现象，焊接点有无脱落。

(4)避雷针有无断裂倾斜，铁件有无锈蚀，各连接部分是否牢固，基础有无沉陷。

(5)各防雷设备的接地线是否牢固可靠。

（二）检查避雷器

(1)外观检查是否有裂纹。

(2)检查避雷器内部元件是否松动。

(3)测量避雷器绝缘电阻是否正常。

(4)避雷器泄漏电流测量。

(5)避雷器直流电压测量。

项目八　无功补偿装置

一、项目介绍

在变配电系统中，大量的用电设备如异步电动机、电力变压器、电阻炉、电弧炉等是感性设备，在电网中产生了大量的无功功率，使整个系统的功率因数降低，过低的功率因数将造成电能和设备的巨大浪费。

为了防止这种情况，国家对用户的功率因数作出了限制。规定用户在电网高峰时的负荷功率因数，高压用户应不低于 0.9，其他用户功率因数不低于 0.85，农业用户不低于 0.8。如果达不到以上要求，则必须进行无功补偿以提高系统的功率因数。

人工补偿无功功率，经常采用两种方法，一种是同步电动机超前运行，一种是采用电容器补偿装置。此外尚有静止无功补偿装置，牵引供电系统主要采用电容补偿装置，本项目学习电容器的维护技能。

二、相关知识

(一)同步电机

同步电动机空载运行时，通过调节其励磁电流来达到补偿无功的目的，主要在大容量变电所中采用。

同步电动机价格贵，操作控制复杂，本身损耗也较大。不仅采用小容量同步电动机不经济，即使容量较大而且长期连续运行的同步电动机也正为异步电动机加电容器补偿所代替，同时操作工人往往担心同步电动机超前运行会增加维修工作量，经常将设计中的超前运行同步电动机作滞后运行，丧失了采用同步电动机的优点。

因此，除上述工艺条件适当者外，不宜选用同步电动机。当然，通过技术经济比较，当采用同步电动机作为无功补偿装置确实合理时，也可采用同步电动机作为无功补偿装置。

(二)电容补偿装置

工业与民用建筑中所用的并联电容器价格便宜，便于安装，维修工作量、损耗都比较小，可以制成各种容量，易于分组，扩建方便，既能满足目前运行要求，又能避免由于考虑将来的发展使目前装设的容量过大，因此应采用并联电力电容器作为人工补偿的主要设备。

目前牵引变电所采用的高压电容器主要有三种：并联电容器，又名移相电容器，如图 2-62 所示，用于并联电容补偿装置中，补偿系统的感性负荷无功功率，以提高功率因数；串联电容器，用于串联电容补偿装置，以提高牵引网电压水平；耦合电容器，利用它与高压进线耦合及其电容分压作用，抽取电压，供用于测量、控制与保护，还可用于电力线路载波通信。

并联电容器的型号中的第一个字母 B 表示并联电容器，其他字母的含义参见有关手册。如：BWF10.5-100-1 表示烷基苯浸负荷介质(BW)，额定电压为 10.5 kV(10.5)，额定容量为 100 kVar(100)的单相(1)户内并联(B)电容器。

电容器是一个封闭的箱体，主要由箱壳和器身组成，其中充满液体介质作浸渍剂。器身由一个或多个电容心子组成，电容心子是以膜纸复合或全膜作介质，以铝箔作极板卷绕而成，箱

图 2-62　并联电容器的外形图

体则由钢板密封焊接而成。

1. 并联电容补偿方式

并联电容补偿可采取集中补偿和单独就地补偿两种方式。集中补偿又有高压集中补偿和低压集中补偿两种。集中补偿是在变配电所的母线上进行补偿，便于管理和维护。单独就地补偿是将电容器安装在各电气设备附近进行补偿，补偿效果较好，但增加了维护工作量。

当基本无功功率较为稳定时，为便于维护管理，变配电所常采用集中补偿方式。单独就地补偿适合于经常连续运转的大容量设备，如大容量的异步电动机。

2. 电容器投切方式

并联电容器的投切可采取手动方式、也可采取自动投切方式，采用自动投切方式的无功补偿装置，称为无功自动补偿装置。如果无功功率不稳定，且变化较大，采用自动投切可获得合理的经济效果时，宜装设无功自动补偿装置。

装有电容器的电网，有些用电设备对电压较敏感，在轻载时由于电容器的作用，线路电压往往升得更高，会造成这种用电设备(如灯泡)的损坏或严重影响寿命及使用效能。对于这种情况，如果能避免设备损坏，且经过经济比较，认为合理时，宜装设无功自动补偿装置。

由于高压无功自动补偿装置对切换元件的要求比较高，且价格较高，检修维护也较困难，因此当补偿效果相同时，宜优先采用低压无功自动补偿装置。低压无功自动补偿装置常通过接触器来控制电容器的投切。

牵引变电所主要在 27.5 kV 的母线上采取集中补偿装置，一般通过断路器进行投切。

(三)静止无功补偿装置(SVC)

对于大容量急剧变化的冲击负荷，采用上述手动投切电容器或采用机械触点控制电容器投切的无功自动补偿装置不能满足负荷变化的要求。可采用静止无功补偿装置(SVC)，静止无功补偿装置不需要通过机械触点动作即可控制补偿设备的投切，避免了因负荷频繁变化而影响投切开关的寿命。

1. SVC 的类型

静止补偿装置(SVC,Static Var Compensator)的类型有:

PC/TCR(固定电容器/晶闸管控制电抗器)型;

TSC(晶闸管投切电容器)型;

TSC/TCR 型;

SR(自饱和电抗器)型。

其中 PC/TCR 型是应用较多的一种。

TCR 和 TSC 本身产生谐波,都附有谐波消除设施。

2. 自饱和电抗器(SR)型的特点

自饱和电抗器型 SVC 的性能最为突出,其主要特点有:

(1)可靠性高。自饱和电抗器式与晶闸管式 SVC 的事故率之比约为 1∶7。

(2)反应速度更快。

(3)维护方便,维护费用低。

(4)过载能力强。容量为 192 MVar 的 SVC,可过载到 800 MVar(大于 4 倍),持续 0.5 s 而无问题。如晶闸管式 SVC 要达到这样大的过载能力,须大大放大阀片的尺寸,从而大幅度提高了成本。

(5)自饱和电抗器的制造工艺和电力变压器是相同的,所以一般电力变压器厂的生产设备、制造工艺和试验设备都有条件制造这种自饱和电抗器。

(6)自饱和电抗器的噪声较大,需要装在隔音室内。

自饱和电抗器可靠性高、电子元件少、维护方便,是一种性能优良的补偿装置。

(四)电抗器

在变电所并联电容补偿装置中,除了装设由并联电容器单元串、并联组成的电容器组外,还需装有与其串联的电抗器,以便配合电容器组,防止补偿装置与系统发生高次谐波并联谐振,吸收牵引负荷高次谐波,并限制装置投入时的合闸涌流,以及短路故障时限制短路电流保护电容器,图 2-63 是三相电抗器实物图。

图 2-63　三相电抗器实物图

牵引变电所中电容补偿装置用的电抗器有两种:铁芯(油浸)式电抗器和干式空心电抗器。油浸式电抗器结构与外形与变压器相似,但铁芯结构不同,且带气隙的铁芯外只套有一组线圈。空心式电抗器只有线圈(无铁芯),实质上是个空心电感线圈,这种电抗器和前者相比具有感抗呈线性,噪声低,购置费、安装费较低的优点,但其外形尺较大。

CKGT-27.5 kV 电抗器是一种电气化铁道牵引变电所并联补偿装置中专用的电抗器,属于干式空心电抗器,其外形如图 2-64 所示。电抗器线圈由多层圆筒式线圈串接而成,每层线圈外部由树脂浸渍的玻璃纤维包封,包封之间用环氧绝缘板作撑条形成线圈之间的绝缘和散热气道,对流自然冷却,散热好,为适应电气化铁道电抗器近远期调节范围的要求,设有 3～6 个抽头,且抽头位置都在最外层以便调节,线圈上端部和下端部及层间因存在电位差都采用了特殊绝缘处理,以保证绝缘安全可靠,外层涂以抗紫外线抗老化绝缘树脂,可以使用在任何室外气候条件下无需另加保护,整体高温固化,整体性强,噪声低,机械强度高能耐受高短路电流的冲击,上,下星形架除作紧固线圈外,并装有连接板用以支撑支柱瓷瓶,下端用高压支柱瓷并支撑安装在基础平台上。

图 2-64　单相电抗器外形图

三、项目实施

(一)巡视电容补偿装置

先按一般项目和要求巡视,还要注意以下几点。

1. 电容器外壳应无膨胀、变形,接缝应无开裂、无渗漏油。

2. 熔断器、放电回路及附属装置应完好。

3. 电抗器无异声、无异味,空心电抗器线圈本体及附近铁磁件无过热现象;油浸式电抗器油位正常符合要求,无渗油现象。

4. 室内温度符合规定,通风良好。

(二)测量电容器绝缘性能

1. 退出电容器。

2. 电容器逐个放电并接地。

3. 按电容器绝缘电阻试验方法测量其绝缘性能。

(三)电容器异常处理

电力电容器正常运行时应在额定状态条件下连续提供额定补偿无功功率,温升正常,外壳无鼓肚、变形,接缝无开裂、无渗漏油;熔断器、放电回路及附属装置应完好。

1. 电力电容器常见的异常现象

(1)过电压现象。电力电容器应在额定电压下运行,如电网上电压达不到额定值,可允许在超过额定电压 5%的范围内连续运行,且允许在 1.1 倍额定电压下短期运行。牵引变电所并联补偿电容器的过电压动作的整定值为 1.1 倍额定电压，27.5 kV 供电，当高压室母牌电压达到 30.25 kV 时，过电压保护动作于跳闸。因长时间过电压运行会使电容器发热，加速绝缘老化。

(2)过电流现象。允许电力电容器在不超过 1.3 倍额定电流下连续运行，但应设法消除过电流的威胁，以确保电容器的使用寿命。

(3)渗漏油现象。电容器渗漏油主要是由于产品质量或运行维护不当造成。电容器是密封设备，若密封不良则空气、水分以及杂质都可能进入电容器内部，造成内部绝缘降低。如使用耐油橡胶做密封垫圈的装配式电力电容器套管上有极轻微的渗油是允许的，不会影响电容器的正常运行，应将渗油处除锈、补焊、涂漆，修复后再用，严重渗漏油时应更换。在运行中发现电容器外壳、焊缝等处渗漏油时，应报告供电调度并退出运行。

(4)温度过高现象。电容器的温度过高主要由于电流大或散热条件差造成，也可能由于介质损耗增大所造成。由于环境温度升高及电容器的过负荷，会使得电容器内介质损耗增加而发热，致使电容器温度过高及内部油膨胀而造成电容器损坏。温度过高时应立即查明原因，如外因方面已经无法改善过高的温度，则应退出运行；如果是电容器本身存在缺陷应更换。因此规定：空气温度在 40 ℃时，电容器外壳温度不得超过 55 ℃，环境温度超过 40 ℃时，应停止运行。电容器室要注意加强通风、降温。

(5)运行声响异常。电容器在正常运行情况下应无任何声响，异常声响一般由内部故障所造成。电容器异常声响轻微时可继续运行，严重时应退出运行并作更换电容器处理。

(6)套管闪络放电。一般由于套管脏污或套管缺陷造成。如放电由脏污引起，应进行停电检修，恢复后再投入运行。

2. 熔断器熔丝熔断的处理

每个电容器均装设独立的熔丝保护是防止电容器油箱爆炸而扩大事故的有效措施。在牵引变电所电力电容器设有差压保护装置，其压差的整定值一般考虑一个电容器的熔丝熔断而动作于跳闸。因此熔丝熔断时会产生跳闸现象。

处理办法：当电容器的熔断器熔断时，应向供电调度汇报，征得供电调度员同意后，将电容器退出运行，做好安全措施后进行检查。先进行外部检查，如套管外部有无闪络放电痕迹，外壳是否变形、漏油等，然后用绝缘摇表测量极间及极对地间的绝缘电阻值，判断是否绝缘不良。如果未能发现任何引起熔断器熔断的迹象，可更换熔断器后继续投入运行。如经送电后熔断器熔丝仍熔断则应退出运行，作进一步检查，待查明原因并处理后再投入运行。

3. 电容器外壳膨胀的处理

电容器外壳膨胀的主要原因是由电容器内部分解出的气体或内部部分元件击穿所造成。外壳明显膨胀时应报告供电调度员做退出运行对电容器进行更换的处理。

4. 电容器的断路器跳闸处理

电容器的断路器跳闸时，应先查实是哪个保护装置动作，如是电压过高或欠压动作，一般都是正常情况，与电容器无关，待电压正常后，听从供电调度命令进行操作。如果是过流或差压等保护动作，应作进一步的检查。检查时先做好安全措施(对电容器放电时间要求一般是 3 min 以上)，再检查电流互感器、断路器及电容器外部等情况。如检查未能发现异常情况，可作试投入试验，如试投入时仍是同一保护动作，则应对一次和二次设备都作彻底检查，原因未查明不得投入运行。

5. 电容器喷油、爆炸着火的处理

当电容器喷油、爆炸着火时，一般由内部严重故障造成，产生爆炸的根本原因是极间游离放电造成电容器极间击穿短路。应立即报告供电调度员并退出运行，如电容器已着火则可先退出运行再报告供电调度员，采取有效的方法进行灭火。现场处理完成后更换电容器，做全面检查，确认具备符合投入运行条件后再投入运行。

项目九　高压开关柜结构及操作

一、项目介绍

本项目学习成套电气装置，熟悉高压开关柜基本结构，熟悉其“五防”闭锁措施，学习开关柜基本操作。

二、相关知识

成套电器装置是按照一定的接线方案将有关的一次、二次设备组合起来的成套电气设备，用于接受电能与分配电能。

成套电器装置中电气设备的组合是根据电力系统供电状况、使用场合与控制对象，并结合主要电气设备的特点，确定一次接线方案，然后根据一次接线方案，将各种电气设备组合安装在敞开的或封闭的金属柜中，就构成了成套电器装置。比如某一馈出线回路，可将其一次设备如母线、隔离开关、断路器、电流互感器等以及二次设备控制开关、各种继电器、指示信号灯等全部安装在一个金属柜上，其控制、保护和监测全部在此柜上实现，就构成了开关柜，即构成高压成套配电装置。

成套电器装置的优点是体积小、安装容易、使用和检修方便，尤其适合于室内或地下使用。35 kV 及以下电气设备常采用成套电器装置的形式，具有足够的可靠性，同时又能减少占地面积。如果采用全封闭的形式，内充六氟化硫(SF_6)气体绝缘，则成套电器装置体积更小，而且 110 kV 及以上的电气设备也可以组合成成套电器装置，此类装置就是现在应用越来越广泛的气体绝缘金属封闭组合电器 GIS。

成套电器装置按电压分有高压配电装置和低压配电装置，按使用地点分为户内式和户外式两类，按绝缘分则有敞开式和封闭式两类。

(一)高压开关柜

高压开关柜是常用的高压成套配电装置，根据一次电路的要求可分别组合成为进线柜、馈线柜、联络柜、电压互感器柜、避雷器柜等，如图 2-65 所示。

高压开关柜分为固定式和手车式两大类。固定式结构简单，成本低。手车式检修方便，供电可靠性高。

1. 固定式高压开关柜

目前常用的固定式高压开柜一般具有防止误操作和保证人身安全的闭锁装置。其闭锁就是为了实现“五防”功能：①防止误合、误分断路器；②防止带负荷分、合隔离开关；③防止带电挂接地线；④防止带地线误合隔离开关；⑤防止误入带电间隔。

图 2-66 是固定式高压开关柜 GG-1A(F)-07S 型的外形图。这是一种普遍应用的配电装

图 2-65　高压开关柜外形图

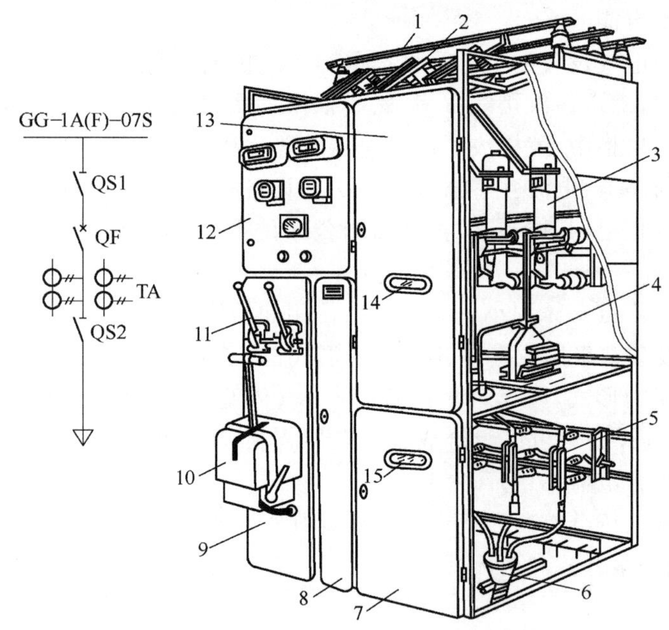

图 2-66　GG-1A(F)-07S 型高压开关柜

1—母线；2—母线侧隔离开关；3—断路器；4—电流互感器；5—线路侧隔离开关；6—电缆头；7—下检修门；8—端子箱门；9—操作板；10—操动机构；11—隔离开关操作手柄；12—仪表继电器屏；13—上检修门；14、15—观察窗

置，主要用于工厂企业的变配电站，交流 50 Hz，电压 3～10 kV 单相单母线系统，作为接受和分配电能之用。柜体由角钢和薄钢板焊接而成，柜内用薄钢板隔开，上部为断路器室，下部为隔离开关室，主母线水平布置在开关柜顶部。

2. 手车式高压开关柜

相对于固定式高压开关柜，手车式高压开关柜的运行与检修显得更加灵活，在 35 kV 及以下的电压等级中应用最广。手车式高压开关柜一般也有“五防”功能，安全可靠。

图 2-67 为手车式高压开关柜 GC□-10(F)型的外形。其断路器及操动结构等主要设备安装在可移动的小车上，当需要检修断路器时，将断路器分闸后再把小车拉出，再将备用的小车推入，然后合上备用小车的断路器，即可恢复供电。

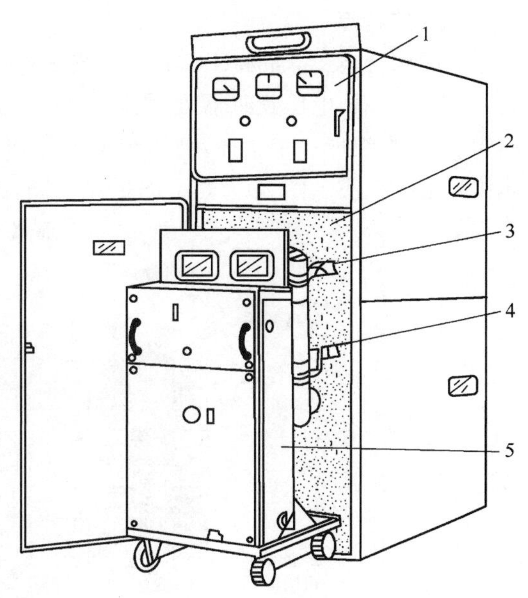

图 2-67　GC□-10(F)型手车式高压开关柜

1—仪表屏；2—手车室；3—上触头；4—下触头；5—断路器手车

3. 高压环网开关柜

高压环网开关柜与普通高压开关柜的主要区别是，一般采用高压负荷开关与熔断器串联代替高压断路器。这种开关柜采用性能优良的 SF_6（六氟化硫）或真空开关和高分断能力熔断器组合，具有体积小、重量轻、操作简单、操作力小、使用安全、维护方便等优点，同时本身也具备“五防”功能，环网柜的应用也越来越广泛。

图 2-68 为 HXGN1-10 型高压环网开关柜的外形图。这种开关柜适用于高层建筑、住宅小区、学校、公园、厂矿等额定电压为 10 kV 的三相配电系统，作为接受电能和分配电能之用。

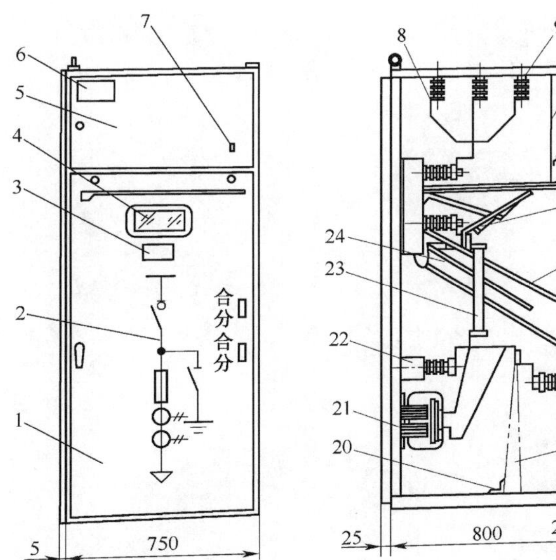

图 2-68　HXGN1-10 型高压环网开关柜的外形图和结构示意图

1—下门；2—模拟电路；3—显示器；4—观察窗；5—上门；6—铭牌；7—组合开关；8—母线；9—绝缘子；10—隔板；11—照明灯；12—端子板；13—旋钮；14—隔板；15—负荷开关；16—连杆；17—操动机构；18—支架；19—电缆；20—角钢；21—电流互感器；22—支架；23—熔断器；24—连杆

（二）全封闭组合电器（GIS）

1. GIS 的特点

全封闭组合电器，简称 GIS，是一种先进的新型成套电器装置，是将断路器、隔离开关、接地开关、电流互感器、电压互感器、避雷器、母线、进出线套管、电缆终端等电气设备，按照一次主接线的要求，依次组成一个整体，高压带电部分均封闭于接地的金属体内，并充入一定压力的 SF_6 气体作为绝缘介质。图 2-69 是 GIS 的结构图，图 2-70 是某变电站 110 kV GIS 的外形图。

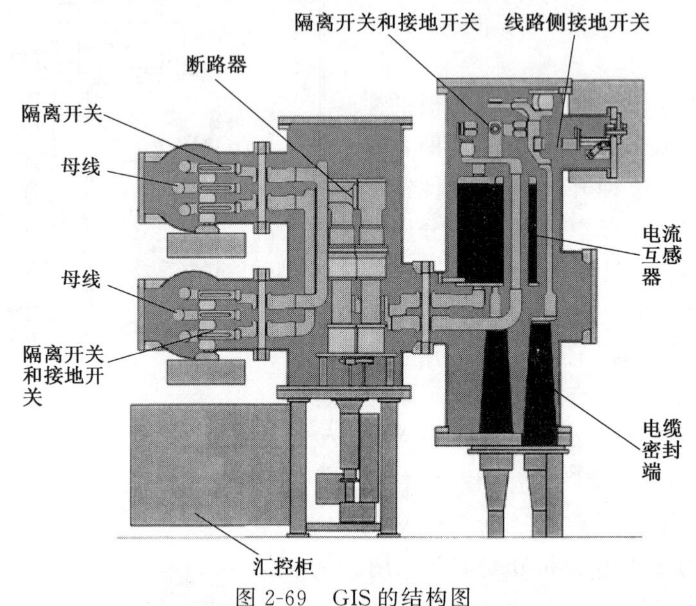

图 2-69　GIS 的结构图

图 2-70　某变电站 110 kV GIS 的外形图

GIS 具有普通成套配电装置无法比拟的优越性。GIS 的主要特点如下：

（1）小型化

因采用绝缘性能卓越的 SF_6 气体做绝缘和灭弧介质，能实现小型化，占地面积小。组合电器的占地面积只有普通配电装置占地面积的约 10%～20%，所占空间只有普通配电装置的 1%～10%，电压等级越高，效果越明显。

(2)可靠性高

由于带电部分全部密封于惰性气体 SF_6 中，坚固的金属外壳(钢板或铝板)使其免受外界的影响，大大提高了可靠性。此外具有优良的抗地震性能。

(3)安全性好

带电部分完全封闭，没有触电危险；SF_6 气体为不燃烧气体，无火灾危险。

(4)杜绝对外部的不利影响

全封闭设备噪声小；对电磁和静电实现屏蔽，对外界不产生电磁干扰。

(5)安装周期短

可在工厂内进行整机装配和试验合格后，以单元或间隔的形式运达现场，可缩短现场安装工期，提高可靠性。扩建非常方便。

(6)维护方便，检修周期长

检修工作量及费用较小，平时维护工作主要是监视 SF_6 气体的压力和定期测定 SF_6 气体的含水量。可连续十几年不需要检修，维护工作量极少。

2. GIS 的组合元件

全封闭组合电器 GIS 由于采用了金属外壳全封闭的结构，因此其外形与前面所述的成套配电装置在外形上有很大的差别。从外表看，各种 GIS 只是形状各异的金属壳体，无法看到各种高压电气设备的连接情况。实际上其内部也是各种一次设备，但作为 GIS 的组合元件，各一次设备也有各自的特点。

(1)断路器：断路器常采用性能优良的 SF_6 气体断路器，在电压等级较低的场合，有时可以采用真空断路器，构成 SF_6 气体绝缘金属封闭的真空开关柜。

(2)隔离开关：隔离开关与传统的隔离开关有很大区别，外观上并无明显断点。按触头运动的方式，主要有转动式和直动式两种。

(3)接地开关：接地开关一般和隔离开关组合在一起，由同一机构进行操作。接地开关有低速和高速两种，高速接地开关必须具备关合短路电流的能力。

(4)电流互感器：主要有两种结构。一种是以 SF_6 气体为主绝缘装在金属壳内的贯穿式，即一次导体就是互感器的一次绕组，可用于母线侧，又可用于断路器侧；另一种是开口式电缆结构，用于母线侧。

(5)电压互感器：结构上和一般电压互感器相同，分为电容式和电磁式两种。电容式主要用于电压等级较高的场合。

(6)避雷器：避雷器一般采用金属氧化物避雷器。金属氧化物避雷器体积小、保护性能优良的特点很适合 GIS。

(7)母线：母线的布置形式主要有三相共筒式和分相式两种。三相共筒式是将三相母线封闭于一个金属圆筒内，分相式是将三相母线分别封闭在三个金属圆筒内。

(8)充气套管与电缆密封终端：组合电器的进出线与架空线连接采用充气(SF_6)套管，进出线与电缆的连接则采用电缆密封终端。

GIS 是一种性能优越的成套电器装置，其应用日益广泛，特别是在室内、地下(地铁供电系统)、高层建筑或电压等级较高的场合，GIS 的优越性是其他成套装置无法比拟的。因此 GIS 将成为未来高压成套电器装置的主流。

三、项目实施

1. 熟悉进线柜(未接入高压)结构,进行停电、送电操作练习

停电检修:

分断路器——分下隔离——分上隔离——合接地刀——开柜门

送电:

关柜门——分接地刀——合上隔离——合下隔离——合断路器

2. 熟悉馈出线柜(未接入高压)结构,进行停电、送电操作练习

停电检修:

分断路器——摇出手车至试验位置——合接地刀——开前柜门——开后柜门

送电:

关后柜门——关前柜门——分接地刀——摇进手车到工作位置——合断路器

项目十　低压开关电器结构及维护

一、项目介绍

低压开关电器一般是指变配电系统中 1 000 V 以下的开关设备。低压开关设备无论是结构复杂程度和制造成本上,都远低于相应的高压开关设备,体积也相对较小,主要适用于低压电路控制和隔离的需要。主要有低压断路器、低压刀开关和接触器等。本项目学习低压电器的结构及维护技能。

二、相关知识

(一)低压断路器

1. 作用及特点

低压断路器又称为“低压自动开关”或“自动空气开关”,其作用与高压断路器在电路中的作用相似,但也有区别。高压断路器本身不具备继电保护的功能,需要相应的继电保护装置配合才能实现对电气设备的保护,即高压断路器和继电保护装置是相互独立的;而低压断路器除了具有正常的控制功能外,本身还集成了保护装置,具有自动切断故障的保护功能,因此低压断路器是具有开关功能和保护功能的集成装置。低压大功率电路中通常需要安装低压断路器进行保护和控制。

低压断路器的类型很多,根据不同的分类方式,可将其分类如下:

(1)按结构形式分为万能式和塑料外壳式两大类。

万能式断路器保护方式和操作方式较多,安装方式灵活。塑料外壳式断路器中的所有机构和带电部分都安装在塑料壳之内。

(2)按灭弧介质分为空气断路器和真空断路器两大类。

(3)按用途分为配电用、电动机保护用、照明用和漏电保护用断路器等。

(4)按保护方式分为非选择型、选择型和智能型断路器。

非选择型一般只具有一种短路保护动作功能;选择型则有两段保护和三段保护功能;智能型由微机控制,其保护方式和整定可以方便地改变。

选择型断路器中的两段保护可以是瞬时和短延时保护的配合，也可以是瞬时和长延时保护的配合；三段保护是指瞬时、短延时和长延时三种保护的配合，或者是瞬时、长延时和接地短路的三种保护的配合。短延时保护动作时间有 0.2、0.4、0.6 s 几种，瞬时和短延时动作适于短路保护；长延时动作适于线路过载保护。

低压断路器型号中的第一个字母 D 表示低压断路器，其他字母的含义参见手册。

2. 低压断路器的原理

低压断路器的原理如图 2-71 所示。线路如果出现短路故障时，其过电流脱扣器 6 动作，使断路器跳闸。如果出现过负荷时，经过延时后其热脱扣器动作（图 2-71 中 7），也使断路器跳闸。如果线路电源失压或严重降低，其失压脱扣器 5 动作，也使断路器跳闸。正常时按下脱扣按钮 9 或 10，使分励脱扣器 4 通电或失压脱扣器 5 失电，可实现断路器手动跳闸。

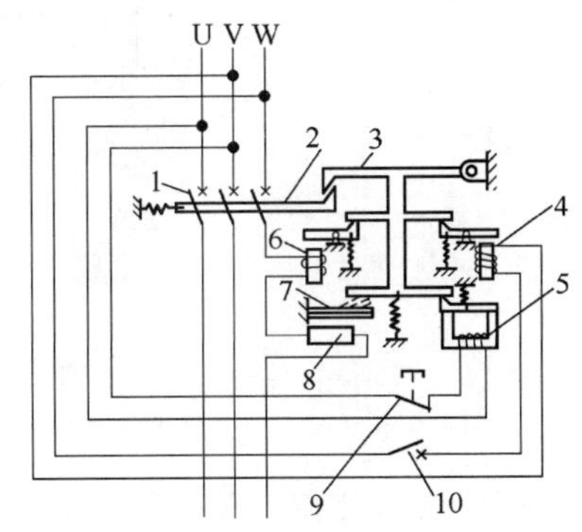

图 2-71　低压断路器的原理

1—主触头；2—跳钩；3—锁扣；4—分励脱扣器；5—失压脱扣器；6—过流脱扣器；7—热脱扣器；8—加热电阻；9—常闭脱扣按钮；10—常开脱扣按钮

3. 低压断路器的结构

由于低压断路器的品种较多，因此在这里只介绍常用塑料外壳式的低压断路器。图 2-72 所示为 DZ 型塑料外壳式低压断路器的结构。此断路器操作手柄有三个位置。

（二）低压刀开关

低压刀开关在电路中的作用与高压隔离开关在电路中的作用类似，可用于隔离电源，也可开断小电流，一般不能带负荷操作，只能在低压断路器断开后进行操作，但带有灭弧罩的刀开关可以开断一定的负荷电流。

低压刀开关通常采用手动操作，利用拉长电弧或利用灭弧罩分割长电弧，使电弧变细、冷却而熄灭。图 2-73 所示为 HD13 型低压刀开关的外形图。

如果将低压熔断器和低压刀开关组合在一起，将构成低压刀熔开关。低压刀熔开关除了具有低压刀开关的功能外，还具有短路保护功能，在功率较小、负荷等级较低的场合采用低压刀熔开关代替低压断路器，成本较低，较为经济实用。刀熔开关在低压配电屏上得到广泛使用。图 2-74 为低压刀熔开关的结构，由图中可以看出，其实质上是用熔断器代替了刀开关的闸刀。

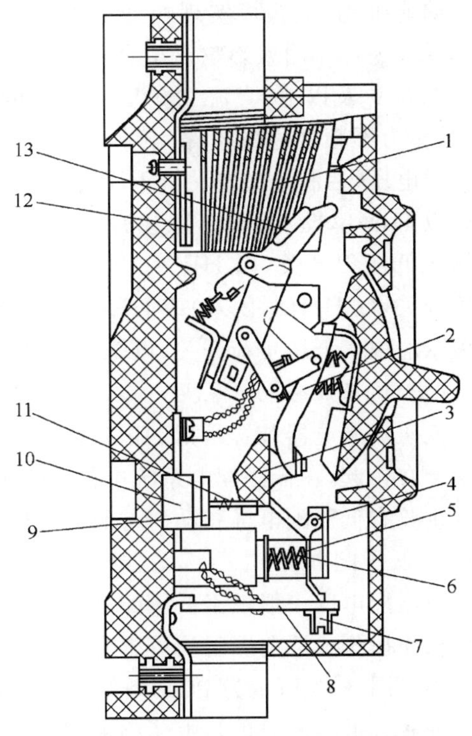

图 2-72　DZ 型塑料外壳式低压断路器

1—灭弧栅；2—主杠杆；3—主轴；4—轴；5—杠杆；6—弹簧；7—调节螺丝；8—双金属片；9—衔铁；10—铁芯；11—搭钩；12—静触头；13—动触头

如果将低压刀开关和熔断器串联后组装在铁壳和塑料壳中，具有一定的熄弧能力，将构成低压负荷开关。通常所称的铁壳开关和胶壳开

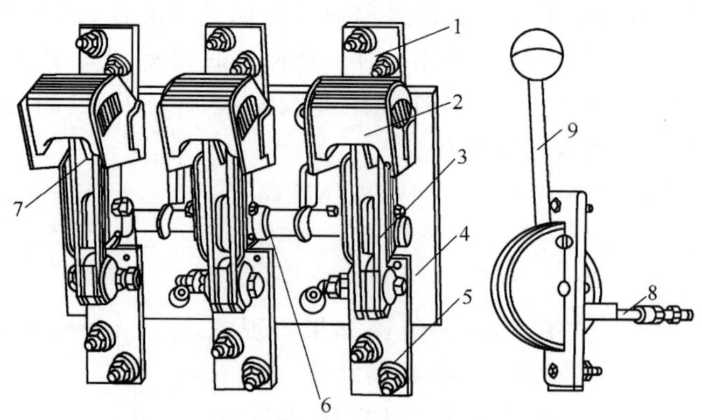

图 2-73　HD13 型低压刀开关的外形图

1—上接线端；2—灭弧栅；3—闸刀；4—底座；5—下接线端；6—主轴；7—静触头；8—连杆；9—操作手柄

关都属于低压负荷开关。铁壳开关上有操作安全闭锁机构，开关处于合闸状态时不能打开铁壳，铁壳打开时开关不能合闸。低压负荷开关在电路中的作用与高压负荷开关在电路中的作用类似。

此外还有一种低压开关叫组合开关或转换开关，其触头为多层结构，可同时控制多个回路。操作时通过手柄旋转实现分、合闸，操作结构中配有弹簧储能机构，触头可实现快速切换，其分、合速度不受人为操作因素影响。组合开关通常适用于交流 380 V 及以下，直流 220 V 及以下的电气线路中，作为不频繁通断电路，转换电源或负载，测量母线电压，控制小型电动机正反转等。

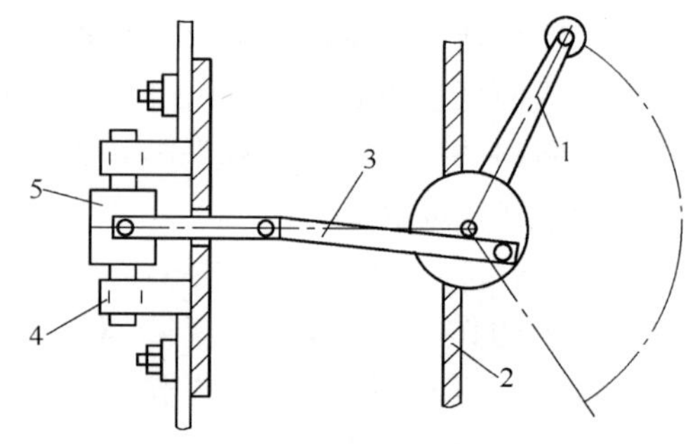

图 2-74　低压刀熔开关结构

1—操作手柄；2—配电屏面板；3—连杆；4—触头座；5—熔断器

以 HD(单投)或 HS(双投)字母开头表示的均属于低压刀开关，以 HR 字母开头表示的属于刀熔开关，以 HH(封闭式)或 HK(开启式)字母开头表示的属于低压负荷开关，以 HZ 字母开头表示的属于组合开关。

(三)低压成套电器装置

低压成套电器装置是指 1 kV 及以下的成套电器装置，低压成套电器装置将一次、二次设备组合在一起，在低压配电系统中作为动力、照明以及低压供电电源连接之用。低压成套电器装置主要有低压配电屏和动力与照明配电箱两种。

1. 低压配电屏

低压配电屏一般设于低压配电室内，主要有双面操作固定式、单面操作固定式和抽屉式几种。双面操作式屏前屏后均可维修，离墙安装，占地面积较大。单面操作式靠墙安装，占地面积较小。图 2-75 所示为 PGL 型低压配电屏的外形图。

抽屉式低压配电屏是由薄钢板制成抽屉及其柜体。抽屉设有联锁装置，当开关处于合闸位置时抽屉不能拉出，抽屉拉出后开关不能合上。

2. 动力与照明配电箱

动力与照明配电箱安装在各车间内，在车间内控制所有负载。动力与照明配电箱可以同时给动力和照明供电，照明配电箱则主要用于照明的供电，或者作为家庭供电的开关箱。

动力和照明配电箱的类型有靠墙式、悬挂式和嵌入式等。家庭中使用的开关箱，出于美观的考虑，可选用嵌入式。嵌入式具有体积小、操作方便、美观等优点，并且带有漏电保护装置，并且其分路开关可根据控制回路的需要进行增减。

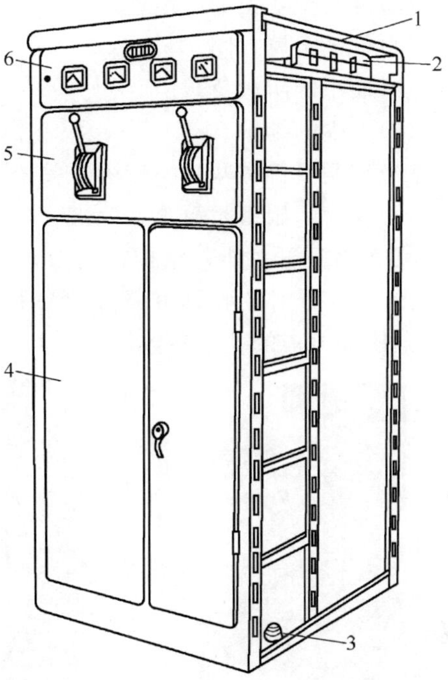

图 2-75　PGL 型低压配电屏的外形图

1—母线防护罩；2—母线绝缘柜；3—中性母线绝缘子；4—检修门；5—操作板；6—仪表板

三、项目实施

1. 检查低压断路器，并进行分合闸操作。

(1)合闸位置

当需要合闸时，将操作手柄由下方扳向上方，跳扣被锁扣扣住，断路器完成合闸并得以维持合闸状态。

(2)自由脱扣位置

当线路出现短路故障或过负荷时，其相应的脱扣器动作，带动牵引杆动作，使锁扣释放跳钩，断路器触头跳开，此时操作手柄由上方合闸位置移动到中间位置，此位置称为自由脱扣位置。

(3)分闸和再扣位置

低压断路器自动跳闸后，将操作手柄扳向下方，跳扣又被锁扣扣住，完成“再扣”动作，为下次合闸做好准备。也就是说，断路器自动跳闸后，如果将手柄直接往上扳，则无法带动触头进行合闸，需将操作手柄往下扳，然后再向上扳才能完成重新合闸的操作。

2. 设置低压开关柜，检验保护动作值，并进行试验。

项目十一　高铁组合式开关柜(GIS 柜)

一、项目介绍

武广高铁使用的 GIS 柜，是可扩展的配固定式断路器的 8DA 系列开关柜，本项目的目的是熟悉其 GIS 结构及学习维护技能。

二、相关知识

(一)GIS 柜特点

开关柜设计的额定电压最高 40.5 kV，额定电流最高 2 500 A。它们允许的额定最大短路电流可达到 108 kA，最大短路开断电流达到 40 kA。在牵引系统中武广高铁使用的 8DA12(双极，分别用于 T 线和 F 线)。

固定式断路器的 8DA 系列开关柜有以下特征：

(1)工厂装配，通过型式试验，金属封闭，金属铠装的用于户内运行的开关柜。

(2)绝缘介质使用 SF_6 气体。

(3)可安全触摸的电缆连接系统以及固体绝缘和气体绝缘的连接系统。

(4)单极金属封闭。

(5)最小的防火负载。

(6)极少的维护。

(7)带逻辑机械联锁的持续开关柜联锁系统。

(8)因为运用密闭系统,一次部件不受环境影响(污染,湿气和小动物)。

8DA 系列开关柜的结构特征为人身安全和操作安全提供了保障。

图 2-76 分别显示了 8DA 系列三种不同型号的结构。GIS 柜的实物图如图 2-77 所示,其额定电压和电流的技术参数见表 2-4。

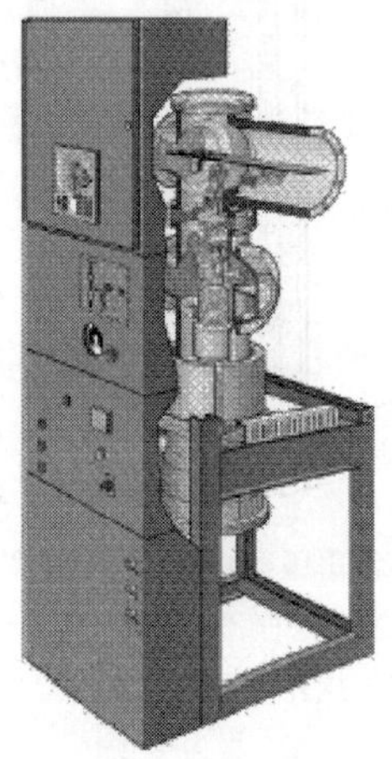

(a) 8DA11(单极)

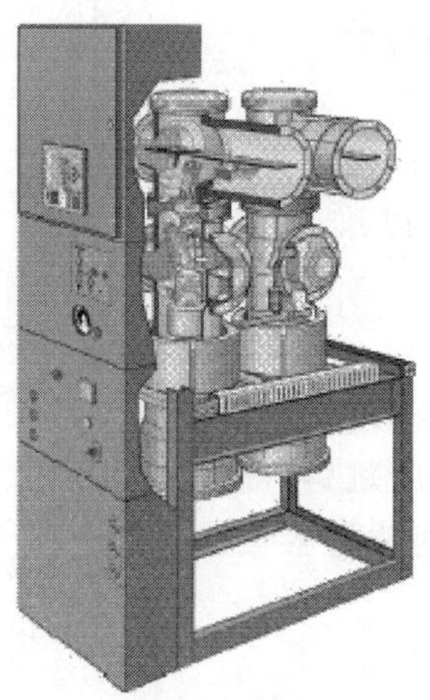

(b) 8DA12(两极)

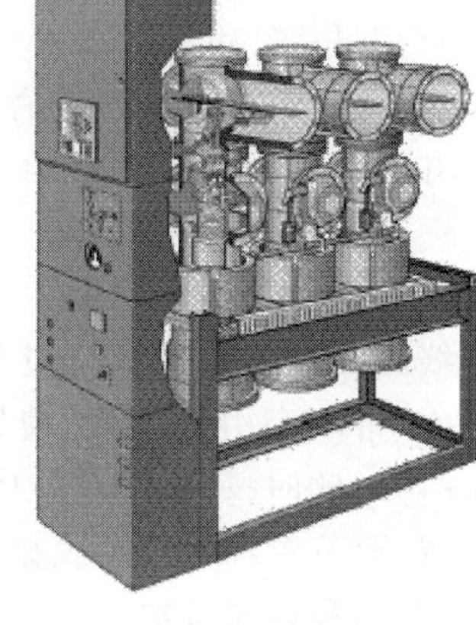

(c) 8DA10(三极)

图 2-76　8DA 系列结构

图 2-77　高压室 GIS 柜实物图

1—气室;2—电压互感器;3—三位置开关;4—断路器;5—接地;6—电流互感器

表 2-4　8DA12GIS 柜的额定电压和电流

参　　数		单　　位	数　　值
额定电压		kV	27.5
额定频率		Hz	50/60
通用	额定短时工频耐受电压	kV	95
	额定雷电冲击耐受电压	kV	200
隔离开关	额定短时工频耐受电压	kV	110
	额定雷电冲击耐受电压	kV	220
额定短路开断电流		kA	31.5
额定短时耐受电流(3S)		kA	31.5
额定短路关合电流		kA	80
额定峰值耐受电流		kA	80
最大母线电流		A	2 500
最大馈线电流		A	2 000

(二)断路器

真空断路器是与开关柜一体化的组件由以下元件组成,如图 2-78 所示。

1. 由弹簧储能机构和控制元件组成的操动机构。

2. 控制触头动作的操作杆。

3. 一个带真空灭弧室的开关柜极柱。

机械联锁是断路器防止误操作的机械保护。当三位置开关处于错误的位置时,机械保护可以防止断路器合上。而且,在二次回路的控制方面,三位置开关也受断路器的辅助接点控制,当断路器在合位时三位置开关不能操作,这样也就防止了断路器合上时误操作三位置开关。

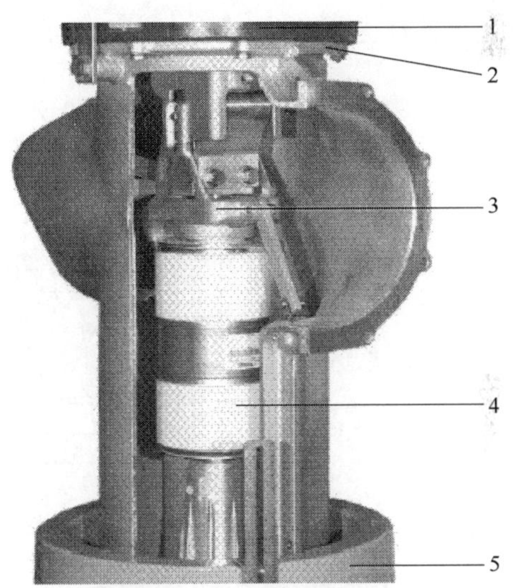

图 2-78　真空断路器单元

1—套管;2—顶部法兰;3—灭弧室支撑;4—真空灭弧室;5—电流互感器

真空灭弧室固定在灭弧室支撑上。固定的触头直接连接到套管上,动触头牢固的连接到连接螺栓上,导杆外圈有金属波纹管,金属波纹管为真空室和气室的连接部件。

操动机构箱包括了所有分合断路器要求的机械和电气元器件如图 2-79 所示。

按下 ON 按钮断路器即合闸。通过真空灭弧室外的操作杆,操作传递到真空灭弧室。在合闸弹簧放能之后,其储能回路接通,马达受电立即使弹簧储能。如果马达的供电有问题,该弹簧可以通过手柄手动储能。为了手动储能,面板上有一个孔,储能手柄可通过该孔和齿轮机构啮合。弹簧的储能状态可由指示器读出。

(三)三位置隔离开关

三位置隔离开关综合了隔离开关和接地隔离开关的功能,三位置即指:隔离开关合位,接地隔离开关合位,隔离开关和接地隔离开关分位;它即使是安装于 SF_6 气室内,但也只是为无

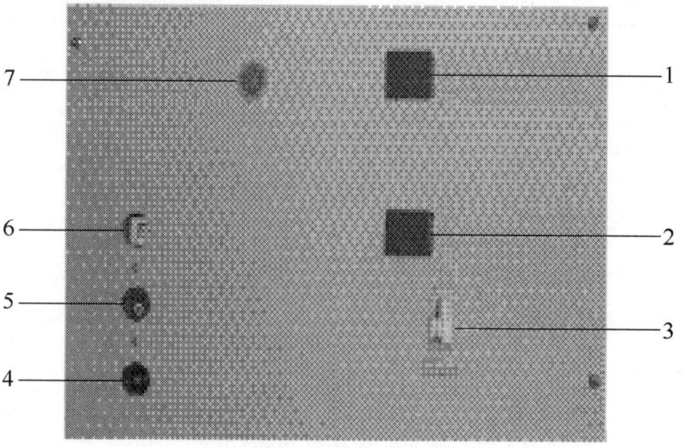

图 2-79 断路器操作机构箱

1—ON 按钮(机械):当有马达操作的隔离和接地开关室,按钮被锁上;2—OFF 按钮(机械);3—锁定装置(挂锁);4—操作计数器;5—分合闸位置指示器;6—储能指示器;7—手柄(储能)插孔

负荷的操作设计,故不能带负荷操作。三位置开关实际上其动触头只有一个,不管是隔离开关或者是接地刀闸都是它,如图 2-80 和图 2-81 所示。

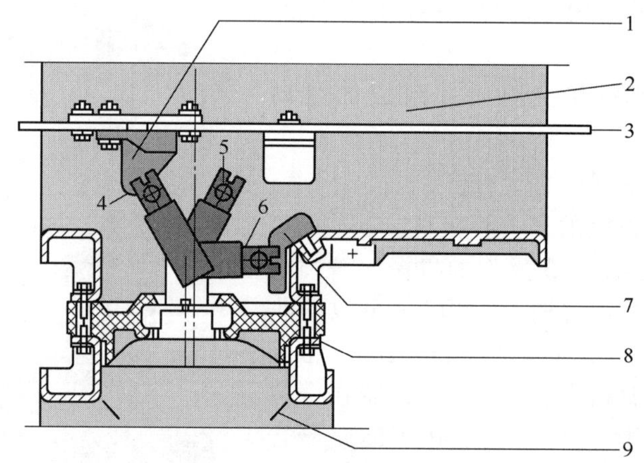

图 2-80 三位置隔离开关、母排和套筒

1—隔离开关的触头;2—母线室;3—母排;4—“合上”按钮;5—“分开”按钮;6—“准备接地”按钮;7—接地触头;8—套筒;9—断路器室

(四)互感器

电压互感器和电流互感器的实际安装位置如图 2-77 所示。电压互感器安装于主气室之外与主气室插接,电流互感器安装于气室之外与气室无关。

1. 电压互感器

从图 2-77 可知,电压互感器安装在分段母线上,不带隔离开关,可插接,每段母线的 T 线 F 线各一个共四个。在武广高铁的 GIS 柜上的电压互感器二次额定值均为 100 V。

特征:①环氧树脂绝缘;②感应式;③金属封闭,可安全触摸;④可在柜体连接处插接。

2. 电流互感器

使用穿心式电流互感器,安装在断路器下方气室之外,一次回路作为一次绕组,使得电流

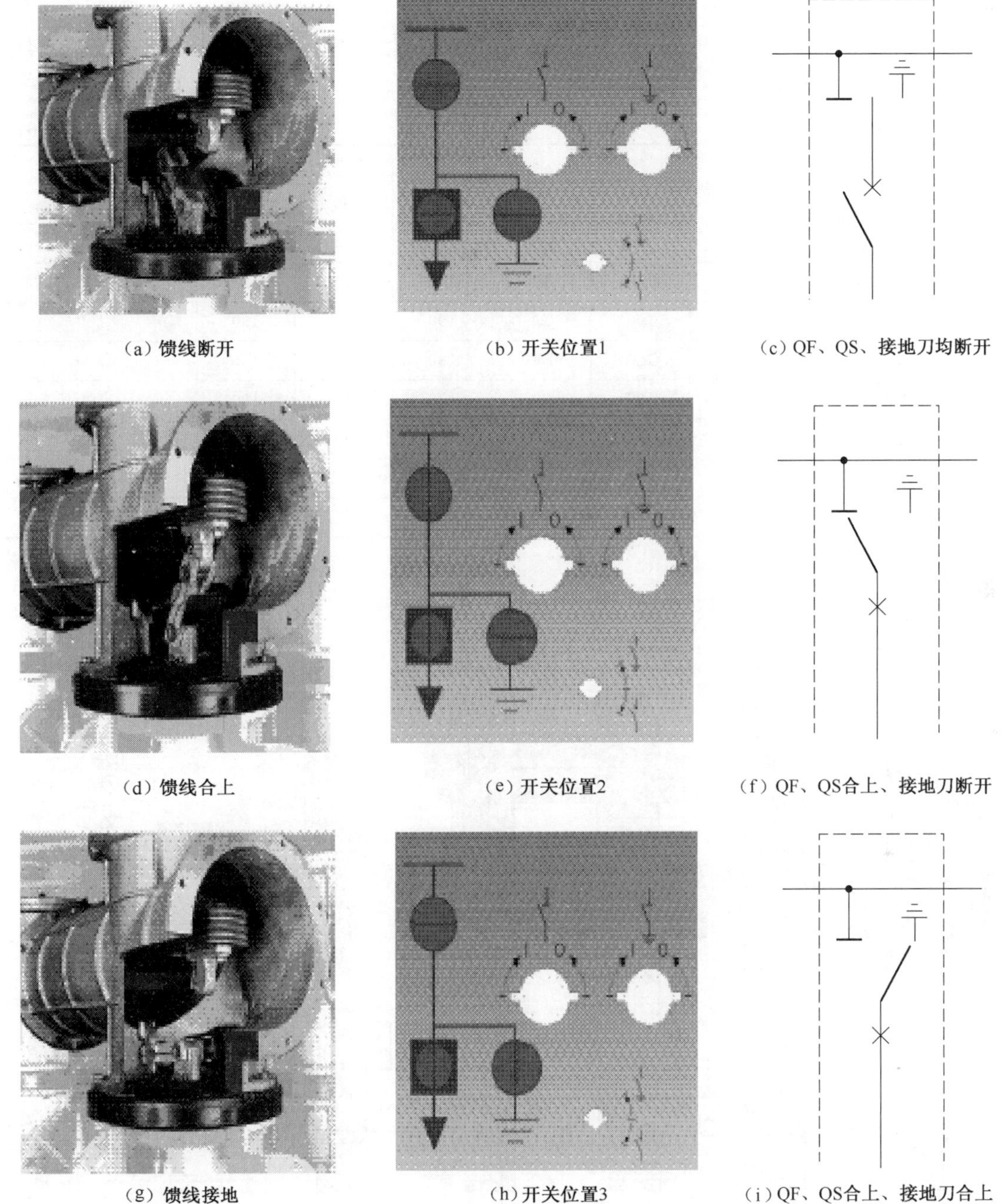

(a) 馈线断开　(b) 开关位置1　(c) QF、QS、接地刀均断开

(d) 馈线合上　(e) 开关位置2　(f) QF、QS合上、接地刀断开

(g) 馈线接地　(h) 开关位置3　(i) QF、QS合上、接地刀合上

图 2-81　三位置隔离开关 3 个位置图

互感器不用承受高压且不发热。二次侧在气室外，连接方便，整个电流互感器的树脂浇铸材料不承受高压，可用手碰触。在武广高铁的 GIS 柜上的电流互感器二次额定值均为 1 A。

特征：①设计为环形电流互感器：环芯为二次绕组，主环对应一次绕组；②位于一次元件密封体（开关室）外，适于开关柜的单极设计；③环氧树脂部分不受介电应力的影响（采用特殊设计）。

（五）气室

气室的分布以有利于运行时易于工作为轴心，气室分布固定后开关在操作上就受其限制。

当故障产生时，气室的分布决定了工作的范围。

每个气室的气体是独立的，如图 2-82 所示，均有 1 个气体压力表监视，有 1 个充气阀（用于放气和充气）。各气室气体压力值见表 2-5。

表 2-5　20 ℃时的气体压力(kPa)

	母线室		母线压互室		断路器室		
					最大 1 600 A		2～2.5 kA
额定电压(kV)	≤36	≥36	≤36	≥36	≤36	≥36	≥36
额定气体压力	50	120	50	120	50	120	120
最小运行压力	30	100	30	100	30	100	100
最大运行压力	90	180	100	180	90	180	180
压力低报警	30	100	30	100	30	100	100
压力高报警	90	180	100	180	90	180	180
防爆膜操作压力	≥300						
所有的压力都是测量表的压力。操作压力受温度影响。							

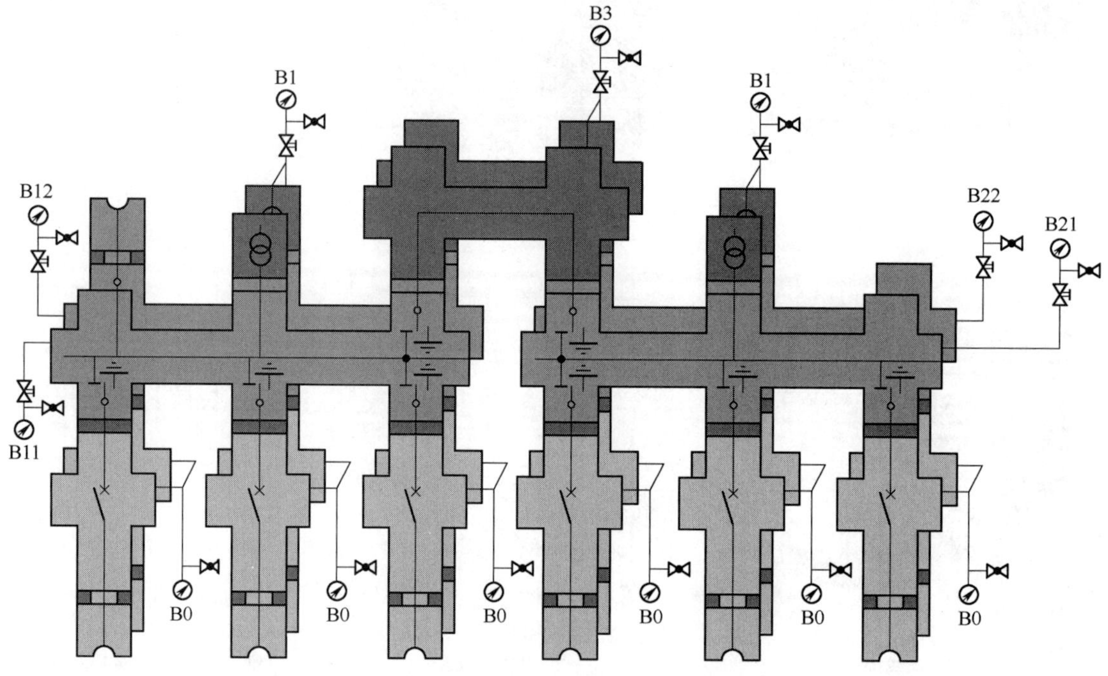

图 2-82　气室图(相同颜色的气室是相互连通的)

（六）柜体连接

全绝缘的柜体连接可用内锥式电缆插头或固体绝缘、气体绝缘母排，武广牵引变电所使用内锥式电缆插头。根据电缆截面积和额定电压，可使用三种尺寸的电缆接头。除了接单根电缆，最多可接 6 根电缆。两根以上电缆的连接也可用电压互感器（外部或插接式）替代第二根电缆。

武广高铁变电所 GIS 柜进线和馈线均使用三电缆连接，所用变压器使用单电缆连接，

图 2-83 是单电缆和多电缆连接示意图,图 2-84 是电缆插头与插座结构示意图。

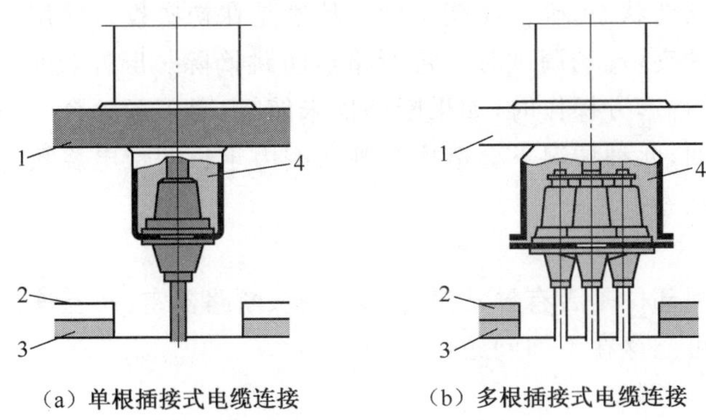

图 2-83　电缆的连接示意图

1—柜体上部;2—柜体下部;3—地坪(如:混凝土);4—SF_6 绝缘

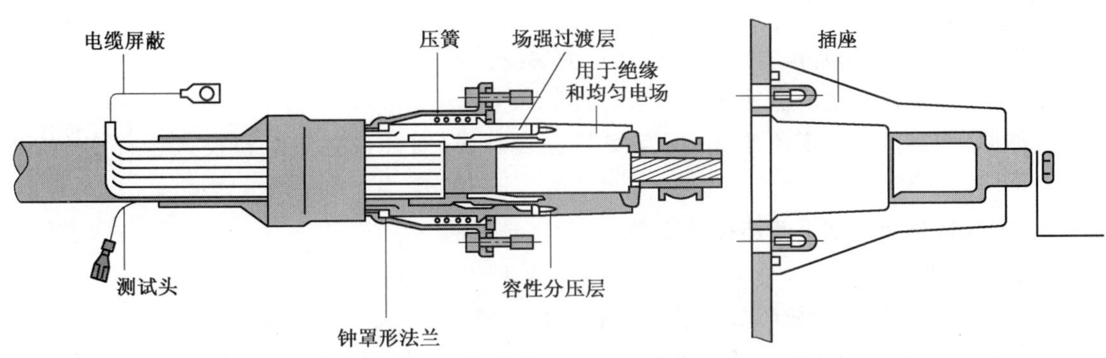

图 2-84　单根电缆插头与插座结构示意图

(七)GIS 柜的日常运行检查

主要从三个方面进行:一看,二听,三处理。

1. 看

看 GIS 柜各气室的 SF_6 气体压力和断路器状态。

(1)SF_6 压力低

原因:存在漏气点。

解决方法:在不停电的情况下先将气体补充到额定压力保证运行,然后进行气体检漏测试,查找到故障点之后,停电进行故障处理。

(2)SF_6 压力高

原因:气室内部金属连接点虚接,长期运行发热,导致气体压力升高。或者是发生故障,大电流导致气体压力短时升高。

解决方法:停电,排空母线室内气体,打开母线室进行检查。故障处理完毕后抽真空,更换干燥剂、密封圈,重新密封。

在严重故障情况下,如果母线室气体压力超过 200 kPa,母线室自带的压力膜将自动爆破泄压,以保证母线室的安全。

(3)断路器状态(主要是弹簧储能状态)

看断路器的弹簧储能状态,确认储能正确。特别是在初次投入使用,断路器自带的防跳装置与保护装置的防跳冲突,现场调试时会将断路器防跳摘除。断路器储能的辅助接点包含在防跳回路中,因此在进行远方操作时,如果断路器未储能,由于远动合闸命令为保持信号,检测到断路器位置变化返回,此种情况下会造成合闸线圈由于长期带电烧毁,因此在进行远方操作时需确认断路器储能状态。

2. 听

运行时要监听下列部位是否有异常声音:母线室、断路器室、压互连接处或避雷器连接处,如果存在异常声音则可能存在下列问题:

(1)母线室

①母线室内可能有异物或者漂浮的金属粉末及其他导电的物质。

②金属连接部位虚接,有间隙放电现象。

解决方案:打开气室,清除异物,紧固连接件。(注意更换干燥剂及密封圈)。

(2)断路器室。

如果断路器室有异常声音应及时通知厂方解决。

(3)压互连接处及避雷器连接处

可能原因:连接处固定不牢固,压互安装位置有误(安装位置只对初投入运行变电所而言)。

解决方法:通知厂家重新连接与安装。

3. 简单处理

简单处理指较简单的故障处理及螺栓和密封故障处理。

较简单的故障处理如断路器无法操作,隔开无法操作,压互、避雷器故障,电缆头击穿等。

螺栓和密封故障处理,螺栓连接拆除后更换垫圈,更换新的密封圈。密封圈可在当地的西门子办公室获得。用不起毛的专用纸清洁法兰和沟槽,检查法兰表面,润滑密封圈和沟槽。如果需要,在气室内放置干燥剂,装好盖板。连接气室,用 20 Nm 的力矩拧紧 M8 螺栓。

(八)GIS 柜设备维护

1. 维护计划

开关柜所需维护极少,且仅限于易磨损和老化的部件,建议维护计划见表 2-6。

(1)视觉检查:每 5 年。

(2)小型维护:每 10 年。

(3)主要维护:隔离和接地开关操作 1 000 次后或 20 年后(由于隔开机构官方使用寿命为 3 000 次,建议尽量减少隔开的操作次数) 以上时间间隔为指导性,用户需参照具体的设备运行环境。

表 2-6　开关柜维护计划

A	B	C	
×	×	×	1.1 读取气压表上的 SF_6 压力,如果气体泄漏超过 1%每年,采取措施消除泄漏
	×	×	1.2 测量 SF_6 气体空气和水分含量,如果需要处理,可根据情况进行充气、更换/干燥气体和更换干燥剂

续上表

A	B	C	
	×	×	2. 检查机械连锁
	×	×	3. 检查所有辅助回路的螺丝连接端子是否牢固
	×	×	4. 检查开关柜表面，如有油漆破损，可补漆（更多的可能是如果开关柜暴露在恶劣气候条件下）
		×	5. 隔离和接地开关操作机构：查看连接是否动作灵活，润滑连接件和轴承
		×	6. 抽空 SF_6 气体
		×	7. 检查隔离和接地开关： 7.1 检查接点表面、活动绝缘子和操作连接是否有磨损。 7.2 如果需要，用真空吸尘器清洁绝缘套管。 7.3 润滑接点表面及操作连接处。 7.4 更换开关柜气室的干燥剂，安装新密封圈。 7.5 试操作，检查操作是否到位
		×	8. 充入 SF_6 气体并检查气压监视装置指示是否正确
		×	9. 检查开关柜气密性

2. GIS 柜柜体的维护

检查接地是否良好，GIS 柜开放部分防止污秽，环氧树脂部分可用水加一般家用清洁剂清洁，电流互感器腔体可用水加一般家用清洁剂清洁。

三、项目实施

这里所说的开关操作是指在 GIS 柜面上进行馈线的停电、送电和接地三个方面。进线操作与馈线相同，图 2-85 是断路器柜的控制面板。

（一）馈线断路器的操作

1. 断路器电动分合闸

直流电源柜把直流送到 GIS 柜，操作电源正常、电机电源正常，观看合闸弹簧“已储能/未储能”指示应在已储能状态。把“远方/就地”开关打到“就地”位，把该断路器的操作开关打“合”位，合闸线圈受电进行合闸动作。同样分闸时把操作开关打“分”位，分闸线圈受电进行分闸动作。进线断路器存在与 220 kV 断路器的闭锁关系，只有在 220 kV 断路器合闸后才能合闸，分闸不受限。

2. 断路器手动分合闸

手动合断路器的操作步骤：操作机械或电气控制面板的 ON 按钮，直接点击合闸线圈铁芯，合闸弹簧释放能量，断路器合上。

手动分断路器的操作步骤：操作机械或电气控制面板的 OFF 按钮，直接点击分闸线圈铁芯，分闸弹簧释放能量，断路器分开。

3. 锁定装置

如果锁定装置“挂锁”，则断路器的位置将被固定，连机械分断路器也不可能，断路器在运行过程中严禁挂锁。

4. 合闸弹簧手动储能

当加上控制电压后，合闸弹簧会自动储能。合上断路器 15 s 后，开关顺序分—合—分（自

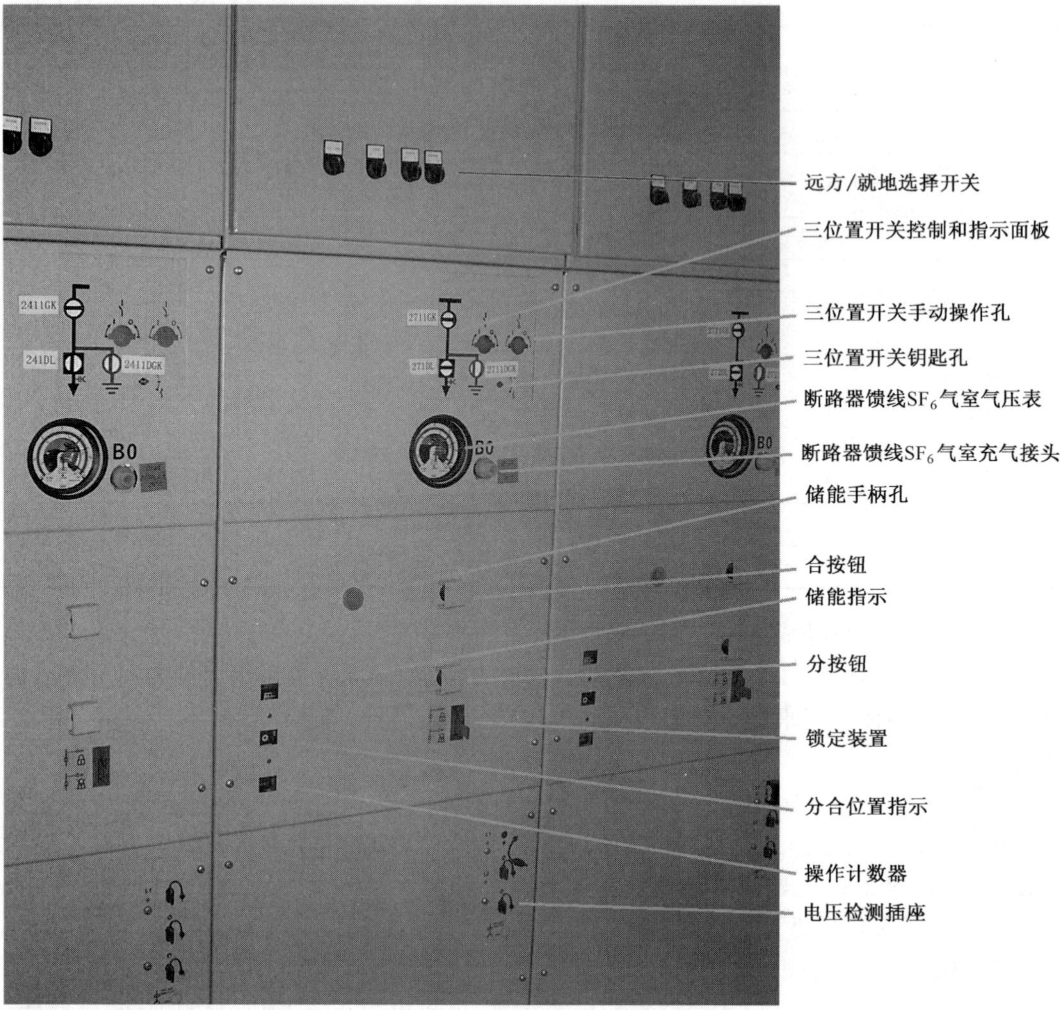

远方/就地选择开关
三位置开关控制和指示面板
三位置开关手动操作孔
三位置开关钥匙孔
断路器馈线SF_6气室气压表
断路器馈线SF_6气室充气接头
储能手柄孔
合按钮
储能指示
分按钮
锁定装置
分合位置指示
操作计数器
电压检测插座
2411GK
241DL
2411DGK
B0
2711GK
271DL
2711DGK
图 2-85　断路器柜的控制面板

动重合闸)所需的能量就储存在弹簧中。如果控制电源故障，就要用摇柄手动为合闸弹簧储能。摇柄一定要使用厂家配置的专用工具，如图 2-86 所示。因摇柄插入手动储能开孔时，电气回路(合闸弹簧电动储能回路)没有断开，当摇柄储能时，突然来电则储能电机会马上转动，所以摇柄必须有自由飞轮，即使摇柄插入时电机启动也没有受伤的危险。

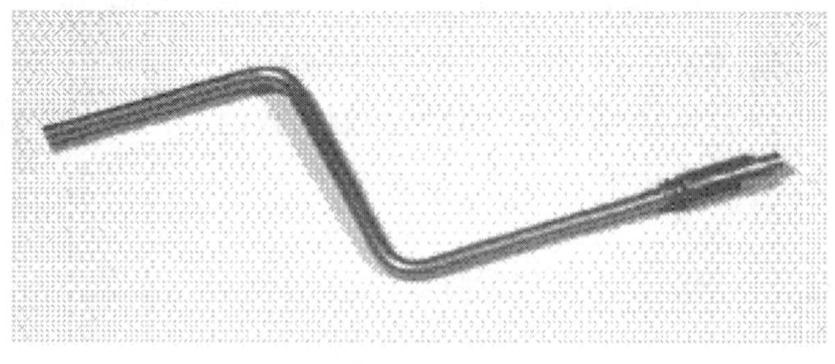

图 2-86　闸弹簧手动储能的摇柄

摇柄手动储能操作步骤：①移去开孔的盖子；②插入摇柄；③顺时针摇动摇柄大约30转；“合闸弹簧已储能”指示出现在观察窗中；④移去摇柄；⑤用盖子封上开孔。

（二）馈线三位置开关的操作

三位置开关控制和指示面板如图2-87所示，实物图如图2-88所示。

（1）隔离开关“合/分”的开关位置指示。

（2）机械操作接地开关的孔。

（3）机械操作隔离开关的孔。

（4）选择钥匙的孔。

（5）“分/准备接地”的开关位置指示。

（6）断路器的开关位置指示。

馈线隔离开关和地刀的操作，只有在其断路器的分位情况下方可操作。只有当馈线断路器和接地刀闸（简称地刀）均在分闸位置时方可操作隔离开关。

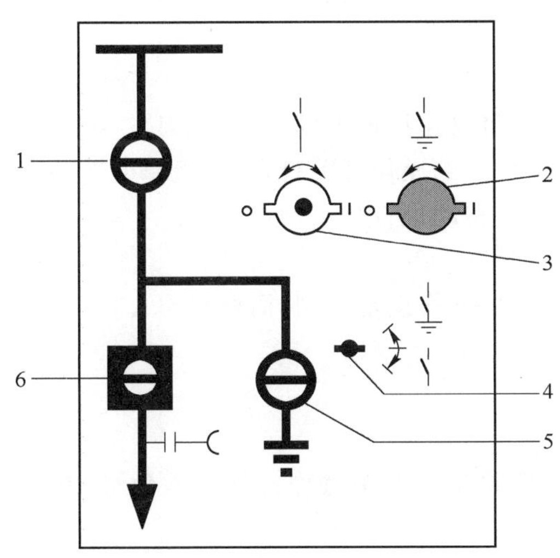

图2-87　三位置开关控制和指示面板

1—隔离开关“合/分”的开关位置指示；2—机械操作接地开关的孔；3—机械操作隔离开关的孔；4—选择钥匙的孔；5—“分/准备接地”的开关位置指示；6—断路器的开关位置指示

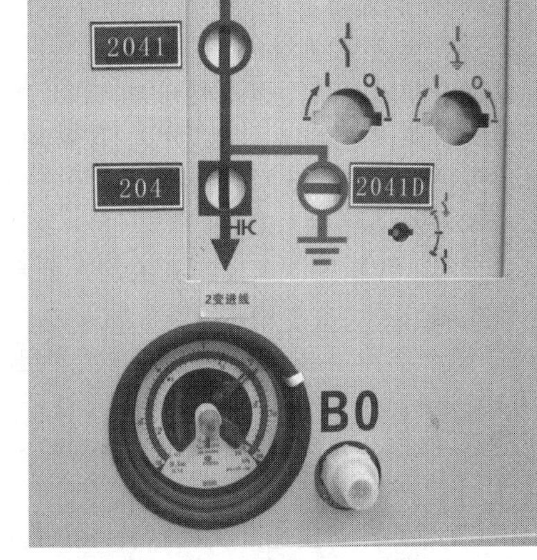

图2-88　三位置开关实物图

1. 馈线隔离开关电动分合闸

操作步骤：把“远方/就地”开关打“就地”位，把该隔离开关的操作开关打合，电机受电转动进行合闸动作过程。同样分闸时把操作开关打分，电机受电转动进行分闸动作过程。

2. 馈线隔离开关手动分合闸

馈线隔离开关手动合闸步骤：

（1）插入双凸钥匙。

（2）顺时针转动双凸钥匙到底。

（3）三位置开关的隔离开关操作孔打开。

（4）保持隔离开关操作杆水平（凸头在左边），然后将隔离开关操作杆插到六角形的轴上，推到底。

(5)顺时针转动隔离开关操作杆 180°(凸头在右边),隔离开关合上。

(6)移去隔离开关操作杆。

(7)逆时针转动双凸钥匙,取下;三位置开关的隔离开关操作孔关闭了;开关位置指示“合上”。

馈线隔离开关手动分闸步骤:

(1)插入双凸钥匙。

(2)顺时针转动双凸钥匙到底。

(3)三位置开关的隔离开关操作孔打开。

(4)保持隔离开关操作杆水平(凸头在右边),然后将隔离开关操作杆插到六角形的轴上,推到底。

(5)逆时针转动隔离开关操作杆 180°(凸头在左边)。隔离开关打开,移去隔离开关操作杆。

(6)逆时针转动双凸钥匙,取下;三位置开关的隔离开关操作孔关闭了。

(7)开关位置指示“分开”。

3. 馈线地刀电动分合闸

只有当馈线断路器和隔离开关均在分闸位置时方可操作接地刀闸(简称地刀)。

操作步骤:把“远方/就地”开关打“就地”位,把该接刀的操作开关打合,电机受电转动进行合闸动作过程。同样分闸时把操作开关打分,电机受电转动进行分闸动作过程。

4. 馈线地刀手动分合闸

只有当馈线断路器和隔离开关均在分闸位置时方可操作接地刀闸(简称地刀)。

馈线地刀手动合闸步骤:

(1)插入双凸钥匙,逆时针转动双凸钥匙到底。

(2)三位置开关的接地开关操作孔打开。

(3)保持接地开关操作杆水平(凸头在左边),然后将接地开关操作杆插到六角形的轴上,推到底。

(4)顺时针转动接地开关操作杆 180°(凸头在右边)接地开关合上。

(5)移去接地开关操作杆。

(6)顺时针转动双凸钥匙,取下双凸钥匙;三位置开关的接地开关操作孔关闭。

馈线地刀手动分闸步骤:

(1)插入双凸钥匙,逆时针转动双凸钥匙到底。

(2)三位置开关的接地开关操作孔打开。

(3)保持接地开关操作杆水平(凸头在右边),然后将接地开关操作杆插到六角形的轴上,推到底。

(4)逆时针转动接地开关操作杆 180°(凸头在左边)接地开关打开。

(5)移去接地开关操作杆。

(6)顺时针转动双凸钥匙,取下双凸钥匙;三位置开关的接地开关操作孔关闭。

(三)馈线接地和解除

1. 馈线接地操作

馈线断路器、隔离开关、地刀均在分位。

馈线接地操作步骤:①操作三位置开关到“接地”位置;②操作断路器到“合上”位置;③向

上拉锁定装置;④装上挂锁。

2. 馈线接地解除操作

馈线接地解除操作步骤:①取下挂锁。②锁定装置的杆自动向下回位。③操作断路器到“分开”位置。④操作接地开关到“分开”位置。

模 块 小 结

一、牵引供电系统的电气设备

牵引供电系统的电气设备可分为一次设备和二次设备两大类,一次设备是牵引供电系统的主体,二次设备是牵引供电系统安全可靠运行的重要保障。在变电所中,直接用来接受电能、改变电能电压和分配电能以及相关的所有设备,均称为一次设备,或称为主设备。由一次设备构成的电路称为一次电路或主电路。据电气设备的功能,可分为开关电器、变换电器、保护电器、补偿电器、成套装置和组合电器等类型。

二、牵引变压器

牵引变压器是变电所中最重要的一次设备,其主要功能是变换电压和传输电能,将一次侧的电能通过电磁能量转换的方式传输到二次侧,同时根据应用的需要将电压升高或降低,完成电能的输送和分配。常用变压器可分为油浸式变压器和干式变压器两大类,牵引变压器主要采用油浸式变压器。

三、互感器

互感器(仪用互感器)是一次电路(主电路)和二次设备(测量、保护及监控电路)之间的联络设备。其作用是将二次电气设备(仪表、继电器线圈等)与高压、大电流的一次电路隔离,解决绝缘问题,保证操作人员和二次设备的安全。将高压、大电流统一变换成标准的低压、小电流。一方面,与二次测量设备相配合,测量变配电所进、出线等处的电压、电流等各种参数;另一方面,与二次控制、保护设备相配合,实现对一次设备的控制和保护。互感器分为电压互感器和电流互感器两大类。

四、高压开关电器

高压开关电器主要用于高压电路中分、合电路。其种类较多,主要包括高压断路器、高压隔离开关和高压负荷开关等。

最主要的开关设备是高压断路器,不但用于正常的主电路开合控制操作,也用于开断短路电流,快速切除故障。高压断路器主要有少油断路器、SF_6 断路器、真空断路器、压缩空气断路器、磁吹断路器等。

隔离开关主要用于隔离电源。隔离开关分闸后断口非常明显,而且断口在各种过电压之下都不会击穿,具有足够的绝缘能力,从而保证检修的安全。隔离开关同时用于可以通断小电流电路。隔离开关的操作原则是不带负荷操作。

高压负荷开关是介于高压断路器和隔离开关之间的一种开关设备。高压负荷开关的主要作用是通断正常的负荷电流,也可以切断一定的过载电流,断开后有明显的断口,可隔离电源。

五、低压开关设备

低压开关设备一般是指变配电系统中 1 000 V 以下的开关设备。低压开关设备无论是结构复杂程度和制造成本上，都远低于高压开关设备，体积也相对较小，主要适用于低压电路控制和隔离的需要。主要有低压断路器、低压刀开关和接触器等。

六、避雷器、放电保护器、抗雷线圈及电抗器

避雷器是架空线路或变电所电气设备的防雷保护设备之一。避雷器与被保护的设备并联并且一端接地，通过避雷器放电来限制被保护电气设备电压的升高。避雷器的常用的类型主要有保护间隙、管型避雷器、阀型避雷器等。

放电器的作用是当由于某种原因造成 AT 高压侧的套管闪络或避雷器短路时，有利于变电所馈线的继电保护动作。放电器还可提高对邻近通信线路的防护效果，并提高信号轨道电路的工作可靠性。

抗雷线圈实际上是一个空心的电感线圈，作用是使雷电波头被拉平，使其波形上升的陡度减小。

电抗器能防止补偿装置与系统发生高次谐波并联谐振，吸收牵引负荷高次谐波，并限制装置投入时的合闸涌流，以及短路故障时限制短路电流保护电容器。

七、熔断器

熔断器保护是高低压电路中最简单的一种过电流保护方式。熔断器俗称“保险”，又分高压熔断器和低压熔断器，高压熔断器主要用于高压线路、电力变压器和电压互感器的短路或过载保护；低压熔断器主要用于低压配电系统的短路或过载保护。

八、功率因数补偿装置

电能用户在电网高峰时的负荷功率因数，高压用户应不低于 0.9，其他用户功率因数不低于 0.85，农业用户不低于 0.8。电力电容器是最常采用的功率因素补偿装置。对于急剧变化的负荷，常采用静止无功补偿装置，不需要通过机械触点动作即可控制补偿设备的投切，避免因负荷频繁变化而影响投切开关的寿命。

九、成套配电装置

成套配电装置可分为成套高压配电装置和成套低压配电装置。高压开关柜是常用的高压成套配电装置，根据一次电路的要求可分别组合成为进线柜、馈线柜、联络柜、电压互感器柜、避雷器柜等。高压开关柜分为固定式和手车式两大类。高压开关柜一般具有防止误操作和保证人身安全的闭锁装置。其闭锁就是为了实现“五防”功能。GIS 是指全封闭式组合电器，称为“气体绝缘开关设备”(Gas Insulated Switchgear)简称 GIS。气体一般指的是 SF_6，是将一个开关站整体用一个金属柜体密封起来，柜体内充满 SF_6 气体以作绝缘。高铁采用这样的设备有很多优点，如自身体积小、占地空间小，绝缘可靠且不用考虑大气的影响等。低压成套电器装置将一次、二次设备组合在一起，在低压配电系统中作为动力、照明与低压供电电源连接之用。低压成套电器装置主要有低压配电屏和动力与照明配电箱两种。

复习思考题

1. 变压器的额定容量含义是什么？
2. 变压器有哪些类型？配电变压器常用哪些联结组别？
3. 变压器并列运行的条件是什么？
4. 变压器的铭牌主要有哪些参数？
5. 高压断路器的主要作用是什么？其结构上有何特点？
6. 常用的高压断路器有哪些类型？各有何特点？
7. 高压隔离开关的作用是什么？对其操作有何要求？
8. 高压负荷开关的作用是什么？其应用与断路器、隔离开关的应用有何不同？
9. 高压熔断器的作用是什么？常用高压熔断器有哪些类型？各应用在什么情况下？
10. 电压互感器的功能是什么？应用中有哪些注意事项？
11. 电流互感器的功能是什么？应用中有哪些注意事项？
12. 什么是成套配电装置？高压开关柜的“五防”措施指的是什么？
13. 避雷器的作用什么？主要有哪些类型？各有何特点？
14. 什么是 GIS？GIS 有何优点？
15. GIS 的组合元件有何特点？
16. 无功补偿装置有哪些类型？变配电所中常用的补偿装置是什么？
17. 常用低压熔断器有哪些类型？
18. 低压断路器有哪些功能？结构上有何特点？
19. 低压配电屏有哪些类型？
20. 动力与照明配电箱的功能是什么？有哪些类型？
21. 避雷器、抗雷线圈、电抗器、放电器的作用是什么？
22. 锁定装置挂锁有什么作用？
23. GIS 柜气室气压有什么要求？
24. 写出在 GIS 柜进行馈线断路器的合闸操作步骤？
25. 写出在 GIS 柜进行断路器手动储能操作步骤？
26. 写出三位置开关隔离开关的合、分闸操作步骤？
27. 写出三位置开关接地刀闸的合、分闸操作步骤？
28. 写出 GIS 柜补气的操作步骤？
29. 写出馈线隔离开关电动合、分闸操作步骤？
30. 写出馈线接地刀闸电动合、分闸操作步骤？
31. 写出接地刀闸在什么位置有哪几个观看点？
32. GIS 柜如何进行验电？
33. GIS 柜巡视主要巡视哪些元件？
34. 在巡视 GIS 柜时，听主要听什么？
35. SF_6 气压低如何处理？

36. SF_6 气压高如何处理？

37. 与 GIS 柜连接的室外电缆头开裂有哪些后果？如何处理？

38. 断路器的超行程如何测量？

39. 气室有异响如何处理？

40. 在主要维护项目中，关于检查隔离和接地开关的有哪些项目？

模块三　电气主接线及高压配电装置

本模块学习变电所电气主接线作用、类型，判断变电所运行方式及改变运行方式。

项目一　牵引变电所一次侧电气主接线

一、项目介绍

牵引变电所(包括开闭所、分区所)的电气主接线是指由隔离开关，互感器、避雷器、断路器，主变压器，母线、电缆等高压一次电气设备，按一定顺序连接的用于表示接受和分配电能的电路。它反映了牵引变电所的基本结构和性能，在运行中表明电能的输送和分配关系、一次设备的运行方式，成为实际运行操作的依据。本项目的目的是熟悉牵引变电所一次侧 110 kV (220 kV)电气主接线，掌握其运行方式。

二、相关知识

(一)电气主接线符号

表明一次电气设备相互连接关系和工作原理的电气接线图，称为主接线图。主接线图中的电气元件用国标图形文字符号(图 3-1)画出，主接线一般用单线图表示。单线图是表示三相交流电气装置中，其中一相连接顺序的图。局部图由于三相不完全相同，则用三线图表示。

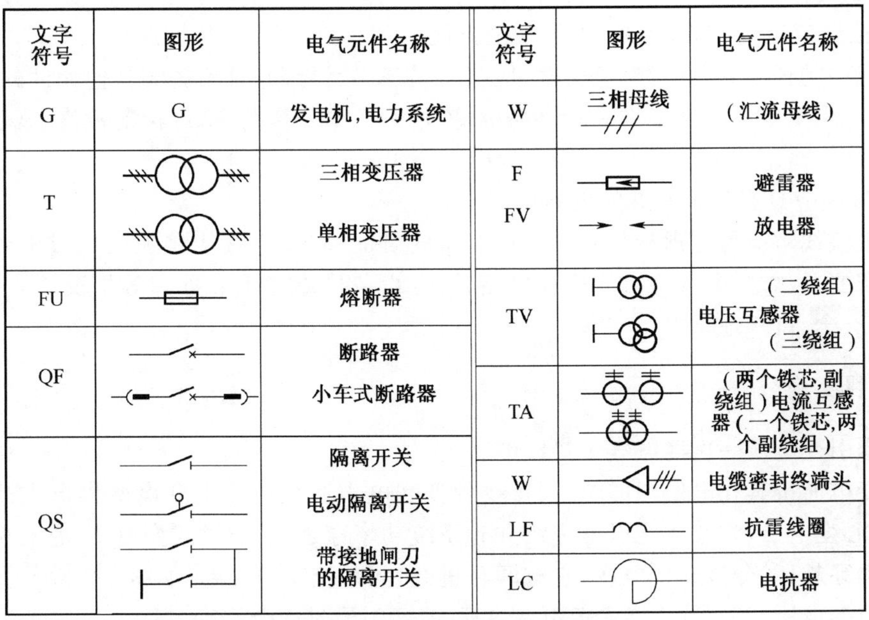

文字符号	图形	电气元件名称	文字符号	图形	电气元件名称
G	G	发电机，电力系统	W	三相母线	(汇流母线)
T		三相变压器 单相变压器	F FV		避雷器 放电器
FU		熔断器	TV		(二绕组) 电压互感器 (三绕组)
QF		断路器 小车式断路器	TA		(两个铁芯,副绕组)电流互感器(一个铁芯,两个副绕组)
QS		隔离开关 电动隔离开关 带接地闸刀的隔离开关	W		电缆密封终端头
			LF		抗雷线圈
			LC		电抗器

图 3-1　电气元件的标准图形和符号

供安装使用的主接线图还应在主要电气设备图形符号旁标明其规格型号。

(二)电气主接线目的和要求

变电所中还普遍采用主接线模拟板(操作图),挂在主控室中。它模拟出牵引变电所中一次电气设备的实际运行状态。值班人员根据主接线模拟板中电气设备的实际运行状态和调度命令进行操作,操作后更改主接线模拟板中电气设备的运行状态,使其与实际相符。

学习电气主接线的目的:①掌握牵引变电所的结构;②熟悉牵引变电所倒闸作业的内容。

电气主接线需考虑电源进线和变压器的设置情况。变电所一般设置两路电源进线,一路工作,一路备用。主变压器备用方式与主变压器的接线方式有关,对三相牵引变电所和三相—二相牵引变电所通常采用固定全备用方式。即牵引变电所中设两台主变压器,其中任何一台即可承担全部负荷,另一台处于完好的备用状态,随时可投入运行。对单相牵引变电所通常采用固定备用方式或移动备用方式。固定备用方式即在牵引变电所中设一台同规格型号的单相变压器作为备用。随时可代替两台运行的单相变压器中的一台。移动备用方式即在供电段设置一台或两台单相变压器,安装在平板车上,需要时可引入段管范围内任一单相牵引变电所代替需退出的单相主变压器,条件是该牵引变电所中需设置铁路岔线。

电气主接线一般应满足下列要求:

1. 保证对牵引负荷和地区负荷供电的可靠性,并力求经济性。

牵引负荷是国家电力系统的一级负荷,它应有独立的双回路电源供电。独立的双回路电源是指互相不影响的两 110 kV 线路,其含义是:①两回 110 kV 电源线路来自不同的电源点;②来自同一电源点的不同分段母线上,以保证每一回路的独立性。

主接线的一次投资主要决定于母线的套数、断路器、隔离开关台数和配电装置的结构型式。设计主接线时,应力求主接线的基本投资和年运行费用最少。

2. 主接线应力求简单、清晰、操作方便。

由于接触网事故较多,检修频繁,牵引变电所的停、送电操作、倒闸作业较多,主接线设计的简单清晰,可减少操作程序,避免误操作。

3. 主接线应运行灵活,检修、维护安全方便

主接线中的任一元件检修、试验时,应很容易退出运行,并且不影响其他元件的正常工作,同时应按《牵引变电所安全工作规程》(简称《安规》)留下安全距离,以保证检修、试验时工作人员的安全。

4. 主接线应具有将来发展的可能性

设计主接线时应考虑远景规划中增加设备的可能性,使主接线稍加改造或不改造即能适应将来的需要。总之,电气主接线应在电路转换、设备检修和事故处理等情况下,保证向牵引负荷经济、安全、可靠地供电。

三、项目实施

认识牵引变电所一次侧电气主接线图。

牵引变电所按其在电网中的位置、重要程度和电力系统向牵引变电所供电方式的不同可分为:①中心变电所,它有 4 路以上进线并有系统功率穿越;②通过式变电所,它有两路进线并有系统功率穿越;③分接式变电所,它有两路进线,无系统功率穿越,如图 3-2 所示。其中:1SS 为中心牵引变电所,2SS 为分接式牵引变电所,3SS 为通过式牵引变电所。

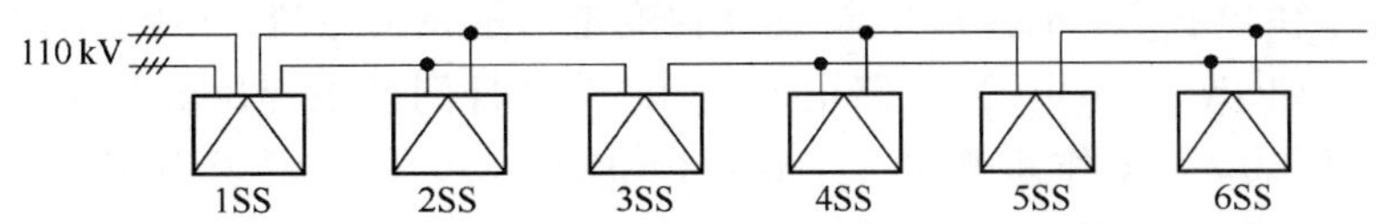

图 3-2　牵引变电所高压输电线的引入方式

不同类型的牵引变电所采取不同形式的电气主接线。

(一)桥式接线

通过式牵引变电所 110 kV 侧一般采用桥式接线,如图 3-3 所示。

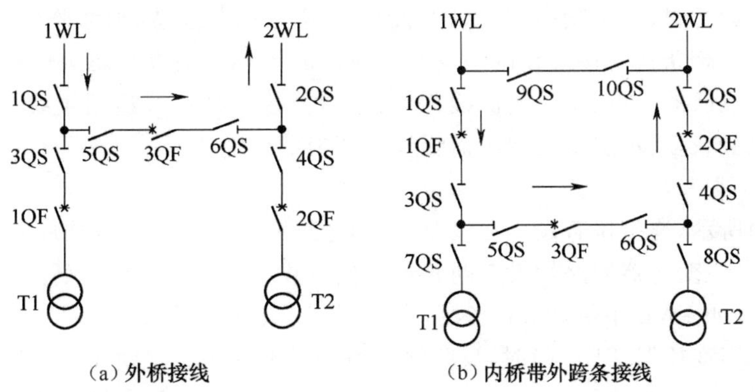

(a) 外桥接线　　(b) 内桥带外跨条接线

图 3-3　桥式接线

两回电源引入线分别经断路器接入两台主变压器,若在两条电源引入线间用带断路器的横向母线将它们连接起来,即构成桥式接线。带断路器的横向母线通常称为连接桥。当桥式接线的两回电源线路接入电力系统的环形电网中时,桥断路器(安装有 110 kV 线路的继电保护装置)经常处于闭合状态以使系统功率穿越。

根据连接桥所处位置的不同,桥式接线又分为外桥式接线和内桥式接线。

1. 内桥式接线

如图 3-3(b)所示,连接桥设置在靠变压器侧,则构成内桥接线。为了提高内桥接线供电的可靠性和运行的灵活性,一般在进线断路器外侧再设置一条带隔离开关的横向母线(称为外跨条)。

主接线正常运行时,如主变压器 T1 运行,T2 备用,跨条隔离开关 9QS、10QS 断开,8QS 断开,其他开关均闭合,以使系统功率从桥断路器通过,并向 T1 供电。

当一路电源供电,一路电源备用,任一断路器(如 1QF)需退出检修时,闭合跨条隔离开关 9QS、10QS;断开 1QF;断开 1QS、3QS 即可,这样即不造成主变压器停电,又不影响系统功率的穿越。断路器检修完毕后,恢复主接线原来的运行状态。

在图 3-3(b)中,一路电源供电(如 1WL),一路电源备用(如 2WL),并不是指 2WL 停电,而是指 1WL 方向有电源(如发电机),2WL 方向也有电源,只是在正常供电时,1WL 和 2WL 方向上的负荷均由 1WL 方向上的电源供电,2WL 方向上的电源处于备用状态。备用电源断开点不在牵引变电所而在电力系统的变电站。只有当 1WL 方向上的电源停电后,2WL 方向的电源自动投入,承担 1WL 和 2WL 方向上的负荷。所以当 1WL 为主供电源时,它不仅向本变电所的牵引变压器供电,而且电功率要通过桥断路器 3QF 向 2WL 方向上的其他负荷供电,即 2WL 仍可处于供电状态，有系统功率(即其他变电所的负荷电流)穿越本变电所。

当一路电源(如 1WL)供电，另一路电源备用，需进行倒换主变压器的操作时(如主变 T1 退出，主变 T2 投入)，其操作步骤如下：①闭合 9QS、10QS，以利于系统功率穿越；②断开 1QF、2QF；③断开 7QS；④闭合 8QS；⑤闭合 1QF、2QF；⑥断开 9QS、10QS。这种操作方法将中断牵引负荷的供电，可利用该牵引变电所无牵引负荷时进行。

从上述分析可知，内桥接线中的外跨条的主要作用是：在检修 110 kV 断路器和倒换主变压器的操作中，不影响系统功率的穿越，不中断牵引负荷的供电，提高了主接线运行的灵活性，供电的可靠性。跨条上设两组隔离开关可便于隔离开关的轮换检修。

外跨条投入运行时，系统功率将暂时失去保护，必须引起注意，加强监视。

由于内桥带外跨条式主接线在两条电源进线回路上均设有断路器，任一电源线路故障都不影响向牵引变电所的供电(另一电源线路可自投)。故这种接线适用于线路较长，线路故障和检修的停电机会较多，牵引变压器不需要经常切换的变电所。

2. 外桥式接线

如图 3-3(a)所示，连接桥若设置在线路侧(即进线断路器外侧)，则构成外桥接线。外桥接线的特点是：每一主变压器回路均设有断路器。使得投、退主变压器的操作简单、方便。

正常运行时(如 1WL 主供，2WL 备用，变压器 T1 投入运行，T2 备用)，除 2QF 断开外，其余开关均闭合。当变压器 T1 故障时，反映该故障的继电保护装置动作，断路器 1QF 将自动分闸，切除主变压器 T1。断路器 2QF 将自动合闸(2QF 上装有备用电源自投装置可自动合闸)将主变压器 T2 投入运行。值班人员只需断开 3QS，即可对主变压器 T1、断路器 1QF 进行检修。

若属正常情况下的倒换主变压器的操作，值班人员只需闭合 2QF(两台主变压器暂时并联运行)，断开 1QF、3QS 即可。既不影响系统功率穿越，又不中断牵引负荷的供电。

由于外桥式主接线两路电源进线上未设断路器，故这种接线适用于电源线路较短，故障检修停电机会少、主变压器需经常切换的变电所。

必须注意：牵引变电所中采用桥式接线时，应与电力系统协商好(当桥断路器或 110 kV 电源线路停电检修时)桥式接线的运行方式。倒换 110 kV 电源的操作必须与电力系统协商后，方可进行。

总之，桥式接线中，两回线路，两台主变压器，只用 3 组断路器，断路器数量比较少、配电装置简单、清晰且便于发展成为单母线或双母线接线。无复杂的倒闸作业且具有一定的运行灵活性、供电可靠性。因此，广泛应用于 35～220 kV 的环形供电网络的电力系统中。

(二)线路分支接线(双 T 接线)

分接式牵引变电所采用线路分支接线。两回 110 kV 电源线路经断路器分别接入两台牵引变压器 T1、T2。两回 110 kV 线路间在牵引变电所内用带隔离开关的横向母线连接起来，即构成线路分支接线，如图 3-4 所示。

线路分支接线形同外桥接线，不同之处是：线路分支接线的横向母线上装隔离开关，外桥接线的横向母线上装断路器。

1. 正常运行方式

目前，根据电力系统向牵引变电所提供电源的状况，线路分支接线的牵引变电所绝大多数采用一回 110 kV 电源线路主供，另一回 110 kV 电源线路备用、两台主变压器中，一台投入运行，另一台备用的运行方式。由此，可得出线路分支接线有如下 4 种运行方式：

(1)1WL→1QS→1QF→T1；

(2)1WL→1QS→3QS→4QS→2QF→T2；

(3)2WL→2QS→2QF→T2；

(4)2WL→2QS→4QS→3QS→1QF→T1。

上述每一种运行方式都可以转换成其他三种运行方式。

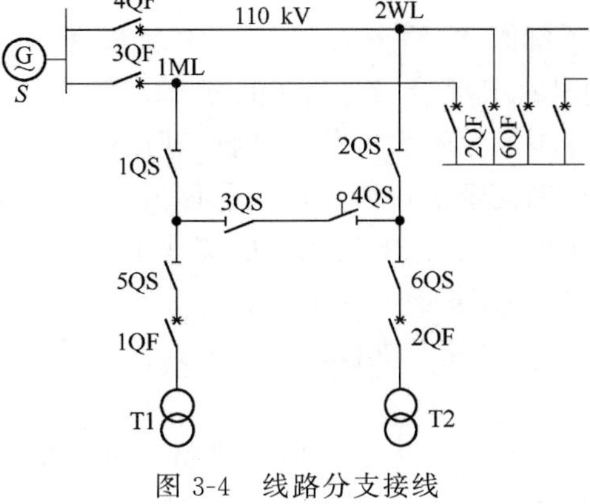

图 3-4　线路分支接线

2. 改变运行方式

线路分支接线运行方式的转换通常分为两种情况：

(1)主变压器或 110 kV 线路故障时运行方式的转换

例如，当线路分支接线运行在第一种运行方式时，1QS、3QS、5QS、6QS、1QF 闭合，2QS、4QS、2QF 断开。

若主变压器 T1 故障，则反映该故障的继电保护装置动作使 1QF 自动分闸，切除主变压器 T1，同时启动备用电源自投装置动作，使 4QS(电动隔离开关)、2QF 自动合闸，使主变压器 T2 投入运行，线路分支接线将自动转入第二种运行方式。

若 1WL 线路故障，反映该故障的继电保护装置动作，使 3QF 自动分闸，1WL 被切除(失压)后，1QF 将自动分闸，主变 T1 将自动退出运行。备用电源自动装置(电力系统的)将使 4QF 自动合闸。但此时将造成全所失压，需与电力系统联系后，断开 1QS，闭合 2QS，再闭合 2QF。线路分支接线将转入第三种运行方式。按技术要求，线路分支接线 110 kV 电源线路故障自动转换电源线路时，应转换成直列运行方式，即转换成 1 号电源带 1 号主变压器或 2 号电源带 2 号主变压器的运行方式。

(2)主变压器和 110 kV 电源线路正常时运行方式的转换

电气设备正常时运行方式的转换，通常是指人工“当地”(在牵引变电所内由值班人员操作)或“远动”(由电力调度员“遥控”)操作进行转换。

主变压器正常的转换比较简单。例如，当线路分支接线运行在第二种运行方式时，1QS、3QS、4QS、5QS、6QS、2QF 闭合，2QS、1QF 断开。若需要 1 号主变压器代替 2 号主变压器运行时，其操作顺序如下：①闭合 1QF，使两台主变压器并联运行；②断开 2QF；③断开 4QS 即可。也可利用该牵引变电所无牵引负荷时，断开 2QF，断开 4QS，闭合 1QF，完成主变压器的倒换。

110 kV 电源线路的正常倒换需根据两路 110 kV 电源的参数而定，必须与电力系统协商后进行。

3. 两路 110 kV 侧电源的连接方式

(1)两路 110 kV 电源允许在主变压器牵引侧并联

例如，线路分支接线正常运行在第一种方式(1WL→T1)下，1QS、3QS、5QS、6QS、1QF 闭合，2QS、4QS、2QF 断开。若需要转换成第三种方式(2WL→T2)时，其操作顺序如下：①确认 2 号电源电压正常；②闭合 2QS；③闭合 2QF(两路 110 kV 电源在牵引侧并联)；④断开 1QF；⑤断开 1QS。这种操作顺序不中断牵引负荷的供电。

(2)两路 110 kV 电源不允许在主变压器牵引侧并联

例如,线路分支接线正常运行在第二种方式(1WL→ T2)下,1QS、3QS、4QS、5QS、6QS、2QF 闭合,2QS、1QF 断开。若需要转换成第三种运行方式(2WL→T2)时,只允许在牵引变电所无牵引负荷时进行,其操作顺序如下:①确认 2 号电源电压正常;②断开 2QF(将暂时中断向牵引负荷供电);③断开 4QS;④断开 1QS;⑤闭合 2QS;⑥闭合 2QF(恢复向牵引负荷供电)。若该电气化区段实现了远动"遥控"操作,则可大大缩短牵引负荷的停电时间。

4. 线路分支接线特点

(1)线路分支接线运行方式比较灵活,其运行方式可概括为:线路故障退线路,主变故障退主变。

(2)由于 110 kV 电源线路和牵引变压器上均装有备用电源自投装置,尤其在实现远动操作的电化区段,采用线路分支接线的牵引变电所无复杂的倒闸作业。

(3)在线路分支接线中,两回电源,两台牵引变压器只需两套断路器,主接线结构简单。牵引变电所 110 kV 侧无系统功率穿越,110 kV 线路不需设置继电保护装置,使牵引变电所内二次接线装置相对简单,可节省投资。

(4)主接线正常运行时(无论何种运行方式),5QS、6QS 均闭合,只有当需检修断路器或主变压器时,5QS 或 6QS 才断开,以保证检修时的安全。

(5)在电力系统的管理水平日趋提高、完善,供电日趋稳定、可靠的条件下,线路分支接线供电可靠性也日趋提高,故线路分支接线在牵引变电所中得到广泛的应用。

(三)单母线接线

对于中心牵引变电所,110 kV 电源引入线回路数较多,变电所中主变压器一般为两台。为使每一台主变压器能从任一回路电源获得电能(因每一回路电源都可能停电),这就需要架设汇流母线,以便将各电源回路的电能汇集起来,各用电回路再从母线上获得电能,以提高供电的可靠性和经济性。因此,对大型变电所来说,母线的形式是电气主接线的核心。

牵引变电所的室外母线一般由 2～3 条大截面的钢芯铝绞线(软母线)用悬式绝缘子串固定在门形架上组成。

如果电源回路和用电回路都通过隔离开关、断路器接在同一套母线上,则构成单母线接线,如图 3-5 所示。

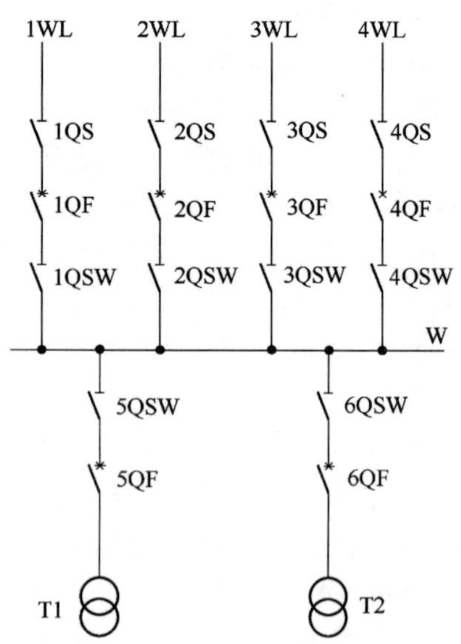

图 3-5　不分段单母线接线

这种接线的特点是:①断路器套数等于母线上所接的回路数;②结构简单、清晰,配电装置费用低、经济性能好并能满足一定的供电可靠性;③没有复杂的倒闸作业,避免或减少误操作;④每回路由断路器切断负荷电流或故障电流,检修断路器时,可用两侧的隔离开关隔离电源,保证检修人员安全;⑤任一回路断路器检修,不影响其他回路的正常运行;⑥任一用电回路可从任一电源回路获得电能。但这种接线中的任一断路器和配出隔离开关检修时将造成该回路停电,这对于大功率回路是不允许的。母线和任一母线隔离开关需检修时,将造成全变电所停电,供电可靠性不强以及断路器无备用。因此这种接线只适用于对供电可靠性要求不高的 3～35 kV 的地区负荷。

为克服上述缺点，通常采用以下措施：①用断路器或隔离开关将母线分段，以提高供电的可靠性和运行的灵活性；②增设旁路母线和相应的设备，使检修断路器时该回路不停电。

1. 单母线分段的电气主接线

图 3-6 为用断路器分段的单母线接线。这种接线的特点是用分段断路器 QFB 将母线分成负荷大致相等的 2～3 段，电源回路和同一负荷的双回路馈电线应交错连接在不同的分段母线上。正常运行时，分段断路器 QFB 闭合，使系统功率穿越，这样，当母线和与母线连接的隔离开关检修时，停电范围可缩小一半，不会造成全变电所停电。若用隔离开关分段，由于隔离开关不能带负荷拉闸，故供电的可靠性差。110 kV 侧母线一般不采用隔离开关分段。

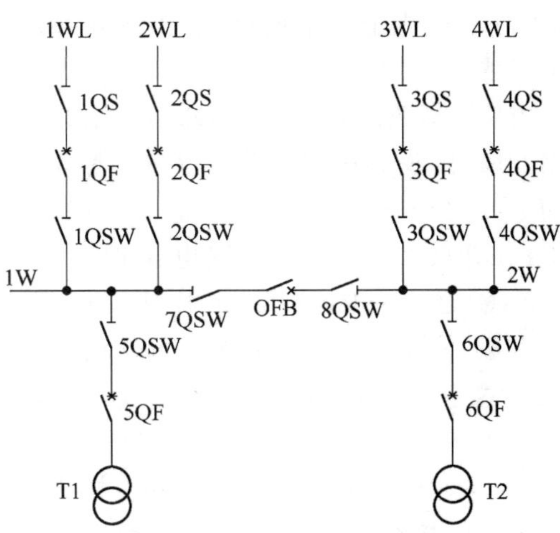

图 3-6　用断路器分段的单母线接线

这种接线，分段母线可轮流检修，提高了供电的可靠性，但断路器仍无备用，分段母线检修时将造成该段母线上所有回路停电，这对大型变电所来说也是不允许的。因此，这种接线只应用于功率不大的 3～35 kV 地区负荷和 110 kV 电源回路较少的变电所中。

2. 单母线分段带旁路母线的接线

为克服单母线分段接线方式的缺点，在分段母线（工作母线）两侧或一侧另设一套母线，平时处于完好的备用状态，如图 3-7 所示。这套母线叫旁路母线。每段工作母线与旁路母线之间用旁路断路器 QFR 连接，每一回路用旁路隔离开关 QSR 与旁路母线连接，即构成单母线分段带旁路母线的接线。旁路母线的作用是检修任一台进出线断路器时，不中断该回路供电，是工作电流的另一条通路。

这种接线在正常运行时，旁路断路器 QFR 和旁路隔离开关 QSR 都是断开的，其他开关均闭合，旁路母线不带电。当任一回路断路器需检修时，可用旁路断路器代替其工作。

这种接线解决了断路器的公共备用和检修备用，在调试、更换断路器和整定继电保护装置时都可不必停电，提高了供电可靠性。它广泛应用于牵引负荷和 35 kV 以上线路中，特别是负荷较重要，线路断路器较多，检修断路器不允许停电的场合。其主要缺点是设备较多，接线较复杂，倒闸作业较复杂，配电装置的占地面积大。

为减少变电所投资，可根据变电所在电力系统中的重要程度，对供电可靠性的具体要求，采用仅在工作母线一测设旁路母线，同时将旁路断路器和分段断路器合并为一套断路器的简化的单母线分段带旁路母线的电气主接线，如图 3-8 所示。

这种接线考虑到配出断路器 5QF、6 QF 及其隔离开关可随主变压器一起检修，所以配出回路不设旁路母线；工作母线用隔离开关 QSB 分为两段，一段（1W）经隔离开关 7QSW、分段断路器 QFB 和旁路母线相连，另一段（2W）经隔离开关 8QSW 和旁路母线相连。

这种接线正常运行时，QSB 和所有旁路隔离开关断开，其他开关均闭合，旁路母线带电，组成单母线分段式主接线，QFB 起分段断路器的作用。

当两段工作母线中的任一段(如1W)检修时,断开1QF、2QF、5QF,QFB,通过已断开的QSB把检修母线1W隔离,另一段母线2W及其所连接的线路和主变压器T2正常运行,不造成全变电所停电,不影响系统功率穿越。

当任一线路断路器(如1QF)需检修时,可用QFB代替1QF的工作。其倒闸操作步骤如下:①合QSB使QSB与QFB并联;②断QFB并转换成1QF的继电保护;③断8QSW;④合1QSR;⑤合QFB使QFB与1QF并联;⑥断1QF;⑦断1QF两侧的隔离开关。这样线路1WL并未停电,它经1QSR、旁路母线、QFB(这时起旁路断路器的作用)7QSW连接于1W,此时的主接线形式为单母线接线。1QF检修完成后应投入运行,恢复主接线原来的运行方式。

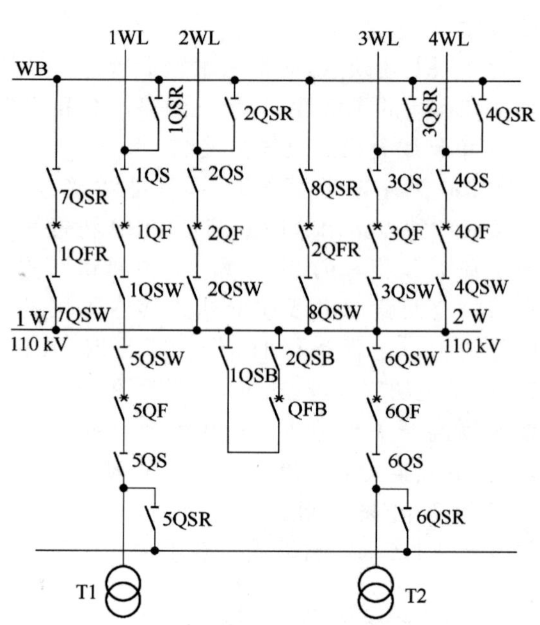

图3-7　单母线断路器分段带旁路母线的接线

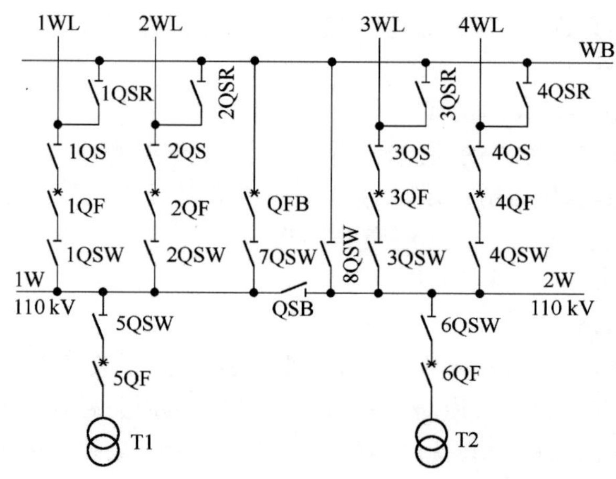

图3-8　简化的单母线分段带旁路母线接线

项目二　27.5 kV(或55 kV)侧电气主接线

一、项目介绍

27.5 kV侧(或55 kV侧)主接线形式一般采用单母线接线、隔离开关分段的单母线接线和隔离开关分段带旁路母线的单母线接线。本项目认识接线方式,熟悉其运行方式及特点。

二、相关知识

27.5 kV侧(55 kV侧)电气主接线是指变电所、开闭所、分区所、自耦变压器所内27.5 kV

(或 55 kV)电路的接线。其接线形式与牵引变电所的类型、向接触网的供电方式、主变压器的备用方式、馈线回路数的多少、10 kV 负荷的供电方式等因素有关。

牵引侧电气主接线无复杂的倒闸作业,通常是馈线的停、送电操作。

三、项目实施

分析牵引侧各种电气主接线。

(一)牵引变电所 27.5 kV(或 55 kV)侧主接线

1. 主变压器 27.5 kV 或 55 kV 侧主接线

(l)三相 Y△,d11;接线变压器其二次边△侧,有一角(C 端子)经电流互感器接至地和钢轨,另两角(变压器 a、b 端子)分别经电流互感器,断路器引接至牵引母线,如图 3-9 所示。

(2)单相 V/V 接线变压器如图 3-10 所示。每台单相变压器的二次边有一端(a 端子)经断路器引接至牵引母线,另一端(x 端子)经电流互感器引接至地和钢轨。两条牵引母线对地电压相位不同,设两组隔离开关将其断开。为便于移动变压器引入,设有移动变压器专用断路器。

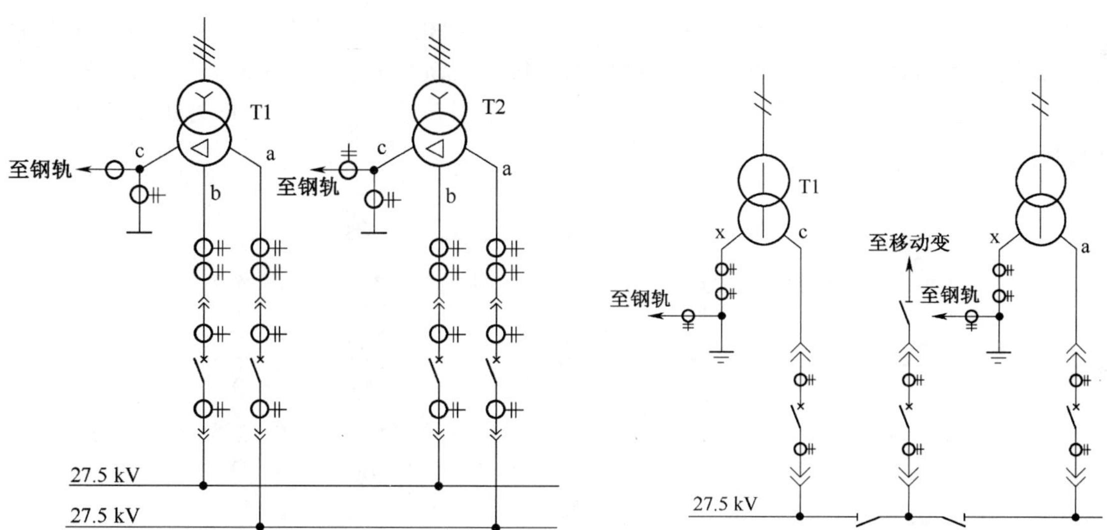

图 3-9　Y_N, d_{11} 接线变压器 27.5 kV 侧接线　　图 3-10　单相 V/V 接线变压器 27.5 kV 侧接线

(3)三相—二相斯科特接线变压器,其 M 座变压器二次边的两个端子和 T 座变压器二次边的两个端子分别引接至反斯科特接线的自用电变压器、避雷器,并经电流互感器和电动隔离开关引接至牵引母线,如图 3-11 所示。

2. 27.5 kV(或 55 kV)侧馈线的接线方式

由于 27.5 kV 馈线断路器的跳闸次数较多,为提高供电的可靠性,按馈线断路器备用方式不同,牵引变电所 27.5 kV(55 kV)侧馈线方式一般有下列三种:

(1)馈线断路器 100%备用的接线

如图 3-12 所示,这种接线在工作断路器需检修时,即由备用断路器代替。断路器的转换操作简便,供电可靠性强,但一次投资较大,适合于单线电化区段牵引母线不同相的场合。

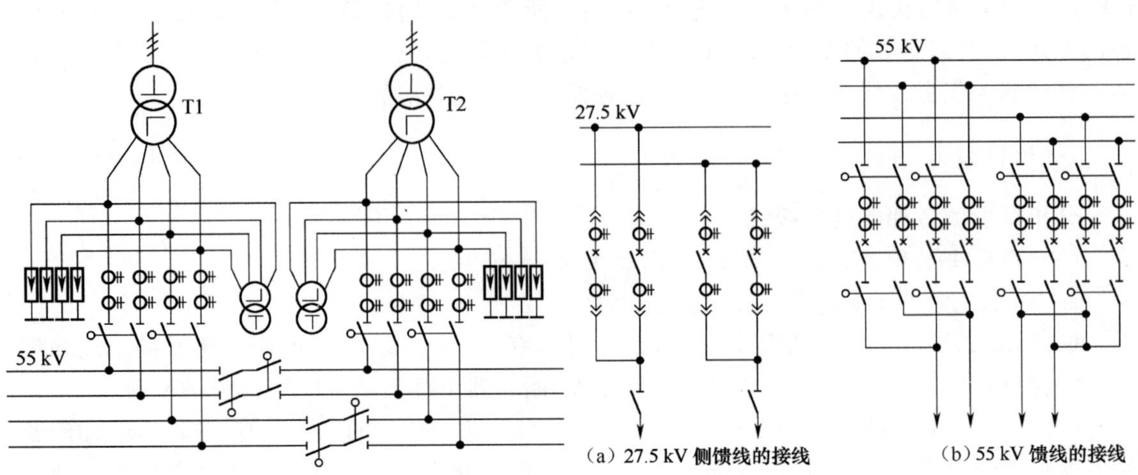

图 3-11 斯科特接线变压器 55 kV 侧接线　　图 3-12 馈线断路器 100%备用的接线

(2)馈线断路器 50%备用的接线

如图 3-13 所示,这种接线适用于单线区段牵引母线同相的场合和复线区段每相牵引母线只有两条馈线的场合,并且馈线只向牵引网供电。每两条馈线设一台备用断路器,通过隔离开关的转换,备用断路器可代替任一馈线断路器工作。牵引母线用两台隔离开关分段是为了便于两段母线轮流检修。

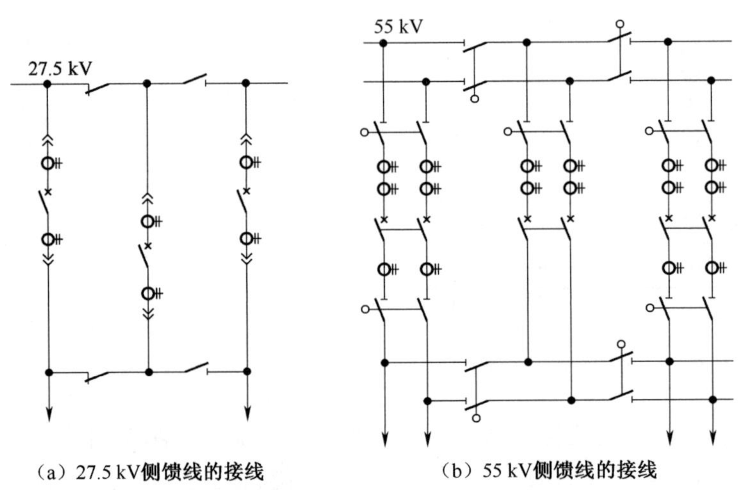

图 3-13 馈线断路器 50%备用的接线

(3)带有旁路断路器和旁路母线的接线

如图 3-14 所示,这种接线方式适用于每相牵引母线的馈线数目较多(如变电所设在枢纽地区或大的区段站处)的场合,以减少备用断路器的数量。通过旁路母线,旁路断路器可代替任一馈线断路器工作。

(二)开闭所主接线

开闭所一般设两路电源进线。由于开闭所多设在枢纽站,故单线区段开闭所由相邻两供电分区的接触网供电。复线区段，可由同一供电分区上的上、下行接触网供电或由相邻供电分区上的接触网供电。开闭所的馈线在 3 回以上，一般设单母线，并有旁路母线和备用的专用旁路断路器，如图 3-15 所示。

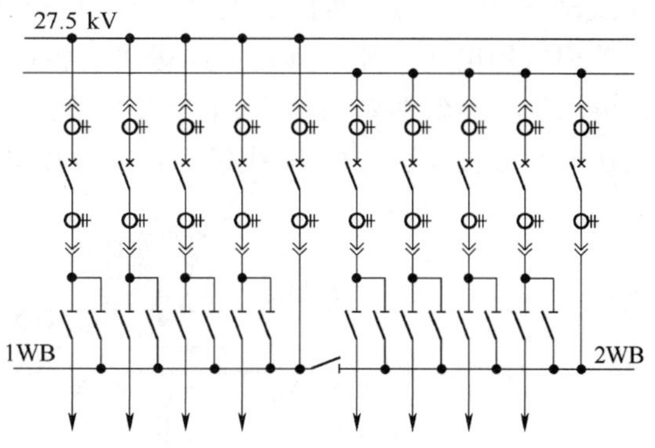

图 3-14　带有旁路断路器和旁路母线的接线

如图 3-16 所示 AT 开闭所具有两回进线和两回出线(也可从 55 kV 母线上引出多回馈线)，进出线经断路器连接于 55 kV 单母线上，并分别在进、出线断路器中间设公共备用断路器。在面向牵引变电所一侧引入的进线上各接有一台单相电压互感器和避雷器。母线上除接有单相所用电变压器两台外，还接有两台自耦变压器。母线 N 上接有两台接地放电保护装置，一台工作，一台备用。

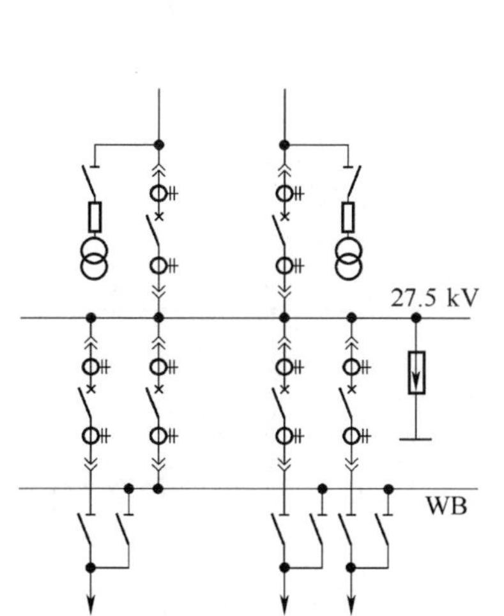

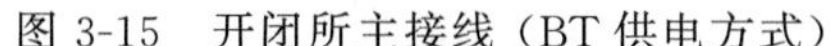

图 3-15　开闭所主接线 (BT 供电方式)

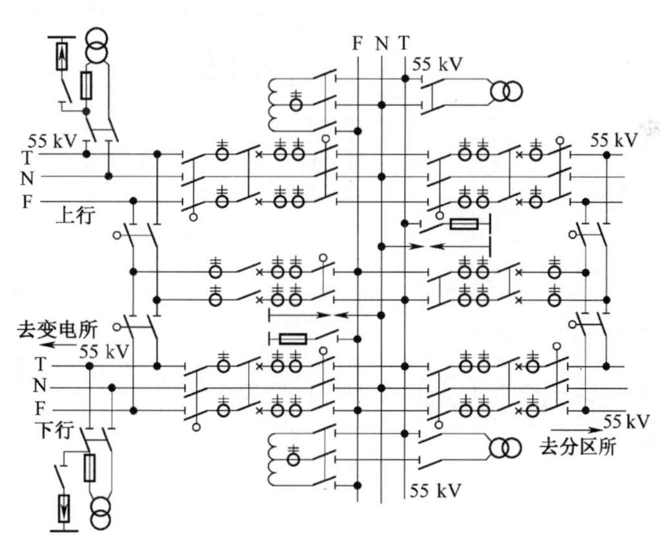

图 3-16　AT 开闭所(设在枢纽站时)主接线

AT 供电方式的复线区段，供电分区中间设开闭所(将长供电分区分段)，可实行上、下行牵引网并联供电，如图 3-17 所示。

(三)分区所主接线

分区所的主接线比较简单。单线区段的分区所主接线如图 3-18 所示。正常运行时，分区所内断路器和隔离开关闭合，以实现双边供电或越区供电。单线单边供电时，可不设分区所。

复线区段采用上、下行接触网并联供电时，分区所主接线如图 3-19 所示。图中与分相绝缘器并联的隔离开关(或断路器)供越区供电时用。

复线电化区段用 AT 供电方式时，分区所主接线如图 3-20 所示。该分区所同侧的上、下行接触网并联供电。由相邻两牵引变电所供电的接触网分区在网上用分相绝缘器断开后，在分区所内用电动隔离开关 QS1、QS2 将两侧接触网上行与上行，下行与下行间隔离。平时

QS1、QS2 断开，只有在越区供电时，QS1、QS2 才闭合。左侧上行进线及右侧下行进线上各接一台单相所用电变压器。其余两回进线上各接一台单相电压互感器供测量、保护及重合闸时检查电压用。相邻两牵引网上、下行 T、F 线上各接一台避雷器和自耦变压器。同一侧两台自耦变压器中心抽头引出的 N 线经一台接地放电保护装置接地。

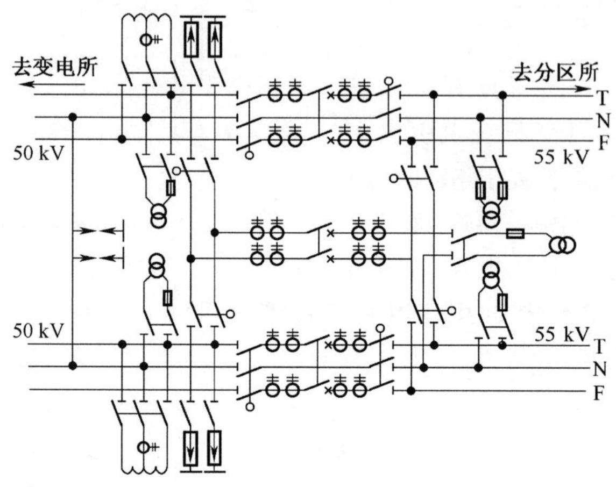

图 3-17　AT 开闭所(设在供电分区中间)主接线

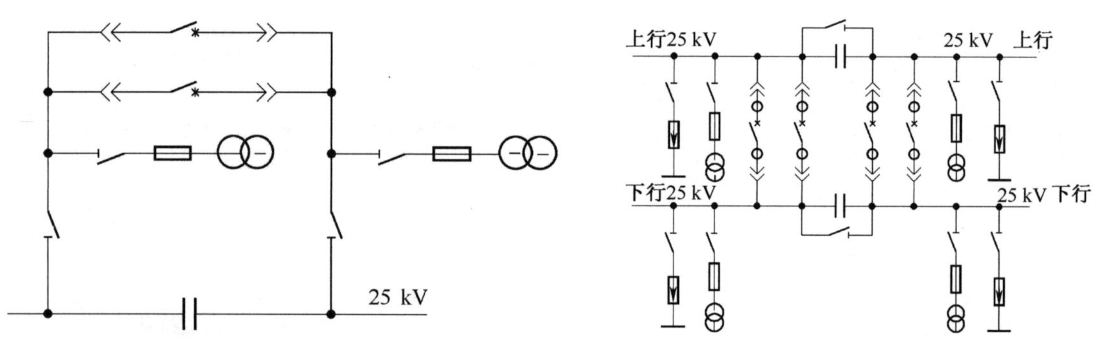

图 3-18　单线双边供电分区所主接线

图 3-19　复线上、下行接触网并联供电时分区所主接线

当供电臂末端要求增加多回馈线时，可采用分区所与开闭所合建的方案。其主接线如图 3-21 所示。

另外，不同供电方式(例如 AT 与 BT)接口处的分区所，其主接线如图 3-22 所示。应注意隔离开关联锁，保证 AT 区段向 BT 区段越区供电；反之应尽量避免。

(四)AT 所(自耦变压器站)主接线

AT 所中自耦变压器的两个出线端子(电压为 55 kV)分别经隔离开关(或断路器)跨接于接触网和正馈线间。其中点经中性线、电流互感器、隔离开关与钢轨、接触网保护线相连。接触网与钢轨间电压仍为 25 kV，如图 3-23 所示。

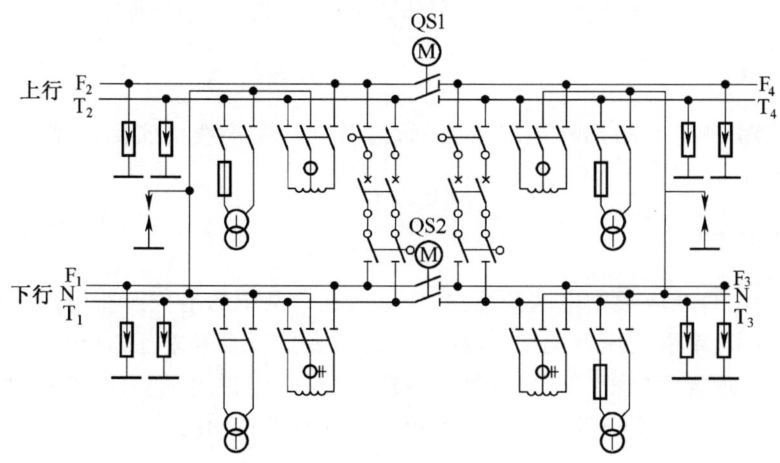

图 3-20　AT 分区所主接线(复线区段用)

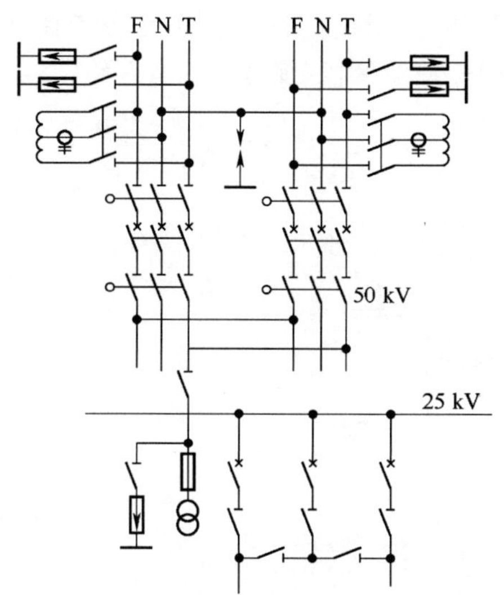

图 3-21　分区所与开闭所合建时主接线

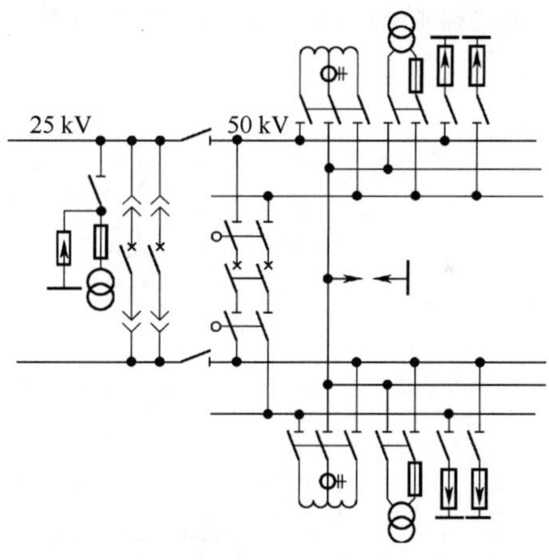

图 3-22　不同供电方式接口处分区所主接线

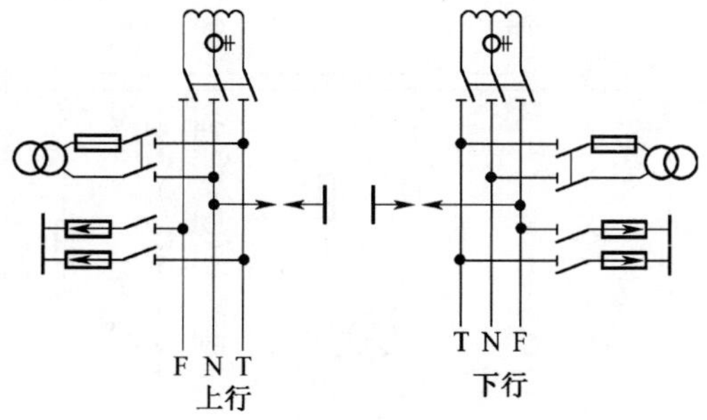

图 3-23　复线区段 AT 所主接线

项目三　牵引变电所主接线实例

一、项目介绍

本项目以牵引变电所的几种主接线为例，说明电气主接线的实际应用，学会看懂主接线图，会分析其运行方式。

二、相关知识

牵引变电所主接线应根据电网的结构、变电所在电网中的地位及作用、牵引负荷状况及对供电可靠性的要求、牵引变压器类型、馈线回路数的多少等因素进行选择。

《铁路技术管理规程(普速部分)》(简称《技规》)对牵引供电的要求：牵引变电所须具备双电源、双回路受电。牵引变压器采用固定备用方式并具备自动投切功能。

目前，我国牵引变电所中采用的典型的电气主接线如图 3-24～图 3-28 所示。

图 3-24 为 110 kV 侧采用线路分支接线，牵引侧采用单母线接线的单线三相牵引变电所电气主接线。变电所内设两台 Y△，d11 接线的三相双绕组变压器，固定全备用。因电力系统不要求在 110 kV 侧计费，故 110 kV 侧可不设电压互感器，牵引侧每相母线上均装有单相电压互感器、避雷器，以满足测量和继电保护的需要。因是单线区段，变电所仅有两路馈线，分别向相邻两接触网区段供电，馈线断路器采用 100％备用。

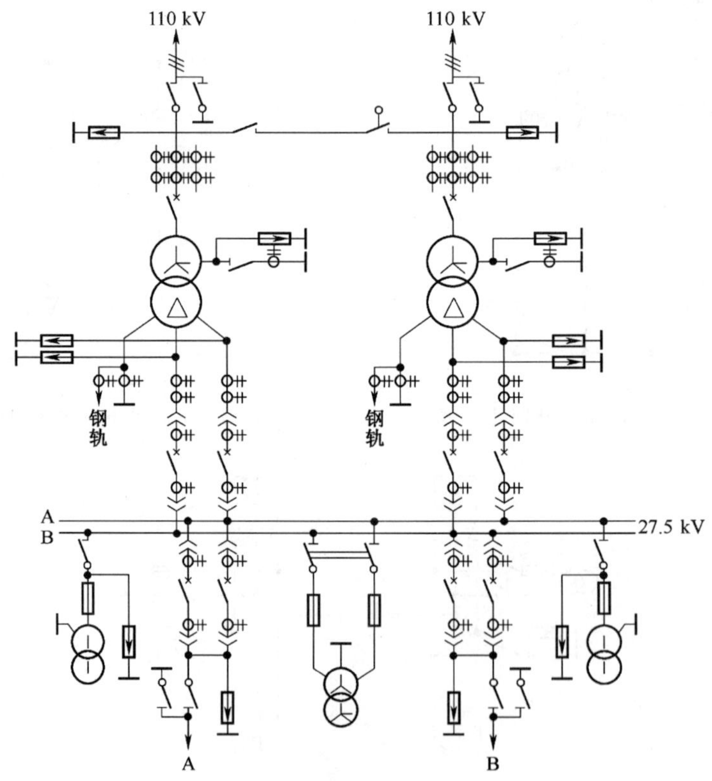

图 3-24　单线供电区段三相牵引变电所电气主接线图

该牵引变电所内设一台 27.5 kV/0.4 kV 的三相所用电变压器，向所内提供 380 V/220 V 交流电源。

图 3-25 所示为某单线 BT 供电区段单相 V/V 接线牵引变电所的电气主接线图。变电所内 110 kV 侧采用线路分支接线，并装设有带隔离开关的跨条。由于不要求 110 kV 侧计(电)费，且 110 kV 线路不设继电保护装置，故 110 kV 测不设电压互感器。

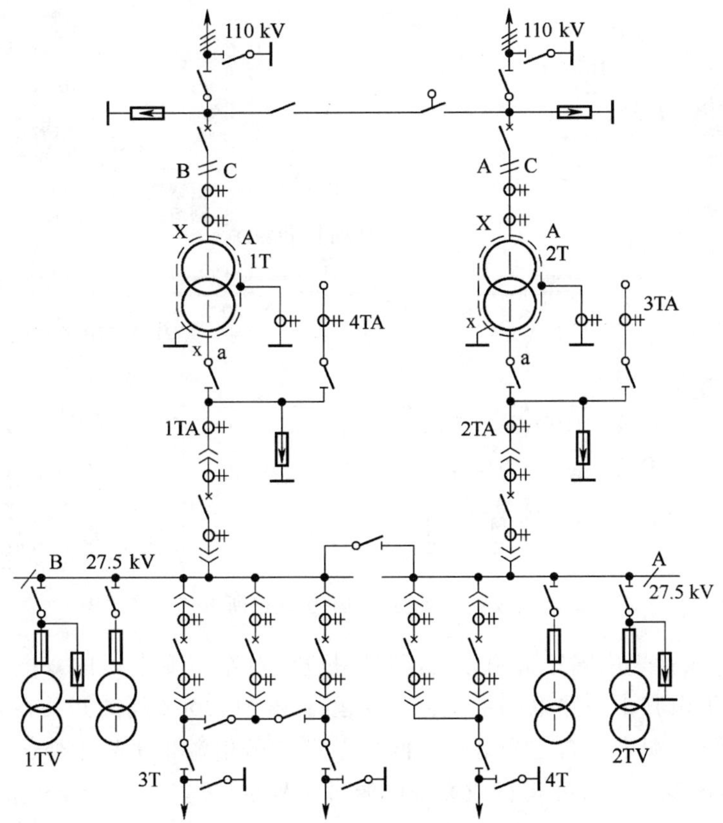

图 3-25　单线 BT 供电区段单相 V/V 接线牵引变电所电气主接线图

单相主变压器因设有碰壳接地保护，故主变压器外壳经电流互感器接地。

该单相牵引变电所的两台主变压器采用移动备用方式，故主变压器牵引侧(室外)设有引入移动变压器的备用间隔。

该牵引变电所牵引侧采用单母线接线，两相母线间用隔离开关断开。每相牵引母线上接有单相电压互感器，供测量、保护装置用且接有避雷器。

该牵引变电所设两台单相自用电变压器，分别接至不同相的母线上，互为备用。

馈线断路器采用 50%备用和 100%备用。分别经断路器(高压室内)和带接地刀的隔离开关(高压室外)、馈电线将 27.5 kV 电压送入接触网。

三、项目实施

(一)分析图 3-26 所示变电所主接线

该所为某复线供电区段三相牵引变电所电气主接线，采用的是“双 T”接线型，两路电

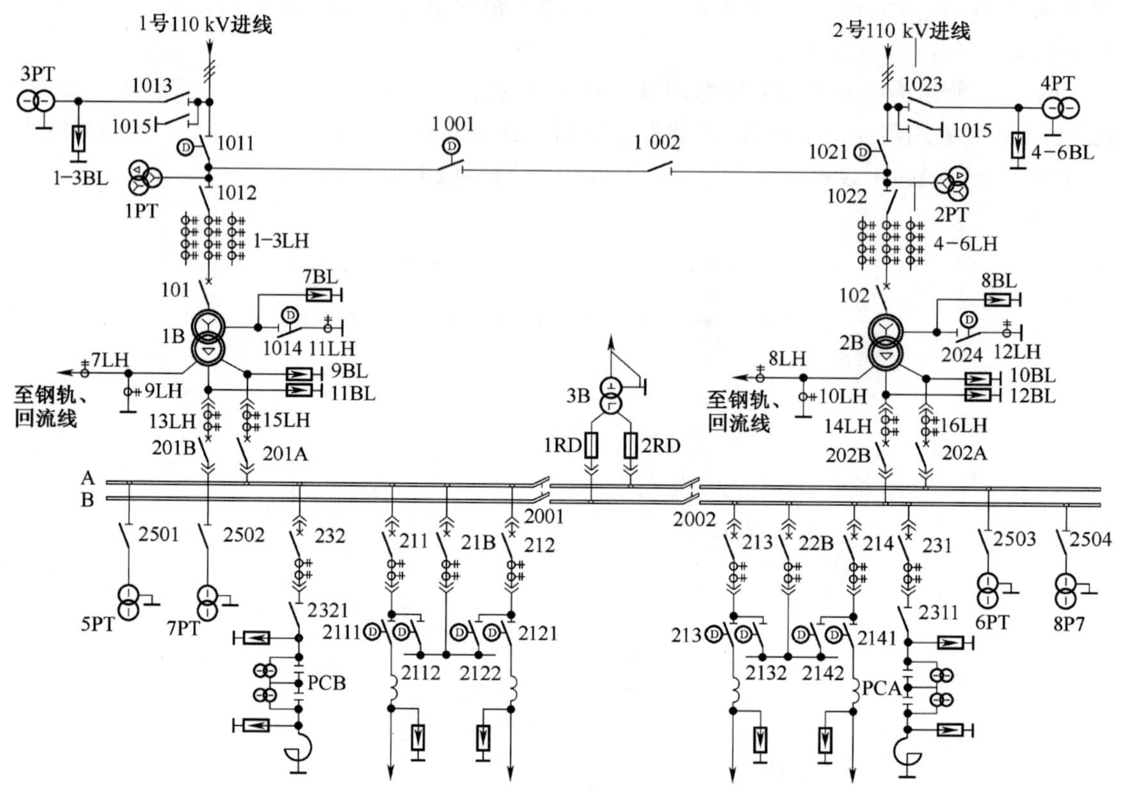

图 3-26　复线供电区段三相牵引变电所电气主接线图

源互为备用，主变压器采用固定备用方式，满足《技规》对牵引变电所的双电源、双回路受电的要求。正常情况下由其中一路电源带一台主变运行，2001、2002 隔离开关在合闸位置，四条馈线同时供电。一路电源带一台主变运行有四种方式：1 号电源带 1 号主变运行或 1 号电源带 2 号主变运行；2 号电源带 2 号变运行或 2 号电源带 1 号主变运行。110 kV 进线至 27.5 kV 母线之间的电气设备具有百分之百的备用，27.5 kV 侧馈线具有 50%的备用。

牵引变压器是与普通电力变压器有所不同，牵引变压器多数是三相变二相的，且二次侧接触网用的二相相间相差并不是 120°。目前在牵引变电所较多使用的是阻抗匹配型平衡变压器。该变压器一般具有变压和换相功能，27.5 kV 侧 α、β 供电臂相位差为 90°。

电气上的互锁关系：1011、1001、1021 三台隔离开关互锁，当其中两台投入运行时，第三台在电气控制回路上实行闭锁，其目的是防止将两路进线电源短路造成故障。许多牵引变电所还对 101、102 两台 110 kV 断路器进行互锁，但在该牵引变电所 101、102 断路器是不存在互锁关系的。

自动投入装置：为提高供电可靠性，牵引变电所一般设置了四种（有些牵引变电所设置了 8 种）自动投入方式，自动投入装置运行情况如下：

1 号电源带 101 断路器运行（习惯上叫直供）。1 号电源失压另一路电源 2 号电源电压正常时，2 号电源将自动通过 1021、1001 隔离开关投入运行，这时运行方式为 2 号电源带 101 断路器运行（习惯上叫桥供）；部分牵引变电所还设置了 1 号电源失压另一路 2 号电源电压正常时，2 号电源自动通过 1021 隔离开关、102 断路器投入运行，这时运行方式为 2 号电源带 102

断路器运行。1 号电源电压正常,1 号变故障时,2 号主变将自动通过 1001 隔离开关和 102 断路器投入运行,这时运行方式为 1 号电源带 102 断路器运行;还有一种自动投入方式为 2 号系统正常时由 2 号电源带 102 断路器运行。

2 号电源带 102 断路器运行的自动投入情况与上述相同。

当故障产生无法使用主接线的四种正常运行方式时,可使用一路电源带两台主变同时运行,或 1 号电源带 1 号主变运行和 2 号电源带 2 号主变运行的方式进行供电。

每相牵引母线上还接有并联电容补偿装置(由电容器组、电抗器、电压互感器组成),以提高接触网的功率因数。

牵引变电所的所有进线和出线、补偿电容装置以及主变压器的中性点均装有抗雷线圈,并与避雷器配合使用,以防止接触网上落雷时,雷电波袭击牵引变电所内的设备。

(二)分析图 3-27 所示变电所主接线

该所是 110 kV 侧采用内桥式接线的单线三相牵引变电所。110 kV 侧因有系统功率穿越,110 kV 线路设有继电保护装置,故 110 kV 侧装有单相式三相电压互感器组。27.5 kV 侧采用馈线断路器 100%备用的隔离开关分段的单母线接线、并设有室外辅助母线。

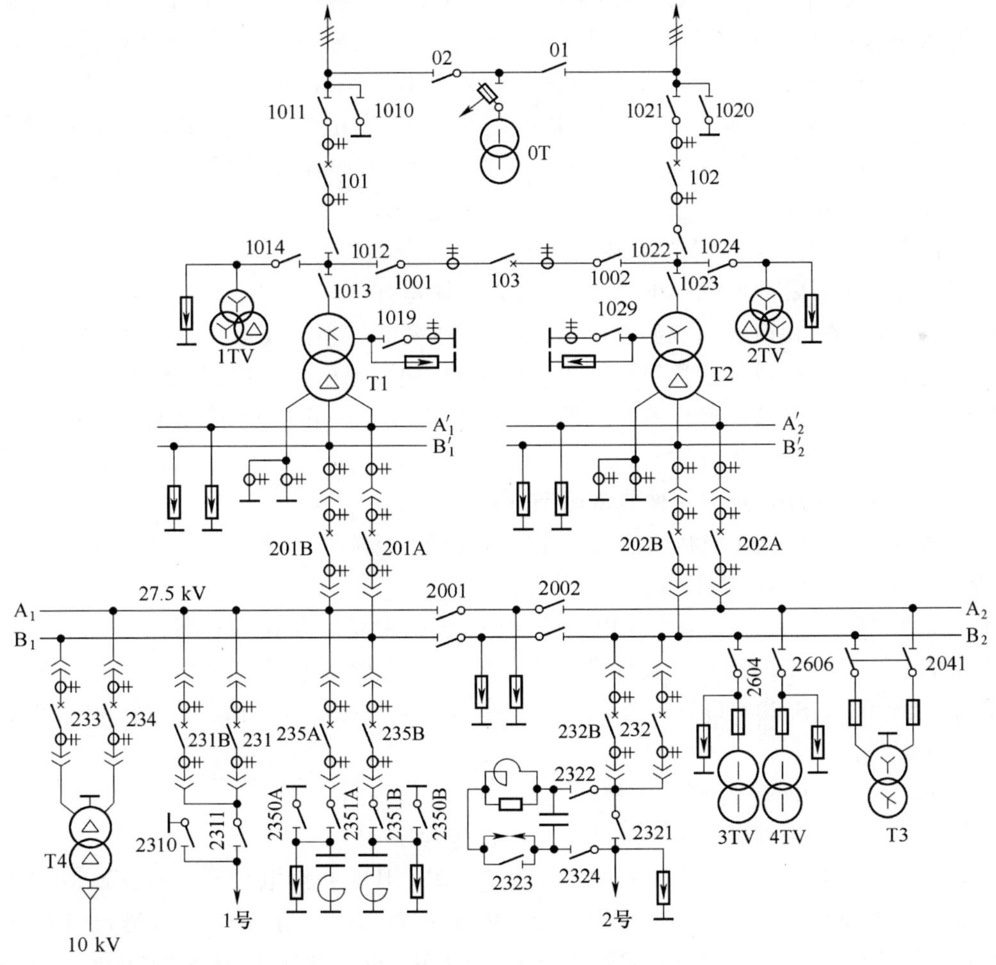

图 3-27　具有内桥接线的单线三相牵引变电所

牵引变电所的直流操作电源采用复式整流装置。为提高整流电源的独立性和可靠性，整流装置的交流电压除取自 27.5 kV 侧所用电变压器 T3 外，还取自 110 kV 进线隔离开关外侧设置的 110 kV/0.23 kV 的单相变压器 0T，以便在正常和事故情况下都能可靠的向整流装置供电。

为了提高功率因数和接触网末端电压，目前牵引变电所中在 27.5 kV 侧一般还设置并联电容补偿装置(由电容器组、电抗器、电压互感器等组成，如 1 号馈线)或串联电容补偿装置(由串联电容器组、阻尼电阻、电抗器与磁吹放电间隙等组成．如 2 号馈线)。

该牵引变电所内还设置一台 27.5 kV/10 kV 的三相动力变压器 T4，以满足该地区 10 kV 负荷的需要。但 10 kV 负荷容量应不超过牵引变压器额定容量 15%。若超过 15%，应按具体条件进行经济技术比较，采用三相三绕组变压器作为牵引变压器(变比为 110/27.5/10 kV)，或者采用在 110 kV 侧单独设置 110/10 kV 的三相变压器向 10 kV 负荷供电。

(三)分析图 3-28 所示变电所主接线

该变电所采用二台斯柯特接线的三相—二相变压器，固定全备用。另有两台反斯柯特接线的变压器 3T、4T 变比为 55/0.4 kV)向变电所内提供自用电三相电源。主变压器牵引侧相位差为 90°的 55 kV 两相电压，经电动隔离开关送入牵引母线 T_M、F_M 和 T_T、F_T。55 kV 侧采用隔离开关分段的单母线接线，每相母线上均接有电压互感器，供测量、保护用，馈线断路器 50%备用。由于采用 AT 供电方式，主变压器付边两相 55 kV 的电压经自耦变压器(AT)送入 AT 牵引网。自耦变压器中点经 N 线接钢轨并经接地放电保护装置接地，以使接触导线和钢轨间电压为 27.5 kV。各自耦变压器的中性点处都装有电流互感器，以供故障点标定装置用。为提高 AT 牵引网功率因数，设有并联电容补偿装置。由于牵引侧电压为 55 kV，主接线中的电气设备均采用户外型，布置在露天场所。

牵引变电所中日常的倒闸作业是接触网的停、送电操作，只需依据电调命令，分馈线断路器；分馈线隔离开关；在馈线出线侧验电、接地。不改变电气主接线运行方式，操作比较简单。

牵引变电所中改变电气主接线运行方式的倒闸作业(倒换主变压器；倒换 110 kV 电源线路；检修牵引母线的停、送电操作等)比较复杂，要符合安全操作的规定，要保证向牵引负荷电可靠送电。

下面以图 3-28 为例，介绍一种典型的倒闸作业程序。

1. 倒换主变压器的操作(利用该牵引变电所无牵引负荷时操作)

1WL 供电，主变压器 2T 代 1T 的操作程序。

①分 221 QF、222 QF，退出补偿电容器组，以减小主变压器投入运行时产生的励磁涌流及过电压值；②分 101QF，退出主变压器 1T，中断牵引负荷供电；③分 2011QS、2021QS；④合 1001QS；⑤合 2031QS、2041QS；⑥合 102QF，主变压器 2T 投入运行；⑦合 221QF、222QF，投入并联电容器组。

2. 倒换 110 kV 电源的操作(条件同上)

1WL—1T 运行，倒换成 2WL—2T 运行的操作程序。

①确认 2WL 电源电压正常；②分 221QF、222QF，退出补偿电容器组；③分 101QF，退出主变压器 1T，中断牵引负荷供电；④分 201lQS、202lQS；⑤分 1011QS，退出 1WL；⑥合 1021QS 股人 2WL；⑦合 2031QS、204lQ；⑧合 102QF，投入主变压器 2T；⑨合 221QF、222 QF，投入补偿电容器组。

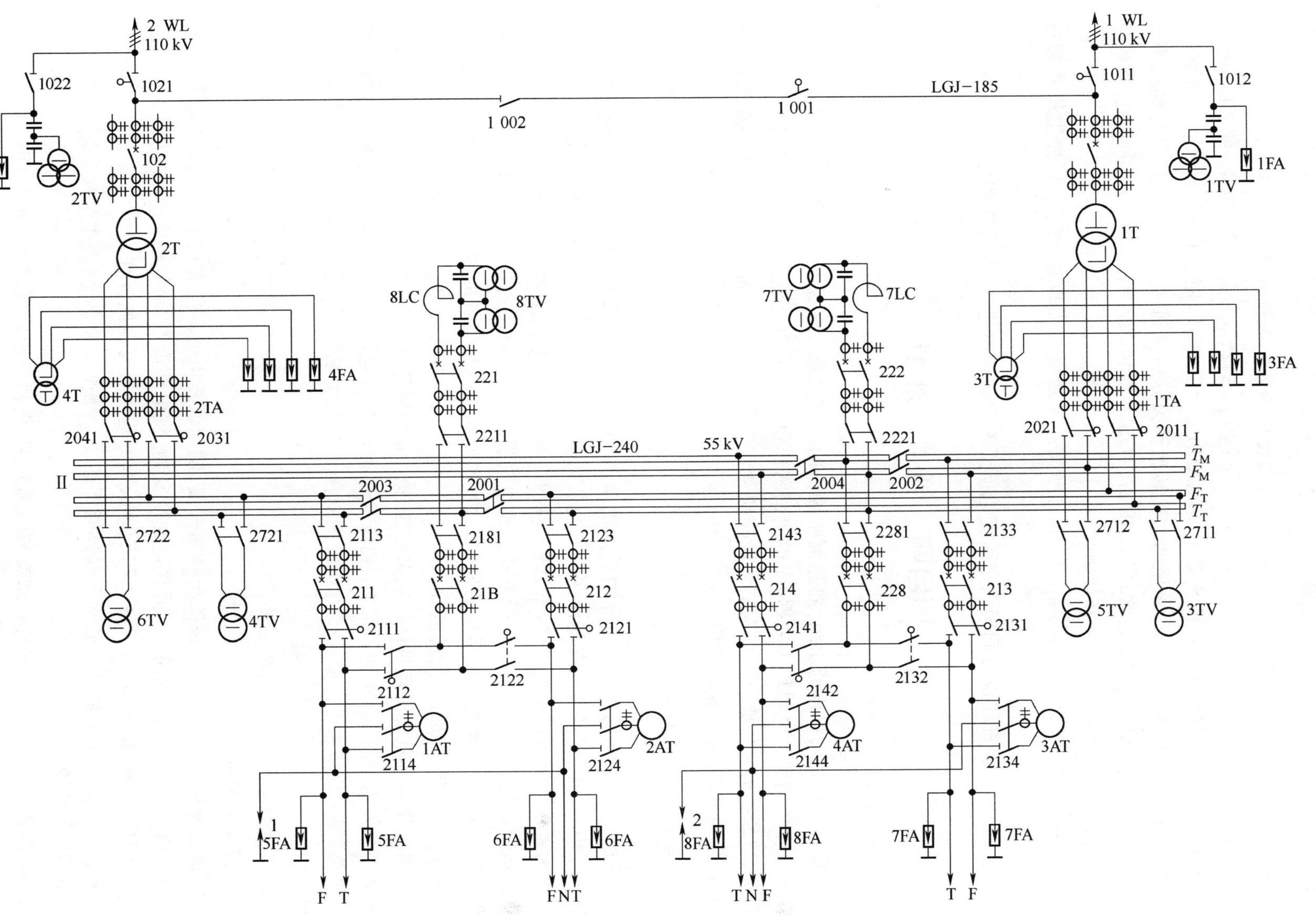

图 3-28 110 kV 侧采用线路分支接线的 AT 牵引变电所的电气主接线

3. 检修牵引母线的停、送电操作

2WL 电源、2T 主变压器运行，Ⅰ段牵引母线停电检修的操作程序。

①确认 101QF 及 2011QS、2021QS 在分位；②合 2122QS；③合 21BQF，使 21BQF 与 212QF 并联；④分 212QF 及 2121QS；⑤合 2132QS；⑥合 22BQF，使 22BQF 与 213QF 并联；⑦分 213QF 及 2131QS；⑧将 T 座、M 座的 TV 转换开关分别打到 4TV、6TV 位置；⑨确认中央信号盘 T 座、M 座电压表指示正常；⑩拉开 2711QS 并加锁；⑪拉开 2712QS 并加锁；⑫拉开 2001QS 并加锁；⑬拉开 2002QS 并加锁。

2WL 电源、2T 主变压器运行，Ⅰ段牵引母线恢复送电的操作程序与上述停电操作程序相反。

当然，检修牵引母线也可利用该牵引变电所无牵引负荷时进行，其操作程序略有不同。

项目四　倒闸操作

一、项目介绍

本项目了解倒闸操作的组织，熟悉倒闸操作的基本要求。掌握电气设备的操作方法，掌握停送电操作的顺序。以规程为依据，先说明倒闸作业的组织和安全要求，然后说明断路器、隔离开关、熔断器的操作要求。根据倒闸操作应遵守不带负荷拉、合隔离开关的基本原则，说明合闸、拉闸顺序，倒闸作业的程序。

二、相关知识

牵引变电所内倒闸作业要遵守的总原则是：①不影响系统功率穿越。所谓系统功率穿越是指该变电所的汇流母线上有其他变电所的负荷电流通过。②不中断向牵引负荷的供电。

电力系统中运行的电气设备，常常遇到检修、调试和消除缺陷的工作，这就需要改变电气设备的运行状态或改变系统的运行方式。当电气设备由一种状态转换到另一种状态或改变系统的运行方式时，需要进行一系列的操作，这种操作叫做电气设备的倒闸操作。牵引变电所内倒闸作业的主要内容是：①倒换电源；②倒换主变压器；③断路器的退出、投入。

倒闸操作非常重要而且是比较复杂的工作。若倒闸操作发生错误，将会造成设备的损坏和不必要的停电事故，还可能会危及人身安全。因此对倒闸作业必须采取有效地组织措施和技术措施，确保优质供电。牵引变电所的倒闸操作有关要求如下(对倒闸的术语、设备名称等内容略)。

(一)牵引变电所倒闸的安全要求

1. 需供电调度下令

需供电调度下令倒闸的断路器和隔离开关，倒闸前要由值班员向供电调度提出申请，供电调度员审查后发布倒闸作业命令；值班员受令复诵，供电调度员确认无误后，方准给予命令编号和批准时间；每个倒闸命令，发令人和受令人双方均要填写倒闸操作命令记录。

供电调度员对 1 个牵引变电所 1 次只能下达 1 个倒闸作业命令，即 1 个命令完成之前，不得发出另 1 个命令。

对不需供电调度下令倒闸的断路器和隔离开关，倒闸完毕后要将倒闸的时间、原因和操作人、监护人的姓名记入值班日志或有关记录中。

2. 倒闸作业必须由助理值班员操作，值班员监护

值班员在接到倒闸命令后，要立即进行倒闸。用手动操作时操作人和监护人均必须穿绝缘靴，戴安全帽，同时操作人还要戴绝缘手套(绝缘靴和绝缘手套要合符试验标准要求)。

隔离开关的倒闸操作要迅速准确，中途不得停留和发生冲击。

3. 完成倒闸作业后

倒闸作业完成后，值班员立即向供电调度报告，供电调度员及时发布完成时间，至此倒闸作业结束。

4. 按操作卡片进行倒闸作业

倒闸作业按操作卡片进行，没有操作卡片的倒闸作业由值班员编写倒闸表并记入值班日志中，由供电调度下令倒闸的设备，倒闸表要经过供电调度员的审查同意。

5. 编写操作卡片及倒闸表要遵守的原则

(1)停电时的操作程序：先断开负荷侧后断开电源侧；先断开断路器后断开隔离开关。送电时，与上述操作程序相反。

(2)隔离开关分闸时，先断开主闸刀后闭合接地闸刀；合闸时，与上述程序相反。

(3)禁止带负荷进行隔离开关的倒闸作业和在接地闸刀闭合的状态下强行闭合主闸刀。

6. 与断路器并联的隔离开关

只有当断路器闭合时方可操作隔离开关。当回路中未装断路器时可用隔离开关进行下列操作：

(1)开、合电压互感器和避雷器。

(2)开、合母线和直接接在母线上设备的电容电流。

(3)开、合变压器中性点的接地线(当中性点上接有消弧线圈时，只有在电力系统没有接地故障的情况下才可进行)。

(4)用室外三联隔离开关开、合 10 kV 以下、电流不超过 15 A 的负荷。

(5)开、合电压 10 kV 及以下、电流不超过 70 A 的环路均衡电流。

7. 拆装高压熔断器必须由助理值班员操作，值班员监护

操作人和监护人均要穿绝缘靴、戴防护眼镜，操作人还要戴绝缘手套。

8. 带电更换熔断器

带电更换低压熔断器时，操作人要戴防护眼镜，站在绝缘垫上，并要使用绝缘夹钳或绝缘手套。

9. 正常情况下，不应操作脱扣杆进行断路器分闸

电动操作的断路器，除操作机构中具有储能装置者外，禁止手动合闸送电。

10. 遇有危及人身安全的紧急情况

需供电调度下令进行倒闸作业的断路器和隔离开关，遇有危及人身安全的紧急情况，值班人员可先行断开相关的断路器和隔离开关，再报告供电调度，但再合闸时必须有供电调度的命令。

(二)牵引变电所倒闸的业务能力要求

1. 值班人员接受倒闸任务

值班人员接受倒闸任务后，操作前要先在模拟盘上进行模拟操作，确认无误后方可进行倒闸。在执行倒闸任务时，监护人要手执操作卡片或倒闸表与操作人共同核对设备位置，进行呼

唤应答，手指眼看，准确、迅速操作。

2. 用备用断路器代替主用断路器

当以备用断路器代替主用断路器时，应检查、核对备用断路器的投入运行条件后，方能进行倒闸。若主用和备用断路器共用一套保护装置时，必须先断开主用断路器，将保护装置切换后再投入备用断路器。

3. 远动装置进行倒闸操作

采用远动装置进行倒闸操作，值班员接到供电调度通知后，应监视设备动作情况，及时向供电调度汇报并做好记录。

三、项目实施

（一）操作票拟写

操作票的拟写主要是根据倒闸作业的任务和电气设备的一、二次接线和保护同路等实际设备情况，按照倒闸作业的安全技术规范、操作项目和内容要求拟写。拟写的项目和内容大致包括以下几方面：

（1）断路器和隔离开关的操作步骤。

（2）检查断路器、隔离开关闭合或断开后的实际分合位置。

（3）拆除或安装断路器的控制回路和电压互感器回路的熔断器。

（4）切断电源后应进行验电。

（5）悬挂临时接地线或接地开关。

（6）装挂各种标示牌。

（7）送电前拆除临时接地线或打开接地开关等设施。

（8）切换保护回路或改变其整定值。

项目中的顺序也必须根据倒闸操作的任务和安全技术要求进行拟写。

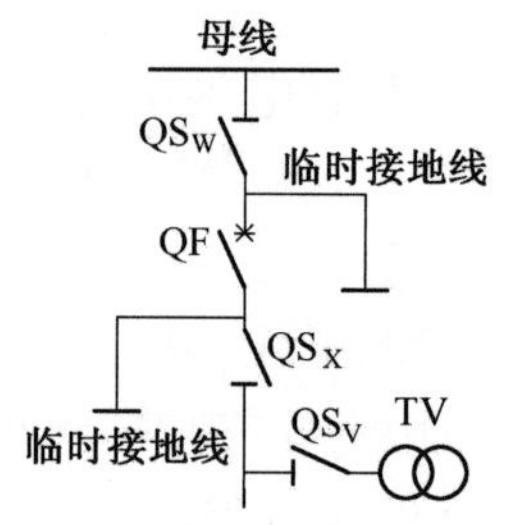

图 3-29　某馈出线一次主接线

根据图 3-29 所示一次主接线，拟写操作票（表 3-1）。

表 3-1　倒闸操作票　　编号

操作开始时间：　年　月　日　时　分；终了时间：　日　时　分		
操作任务：X-1 线路送电		
记号	顺序	操　作　内　容
	1	收回线路 X-1 的检修工作票
	2	拆除线路 X-1 出线侧隔离开关 QSx 侧的接地线
	3	拆除线路 X-1 母线侧隔离开关 QSw 的接地线
	4	检查停电线路 X-1 断路器 QF 确在断开位置
	5	合上停电线路 X-1 母线侧隔离开关 QSw
	6	检查停电线路 X-1 母线侧隔离开关 QSw 应在合闸位置
	7	合上停电线路 X-1 出线侧隔离开关 QSx
	8	检查停电线路 X-1 出线侧隔离开关 QSx 应在合闸位置
	9	合上停电线路 X-1 的电压互感器原边的隔离开关 QSv
	10	检查停电线路 X-1 的电压互感器原边的隔离开关 QSv 应在合闸位置
	11	安放停电线路 X-1 的断路器 QF 的合闸保险

续上表

操作开始时间： 年 月 日 时 分： 终了时间： 日 时 分		
操作任务：X-1 线路送电		
记号	顺序	操 作 内 容
	12	安放停电线路 X-1 电压互感器副边的保险
	13	安放停电线路 X-1 的断路器 QF 的操作保险
	14	合上停电线路 X-1 的断路器 QF 的操作开关
	15	检查停电线路 X-1 断路器 QF 确在合闸位置
	16	观查送电线路 X-1 的指示仪表
	17	投入线路 X-1 的自动重合闸
	18	投入线路 X-1 的有关连锁跳闸压板

操作人： 监护人： 值班负责人： 值班长：

发令时间： 月日时 发令人：

（二）牵引变电所内倒闸作业的安全操作步骤

（1）明确主接线正常运行时两回电源的供电状况及主接线中各开关的通断状况。

（2）停电时，先停负荷，后停电源；送电时，先送电源，后送负荷。

（3）隔离开关与断路器串联时，隔离开关应先合后分。

（4）隔离开关与断路器并联时，隔离开关应先分后合。

（5）隔离开关带接地闸刀时，送电时应先断接地闸刀，后合主闸刀；停电时应先断主闸刀，后合接地刀。

（三）变电所运行方式及变压器倒闸操作顺序

分析图 3-30 和图 3-31，说明变电所运行方式及切换电源或变压器的倒闸操作顺序

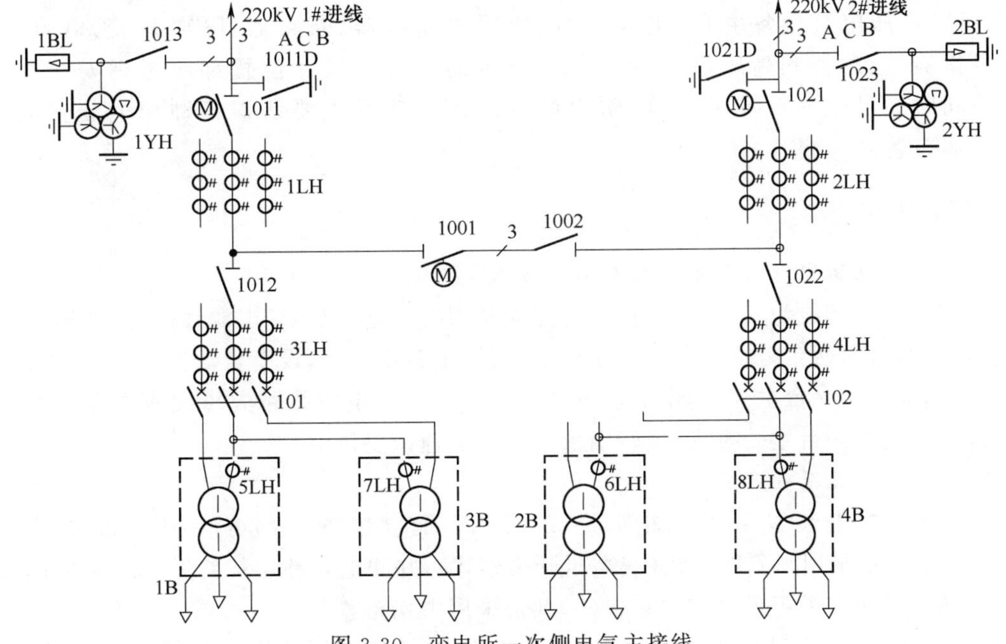

图 3-30 变电所一次侧电气主接线

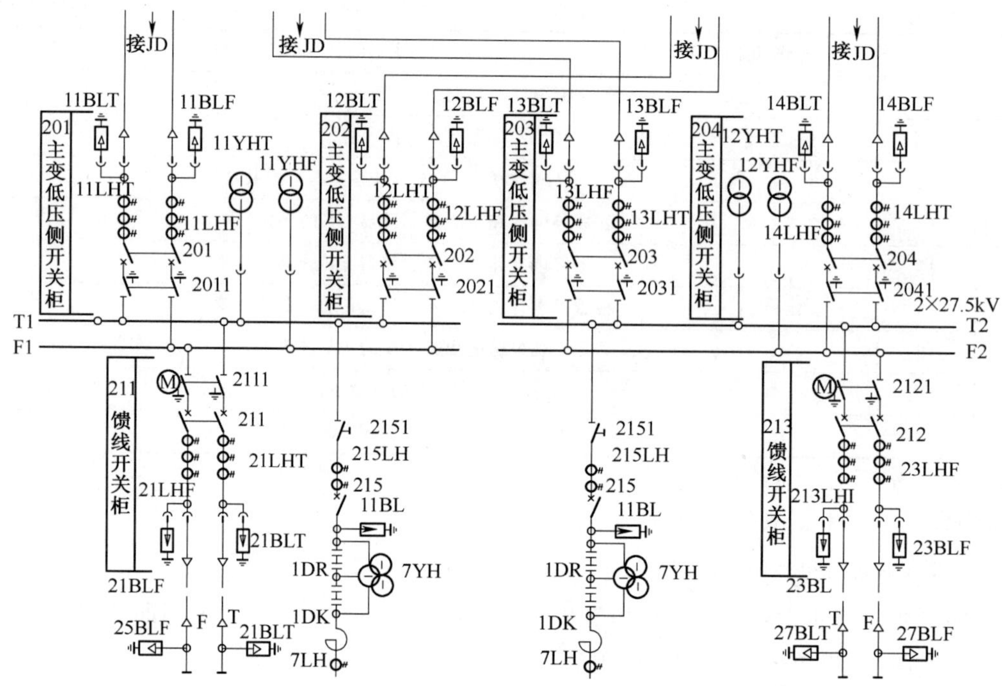

图 3-31　变电所二次侧电气主接线

项目五　高压配电装置的布置

一、项目介绍

牵引变电所高压配电装置是牵引供电系统的枢纽，是受电、变电和配电的主体。牵引变电所的高压电气设备主有：主变压器、所用电变压器、断路器、隔离开关、电容器、电抗器、避雷器、互感器和高压母线等。电气设备的布置与尺寸位置都应考虑安全与维护方便，并同时满足电气设备对通风、防火的要求。本项目主要认识各种配电装置的布置方式，了解布置基本要求。

二、相关知识

(一)牵引变电所配电装置主接线及运行方式

牵引变电所主接线为“双 T”接线，接有互为备用的两路 110 kV 电源线路，主变压器(新建的变电所)多数采用两台阻抗匹配平衡变压器，为固定备用方式，设有自动投入装置，正常时由任一路电源，通过任一台主变，向牵引供电系统供电。当该电源线路失压或该主变故障时，另一路电源线路或另一台主变投入，使牵引供电系统迅速恢复供电。

(二)总平面布置及生产房屋

1. 110 kV 配电装置采用户外布置，27.5 kV 配电装置大部分在户内布置，且户内 27.5 kV 配电装置采用间隔网栅式(或高压开关柜式)，并联电容补偿装置为户内组装式，户外配电装置除主变和端子箱采用低式布置外，其余采用中式布置。

2. 27.5 kV 高压室进出线采用架空引入、引出，10 kV 自用变压器高低压侧采用电缆引入、引出。

3. 所内设有与外部公路衔接的运输道路和巡视小道。

4. 牵引变电所一般采用生产房屋和辅助房屋合建，一层设有 27.5 kV 高压室、控制室、检修室、值班休息室、厕所，二层设有电容器室、储藏室、工具室、值班休息室、宿舍。

（三）主要电器设备的配置

1. 为满足装置的需要，凡能改变运行方式或操作频繁的隔离开关采用电动操动机构。

2. 主变压器多数是采用两台平衡变压器，新建的牵引变压器基本上是采用阻抗匹配平衡变压器。

3. 110 kV 断路器一般采用少油断路器并配置液压操作机构或采用 SF_6 断路器。

4. 27.5 kV 断路器一般采用真空断路器并配弹簧操作机构。

5. 电容器组使用国产设备时，一般采用 8.4 kV、100 kVar 单元电容器，电抗器采用户内、干式、空芯型。采用国外设备时，一般是组合体，户外布置。

（四）电器设备的架构类型

1. 杆塔采用 ϕ400 mm 钢筋混凝土环形等径杆和钢横梁。

2. 设备支架采用 ϕ300 mm 钢筋混凝土环形等径杆。

3. 110 kV 进线杆塔按每相导线最大拉力为 4 000 N，每根避雷线最大拉力为 2 500 N，导线最大偏角为 15°，27.5 kV 馈线由固定在房屋墙壁的支承点引出，其最大拉力为 3 000 N。

（五）二次接线的要求

1. 控制和监视方式

(1)一次装设远动装置、各断路器和电动隔离开关可实现屏控和遥控方式，通过控制方式转换开关可选其中任一种。

(2)各断路器和电动隔离开关在控制屏上和远动装置中均设有位置信号，在控制屏上，断路器位置采用双灯显示、不正常时发出闪光信号(有些牵引变电所断路器故障跳闸后亮白色灯光)，电动隔离开关采用电动位置指示器。

2. 中央信号装置

(1)事故信号和预告信号均为中央复归重复动作方式。

(2)事故信号利用各单元的保护出口信号作用相应的音响及灯光信号。

(3)预告信号利用各监视装置的信号作用相应的光字牌及发出音响信号。

3. 继电保护和自动装置

(1)主变压器一般采用变压器微机保护装置，装置具有重瓦斯、纵联差动 110 kV 侧三相低电压过电流、27.5 kV 侧设置有分相作用的低电压过电流、零序过流、电源失压等使断路器跳闸并作用于事故信号的保护装置和轻瓦斯、过负荷、过热等作用于预告信号的保护装置，此外还设置了微机可编程控制器实现备用电源自动投入。

(2)27.5 kV 馈线一般采用馈线微机保护装置，每个馈线单元设有带谐波闭锁的阻抗保护、电流速断保护、一次自动重合闸、27.5 kV 馈线采用微机故标装置。

(3)并联电容一般采用并补电容微机保护装置，设有电流速断、过电流、谐过电流、差电压、过电压、欠电压等保护装置。

（六）自用电系统

(1)交流系统：设有两段 380/220 V 交流母线，分别由接至 27.5 kV 母线和 10 kV 电力线路的两台自用变压器供电，两路 380/220 V 电源互为备用。

(2)直流系统：一般采用一组铅酸免维护蓄电池的直流屏，额定电压为 110 V(或 220 V)，设置两套能故障时自动切换的具有稳压稳流性能的可控硅整流装置以对蓄电池组进行强充电、均衡充电、浮充电及供给正常运行负荷。

(七)防雷及接地装置

(1)牵引变电所一般设有四支独立避雷针以防止直击雷伤害。

(2)在主变高、低压侧及中性点、馈线负荷侧一般设有氧化锌避雷器以限制雷电波幅值。

(3)设有以水平接地体为主的网络式接地装置，当接地电阻不达要求时可考虑引外等办法。

所有电气设备的金属外壳、架构铁件、瓷瓶底座及避雷器引下线及金属窗架均应与接地装置可靠连接，但不得与电缆沟的接地干线连接。

三、项目实施

认识牵引变电所高压配电装置的布置方式。

(一)户外高压配电装置布置的基本规定

(1)室外配电装置的安全净距应符合表 3-2 的规定，并应按图 3-32、图 3-33 和图 3-34 所示校验。当电气设备外绝缘体最低部位距地面小于 2.5 m 时，应装设固定遮栏。

表 3-2　室外配电装置的安全净距(mm)

符号	适用范围	额定电压(kV)				
		10	27.5	55	110 J	220 J
$A1$	带电部分至接地部分之间 网状遮栏上延伸线距地 2.5m 处与遮栏上方带电部分之间	200	400	650	1 000	1 800
$A2$	不同相的带电部分之间 断路器和隔离开关的断口两侧引线带电部分之间	200	400	650	1 100	2 000
$B1$	设备运输时，其外廓至无遮栏带电部分之间 交叉的不同时停电检修的无遮栏带电部分之间 栅状遮栏至绝缘体和带电部分之间	950	1 150	1 400	1 750	2 550
$B2$	网状遮栏至带电部分之间	300	500	750	1 100	1 900
C	无遮栏裸导体至地面之间 无遮栏裸导体至建筑物、构筑物顶部之间	2 700	2 900	3 100	3 500	4 300
D	平行的不同时停电检修的无遮栏带电部分之间 带电部分与建、构筑物的边沿部分之间	2 200	2 400	2 600	3 000	3 800

注：(1)110 J、220 J 系指中性点有效接地电网。

(2)高度超过 1 000 m 时，A 值应进行修正。

(3)本表所列各值不适用于制造厂的产品设计。

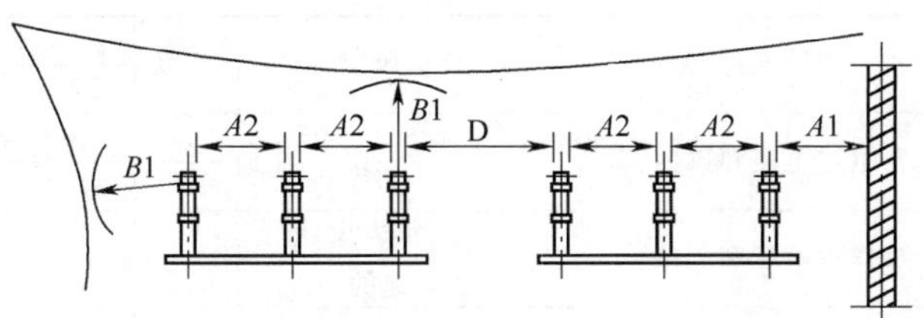

图 3-32　室外 $A1$、$A2$、$B1$、D 值校验图

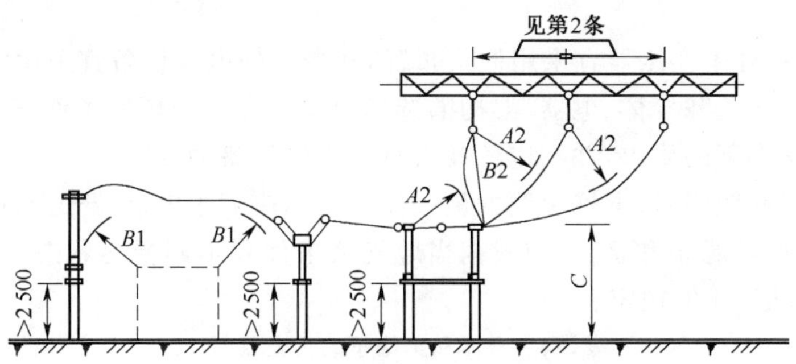

图 3-33　室外 $A2$、$B1$、C 值校验图

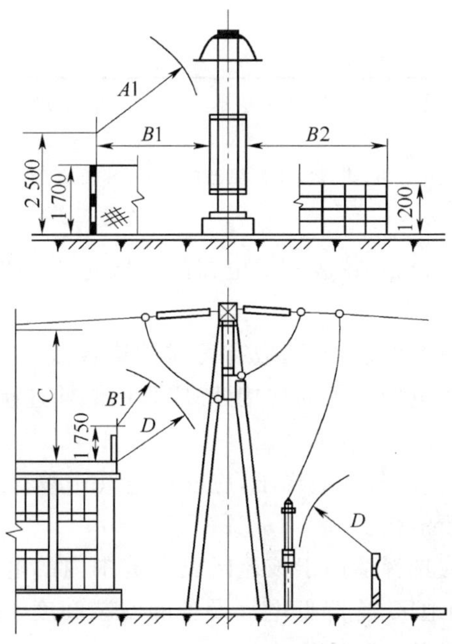

图 3-34　室外 $A1$、$B1$、$B2$、C、D 值校验图

室外配电装置使用软导线时，在不同条件下，带电部分至接地部分和不同相带电部分之间的安全净距，应根据表 3-3 校验，并应采用其最大数值。

表 3-3　不同条件下的安全净距(mm)

条件	校验条件	计算风速(m/s)	A 值	额定电压(kV)			
				27.5	55	110J	220J
雷电过电压	雷电过电压和风偏	10	A1	400	650	1000	1800
			A2	400	650	1100	2000
操作过电压	操作过电压和风偏	最大设计风速的 50%	A1	400	650	1000	1800
			A2	400	650	1100	2000
最大工作电压	最大工作电压短路和 10 m/s 风速时的风偏		A1	150	300	300	600
	最大工作电压和最大设计风速时的风偏		A2	150	300	600	900

注:在气象条件恶劣,如最大设计风速为 35 m/s 及以上,以及雷暴时风速较大的地区,校验雷电过电压时的安全净距,其计算风速采用 15 m/s。

(2)110 kV 的室外主变压器宜采用低式布置,其余室外电气设备宜采用中式布置。

(3)配电装置的布置和导体、电器、架构的选择应满足在当地环境条件下正常运行、安装维修、短路和过电压状态下的要求,并不应危及人身和周围设备的安全。

(4)在正常运行和短路时,电器引线的最大作用力不应大于电器端子允许的荷载。室外配电装置的导体、套管、绝缘子和金具,应根据当地气象条件和不同受力状态进行力学计算。其安全系数不应小于表 3-4 的规定。

表 3-4　导体和绝缘子的安全系数

类　　别	在长期荷载作用下	在短期荷载作用下
套管、支持绝缘子及其金具	2.5	1.76
悬式绝缘子及其金具	5.3	3.3
软导体	4.0	2.5
硬导体	2.0	1.67

注:(1)悬式绝缘子的安全系数系对应于破坏荷载,当对应于 1 h 机电试验荷载时,其长期、短期荷载作用下安全系数分别为 4 和 2.5。

(2)硬导体的安全系数对应于破坏应力,当对应于屈服点应力时,其长期、短期荷载作用下安全系数应分别为 1.6 和 1.4。

当周围环境温度低于电气设备、仪表和继电器的最低允许温度时,应装设加热装置或采取保温措施。

(5)导体和导体、导体和电器的连接处,应有可靠的连接接头。硬导体间的连接宜采用焊接。需要断开的接头及导体和电器端子的连接处,应采用螺栓连接。不同金属的导体连接时,应根据环境条件,采取装设过渡接头等措施。

(6)室外配电装置中的电气设备和绝缘子,应根据空气污秽程度采取相应的外绝缘标准及其他防尘、防腐措施,并应便于清扫。

(7)在室外配电装置中,应选择适用于该地区风速范围内的电气设备,对台风经常侵袭或最大设计风速大于 35 m/s 的地区,应降低电气设备的安装高度,并加强其与基础的固定。同时应对架构和设备支架的强度及挡距进行校验。

(8)设计选用的导体和电器,其长期允许电流不得小于该回路的最大持续工作电流,对室外导体和电器尚应考虑日照对其载流量的影响。

(9)配电装置中相邻带电部分的额定电压不同时,应按较高的额定电压确定其安全净距。

(10)室外配电装置带电部分的上下方,不应有照明、通信和信号架空线路跨越或穿过。

(11)充油电气设备的布置,应满足在带电时观察油位和油温的要求,并便于抽取油样。

(12)室外充油电气设备单个油箱的油量在 1 t 以上时,应设置能容纳 100%油量的储油池或 20%油量的储油池和挡油墙。设有容纳 20%油量的储油池和挡油墙时,应有将油排到安全处所的设施,且不应引起污染危害。当设置有油水分离的总事故储油池时,其容量不应小于最大一个油箱的 60%。储油池和挡油墙的长、宽尺寸,可按设备外廓尺寸每边相应大 1 m 计算。储油池的四周应高出地面 100 mm。储油池内宜铺设厚度不小于 250 mm 的卵石层,其卵石直径宜为 50～80 mm。

(13)油量为 2.5t 以上的室外油浸变压器之间无防火墙时,其最小防火净距应符合表 3-5 的规定。

表 3-5　油浸变压器最小防火净距

电压等级(kV)	最小防火净距(m)
27.5(35)及以下	5
55(63)	6
110	8
220 及以上	10

(14)火灾危险类别为丙、丁、戊类的生产建筑物,其外墙距室外油浸变压器外廓在 5 m 以内时,变压器高度以 3 m 的水平线以下及外廓两侧各加 3 m 的外墙范围内,不应有门、窗或通风孔;在 5～10 m 时,外墙上可设防火门,并可在变压器高度以上设非燃烧性的固定窗。

(15)当室外油浸变压器之间需设置防火墙时,防火墙的高度不宜低于变压器油枕的顶端高度,防火墙的两端应分别大于变压器储油池的两侧各 0.5 m。

(16)牵引变电所内的设备之间、建筑物之间及设备与建筑物、构筑物之间的最小防火净距,应符合有关规定。配电装置的抗震设计应符合现行国家标准《电力设施抗震设计规范》的规定。

(二)室外电气设备布置实例

室外电气设备布置 110 kV 跨条、馈线接线断面图如图 3-35 所示。

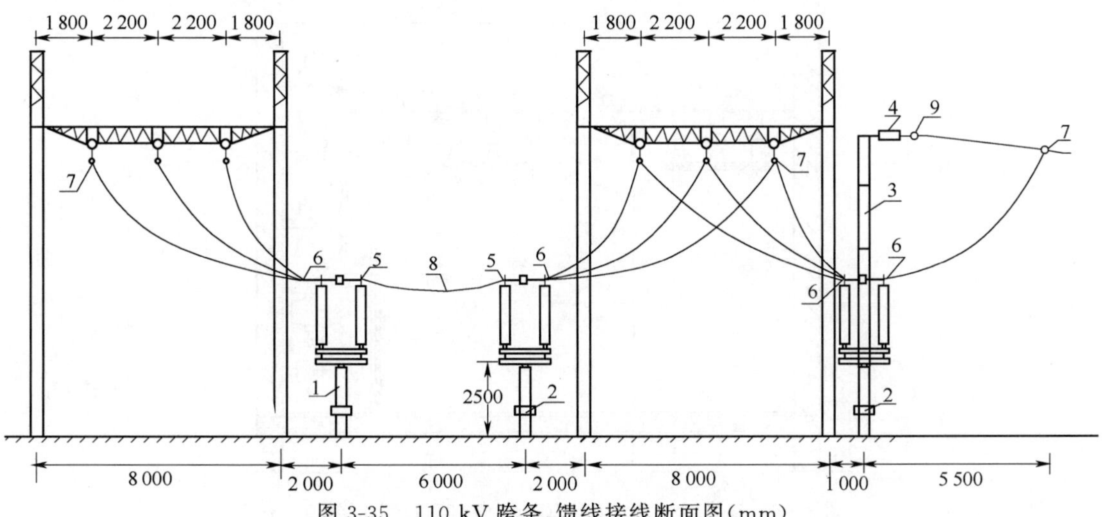

图 3-35　110 kV 跨条、馈线接线断面图(mm)

1、2—隔离开关构架;3—门型构架;4—耐张绝缘子串;5、6—过渡线夹;7—T 型线夹;
8—钢芯铝绞线;9—螺栓型耐张线夹

(三)户内高压配电装置的布置要求

(1)室内配电装置的安全净距应符合表 3-6 的规定,并应按图 3-36 和图 3-37 所示进行校验。当电气设备外绝缘最低部位距地面小于 2.3 m 时,应装设固定遮栏。

表 3-6 室内配电装置的安全净距(mm)

符号	适用范围	额定电压(kV)				
		6	10	27.5	55	110J
A1	带电部分至接地部分之间 网状遮栏上延伸线距地 2.3 m 处与遮栏上方带电部分之间	100	125	300	550	950
A2	不同相的带电部分之间 断路器和隔离开关的断口两侧带电部分之间	100	125	300	550	1 000
B1	栅状遮栏至带电部分之间 交叉的不同时停电检修的无遮栏带电部分之间	850	875	1 050	1 300	1 700
B2	网状遮栏至带电部分之间	200	225	400	650	1 050
	板状遮栏至带电部分之间	130	155	330	580	980
C	无遮栏裸导体至地(楼)面之间	2 500	2 500	2 600	2 850	3 250
D	平行的不同时停电检修的无遮栏裸导体之间	1 900	1 925	2 100	2 350	2 750
E	通向室外的出线套管至室外通道的路面	4 000	4 000	4 000	4 500	5 000

注:(1)110J 系指中性点有效接地电网。

(2)当采用平衡变压器时,由于 α、β 两相间电压大于 35 kV,在设计中 A2 值应适当增大。

(3)当为板状遮栏时,其 B2 值可取 A1+300 mm。

(4)通向室外配电装置的出线套管至室外地面的距离,不应小于表五中所列室外部分之 C 值。

(5)海拔大于 1 000 m 时,A 值应进行修正。

(6) 本表所列各值不适用于制造厂的产品设计。

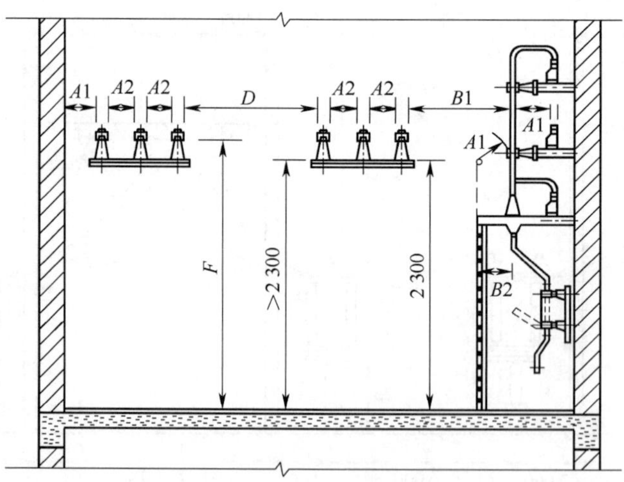

图 3-36 室内 A1、A2、B1、B2、C、D 值校验图(单位:mm)

(2)配电装置的布置和导体、电器的选择应满足在正常运行、检修、短路和过电压情况下的要求，并不应危及人身和周围设备的安全。

(3)27.5 kV 及 55 kV 配电装置室内采用网栅间隔结构且双列布置时，其维护操作通道可采用 2 760 mm。

室内配电装置各种通道的最小宽度应符合表 3-7 的规定。当采用 27.5 kV 手车式开关柜，柜后有维修工作量时，柜后通道不宜小于 1 000 mm。

(4)配电装置中电气设备的栅栏高度，不应小于 1 200 mm，栅栏最低栏杆至地面的净距和栅条间的净距不应大于 200 mm。配电装置中电气设备的遮栏高度，不应小于 1 700 mm，遮栏网孔不应大于 40 mm×40 mm。围栏门应装锁。

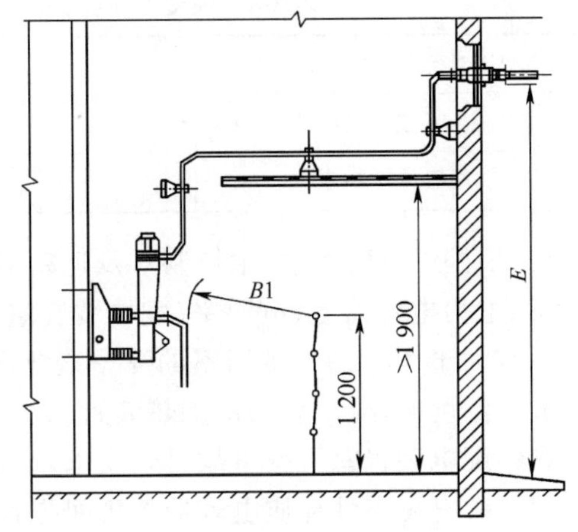

图 3-37　室内 $B1$、E 值校验图(单位：mm)

表 3-7　室内配电装置各种通道的最小宽度(mm)

通道种类 布置方式	离墙安装 盘后的维护通道	操作通道	
		固定式	手车式
设备单列布置	1 000	2 000	单车长＋1 200
设备双列布置	1 000	2 500	双车长＋900

注：(1)通道宽度在建筑物的墙柱个别突出处，允许缩小 200 mm。

(2)手车式开关柜不需进行就地检修时，其通道宽度可适当减小。

(3)固定式开关柜靠墙布置时，柜背宜离墙 50 mm。

(5)当电压等级为 27.5 kV 时，室内油断路器、油浸电流互感器和电压互感器，宜装设在两侧有隔墙(板)的间隔内；当电压等级为 55～110 kV 时，室内油断路器、油浸电流互感器和电压互感器，应装设在有防爆隔墙的间隔内。27.5 kV(55 kV)室内真空断路器可安装在两侧有网栅的间隔内。总油量大于 100 kg 的室内油浸电力变压器，宜装设在单独的防爆间内，当布置有困难时，也可安装在两侧有隔板的间隔内，并应设置消防设施。

(6)室内单台电气设备总油量在 100 kg 以上应设置储油设施或挡油设施。挡油设施宜按容纳 20%油量设计，并应有将事故油排至安全处的设施。当事故油无法排至安全处时，应设置能容纳 100%油量的储油设施。排油管内径的选择应能尽快将油排出，并不应小于 100 mm。

(7)27.5 kV(55 kV)配电装置室内采用成套开关柜时，应设置防止误入带电间隔的闭锁装置；当采用网栅间隔结构时，宜设置防止误入带电间隔的闭锁装置。

(8)油浸变压器外廓与变压器室四壁的最小净距应符合表 3-8 的规定。就地检修的室内油浸变压器，其所在室的室内高度可按吊芯所需最小高度加 700 mm 确定，宽度可按变压器两侧各加 800 mm 确定。

干式变压器的外廓与变压器室四壁的净距不应小于 600 mm，干式变压器之间的距离不应小于 1 000 mm，并应满足巡视与维修的要求。但全封闭型的干式变压器可不受此距离的限制。

表 3-8　油浸变压器外廓与变压器室四壁的最小净距(mm)

变压器容量(kV·A)	1 000 及以下	1 250 及以上
变压器与后壁、侧壁之间	800	800
变压器与门之间	800	1 000

(9)根据设备的要求,主控制室及远动室的夏季室温不宜大于 35 ℃,冬季最低温度不宜小于 5 ℃;电力电容器室、电源室、配电装置室的夏季室温不宜大于 40 ℃;油浸变压器室的夏季室温不宜大于 45 ℃;电抗器室的夏季室温不宜大于 55 ℃。配电装置室内的温度小于电气设备的允许温度时,应装设局部加热装置。

(10)配电装置室可按事故排烟要求,装设事故通风装置,通风换气不应少于 6 次/h。

(11)装有可燃性介质电容器的房间与其他生产建筑物分开布置时,其防火净距不应小于 10 m;连接布置时,其间的隔墙应为防火墙。

(12)电容器组可采用多层结构组装。其布置应便于检修维护,室内电容器组应装设金属网状遮栏防护。电容器组的附属设备应满足正常运行、短路故障及操作过程的要求。

(13)室内装设的电容器及电抗器应有良好的通风设施,进出风口应有防止雨、雪和小动物进入的措施。

(14)充油电气设备的布置,应满足在带电观察油位、油温时,其安全和方便的要求,并便于抽取油样。

(15)无磁屏蔽的电抗器宜设网状遮栏,铁遮栏距电抗器中心的距离及设置条件应根据设备的要求布置。电抗器基础内预埋地脚平铁、保护地线等金属制件时,不得形成封闭环路。

(16)配电装置室的布置应符合下列要求:

①配电屏(柜)的排列长度:低压大于 6 m、高压大于 5 m 时,应设两个通向本室或其他房间的出口,出口宽度不小于 0.8 m。如低压配电屏两个出口间的距离超过 15 m 时,应增加出口。

②低压配电室内通道宽度不应小于表 3-9 的规定。

表 3-9　低压配电室室通道最小净宽(mm)

配电屏形式	通道	屏前通道	屏后通道
固定式	单列	1 500	1 000
	双列面对面	2 000	1 000
	双列背对背	1 500	1 500
抽屉式	单列	1 800	1 000
	双列面对面	2 000	1 000
	双列背对背	1 800	1 000

③配电装置室等建筑物出口的门和有火灾、爆炸危险房间的门应向外开,并装弹簧锁,相邻配电装置室之间,当有门时,应能双向开启。

④配电装置室的电缆进、出口及其他孔隙应密封。

⑤配电装置室可开窗,但应采取防止雨、雪、小动物进入的措施。

⑥配电装置室的顶栅和邻近带电部分的内墙面应作处理,其他部分应抹灰刷白,地(楼)面

宜采用水泥抹面并压光。

⑦充油电气设备间的门当开向不属配电装置范围的建筑物内时，其门应为非燃烧体或难燃烧体的实体门。

⑧配电装置室内通道应保证畅通无阻，不得设立门门槛，并不应有与配电装置无关的管道通过。

(四)高压室电气设备布置实例

高压室电气设备布置实例如图 3-38 和图 3-39 所示。

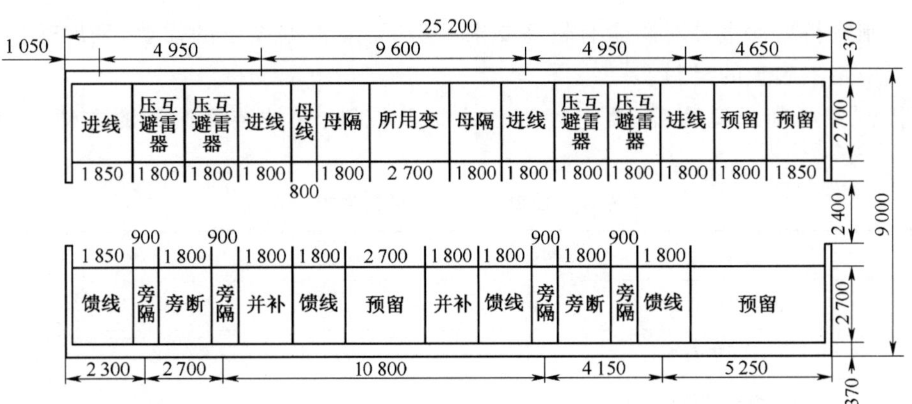

图 3-38　牵引变电所高压室布置图(一)(单位:mm)

回路名称	201B	201A	5PT	2001	2002	01B		202B	4PT	202A	232
柜号	10	9	8	7	6	5		4	3	2	1
一次线路方案				B A	B A						
操作走廊											
一次线路方案						A		B			
柜号		21	20	19	18	17	16	15	14	13	12
回路名称		211	3PT	21B	212	231		214	6PT	22B	213

图 3-39　牵引变电所高压室布置图(二)

(五)控制室的电器设备布置的要求

(1)控制室应位于使控制电缆的长度最短、便于运行人员联系及观看室外主要设备的地方，并宜与 27.5 kV 配电装置靠近。

(2)控制室的布置应有良好的朝向，控制盘应避免阳光直射及发生反光。

(3)控制室应按牵引变电所规划容量的第一期期中一次建成。

(4)牵引变电所控制室宜设两个通向外面的出口；位于楼上的控制室，其中一个出口可通向室外楼梯的平台。

开闭所、分区所、自耦变压器所控制室的出口可根据实际需要设置。

(5)控制室由顶棚至地面的净空高度宜为 3.4～4.4 m。当采用空调设施时，该高度可适当降低。

(6)控制室与远动室等对防尘有较高要求的房间，应根据设备的需要，采取适当的防尘措施，地面应采用不起尘的材料。

(7)控制室屏间通道宽度，要考虑运行维护及控制、保护装置调试的方便，可按表 3-10 确定。

表 3-10　控制室的屏间通道净宽(mm)

名称	通道净宽
屏正面至屏正面	1 800
屏正面至屏背面	1 100
屏背面至屏背面	1 000
屏正面至墙	1 500
屏背面至墙	1 200
屏边至墙	1 200
主要通道	1 600～2 000

(六)控制室的实例

控制室电气设备布置实例，牵引变电所控制室布置图如图 3-40 所示。

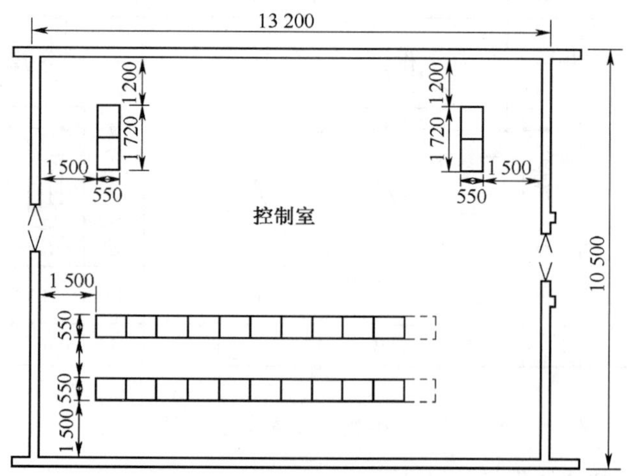

图 3-40　牵引变电所控制室布置图(单位：mm)

模块小结

一、电气主接线概念

牵引变电所(包括开闭所、分区所)的电气主接线是指由隔离开关,互感器、避雷器、断路器,主变压器,母线、电缆等高压一次电气设备,按一定顺序连接的用于表示接受和分配电能的电路。它反映了牵引变电所的基本结构和性能,在运行中表明电能的输送和分配关系、一次设备的运行方式,成为实际运行操作的依据。表明一次电气设备相互连接关系和工作原理的电气接线图,称为主接线图。主接线图用国标图形文字符号(图 3-1)画出。主接线一般用单线图表示。

二、110 kV 侧和 27.5 kV 侧电气主接线

不同类型的牵引变电所采取不同形式的电气主接线。110 kV 侧的电气主接线形式有桥式接线、分支接线(双 T 接线)和单母线接线。

27.5 kV 侧(或 55 kV 侧)主接线形式一般采用单母线接线、隔离开关分段的单母线接线和隔离开关分段带旁路母线的单母线接线。

复习思考题

1. 牵引变电所的主接线有何作用?
2. 试述失压自动倒闸过程。
3. 牵引变电所室油浸变压器最小防火净距是多少?
4. 导体和绝缘子的安全系数是多少?
5. 牵引变电所室内配电装置各种通道的最小宽度是多少?
6. 配电装置室的布置应符合哪些要求?
7. 控制室的电器设备布置有哪些要求?
8. 双 T 接线有何特点?
9. 内桥接线与外桥接线有何区别?
10. 牵引变电所按其位置和供电方式有哪些类型?
11. 什么是系统穿越功率?
12. 根据现场牵引变电所主接线,说明其运行方式,说明主变切换倒闸过程。

模块四　变电所接地与防雷

本模块介绍接地基本知识，学习接地相关概念及各种接地的区别，介绍变电所的接地装置形式和要求，介绍防雷的基本措施。最后认识变电所的接地网布置及牵引回流方式。

项目一　接地基本知识

一、项目介绍

本项目学习接地装置结构，认识各种接地类型，区分各种接地的不同点及应用。

二、相关知识

(一)接地和接地装置

电气设备的某部分与大地之间做良好的连接，称为接地。埋入地中并直接与大地接触的金属导体，称为接地体，或称接地极。专门为接地而人为装设的接地体，称为人工接地体。兼作接地体用的直接与大地接触的各种金属构件、金属管道及建筑物混凝土基础中的钢筋等，称为自然接地体。连接接地体与设备、装置接地部分的金属导体，称为接地线。接地线在设备、装置正常运行下是不载流的，但在故障情况下要通过接地故障电流，如图 4-1 所示。

接地线与接地体合称接地装置。由若干个接地体在大地中相互用接地线连接起来形成的一个整体，称接地网，其中接地线又分接地干线和接地分支线，如图 4-2 所示。接地干线一般应采用不少于两根导体在不同地点与接地网连接。

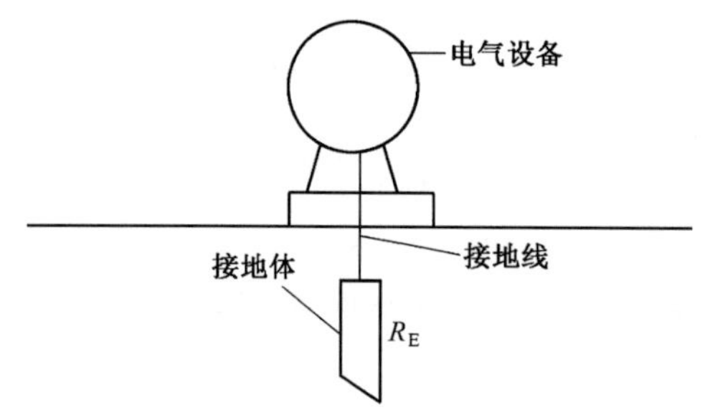

图 4-1　接地装置示意图

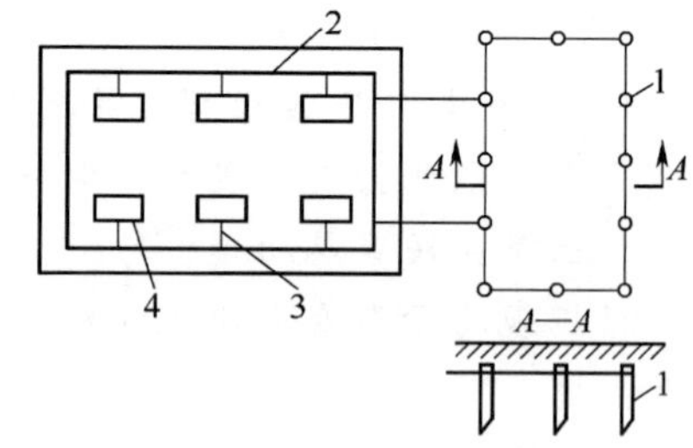

图 4-2　接地网示意图

1—接地体；2—接地干线；3—接地分支线；4—电气设备

(二)接地短路和碰壳短路(图 4-3)

电力设备的带电部分，偶尔与正常运行中的不带电接地部分或直接与大地发生电气连接称为接地短路。而电机、电器或线路的带电部分，由于绝缘损坏而与接地的金属外壳发生连接，称为碰壳短路或碰壳。接地短路或碰壳短路产生短路电流，称为接地短路电流或接地电流。

（三）对地电压、接触电压和跨步电压

当电气设备发生接地故障时，电流通过接地体向大地作半球形扩散。由于半球形的球面在距接地体越远的地方球面越大，所以流散电流越小，其电位分布曲线如图 4-4 所示。试验表明，在距单根接地体或接地故障点 20 m 左右的地方，实际上流散电流趋于零，电位也趋于零，通常被称为电气上的“地”或“大地”。

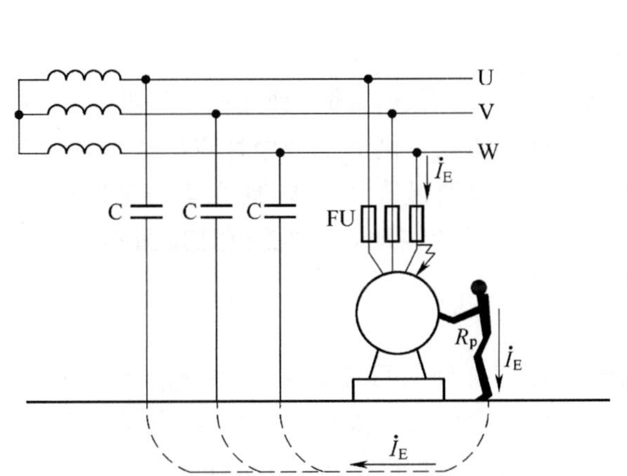

图 4-3　接地短路和碰壳短路示意图

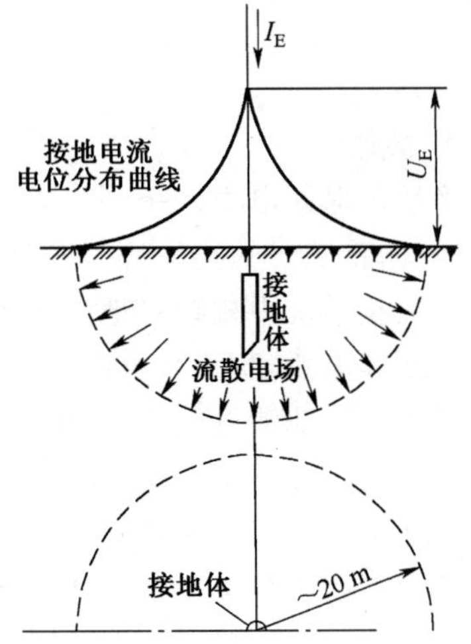

图 4-4　接地电流分布曲线

电气设备的接地部分，如接地的外壳和接地体等，与零电位“地”或“大地”之间的电位差，称为接地部分的对地电压，如图 4-5 中的 U_E。

接触电压是指设备的绝缘损坏时，在入地电流扩散的区域内，人的身体可同时触及的两部分之间出现的电位差。例如人站在发生接地故障的设备旁边，手触及设备的金属外壳时，则人手与脚之间所呈现的电位差，即为接触电压，如图 4-5 中的 U_{tou}。

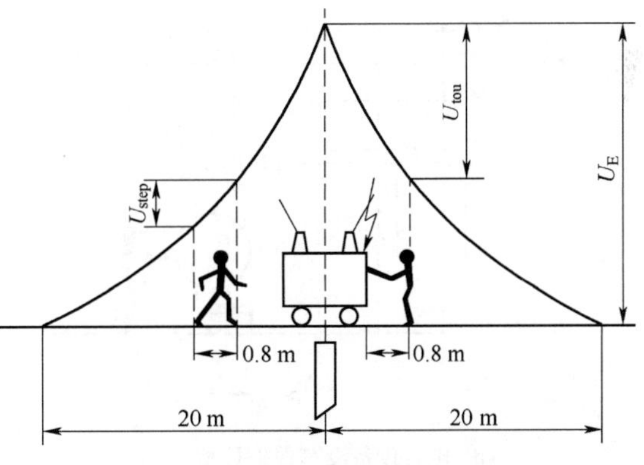

图 4-5　接触电压与跨步电压

跨步电压是指在接地故障点附近行走，两脚之间所出现的电位差，如图 4-5 中的 U_{step}。在带电的断线落地点附近行走时，同样也会出现跨步电压，跨步电压的大小与离接地点远近及跨步的长短有关，越靠近接地点及跨步越长，跨步电压越大。通常在离接地点 20 m 以外处，跨步电压趋于零。

三、项目实施

认识各种接地方式，熟悉其接线、特点及应用。

电力系统和电力设备的接地和接零，按其不同作用可分为工作接地、保护接地、保护接零和重复接地，如图 4-6 所示。

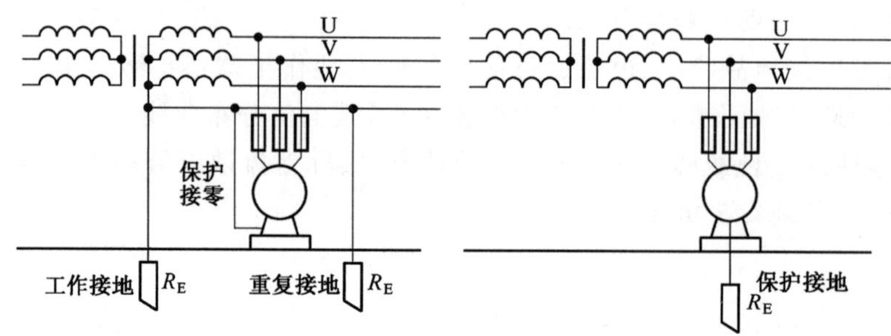

图 4-6　各种接地示意图

1. 工作接地

工作接地是保证电力系统和电力设备达到正常工作要求而进行的一种接地。例如电源中性点的接地、防雷装置的接地等。各种工作接地有各自的功能。例如电源中性点的接地，能在运行中维持三相系统中相线对地电压不变，而电源中性点经消弧线圈接地，能在单相接地时消除接地点的断续电弧，防止系统出现过电压。对于防雷装置的接地，其功能更是显而易见，不进行接地就无法对地泄放电流，从而无法实现防雷的要求。

2. 保护接地

保护接地是为了保障人身安全，防止间接触电而将设备外露可能导电的部分接地。保护接地一般应用在高压系统中以及在低压的 IT 和 TT 系统中使用。如图 4-7 所示，由于电力设备没有保护接地，当电力设备某处绝缘损坏而使正常情况中不带电的金属外壳带电时，若人体触及带电的金属外壳，由于线路和大地之间存在分布电容，接地短路电流 I_E 就是人体电流 I_P，当流进人体的电流大于 50 mA 时，就有可能使人触电造成生命危险。

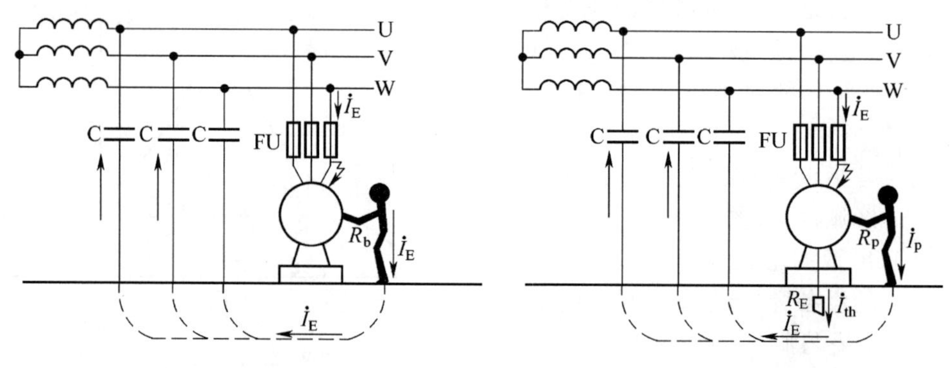

(a) 电力设备没有保护接地　　(b) 电力设备有保护接地

图 4-7　保护接地原理示意图

但是，当电气设备保护接地后，若电气设备某处绝缘损坏而使正常情况中不带电的金属外壳带电时，人体触及带电的金属外壳，接地短路电流 I_E 将同时沿着接地体和人体两条通路流过，如图 4-7 所示，流过每一条通路的电流值与其电阻成反比，即

$$I_p/I_{th}=R_E/R_p$$

式中　I_p——人体中流过电流。

I_{th}——接地装置中流过的电流。

R_E——接地装置的接地电阻。

R_p——人体的电阻。

从上式可知，接地装置的接地电阻愈小，流经人体的电流愈小。通常人体的电阻比接地装置电阻大数百倍，所以流经人体的电流也比流经接地装置的电流小数百倍。当接地电阻极为微小时，流经人体的电流几乎为零，也就是接地短路电流 I_E 几乎全部流经接地装置，因此避免了触电事故的发生。

所以，在任何时候，均应保证接地电阻不大于规程规定的接地电阻值，以免发生触电的危险。

3. 保护接零

由于电力设备绝缘的损坏，在正常情况下不带电的金属外壳有可能带电，为了防止人触及由于电力设备绝缘的损坏而带电的金属外壳，危及人身安全，在中性点直接接地的低压系统中（TN－S 或 TN－C）宜采用保护接零，即接零。所谓保护接零就是将电力设备在正常情况下不带电的金属部分与零线之间作良好的金属连接，如图 4-8 所示。必须注意：同一低压系统中，不能有的采取保护接地，有的又采取保护接零，否则当采取保护接地的设备发生单相接地故障时，采取保护接零的设备外露可能导电的部分将带上危险电压。

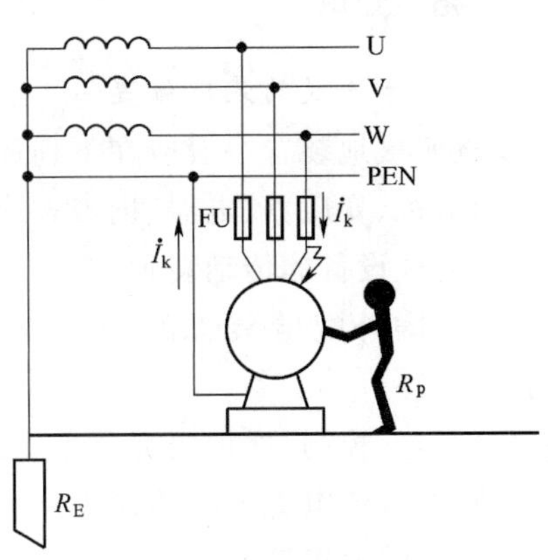

图 4-8　保护接零原理示意图

4. 重复接地

在 TN 系统中，为确保公共 PE 线或 PEN 线安全可靠，除在中性点进行工作接地外，还应在 PE 线或 PEN 线的下列地方进行重复接地，所谓重复接地就是将零线上一点或多点再次与地做金属连接。一般应在下列地方进行重复接地：

(1)在架空线路终端及沿线每公里处。

(2)电缆和架空线路引入车间和大型建筑物处。

如不重复接地，则在 PE 线或 PEN 线断线且有设备发生单相接地故障时，接在断线后面的所有设备外露可导电部分将呈现接近相电压的对地电压，即 $U_E=U_\phi$，这是很危险的。如进行了重复接地，如图 4-9 所示，则在发生同样的故障时，断线后面的所有设备外露可导电部分的对地电压为 $U_E=I_E R_E$，远小于相电压，危险程度大大降低。重复接地同时降低接地电阻，提高保护动作的灵敏性，同时也降低了设备碰壳故障时的电压，减轻人体触电的危险，并可以提高线路的防雷性能。

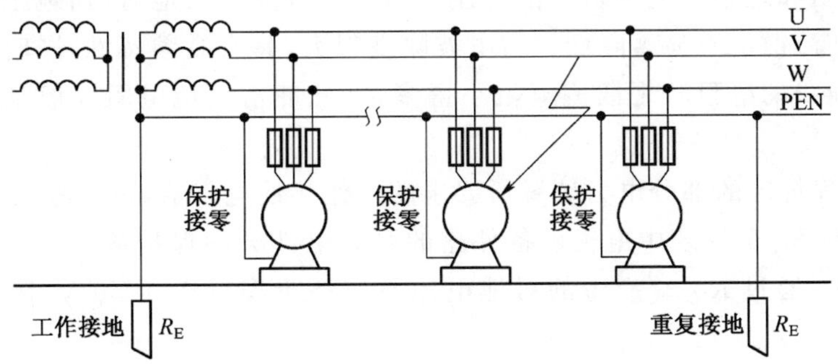

图 4-9　重复接地原理示意图

项目二　变电所接地装置敷设

一、项目介绍

变电所是电气集中的场所，运行和检修人员须经常接近和接触变电所中的设备。为了确保设备和人身安全，变电所必须装设可靠的接地装置。本项目介绍牵引变电所接地网结构、敷设及电流回流方式。

二、相关知识

（一）接地装置的装设位置

变电所接地装置一般应在下列地方进行装设：

（1）电机、变压器、电器、携带式或移动式用电器具的金属底座和外壳。

（2）电气设备的传动装置。

（3）户内外配电装置的金属或钢筋混凝土构架以及靠近带电部分的金属遮栏和金属门。

（4）配电、控制、保护用屏及操作台等的金属框架和底座。

（5）交、直流电力电缆的接头盒、终端头的金属外壳和电缆的金属护层、可触及的电缆金属保护管和穿线的钢管。

（6）电缆的架桥、支架和井架。

（7）装有避雷线的电力线路杆塔。

（8）装在配电线路杆上的电力设备。

（9）封闭母线的外壳及其他裸露部分的金属部分。

（10）六氟化硫（SF_6）封闭式组合电器和箱式变电站的金属箱体。

（11）控制电缆的金属护层。

（二）接地电阻及其要求

接地电阻是接地体的流散电阻与接地线和接地体电阻的总和。由于接地线和接地体的电阻相对很小，可略去不计，因此接地电阻可认为是接地体的流散电阻。

工频接地电流流经接地装置所呈现的接地电阻，称为工频接地电阻，即用 R_E 表示。

雷电流流经接地装置所呈现的接地电阻，称为冲击接地电阻，用 R_{sh} 表示。冲击接地电阻包括接地线电阻和地中散流电阻。由于强大的雷电流泄放入地时，当地土壤被雷电波击穿并产生火花，使流散电阻显著降低。雷电波陡度很大，具有高频特性，同时会使接地线的感抗增大，但接地线的电阻较之散流电阻小得多，因此冲击接地电阻一般是小于工频接地电阻的。

我国有关规程规定的部分电力装置所要求的工作接地电阻值，可参考表 4-1。

关于 TT 系统和 IT 系统中电气设备外露的可导电部分的保护接地电阻 R_E，按规定应满足，接地电流 I_E 通过 R_E 时产生的对地电压不应高于安全电压 50 V，因此保护接地电阻为

$$R_E \leqslant 50/I_E \tag{4-1}$$

表 4-1　部分装置要求的工作接地电阻值

序号	电力装置名称	接地的电力装置特点		接地电阻值
1	1 kV 以上的大电流接地系统	仅用于该系统的装置		$R_E \leqslant 2\,000/I_k^{(1)}$ 当 $I_k^{(1)} > 4\,000$ A 时 $R_E \leqslant 0.5\ \Omega$
2	1 kV 以上小电流接地系统	仅用于该系统的装置		$R_E \leqslant 250/I_E$ 且 $R_E \leqslant 10\ \Omega$
3		与 1 kV 以下共用的接地装置		$R_E \leqslant 120/I_E$ 且 $R_E \leqslant 10\ \Omega$
4	1 kV 以下系统	与总容量在 100 kVA 以上的发电机或变压器相连的接地装置		$R_E \leqslant 4\ \Omega$
5		上述(序号 4)装置的重复接地		$R_E \leqslant 10\ \Omega$
6		与总容量在 100 kVA 以下的发电机或变压器相连的接地装置		$R_E \leqslant 10\ \Omega$
7		上述(序号 6)装置的重复接地		$R_E \leqslant 30\ \Omega$
8	避雷装置	独立避雷针和避雷器		$R_E \leqslant 10\ \Omega$
9		变、配电所装设的避雷器	与序号 4 共用	$R_E \leqslant 4\ \Omega$
10			与序号 6 共用	$R_E \leqslant 10\ \Omega$
11		线路上装设的避雷器或保护间隙	与电机无电气连接	$R_E \leqslant 10\ \Omega$
12			与电机无电气连接	$R_E \leqslant 5\ \Omega$
13	防雷建筑物	第一类防雷建筑物		$R_{sh} \leqslant 10\ \Omega$
14		第二类防雷建筑物		$R_{sh} \leqslant 10\ \Omega$
15		第三类防雷建筑物		$R_{sh} \leqslant 30\ \Omega$

注:R_E 为工频接地电阻;R_{sh} 为冲击接地电阻;$I_k^{(1)}$ 为流经接地装置的单相短路电流;I_E 为单相接地电容电流。

对于 TN 系统,其中外露可导电部分均接在公共 PE 线或 PEN 线,因此无所谓保护接地电阻的问题。

三、项目实施

(一)接地装置的敷设

1. 自然接地体的利用

在设计和装设接地装置时,首先应充分利用自然接地体。以节约投资,节省钢材。可作为自然接地体的有:与大地有可靠连接的建筑物的钢结构、钢筋、行车的钢轨、埋地的非可燃的金属管道及埋地敷设的不少于两根导体电缆金属外皮等。对于变配电所来说可利用其建筑物混凝土基础中的钢筋作为自然接地体。利用自然接地体时,一定要保证良好的金属连接。如果自然接地电阻及动、热稳定条件不能满足要求时,则应装设人工接地体。

2. 人工接地体的装设

人工接地体有垂直埋设和水平埋设两种基本结构形式,如图 4-10 所示。

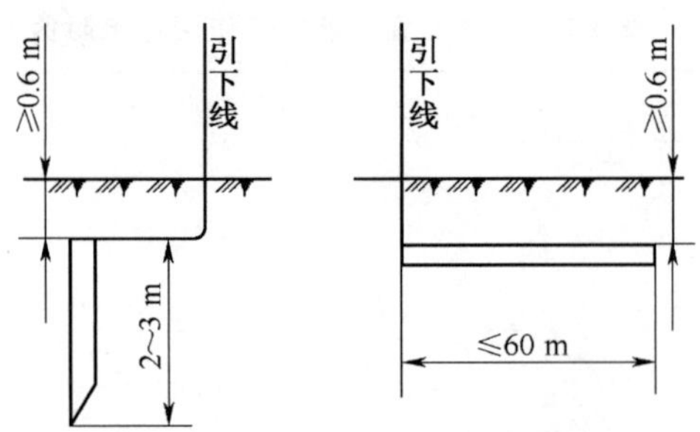

(a)垂直埋设的棒形接地体　(b)水平埋设的带形接地体

图 4-10　人工接地体示意图

表 4-2　土壤电阻率参考值

土壤名称	电阻率(Ω·m)	土壤名称	电阻率(Ω·m)
陶黏土	10	砂质黏土、可耕地	100
泥灰、泥灰岩、沼泽地	20	黄土	200
捣碎的木炭	40	含砂黏土、砂土	300
黑土、陶土	50	多石土壤	400
黏土	60	砂、砂砾	1 000

经验表明,采用垂直接地体为直径 50 mm、长 2.5 m 的钢管,是最为经济合理的。但为了减少外界的温度变化对流散电阻的影响,埋入地下的接地体,其顶面埋设深度不宜小于 0.6 m,如图 4-10 所示。

当土壤电阻率偏高时,例如土壤电阻率 $\rho \geqslant 300\ \Omega \cdot m$ 时,为降低接地装置的接地电阻,可采取以下措施:

(1)采用多支线外引接地装置。

(2)采用深埋式接地体。

(3)局部地域进行土壤置换处理,换以 ρ 较低的黏土或黑土,或者进行土壤化学处理,填充降阻剂,如图 4-11 所示。

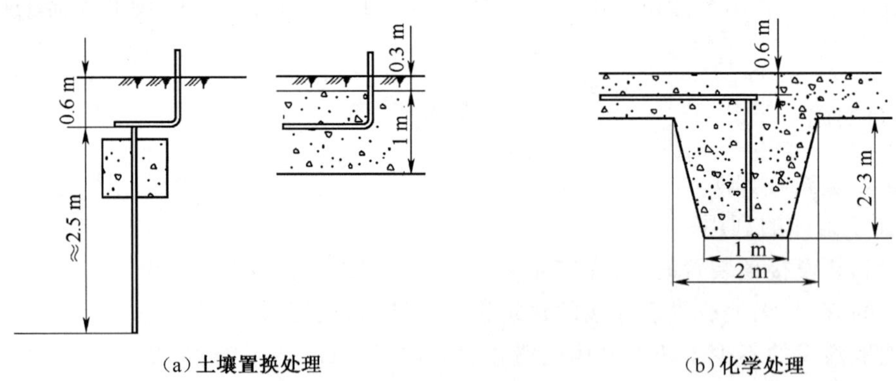

(a)土壤置换处理　(b)化学处理

图 4-11　土壤置换处理与化学处理

按国标 GB 50169—2016《电气装置安装工程接地装置施工及验收规范》规定,钢接地体和接地线的截面不应小于表 4-3 所规定的规格。对 110 kV 及以上的变电所或腐蚀性较强场所的接地装置,应采用热镀锌钢材或适当加大截面。

表 4-3　钢接地体和接地线的最小规格

种类、规格及单位		地　上	地　下
圆钢直径(mm)		8	8/10
扁钢	截面(mm^2)	48	48
	厚度(mm)	4	4
角钢厚度(mm)		2.5	4
钢管管壁厚度(mm)		2.5	3.5/2.5

注:1. 地下部分圆钢的直径,其分子、分母数据分别对应于架空线路和发电厂、变电站的接地网;
2. 地下部分钢管的壁厚,其分子、分布数据分别对应于埋于土壤和埋于室内混凝土地坪中。

按国标 GB 50057—2010"建筑物防雷设计规范"规定:防雷接地装置,镀锌圆钢垂直接地体直径最小尺寸为 14mm,钢管管壁厚不应小于 2mm。水平接地体最小尺寸为 $78mm^2$,扁钢截面不应小于 $90mm^2$,厚度不应小于 3mm;作为引下线,圆钢直径不应小于 8mm;扁钢截面不应小于 $50mm^2$,其厚度不应小于 2mm。

当多根接地体相互接近时,入地电流的流散电流将相互排挤,其电流分布如图 4-12 所示。这种影响入地电流的流散作用,称为屏蔽效应。由于这种屏蔽效应,而使接地装置的利用率下降,所以垂直接地体的间距一般不宜小于接地体长度的两倍,水平接地体的间距一般不宜小于 5 m。

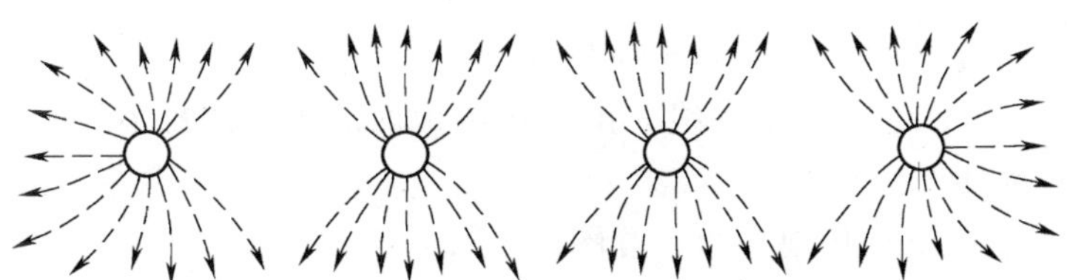

图 4-12　接地体间电流屏蔽效应

接地网的布置,应尽量使地面的电位分布均匀,以降低接触电压和跨步电压。人工地网外缘应闭合,外缘各角应作成圆弧形。变电所的接地网内应敷设水平均压带,如图 4-13 所示。为保障人身安全,应在经常有人出入的走道处,采用高绝缘路面(如沥青碎石路面)或加装帽檐式均压带。

为了减小建筑物的接触电压,接地体与建筑物的基础间应保持不小于 1.5 m 的水平距离,通常取 2~3 m。

3. 防雷装置的接地装置要求

避雷针应装设独立的接地装置。防雷接地装置包括接地体和接地线及避雷针引下线的结构尺寸,应符合表 4-3 的要求。

为了避免雷击时雷电流在接地装置上产生高电位造成被保护的设备发生闪络,危及建筑物和配电装置安全,避雷针与被保护设备之间,应有一定的安全距离,此距离与建筑物的防雷等级有关,但空气中安全距离 $S_0 \geqslant 5$ m,地下接地体之间的安全距离 $S_E \geqslant 3$ m,如图 4-14 所示。

为了降低跨步电压,保障人身安全,按 GB 50057—2010 规定,防直接雷人工接地体距建筑物的出入口或人行道的距离不应小于 3 m。

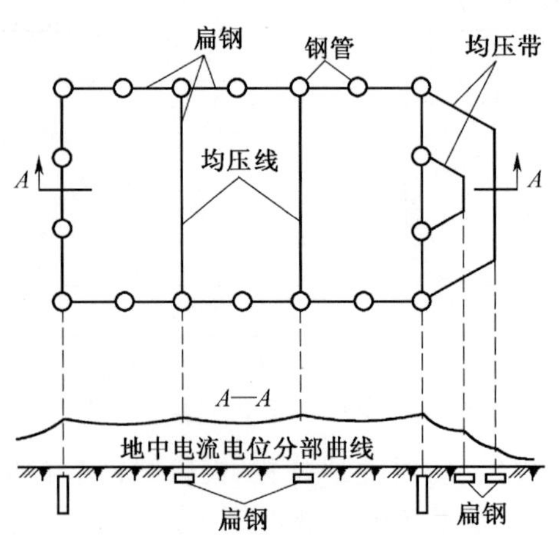

图 4-13　加装均压带的接地网

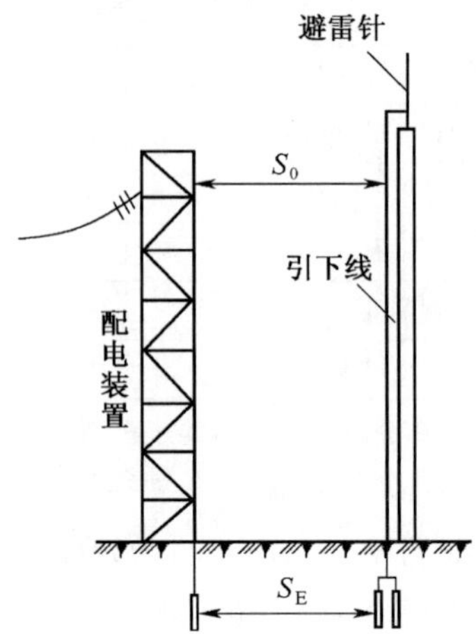

图 4-14　防直接雷的安全距离

防跨步电压应符合下列规定之一：

(1)利用建筑物金属构架和建筑物互相连接的钢筋在电气上是贯通且不少于 10 根柱子组成的自然引下线,作为自然引下线的柱子包括位于建筑物四周和建筑物内。

(2)引下线 3 m 范围内土壤地表层的电阻率不小于 50 kΩm 或敷设 5 cm 厚沥青层或 15 cm 厚砾石层。

(3)用网状接地装置对地面作均衡电位处理。

(4)用护栏、警告牌使进入距引下线 3 m 范围内地面的可能性减小到最低限度。

(二)牵引变电所接地网布置

图 4-15 是牵引变电所的接地平面布置图。

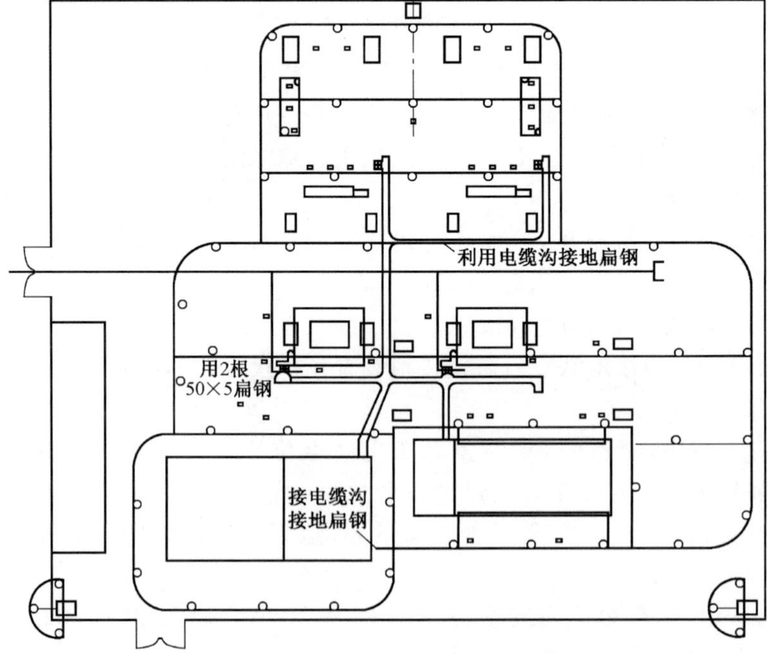

图 4-15　变电所接地平面布置图

图 4-15 中垂直接地体采用 50×50×5(mm)的角钢，长 2.5 m，埋设深度 0.5 m。水平接地体采用 50×5(mm)扁钢，埋设深度 0.5 m，与垂直接地焊接连接。

主变压器回流处(接地相入地处)采用两条扁钢并联，以提高回流效果。110 kV 电气设备和 27.5 kV 室外设备分别采用 ϕ10 mm 和 ϕ8 mm 的圆钢作接地线，与复合地网相连。在主变压器接线端子箱中，装有轨回、地回两台电流互感器，主变压器接地相分别经两台流互与地网和钢轨相连。

110 kV 线路引入牵引变电所的架空避雷线，在进线杆塔(或门形架构)处与接地网间用螺栓连接，以供定期测试接地电阻值之用。

电缆沟中单设 40×4(mm)扁钢水平接地体，专供电缆金属外皮接地，其他电气设备的接地线不能接到此扁钢上。

避雷针设独立的接地装置，其接地电阻值不得大于 10 Ω，在高土壤电阻率地区，当要求做到规定的 10 Ω 确有困难时，允许采取较高的接地电阻值，并可与主接地网连接，但从避雷针与主接地网的地下连接点至 27.5 kV 及以下设备的接地线与主接地网的地下连接点，沿接地体的长度不得小于 15 m，且避雷针至被保护设施的空气中距离和地中距离，还应符合防止被保护设备遭受反击的要求。

牵引变电所复合地网接地电阻值，一年中任何季节不得超过 0.5 Ω。

(三)认识牵引负荷电流回输牵引变电所方式

在牵引供电系统中，牵引负荷电流一般是经接触网送给电力机车，通过电力机车经钢轨、回流线(与钢轨并联)流回牵引变电所的，由于钢轨对地存在泄漏，因此，由电力机车所在位置起，牵引负荷电流大部分经钢轨流回牵引变电所，简称轨回流。小部分由钢轨入地，经大地流回牵引变电所，简称地回流。地回流在单线区段约占牵引负荷电流的 50%，复线段约占 35%，如图 4-16 所示。

目前，绝大部分电力牵引区段钢轨的接头处一般都有良好的电连接，以保证牵引负荷电流沿轨道回输牵引变电所，轨回流一般是沿两条钢轨回输的。为了能绕过信号轨道电路的轨端绝缘。在钢轨接头处装有扼流线圈，如图 4-17 所示。扼流线圈是绕在铁芯上的匝数相等的两个线圈，两线圈串联后，其两端分别接至两侧钢轨上，串联接头作为扼流线圈的中心抽头与相邻扼流线圈的中心抽头相连接。扼流线圈的作用是隔断轨道中的信号电流而仅让轨道中的牵引负荷电流顺利通过，在两轨端绝缘处为牵引负荷电流提供通路，保证轨道的导电性能。

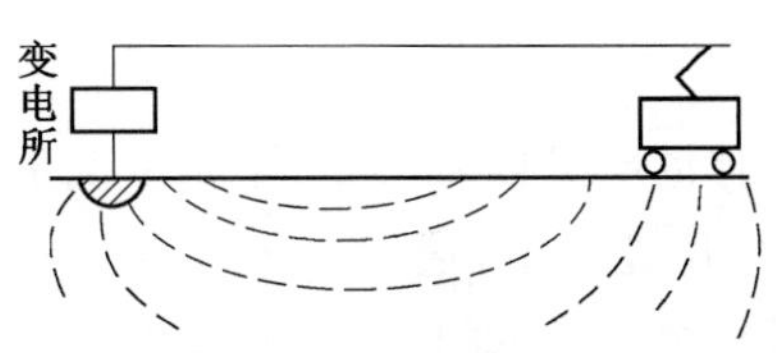

图 4-16　牵引负荷电流回输示意图

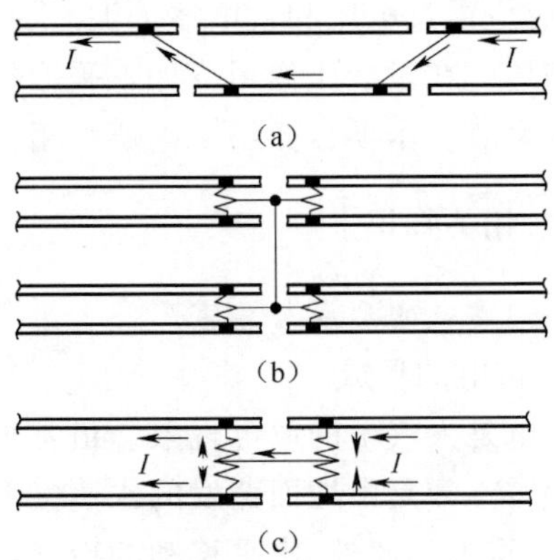

图 4-17　牵引负荷电流回输方式图

为减少泄漏电流(地电流)增大轨回流及提高轨回流的效果,当牵引变电所没有铁路专用线时,在BT供电区段和直供加回流线供电区段,通常是采用吸上线,将轨道中的牵引负荷电流引入架空回流线,回输牵引变电所的。回流线中的电流在牵引变电所处通常经过电缆或架空线接至牵引变压器接地相,并经接地保护放电装置与接地网相连。吸上线一端接架空回流线,另一端接扼流线圈中心抽头。相邻两吸上线间的距离在BT供电方式的自动闭塞区段应大于一个闭塞分区;在直供加回流线的供电方式的自动闭塞区段不应小于两个闭塞分区。

在AT供电区段,牵引负荷电流由电力机车所在位置经钢轨、保护线用连接线(CPW线)、保护线(PW线)流向AT(自耦变压器)的中心抽头,通过AT的作用,牵引负荷电流将沿正馈线(AF线)回输到牵引变电所,如图4-18所示。在牵引变电所处,接触线、正馈线经架空线(供电线)接至牵引变压器55 kV母线上(T座或M座),PW线经供电线(N线)接至牵引变电所内AT的中间抽头上并经接地保护放电装置与接地网相连。相邻两AT的间距通常在10～15 km左右。

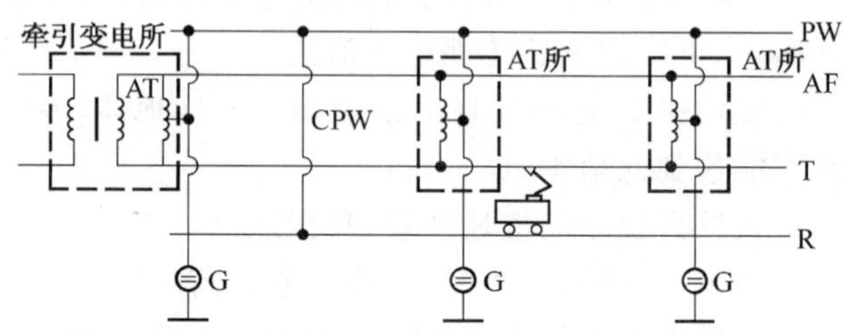

图4-18　AT供电牵引负荷电流回输方式图

AT—自耦变压器;PW—保护线;AF—正馈红色;T—接触网

某些BT和直供加回流线电化区段,牵引变电所内设有铁路岔线。若岔线轨与正线牵引轨有电连接,则牵引变压器牵引侧接地相端子必须同时与岔线轨和接地网相连接,使接地网与岔线轨等电位;若岔线轨与正线牵引轨间互相绝缘,则岔线轨必须与接地网相连,使两者电位相等,正线牵引轨中的牵引负荷电流须经架空线或电缆接至牵引变压器牵引侧接地相端子。正常运行时,牵引变电所中的接地网仅作保护接地之用,平时地网中无负荷电流。

项目三　变电所防雷措施

一、项目介绍

变电所在运行的过程中,可能遭受过电压的危害。过电压是指对电气设备绝缘有危险的突然升高的电压,按产生原因可分为大气过电压和内部过电压两大类。内部过电压可分为操作过电压、弧光接地过电压及谐振过电压等。大气过电压也叫雷电过电压,它又分为直击雷过电压、感应雷过电压和雷电侵入波。而过电压保护的目的,是为了防止电气设备绝缘遭受过电压的破坏。在过电压作用下如不采取措施,则电气设备的绝缘将会被击穿而造成设备损坏和停电等事故。本项目介绍变电所防雷设备及设置方式。

二、相关知识

(一)雷电的形成与危害

1. 雷电的形成

雷电是大气中的放电现象。最常见的有线形雷,有时也能见到片形雷,个别情况下还会出现球形雷。云是由地面蒸发的水蒸气形成的。水蒸气上升过程中,遇到上部冷空气凝成小水滴,成为积云。此外,水平移动的冷气团或热气团,在其前锋交界面上也会形成积云。云中水滴受强气流吹袭时,分成较小的和较大的水滴。较小的水滴被气流带走,形成带负电的雷云,较大的水滴则形成冰晶并带正电。

随着电荷的积累，雷云的电位逐渐升高。当带不同电荷的雷云或雷云与大地凸出物相互接近到一定程度时，将会发生激烈放电，同时出现强烈闪光。由于放电时温度可高达20 000 ℃，空气受热急剧膨胀，随之会发出爆炸般的轰鸣声，这就是闪电与雷鸣。

2. 雷电的危害

雷击时，雷电流很大，其幅值可达数十到数百千安。雷电放电的时间很短，通常只有数十微秒。放电陡度甚高，可达 50 kA/μs。雷电压极高，感应雷一般可达 300～400 kV，直击雷电压则更高。雷电有很大的破坏力，它会造成设备或设施的损坏，造成大面积停电或生命财产的损失。就其破坏性质来分，有如下三方面。

(1)电性质的破坏作用

表现在数十万伏至数百万伏的冲击电压可能毁坏发电机、变压器、断路器、绝缘子等电气设备的绝缘，烧断电线或劈裂电杆，造成大面积停电；绝缘损坏可能引起短路、导致火灾或爆炸事故；还会造成高压窜入低压，引发严重触电事故；雷电流入地时，会在雷击点及其连接的金属部分产生很高的接触电压或跨步电压，造成触电危险。

(2)热性质的破坏作用

巨大的雷电流通过导体时，会在极短的时间内产生大量热能，造成易燃品燃烧或金属熔化、飞溅，引起火灾或爆炸。如果易燃物品直接遭到雷击，则容易引起火灾或爆炸事故。

(3)机械性质的破坏作用

被击物遭到破坏，甚至爆裂成碎片。这是因雷电流通过被击物时，在被击物缝隙中的气体剧烈膨胀，缝隙中的水分也急剧蒸发为大量汽体，致使被击物破坏或爆炸。此外，同性电荷间的静电斥力，同方向电流的电磁作用力还有很强的破坏性，雷击时的气浪也有相当的破坏作用。

(二)雷电的危害形式

1. 直击雷过电压

雷云带有大量电荷，当带不同电荷的雷云相遇时，雷云之间便会产生放电现象，低空中的雷云还会直接对建筑物或其他物体放电。当遭受雷击而通过强大的雷电流时，便会造成巨大损失。露天变电所很多设备都在室外，遭受雷击的机会就比较多。如果雷云直接对设备放电，就会产生直击雷过电压，其数值可高达数百万伏。

2. 感应雷过电压

当架空线路上空出现雷云时，它会使线路和线路附近的物体感应出大量电荷，这些电荷会经过导线的对地电阻流入大地。雷云对线路附近的大地或物体放电后，雷云电荷便消失。此时，原来导线上的束缚电荷，就会因失去外力束缚而成为自由电荷。由于它们本身互相排斥，就会向线路两端以很高的速度运动，从而形成感应过电压。

3. 雷电侵入波

雷电侵入波是指由于架空线路或架空金属管道上遭受直击雷或感应雷而产生的高压冲击雷电荷，可能沿线路或管道侵入室内。据统计，在电力系统中，由于雷电波侵入而造成的雷害事故，约占雷害总数的一半以上。

雷电活动的频繁程度可用年平均雷暴日数来衡量。凡一天之内能听到雷声的就算一个雷暴日，一年内的平均雷暴日数，即为年均雷暴日。山区雷电活动较平原频繁，山地的雷暴日约为平原的3倍。广东、广西、云南等省部分地区的雷暴日约在80 d以上;长江流域以南地区的雷暴日约在40～80 d;长江以北大部分地区雷暴日约在20～40 d;西北地区的雷暴日多在20 d以下。几年平均雷暴日不超过15 d的地区称少雷区,超过40 d的叫多雷区。

雷电是自然界中客观存在的一种剧烈的放电现象,其活动也自有其一定规律。通常在雷雨季节里,雷电活动十分频繁。我国各地雷雨季节相差也很大:南方约从2月开始,长江流域一般从3月开始,华北和东北迟至4月开始,西北更迟约延至5月开始。各种防雷准备工作,应在雷雨季节到来之前安排好。

三、项目实施

避雷针、避雷线、避雷网、避雷带及避雷器都是经常采用的防雷装置。避雷针主要用来保护露天变配电设备及保护建筑物;避雷线主要用来保护输电线路;避雷网和避雷带主要是用来保护建筑物;避雷器则主要用来保护电力设备,属一种专用的防雷设备。牵引变电所通常采用下列防雷措施。

(一)装设避雷针

为保护整个变电所设备和建筑物免遭直接雷击,变电所内应装设避雷针。避雷针的功能实质是引雷作用,它能使雷电场产生畸变,从而将雷云放电通道,由原来可能向被保护物体发展的方向,吸引到避雷针本身,然后经与避雷针相连接的引下线与接地装置将雷电流泄放到大地中去,使被保护物免受直接雷击,变电所通常装设多根避雷针来满足保护要求。避雷针可单独立杆,也可利用户外配电装置的构架或投光灯的杆塔;但变压器的门型构架不能用来装设避雷针,以防止雷击产生的过电压对变压器闪络放电。

避雷针一般采用镀锌圆钢(针长1 m以下时直径不应小于12 mm,针长1～2 m时直径不应小于16 mm)或镀锌钢管(针长1 m以下时直径不应小于20 mm,针长1～2 m时直径不应小于25 mm)制成,通常安装在电杆或构架、建筑物上。它的下端要经引下线与接地装置相连接。

(二)装设架空避雷线

避雷线也称架空地线,在变电所进出线上方架设避雷线,可避免进出线遭受直接雷击,危害变电所内部设备;当进出线在避雷线保护范围外遭受直接雷击或感应过电压时,可以降低过电压的幅值,减轻对变电所内部设备的危害。在变电所110 kV进线和27.5 kV馈出线上均应装设架空避雷线进行保护。

(三)装设避雷器

避雷器是为防止沿线路侵入变电所的雷电冲击波对电气设备的破坏,把雷电波(或感应雷电波)限制在避雷器残压值范围内,从而使变压器及其他电气设备免受过电压的危害,其接地电阻不得大于10 Ω。在变电所每路进线终端、主变压器的低压侧出线、主变压器中性点引出线、27.5 kV馈出线上,一般都应装设避雷器。

(四)装设抗雷线圈

在变电所27.5 V馈出线上,串联抗雷线圈和避雷器配合使用,可有效地降低雷电入侵波的陡度,加强防雷效果。

模块小结

一、接地基本知识

本模块主要介绍接地、接地装置、保护接地、保护接零、对地电压、接触电压、跨步电压等接地基本概念。

二、变电所接地装置

本模块主要介绍对接地装置和接地装置装设的要求，包括对自然接地体装置、人工接地体装置和防雷接地装置及其装设的要求。

三、变电所的防雷装置

本模块介绍了过电压种类，操作过电压及雷电过电压的概念；主要介绍了雷电过电压的防护设备：避雷针、避雷线及避雷器，以及对防雷设备装设的要求。

复习思考题

1. 电力系统过电压种类有哪几类？其形成原因是什么？
2. 避雷针和避雷线的作用是什么？它们的保护范围是如何确定的？
3. 说明企业变、配电所防雷保护的任务和采取的措施？
4. 保护接地和保护接零有哪些异同？
5. 同一个系统中，为什么不能同时设置保护接地和保护接零？
6. 什么是接触电势、接触电压和跨步电压？
7. 为什么同一台变压器供电的 380/220 V 系统中不能采用部分设备保护接地，另一部分设备保护接零？

模块五　二次接线图分类及阅读

本模块主要学习二次接线图概念、二次接线图分类及二次接线图表示方法的基本知识。通过识别电气设备图形符号及项目表示方法、识别二次接线图分类及表示、绘制展开图及安装接线图等项目，达到能识读变电所各种图纸、识读元件及阅读各种二次接线图纸的能力。

项目一　识别二次图形符号及项目表示方法

一、项目介绍

二次接线是变电所中比较复杂和重要的内容，要读懂变电所二次接线图，首先对电气设备在图纸中的表示方法要熟悉，熟悉二次设备图形符号及项目的表示方法，是阅读图纸的最基本技能。本项目学习电气元件图形符号及文字表示方法，学习电气图中项目的表示方法，为阅读二次接线图打下基础。

二、相关知识

在电力系统中，除了由发电机、变压器、换流桥、断路器、隔离开关、母线、电力线路和电缆等一次设备构成的一次接线外，还有由测量仪表、控制开关、继电器、自动装置、远方监控设备、灯和信号器、执行电机等低压设备构成的辅助电路，称为二次接线，也称二次回路。

二次回路中的设备称为二次设备，主要用于监测一次设备的工作情况、控制调节一次设备的运行状态和对一次设备故障的自动保护等功能，以保证电力系统的经济，安全运行和便于操作管理。二次回路很重要但又很复杂，在电气技术文件里是采用图形符号和带注释的框图编制的，表示包括连接线在内的一个系统或设备的多个部件或零件之间相互关系的各种图示形式，通称电气图。

电气图上包含着一个系统或设备的功能、组成、工作原理、安装位置、连接方式、测试点和使用方法等多方面的信息。在电气图中，往往把系统、分系统、成套装置、设备、软件，以及它们的各组成部分(功能件、部件、零件)均称为项目。

(一)电气图类型

电气图种类很多，用于二次回路的电气简图主要有四种：概略图、功能图、电路图和接线图。

1. 概略图

采用方框符号、单线表示法等图示形式，表示系统、分系统、成套装置、设备、软件中各项目之间的主要关系和连接的相对简单的简图，称为概略图。其中采用单线法表示多线系统或多相系统的概略图，习惯称为系统图；主要采用方框符号的概略图，又称为框图，如图 5-1 所示。

概略图的特点是：描述的对象是系统、分系统、成套装置、设备和软件等主项目；描述的内容是它的概貌，主要内部项目的主要特征、主要关系和主要连接，而不是全部组成、全部特征和全部关系；对内容的描述是概略的，而不是详细的。概略图可作为编制功能图、电路图等更详细简图的依据，也可作为教学、培训、操作和维修的基础文件。

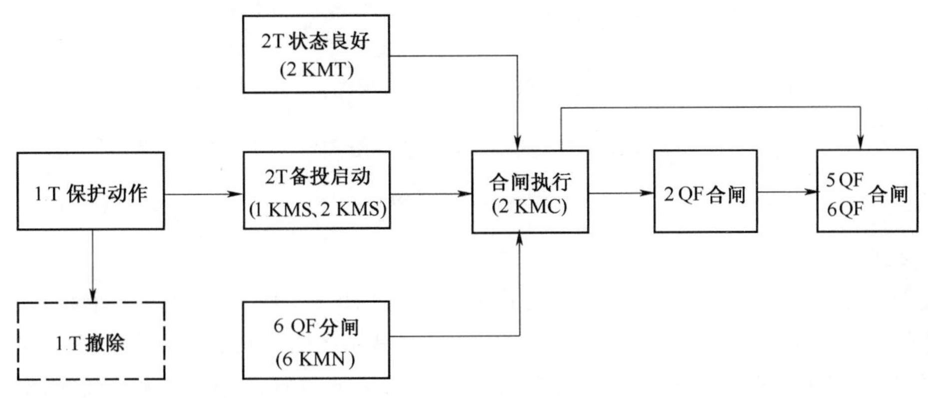

图 5-1　原理方框图

2. 功能图

用理论的或理想化的电路来详细表示系统、分系统、成套装置、设备、软件等的功能特性，而不必涉及功能如何实现的简图，称为功能图。其中，使用二进制逻辑单元符号的功能图，称为逻辑功能图，如图 5-2 所示。专用于分析和计算电路详细物理特性或状态的表示等效电路的一种特殊功能图，称为等效电路图。功能图表示的是系统、分系统、成套装置、设备、软件等功能特性的细节，而不考虑功能是如何实现的。因此，功能图内容应包括必要的功能图形符号及其信号和主要控制连接线，还可以包括提供补充信息的波形、公式和算法，而一般不包括实体信息（如位置、物体项目和端子代号）和组装信息。功能图可用于系统或分系统的设计，也可用于说明工作原理，如在教学或训练中。

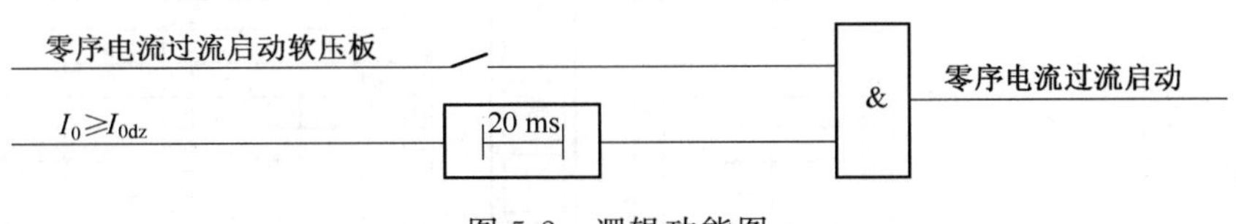

图 5-2　逻辑功能图

3. 电路图

采用按功能布局排列的图形符号，详细表示系统、分系统、成套装置、设备、软件等项目实际电路的简图，称为电路图，如图 5-3 所示。其中，如果将项目的内部功能采用简化的简图、表图或文字来表示，而其端子及外部连接则按实际电路详细表示的电路图，专门称为端子功能图。电路图描述的对象不仅是系统、分系统、成套装置、设备和软件等主项目，并且还包括其组成部分：部件、基本件等分项目全体。描述的内容是它们的实际电路的全部关系、全部连接、全部项目代号、端子代号及必需的其他信息，而不需要考虑项目的尺寸、形状或位置。对内容的描述是详细的，而不是概略的或局部的。电路图与实际接线一一对应，描述的最细致、清晰，并提供各方面的大量信息。电路图具有如下用途：便于详细理解电路的作用原理；可作为编制接线文件的依据；便于安装和维修；便于测试和寻找故障。

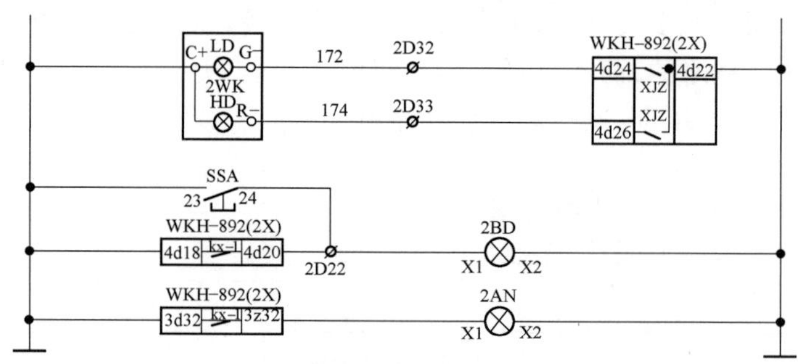

图 5-3　电路图

4. 接线图

接线图是表示一个装置或设备连接关系的简图，如图 5-4 所示。表示一个结构单元内的连接关系的接线图，称为单元接线图。表示不同结构单元之间连接关系的接线图，称为互联接线图。表示一个结构单元的端子和该端子上的外部连接的接线图，称为端子接线图。提供有关电缆，如导线的识别标记、两端位置以及特性、路径和功能等信息的简图，称为电缆图。接线图描述的对象是装置、设备等项目之间的电气连接，而不是项目之间的功能或电气关系。描述的内容是它们的连接点位置、线缆种类、代号、铺设走向、端头处理和线缆长度等详细信息。接线图采用位置布局法编制，而不是按功能布局法编制的。接线图可用于设备装配、安装时的布线、布缆、接线检查和维修之用。

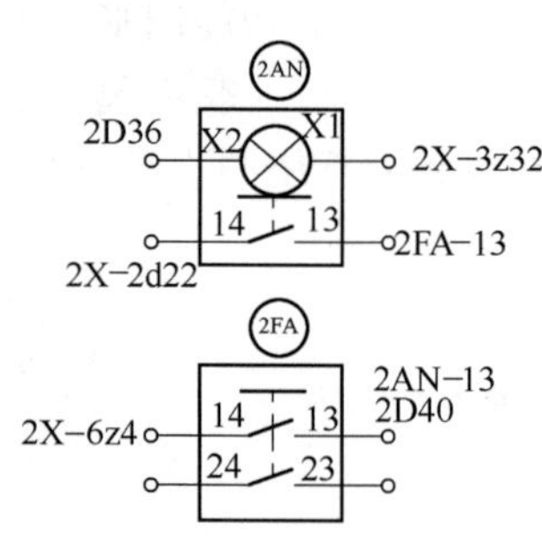

WKH−892(2X)

	6　电源插件			5　通讯插件		4　跳闸插件			3　信号插件			
	d	z				d	z		d	z		d
2			2		2	2D18		2	SK−16	SK−24	2	
4		2FA−14	4		4	2D30		4	2D26	4D8	4	
6			6		6	2TLP−1		6	2D24	4D5	6	
8			8		8	2D26		8			8	2D56
10			10	光	10	2D28		10			10	
12			12		12	2HLP−1		12			12	2D57
14			14	纤	14	2D24		14			14	2D58
16			16		16	2D35		16			16	
18		2D39	18	接	18	2D19		18			18	
20		2X−2z26	20		20	2D23		20			20	2X−4z24
22			22	口	22	2D35	2D40	22			22	2AN−14
24	2ZK−4		24		24	2D32	2X−2d20	24			24	2D39
26			26		26	2D33	2D28	26			26	
28	2ZK−2		28		28			28			28	
30			30		30			30			30	
32	°		32		32	°		32	2D20	2AN_X1	32	

图 5-4　接线图

在电力系统二次回路的电气文件中，上述四类电气图均有使用，在不同的场合使用的图纸有所不同，电路图是出现得最多的一种。

(二)电气图的符号

在新编的电气图标准中，电气图中的元件、部件、组件、设备、装置、线路等一般是采用图形符号、文字符号和项目代号来表示，这和传统的二次接线表示方法有很大区别。图形符号、文字符号和项目代号可看成是电气工程语言中的“词汇”。阅读电气图，首先要了解和熟悉这些符号的形式、内容、含义，以及它们之间的相互关系。

1. 图形符号

通常用于图样或其他文件以表达一个设备或概念的图形、标记或字符，统称为图形符号。电气图中所用的图形符号主要是一般符号和方框符号。

(1)一般符号。用以表示一类产品和此类产品特征的一种通常很简单的符号。

(2)方框符号。用以表示元件、设备等的组合及其功能的一种简单图形符号。即不给出元件、设备的细节，也不考虑所有连接，例如：正方形、长方形、圆形等图形符号。

根据国家标准《电气图用图形符号》(GB 4728—2018)的规定，将电气图形符号分为11类。附录1～附录3中为部分器件的图形符号。

图形符号均是按无电压、无外力作用的正常状态表示的，例如，继电器、接触器的线圈未通电，断路器、隔离开关未合闸，按钮未按下、行程开关未到位等。选用图形符号时，在满足需要的前提下，尽可能采用最简单的形式。在同一图号的图中只能选用同一种图形形式。大多数图形符号的取向是任意的，在不会引起错误理解的情况下，可根据图面布置的需要将符号旋转或取其镜像放置。

2. 文字符号

在电气图中，除了用图形符号来表示各种设备、元件等外，还在图形符号旁标注相应的文字符号，以区分不同的设备、元件，以及同类设备或元件中不同功能的设备或元件。文字符号分为基本文字符号和辅助文字符号，基本文字符号分为单字母符号和双字母符号。

(1)单字母符号。单字母符号是用拉丁字母将各种电气设备、装置和元器件划分为23大类，每大类用一个专用单字母符号表示，即设备的种类代号，单字母符号见附录4。

(2)双字母符号。双字母符号是由一个表示种类的单字母符号与另一字母组成，其组合形式是以单字母符号在前，另一字母在后的次序列出。只有当用单字母符号不能满足要求，需要将大类进一步划分时，才采用双字母符号，以便较详细和更具体地表述电气设备、装置和元器件。

(3)辅助文字符号。辅助文字符号是用以表示电气设备、装置和元器件以及线路的功能、状态和特征的，通常是由英文单词的前一两个字母构成。辅助文字符号一般放在基本文字符号的后边，构成组合文字符号，也可单独使用，如“ON”表示接通，“OFF”表示关闭。文字符号的组合形成一般为：基本符号＋辅助符号＋数字序号。例如：第3组熔断器，其符号为FU3；第2个接触器，其符号为KM2。

3. 项目代号

项目是指在电气图上用一个图形符号表示的基本件、部件、组件、功能单元、设备、系统等，如电阻器、继电器、发电机、开关设备、配电系统、电力系统等。

项目代号是用于识别图、图表、表格中和设备上的项目种类，并提供项目的层次关系、实际位置等信息的一种特定的代码。通过项目代号可以将图、图表、表格、技术文件中的项目和实际设备中的该项目一一对应和联系起来。一个完整的项目代号是由4个具有相关信息的代号段组成，每个代号段都用特定的前缀符号加以区分，它们分别是：

高层代号段，其前缀符号为“＝”

种类代号段，其前缀符号为“－”

位置代号段，其前缀符号为“＋”

端子代号段,其前缀符号为“:”

一个项目可以由一个代号段组成,也可以由几个代号段组成。通常,种类代号可单独表示一个项目,其余大多应与种类代号组合起来,才能较完整地表示一个项目。

(三)电气图的基本表示方法

1. 电路的表示方法

在电气图中,连接线或导线可采用多线表示法、单线表示法或混合表示法。

(1)多线表示法

多线表示法是指每根连接线或导线各用一条图线表示的方法。多线表示法能详细地表达各相或各线的内容,尤其是在各相或各线内容不对称的情况下宜采用这种表示法。

(2)单线表示法

单线表示法是指两根或两根以上的连接线或导线只用一条图线表示的方法。这种表示法主要应用于三相或多线基本对称的情况。

(3)混合表示法

混合表示法是指在同一图中,一部分采用单线表示法,另一部分采用多线表示法。这种表示法兼有单线表示法简洁精炼的优点,又兼有多线表示法对描述对象精确、充分的优点。

2. 电气元件的表示法

电气元件在电气图中,可根据需要,分别采用集中表示法、分开表示法和半集中表示法。

(1)集中表示法

集中表示法是把一个元件各组成部分的图形符号绘制在一起的方法。各组成部分用机械连接线(虚线)互相连接起来,且连接线中表示法必须是一条直线。图 5-5(a)为一个继电器的集中表示法。图中继电器一个线圈和两对触点绘制在一起,并用机械连接线联系起来构成一个整体。

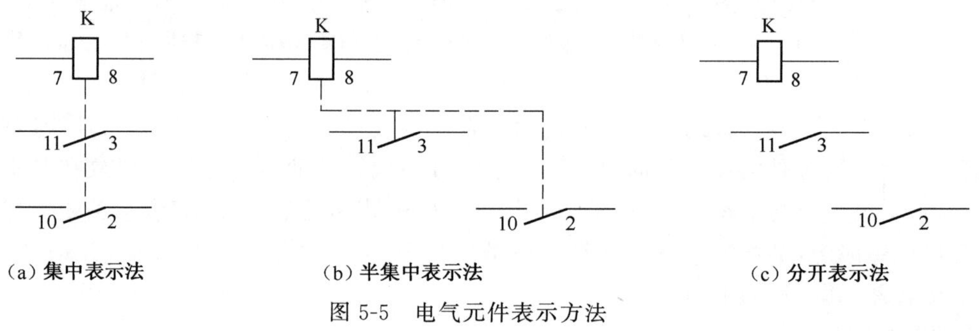

图 5-5　电气元件表示方法

(2)半集中表示法

半集中表示法是把一个元件某些组成部分的图形符号在简图上分开布置,并用机械连接线表示它们之间关系的方法,其目的是得到清晰的电路布局。在半集中表示法中,机械连接线可以弯折、分支和交叉。如图 5-5(b)所示,继电器 K 的线圈和两对触点采用的就是半集中表示法。

(3)分开表示法

分开表示法是把一个元件各组成部分的图形符号在简图上分开布置,并仅用项目代号表示它们之间的关系,其目的是得到清晰的电路布局。如图 5-5(c)所示,继电器 K 的一个线圈和两对触点采用分开表示法,分别画在不同的电路中,且各部分标注相同的项目代号。

3. 元件工作状态的表示方法

在电气图中用图形符号表示元件、器件和设备，通常对应在非激励或不工作的状态或位置，即元件、器件和设备的可动部分为非激励或不工作的状态或位置。如继电器和接触器在非激励的状态、断路器、负荷开关和隔离开关在断开位置、带零位的手动控制开关在零位位置，不带零位的手动控制开关在图中规定的位置、机械操作开关，例如行程开关，在非工作的状态或位置，即搁置时的情况。

4. 图线的布置

表示导线、信号通路、连接线等的图线一般应为直线，即横平竖直，尽可能减少交叉和弯折。图线的布置通常有水平布置和垂直布置。

(1)水平布置。水平布置是将设备和元件按行布置，使得其连接线成水平布置。

(2)垂直布置。垂直布置是将设备和元件按列排列，连接线成垂直布置。

5. 电路或元件的布局

在电气图中，电路或元件的布局方法有功能布局法和位置布局法两种。

(1)功能布局法。简图中元件符号的布置，只考虑元件功能关系，而不考虑实际位置的一种布局方法。在这种布局法中，是按照因果关系将各功能组从左到右或从上到下布置；每个功能组的元件集中布置在一起，一般按工作顺序排列。大部分的电气图，如系统图、电路图、逻辑图等都采用这种布局方法。

(2)位置布局法。简图中元件符号的布置对应于该元件实际位置的布局方法。接线图、电缆配置图、屏面布置图等都是采用这种方法。

6. 连接线去向和接线关系的表示法

表示连接线的去向和接线关系有连续表示法和中断表示法。

(1)连续表示法。连续表示法是将连接线头尾用导线连通的方法。

(2)中断表示法。中断表示法是将连接线在中间中断，再用符号表示导线的去向。当穿越图面的连接线较长或穿越稠密区域时，去向相同的线组可采用中断表示法，允许将连接线中断，在中断处加相应的标记。

三、项目实施

(一)绘制常用电气元件符号，并进行文字标注

绘制常用二次电气元件，可以采用 AutoCAD 软件或其他绘制电气图的电气 CAD 专用软件进行绘制和标注。

(二)绘制配电屏指定元件项目，绘制配电屏上的继电器元件并按项目表示

表示项目时，可以按照以下步骤表示一个完整项目。

1. 高层代号

系统或设备中任何较高层次(对给予代号的项目而言)项目的代号，称为高层代号。高层代号可用任意选定的字符、数字表示。高层代号表示方法举例如下：

S1 系统中的第 2 个断路器 QF2，可表示为：S1－QF2；

S 系统第 2 个子系统中第 3 个电流表 PA3，可表示为＝S＝2－PA3，简化为＝S2－PA3。

2. 种类代号

用于识别项目种类的代号，是项目代号的核心部分。种类代号一般由字母代码和数字组

成，其中的字母代码必须是规定的文字符号。例如：－K2 表示第 2 个继电器；－QS3 表示第 3 个隔离开关。

3. 位置代号

项目在组件、设备、系统或建筑物中的实际位置的代号，称为位置代号。位置代号通常由自行规定的拉丁字母或数字组成。在使用位置代号时，应给出表示该项目位置的示意图。

4. 端子代号

用以同外电路进行电气连接的电器导电件的代号，称为端子代号，一般用于表示接线端子、插头、插座、塞孔、连接片一类元件的端子。端子代号通常采用数字或大写字母表示，例如，－X：5 表示端子板 X 的 5 号端子；－K4：C 表示继电器 K4 的 C 号端子。

项目二　阅读简单的二次展开图

一、项目介绍

要了解变电所的二次接线原理，通常要阅读相关的原理图，原理图一般按照分开表示法来表示，即将二次设备的各组成部分独立绘制，各部分会出现在不同的回路中，按照此方法绘制的电路图称为展开式原理接线图，简称展开图，也称为分开式二次电路图。通过阅读简单的展开图，学习展开图的表示方法及特点，为阅读和绘制原理图打好基础。

二、相关知识

前面已经提到的概略图、功能图、电路图和接线图均有使用，在不同的场合使用的图纸有所不同。在牵引变电所日常运行中，以安全可靠和经济运行为主要目的，概略图、功能图较为少用，主要使用电路图和接线图。结合现场的实际情况，有几类图纸是经常用到的，即展开图、盘后安装接线图、端子排图，此外还有和二次设备布置有关的屏面布置图，一般将各种图纸装订成册，以便查找和阅读。

（一）展开图

展开图基本出发点是按回路展开绘制，如交流电流回路、交流电压回路、直流回路等，同一元件的各部分多数情况下出现在不同的回路中，当然也可以出现在同一回路中。如继电器的接点不与线圈在同一回路，接点通常可以完成启动或执行功能；继电器的接点与线圈在同一回路，接点通常可以完成自保持（自锁）功能。

展开图线清晰，在水平布置或横向排列，符合人们的阅读习惯，易于阅读，便于按图接线、查线，通常较复杂的二次系统都采用展开图，图 5-6 所示为某线路过流保护的展开图。

1. 展开图特点

（1）以回路为中心绘制，将各个设备元件的不同组成部分分别画在不同回路中，例如电流继电器 KA 的线圈在交流电流回路，其动合触点却绘制在直流电压回路。

（2）同一设备元件的不同组成部分标注同一个文字符号，通过文字符号来反映它们之间的联系，例如时间继电器的线圈和延时闭合的动合触点都标注为 KT。

（3）在每个回路中，依次从上到下排列成若干行（当水平布置时）或从左到右排列成若干列（当垂直布置时）。行从上到下按系统动作顺序排列，对于多相电路，通常按相序从上到下或从左到右排列。每行元件的排列一般也按动作顺序从左至右排列。

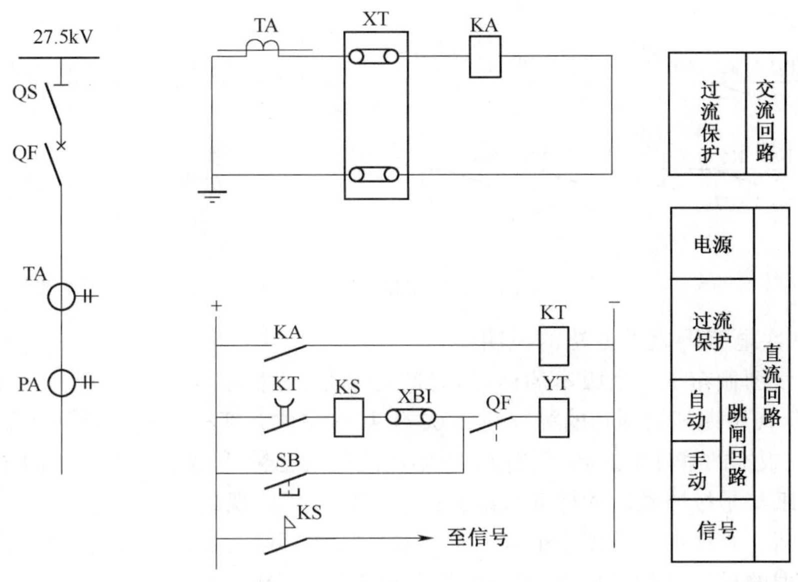

图 5-6　过流保护展开图

(4)在水平布置中,每一回路的右侧一般都有简单的文字说明,用以说明电路的名称、功能等。这些文字说明是图的重要组成部分,读图时应给予足够的重视。

(5)各回路的供电电源,除电流互感器外,一般都是通过各种电源小母线引入的。

(6)为了安装接线和维护检修,在分开式二次电路图中,对每个回路及其元件间的连接线一般标注回路标号。

回路标号一般由 3 位或 3 位以下的数字组成。当需要标明回路的相别和其他特征时,可在数字前加上必要的文字符号,例如表示相别的 U、V、W、N 等文字符号。对于不同用途的回路规定了标号数字的范围。

二次电路图中常用小母线文字符号及常见回路标号见附录 4。

回路标号按等电位原则标注,即在电气回路中连接于一点的所有导线用同一数字标注具有相同回路标号。当回路经过开关或继电器触点时,因为在触点断开时触点两端已不是等电位,所以应给予不同的标号。

直流回路标号从正电源开始,以奇数顺序标号,直到最后一个主要电压降元件,然后再按偶数顺序标号直至负电源。交流回路也是按这个原则标号,例如:图 5-7 给出了二次回路标号的示例,图 5-7(a)为一直流回路,与正电源相连的标号 101,经过触点 K1,标号变为 103,经过触点 K2,标号变为 105,再经降压元件 Q1,标号变为偶数,依次标号为 106、104 至负电源 102。图 5-7(b)为一交流回路,与相线相连的标号 1,经过触点 K1,标号为 3,经过触点 K2,标号为 5,再经降压元件,标号变为偶数,依次为 6、4、2 至中性线 N。

表达二次接线原理的图纸中,还有一种图纸,称为归总式原理接线图,也称为集中式原理接线图,即二次设备或装置各组成部分的图形符号,按照其相互关系、动作原理集中绘制在一起的电路,以整体的形式表示各二次设备之间的电气连接,一般将一次系统的有关部分画在一起。通过集中式二次电路图对二次系统的构成、动作过程和工作原理有一个明确的整体概念。由于归总式原理接线图较少采用,因此在此不作详细介绍。

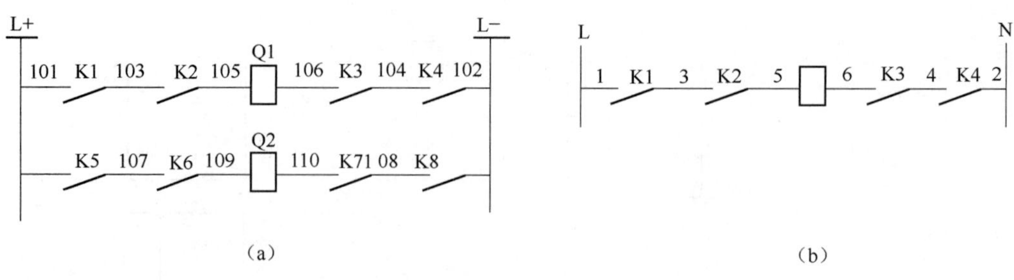

（a）　（b）

图 5-7　二次回路标号

2. 关于二次电路图表示方法的说明

国家就电气图颁布了三个版本的标准，时间分别是 20 世纪 60 年代中期、80 年代中期和 90 年代中期，90 年代中期开始颁布的标准在 2000 年基本完成。新标准是指后两个版本，即第三个版本在 80 年代版本的基础上进行了修改，60 年代的标准已停止使用。在目前的牵引变电所中，并非所有的图纸都是按照最新的标准来绘制的。图纸是对应现场设备，而设备运行具有延续性，所有图纸的更新会给现场人员带来很多困难，包括资料的更新、人员的培训、运行的熟悉过程等。比如有关断路器的控制电路，我们在不同的场合可能接触到下面三种不同表示方法的图纸。

图 5-8 是按照传统的习惯绘制，即按旧标准绘制。项目的文字符号采用汉语拼音字母，在一些老式变电所中还存在。

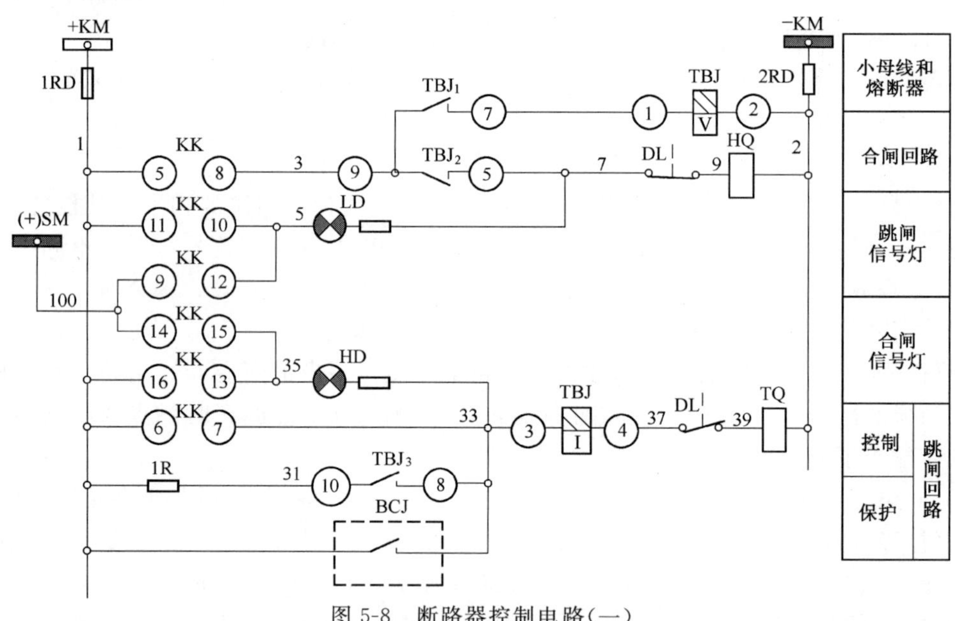

图 5-8　断路器控制电路(一)

图 5-9 是按照最新标准绘制的电路图，项目的文字符号采用拉丁字母或阿拉伯数字，回路作用和信号性质采用英文缩写或助记符说明直接标注在连接线旁。这种表示方法在一些新建的变电所或进口设备中采用。

图 5-10 是目前大部分现场采用的表示方式。即采用了新标准，或有少量旧标准，这是和大部分现场设备相适应的。因为 2000 年的标准出来之前现场的这些设备已经在运行或是近年投入运行。结合现场的实际情况，本书在采用第二种表示方法的基础上，对旧标准进行更新，但在部分设备的表示方法上仍然采用现场通用的方式。

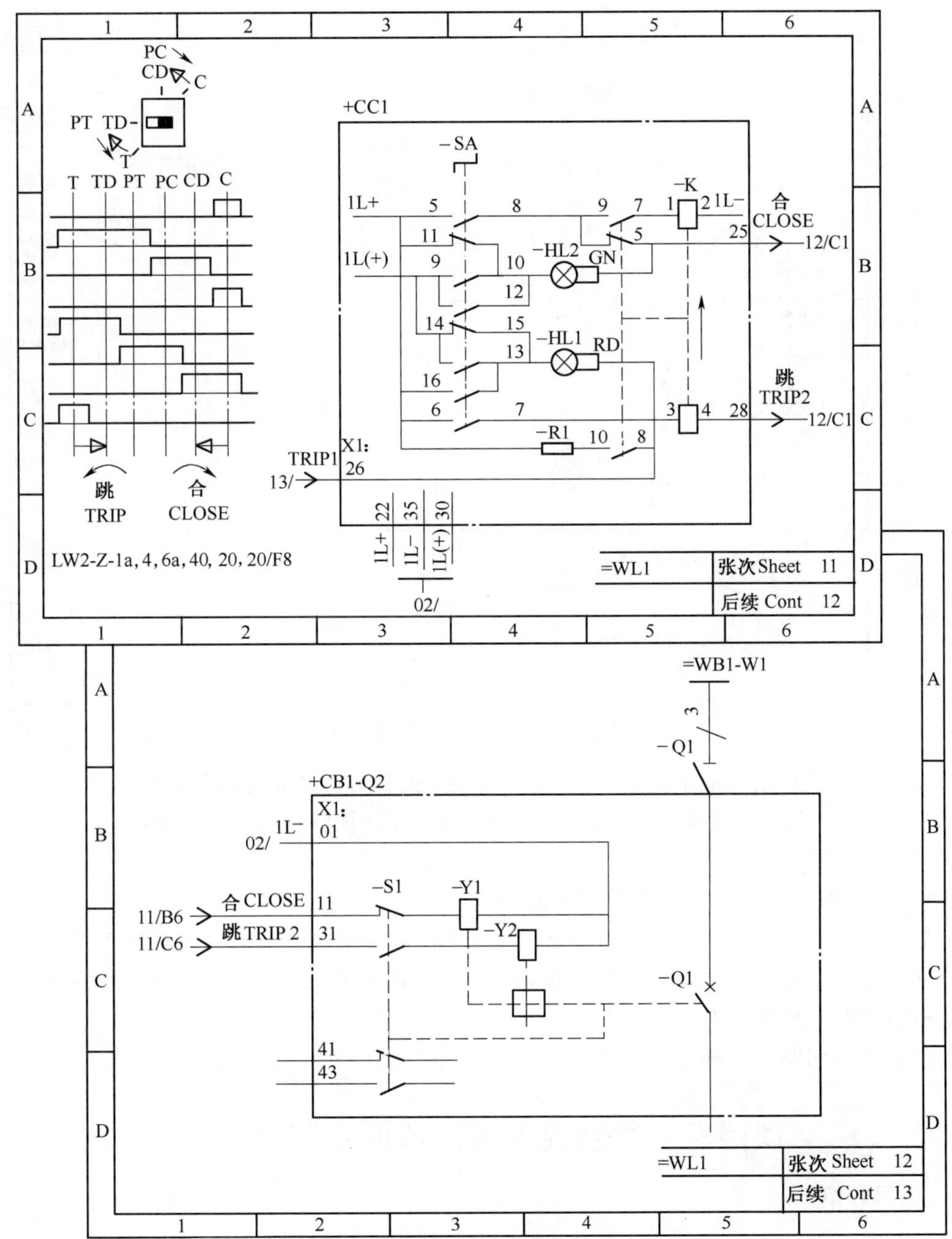

图 5-9　断路器控制电路(二)

三、项目实施

绘制三相系统过流保护回路展开图。

(1)先画出交流电流回路,即电流互感器回路。

(2)再画出直流回路。

(3)注意:同一设备元件的不同组成部分标注同一个文字符号,如继电器的线圈和触点。

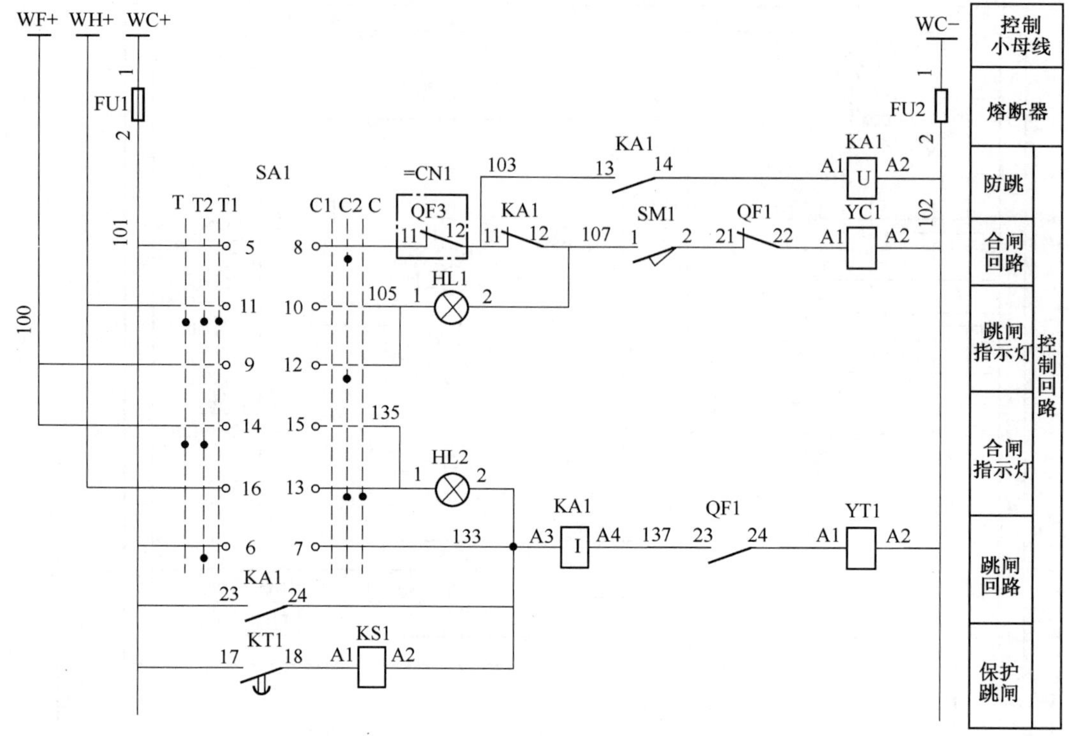

图 5-10　断路器控制电路(三)

(4)绘制回路时,依次从上到下排列,水平布置,从上到下按元件动作顺序排列。

(5)在每一回路的右侧画一方框,内注简单的文字说明电路的名称或功能。

(6)标注回路的编号。

(7)完成后该图中包括以下几个基本回路:

①交流电流回路。电源是电流互感器二次绕组,负载是电流继电器的线圈 KA。

②直流电压回路。也称为直流操作回路,电源是直流电压(+、−),负载是时间继电器线圈 KT 和断路器 QF 的跳闸线圈 YT。

③直流信号回路。电源是直流电压(+、−),还有光字牌和音响的启动回路。

项目三　绘制简单的屏背面安装接线图

一、项目介绍

屏背面接线图是以展开图为依据而绘制成的接线图。它标明了屏上各个设备的图形符号、顺序编号以及各个设备引出端子之间的连接情况和设备与端子排之间的连接情况,它是一种指导屏上配线工作的图。通过绘制过流保护展开图的安装接线图,学会绘制安装接线图的方法,并学会阅读安装接线图。

二、相关知识

(一)屏背面安装接线图的作用

屏背面接线图,它表示了一个单元(如控制屏、配电屏)内部各个项目(即元器件)的屏背面内部连接情况，是表示成套装置或设备中一个结构单元内部连接关系的接线图。为了清楚地表示这种连接关系，通常按装置或设备的背面布置而绘制，所以，单元接线图又称为盘后接线图，属于前述电气图分类中的单元接线图，是二次系统进行布置、安装、接线、查找、调试、维修和故障分析处理的主要依据。

（二）屏背面安装接线图的表示方法

配电屏内的元件、器件、部件和设备等项目，一般采用简化外形符号（如矩形、正方形、圆）表示。一些简单的元件，如电阻、电容、信号电器等，可以采用一般符号。各设备的引出端子，应按实际排列顺序画出。设备的内部接线，一般不需要画出，但对于有助于某些器件工作原理的了解和便于检查测试，如继电器，也可简单画出其内部结构示意图，一般只画出与引出端子有关的线圈及触点。对于安装在屏正面的设备，从屏后看不见轮廓者，其边框应用虚线表示。

项目（元件）的布置是根据屏背面的视图，将代表项目的简化外形符号或一般符号按项目的相对位置布置。不要求按比例绘制，但要保证项目的相对位置正确，即上下、左右位置不能改变。对于有多面布线的单元，可按屏背面上顶、下底、左右侧面、后面、前门展开，各个项目分别布置在各视图上。

屏背面安装接线图中，在各个项目图形的上方应加以标注。标注的内容有：①安装单位编号及设备顺序号；②与分开二次电路图相一致的该项目的文字符号；③与设备表相一致的该项目的型号。项目标注的图例如图 5-11 所示，在项目的上方画有一圆，圆中有一横线，横线上方表示安装设备的单元顺序号和设备序号，如Ⅰ表示安装单位序号，1、2、3 表示设备单元内项目顺序，其横线的下方表示项目的文字符号。在电气图新标准中，只需在项目的简化外形符号或一般符号旁标注项目代号即可，如图 5-12 所示。

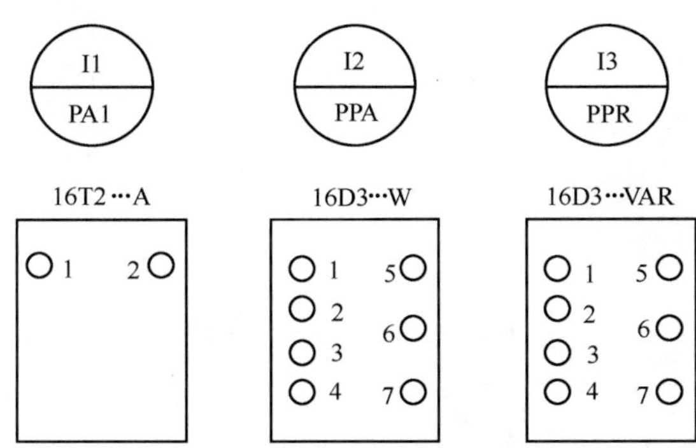

图 5-11　项目标注示例（一）

项目间的端子是通过导线连接的。在接线图中，导线的表示有中断线、连续线、单线、多线等形式。对于端子比较少，而且布置在一起的项目，可采用连续线表示，显得直观和方便。在电气工程图中，一般采用中断线表示导线。在中断线表示法中，为了便于识别导线的去向，需要对导线进行标记。导线的标记方法很多，在电气工程图中，应用较广的是从属远端的相对标记法，简称相对标号法。

所谓相对标号法是在本端的端子处标记远端所连接的端子的号，如甲、乙两个端子用导线连接，用中断表示时，在甲端子旁标上乙端子的号，在乙端子旁标上甲端子的号。如果在某个端子旁边没有标号，说明该端子是空着的，没有连接对象；如果有两个标号，说明该端子有两个连接对象。

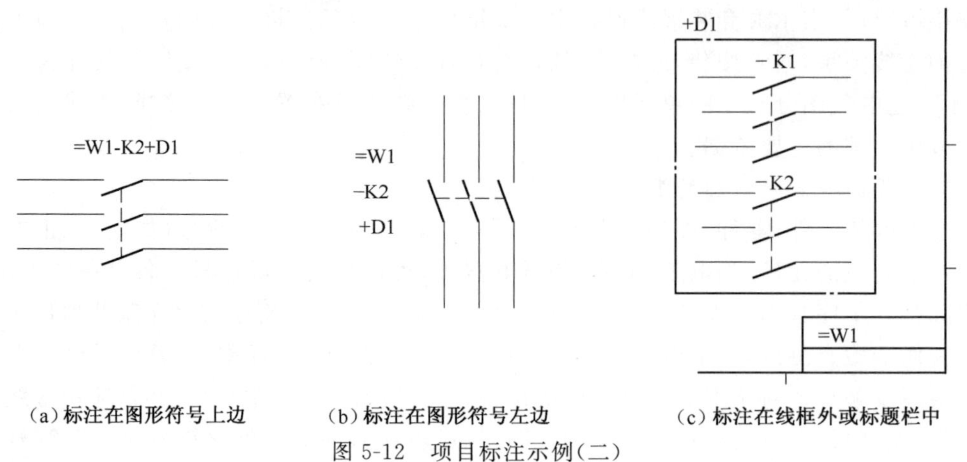

(a) 标注在图形符号上边　(b) 标注在图形符号左边　(c) 标注在线框外或标题栏中

图 5-12　项目标注示例(二)

图 5-13 所示为相对标号法示例。图中有项目端子排Ⅰ,电流继电器 KAl、KA2。电流继电器 KAl 的 1 号端子标号Ⅰ:5 和 12:1,表明该端子应与端子排Ⅰ的 5 号端子和 12 的 1 号端子相连,同样在端子排Ⅰ的 5 号端子和 12 的 1 号端子分别标号为Ⅰ1:1,表明这两个端于是与Ⅰ1 设备(即电流继电器 KAl)的 1 号端子相连,两者遥相呼应,分别标注对方的标号,其他端子也是如此。

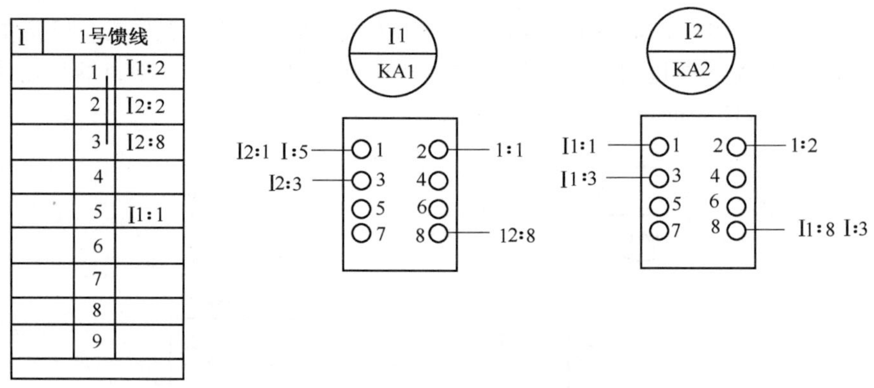

图 5-13　相对标号法示例

(三)端子排图

端子是用以连接器件和外部导线的导电件,是二次接线中不可缺少的配件。屏内设备与屏外设备之间的连接是通过端子和电缆来实现的。许多端子组合在一起构成端子排。保护屏和控制屏的端子排,多数采用垂直布置方式,安装在屏后的两侧。有些成套保护屏采用水平布置方式,安装在屏后的下部或中部。

1. 端子的种类

常用端子的类型及用途见表 5-1,端子的外形如图 5-14 所示。

表 5-1　端子的类型及功能

序号	类型	功　　能
1	标准端子	用于很方便地断开的回路中
2	一般端子	连接电气装置不同部分的导线
3	试验端子	用于电流互感器二次绕组出线与负载的连接

续上表

序号	类型	功　　能
4	连接型试验端子	用于在端子上需要彼此连接的电流试验回路中
5	连接端子	端子之间直接连通，用于回路分支或合并
6	终端端子	用于端子排的终端或中间，固定端子或分隔安装单位
7	特殊端子	可在不松动或不断开已接好的导线情况下断开回路
8	隔板	用于作为绝缘隔板，增加绝缘强度和爬行距离

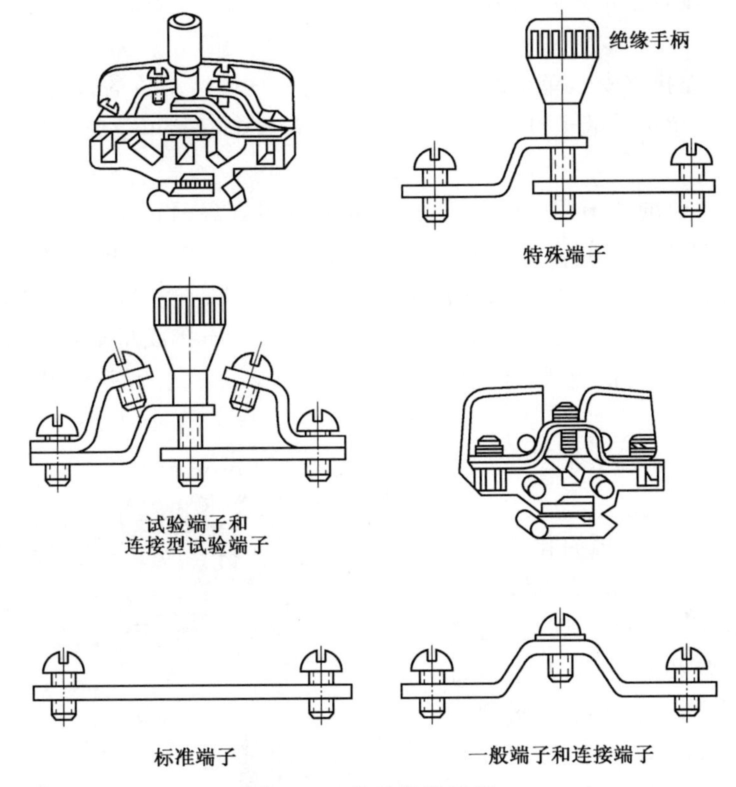

图 5-14　各种接线端子

2. 应经过端子排连接的回路

(1)屏内设备与屏外设备的连接、同一屏上各安装单位之间的连接以及为节省控制电缆，需要经本屏转接的转接回路等，均应经过端子排。

(2)屏内设备与直接接在小母线上的设备(如熔断器、电阻、隔离开关等)的连接一般经过端子排。

(3)各安装单位主要保护的正电源一般经过端子排，其负电源应在屏内设备之间接成环形，环的两端分别接到端子排。其他回路一般均在屏内连接。

(4)电流回路应经过试验端子；预告信号及事故信号回路和其他需要断开的回路，一般经过特殊端子或试验端子。

3. 端子排的布置

端子排的布置应满足运行、检修、调试的要求，并尽可能与屏上设备的位置相对应。每一个安装单位应有独立的端子排。垂直布置时，由上而下；水平布置时，由左至右按下列回路分组顺序地排列：

(1)交流电流回路(不包括自动调整励磁装置的电流回路)，按每组电流互感器分组，同一保护方式的电流回路一般排在一起。其中又按数字大小由上而下排列，再按 U、V、W、N 排列。

(2)交流电压回路(不包括自动调整励磁装置的电流回路)，按每组电压互感器分组。同一保护方式的电压回路一般排在一起，其中又按数字大小排列，再按 U、V、W、N 排列。

(3)信号回路，按预告、位置、事故信号分组。

(4)控制回路，按各组熔断器分组。每组里面先排正极性回路，由小到大；再排负极性回路，由大到小。

(5)转接回路，先排本安装单位的转接端子，再排别的安装单位的转接端子。

(6)当一个安装单位的端子过多，或一个屏上仅有一个安装单位时，可将端子排成组地布置在屏的两侧。

(7)每一安装单位的端子排应编有顺序号，并应尽量在最后留 2～5 个端子作为备用。当条件许可时，各组端子排之间也宜留有 1～2 个备用端子。在端子排两端应有终端端子。室内、屋外端子箱的端子排列，亦应按交流电流回路、交流电压回路和直流回路等成组排列；每组电流互感器的二次侧，一般在配电装置端子箱内经过端子连接成星形或三角形等接线方式。一个端子的每端一般接一根导线，导线截面一般不超过 6 mm^2。特殊情况下个别端子允许最多接两根导线。

图 5-15 为端子排接线实物图。

(四)平面布置图

屏面布置图是一种采用简化外形符号(框形符号)，表示屏面设备布置的位置简图，它是屏的一种正面视图。这种图是加工制造屏、盘和安装屏、盘上设备的依据，尤其这种图与单元接线图相对应，可供安装接线、查线，维护管理过程中核对屏内设备的名称、位置、用途及拆装、维修等用。

图 5-15　端子排接线实物图

二次设备屏主要有两种类型。一种是纯二次设备屏，如信号屏、继电保护屏主要用于电站、变电所、大型电气设备控制室中的。另一种屏是一次、二次设备混合安装的屏，一般是屏内装一次设备，屏面装操作手柄及各种二次设备，如电工仪表、继电器、信号灯等，常见的高、低压配电屏就属于这种类型。

屏面布置图具有以下特点：

1. 屏面布置的项目通常用实线绘制的正方形、长方形、圆形等框形符号或简化外形符号表示，个别项目也可采用一般符号。

2. 符号的大小及其间距尽可能按比例绘制，但某些较小的符号允许适当放大绘制。

3. 符号内或符号旁可以标注与电路图中相对应的文字代号。

4. 屏面上的各种二次设备，通常是从上至下依次布置指示仪表、光字牌、继电器、信号灯、按钮、控制开关和必要的模拟线路。各项目按相对位置布置；各项目一般采用框形符号，但信号灯、按钮、连接片等采用一般符号；项目的大小没有完全按实际尺寸画出，但项目的中心间距则标注了严格的尺寸，图 5-16 为某馈线控制屏的屏面布置图。

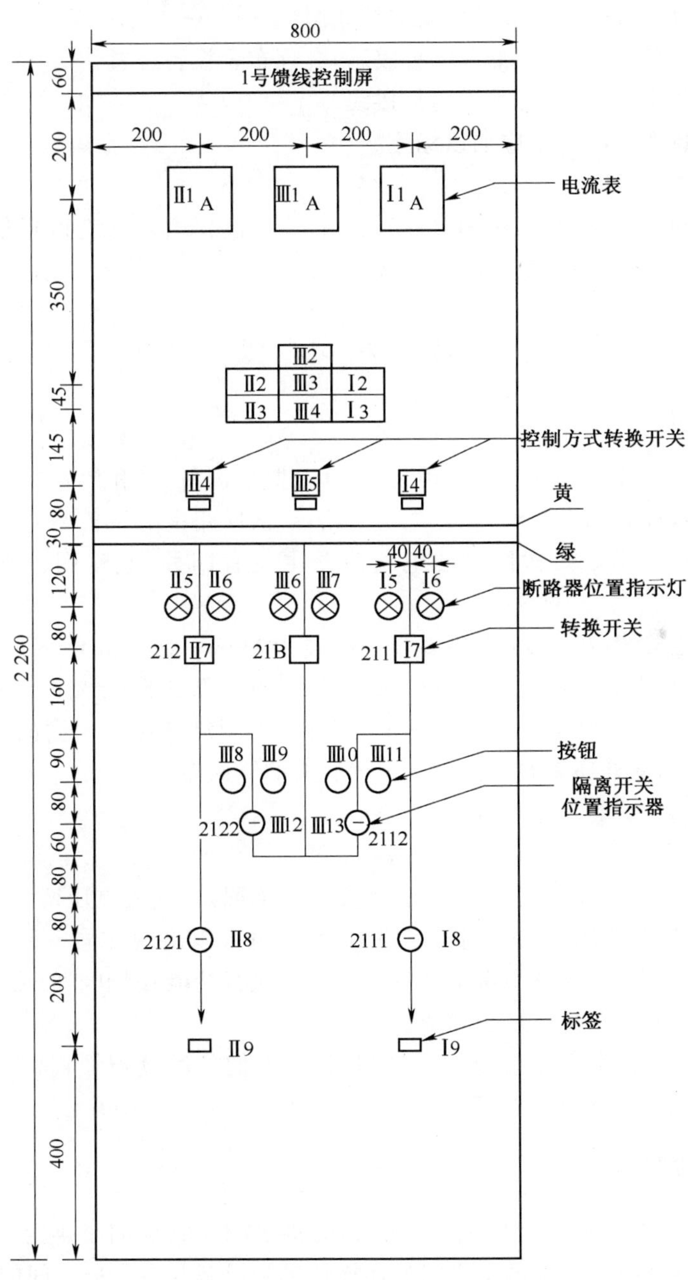

图 5-16　馈出线屏面布置图(单位：mm)

二次接线图纸众多，内容繁杂，即使国家制定了新的电气图形符号标准，但标准也是在不断的更新完善之中，因此在很多情况下都是新旧标准的混合使用，各种资料的图形文字符号还有不完全一致的情况，增加了运行人员掌握二次接线图的难度。学习电路图新标准的表示方法，采用新标准的图形符号，还考虑现场的实际应用情况和使用习惯，尽量兼顾新标准的实施和部分现场应用不完全一致的问题。

三、项目实施

根据过流保护展开图，绘制屏背面安装接线图。

(1)绘制屏内设备，可采用矩形或圆形表示，合理布置设备位置。

(2)画出设备的引出端子，并画出内部接线。

(3)在各个设备图形的上方应加以标注。

(4)画出左侧端子排。

(5)根据展开图的交流回路，用相对标号法，标出互感器引入电缆和屏内设备的连接。

(6)用相对标号法，标注直流回路的连接。

模 块 小 结

一、电气图类型

由测量仪表、控制开关、继电器、自动装置、远方监控设备、灯和信号器、执行电机等低压设备构成的辅助电路，称为二次接线，也称二次回路，二次回路中的设备称为二次设备。

电气图种类很多，用于二次回路的电气简图主要有四种：概略图、功能图、电路图和接线图。

在电气图中，连接线或导线可采用多线表示法、单线表示法或混合表示法。

在牵引变电所日常运行中，安全可靠和经济运行为主要目的，概略图、功能图较为少用，主要使用电路图和接线图。结合现场的实际情况，有几类图纸是经常用到的，即展开图、盘后安装接线图、端子排图，此外还有和二次设备布置有关的屏面布置图。

二、展开图

展开图基本出发点是按回路展开绘制，如交流电流回路、交流电压回路、直流回路等，同一元件的各部分多数情况下出现在不同的回路中，当然也可以出现在同一回路中。如继电器的接点不与线圈在同一回路，接点通常可以完成启动或执行功能；继电器的接点与线圈在同一回路，接点通常可以完成自保持(自锁)功能。

展开图图线清晰，在水平布置或横向排列，符合人们的阅读习惯，易于阅读，便于按图接线、查线，通常较复杂的二次系统都采用展开图。

三、屏背面接线图

屏背面接线图是以展开图为依据而绘制成的接线图。它标明了屏上各个设备的图形符号、顺序编号以及各个设备引出端子之间的连接情况和设备与端子排之间的连接情况，它是一种指导屏上配线工作的图。

屏背面接线图，它表示了一个单元(如控制屏、配电屏)内部各个项目(即元器件)的屏背面内部连接情况，是表示成套装置或设备中一个结构单元内部连接关系的一种接线图。为了清楚地表示这种连接关系，通常按装置或设备的背面布置绘制，所以，单元接线图又称为盘后接线图，是二次系统进行布置、安装、接线、查找、调试、维修和故障分析处理的主要依据。

四、相对标号法

所谓相对标号法是在本端的端子处标记远端所连接的端子的号，如甲、乙两个端子用导线连接，用中断表示时，在甲端子旁标上乙端子的号，在乙端子旁标上甲端子的号。如果在某个端子旁边没有标号，说明该端子是空着的，没有连接对象；如果有两个标号，说明该端子有两个连接对象。

复习思考题

1. 对比断路器控制回路的三种表示方法，说明其共同点与不同点。
2. 说明二次展开图回路上数字意义及表示方法。
3. 根据给出的端子排实物，说明各种端子的作用。
4. 根据图 5-17，说明馈出线屏上的设备是如何布置的。

图 5-17　馈出线屏正面

模块六　高压断路器控制及故障查找

高压断路器在结构特点上具有专门的灭弧装置，具备很强的灭弧能力，是一种具有开关和保护双重作用、性能完善的高压断路器。高压断路器不但用于正常的主电路开合控制操作，也用于开断短路电流，快速切除故障。本模块主要学习高压断路器控制机构的控制原理，通过学习高压开关的基本控制电路，能根据展开图分析电磁机构、弹簧机构及液压机构的工作过程，并根据图纸分析和查找故障。培养独立思考、分析问题、解决问题的能力，加强逻辑推理能力培养。

项目一　分析电磁机构控制过程

一、项目介绍

电磁操动机构主要包括电气部分和机械部分组成。电气部分主要包括分闸线圈、合闸线圈、合闸接触器、辅助开关等；机械部分主要包括分、合闸保持机构和传动机构，如分闸弹簧、各种拐臂、连杆、转轴等。本项目主要分析断路器电磁操动机构电路展开图，分析断路器合闸和分闸过程，培养分析展开图，查找主要控制回路的能力。

二、相关知识

（一）高压断路器控制方式

牵引变电所高压断路器的控制操作，按执行地点不同，可分为就地控制、距离控制和远动控制三种控制方式。

（1）就地控制，即在一次电气设备安装地点进行直接控制，断路器的位置信号也在配电装置上显示，这种控制方式在各种电压等级的高压断路器都具备，但并不是牵引变电所的主要控制方式。

（2）距离控制，也称为屏控方式，即在主控制室内对变电所的一次电气设备集中进行控制，监测仪表和开关位置信号、中央信号以及继电保护装置等也都配置在主控室的屏台上，便于监视和管理。控制地点与断路器所处的地点不同，但距离不远（一般相隔数十米，都在变电所内），其间通过控制电缆连接来实现控制。距离控制按其实现方法的不同分为：一对一的分别控制方式，即一套控制设备只能固定地控制一台断路器；集中选控方式，即一套控制设备可选择控制多台断路器，一般称为选控。尽管目前很多变电所都已经采用了遥控方式，但距离控制方式也仍然得到保留。

（3）远动控制，又称为遥控，即在远离变电所的调度端对变电所（执行端）的电气设备进行控制。已经实现远动化的供电系统，往往是远动控制与距离控制的功能两者都具备。

由于控制、监测和通信技术的发展，变电所自动化水平不断提高和免维修设备的出现，按有无运行人员值班，变电所则可分为有人值班运行和无人值班运行两种方式。对于有人值班的变电所，过去一般采用距离控制方式，随着远动控制可靠性的提高，也采用遥控或过渡到遥控方式；对于无人值班的变电所，一般则以遥控方式为主。

（二）对控制电路的基本要求

为保证变电所设备的安全运行和方便运行人员监视，断路器控制电路通常需要满足以下几点：

（1）可以进行正常的分、合闸操作控制。

（2）正常分、合闸完毕，给出相应的指示信号。

（3）不能完成正常分、合闸操作应给出相应的指示信号。

（4）正常分、合闸完毕自动切断分、合闸回路。

（5）事故时可以自动分闸，并给出事故音响和闪光信号。

（6）具备必要的闭锁措施，防止断路器“跳跃”。

要实现对高压断路器的控制，需要配备操动机构。断路器、隔离开关的操动机构是其本身附带的合闸、分闸传动装置，用来使断路器、隔离开关合闸或维持闭合状态或跳闸。在操动机构中均设有合闸机构、维持机构和跳闸机构。由于动力来源不同，操动机构可分为电磁操动机构、弹簧操动机构、液压操动机构、电动机操动机构等。不同形式的高压开关，根据传动方式和机械负载的不同，可配用不同形式的操动机构。

（1）控制开关的作用与表示方法

操动机构的动作需要由控制电路对其进行控制，而控制开关是控制电路的控制元件之一。控制开关是实现变电所断路器距离控制的操作元件，即在变电所当地倒闸操作时需要操作的元件。控制开关由运行人员直接操作，发出合、分闸命令脉冲，使断路器、隔离开关合、分闸，实现对断路器、隔离开关的控制。在稍后所述的馈出线控制电路中的“屏控”操作即是通过操作控制开关来实现。

牵引变电所中广泛采用 LW2-W2、2/F6 型控制开关，如图 6-1 所示。控制开关操作转换过程有三个位置，即“合位”、“分位”、“零位”（中间竖直位置）。控制开关手柄平时处于“零位”，将控制开关手柄沿顺时针方向旋转 45°达到“合位”时，SA_{1-3} 接点闭合，发出合闸命令脉冲。由于控制开关的合闸位是个不固定位置，当操作完毕后控制开关手柄在弹簧力的作用下，自动沿逆时针方向旋转 45°返回中间“零”位，SA_{1-3} 接点断开。分闸操作时，将控制开关手柄沿逆时针旋转 45°，SA_{2-4} 接点闭合；操作人员手松开后，控制开关手柄自动恢复到中间零位，SA_{2-4} 接点断开。

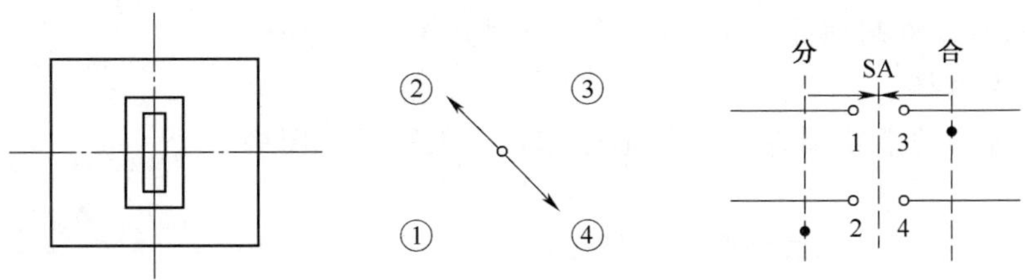

图 6-1　LW2-W2、2/F6 型控制开关

在展开图中为了看图方便，将控制开关的 3 个位置用 3 条虚线表示。中间的虚线表示零位置，左侧的虚线代表分位置(T)，右侧的虚线代表合位置(C)，并以小黑点表示接点的接通状态。即虚线上有黑点者表示开关转到此位置时该对接点接通，反之不接通。

另外一种型号为 LW2-Z-1a、4、6a、40、20、20/F8 六位置万能转换开关曾经在变电所中得到广泛应用，如图 6-2 所示。控制开关操作转换过程有六个位置，即“预合(PC)”、“合闸(C)”、“合后(CD)”、“预分(PT)”、“分闸(T)”、“分后(TD)”。若断路器处于断开状态，则它的控制转换开关手柄处于相对应的分闸后位置(即水平位置)。当进行合闸操作时，首先将转换手柄顺时针方向旋转 90°至“预合”位(竖直位置)，然后继续沿顺时针方向旋转 45° 达到“合闸”位置，发出合闸命令脉冲。由于控制开关的“合闸”位是个不固定位置，当操作完毕后控制开关手柄在弹簧力的作用下，自动沿逆时针方向转 45°返回到竖直位置，即达到“合后”位置。分闸操作是从“合后”位起，逆时针方向旋转分别经过“预分”、“分闸”、“分后”三个位置，操作方法与合闸操作方法相同。控制开关在操作过程中的每种位置，其内部接点的接通状态均发生改变。虽然开关手柄的位置在“预合”、“合后”相同，“预分”与“分后”相同，但其内部接点的接通情况是不同的。

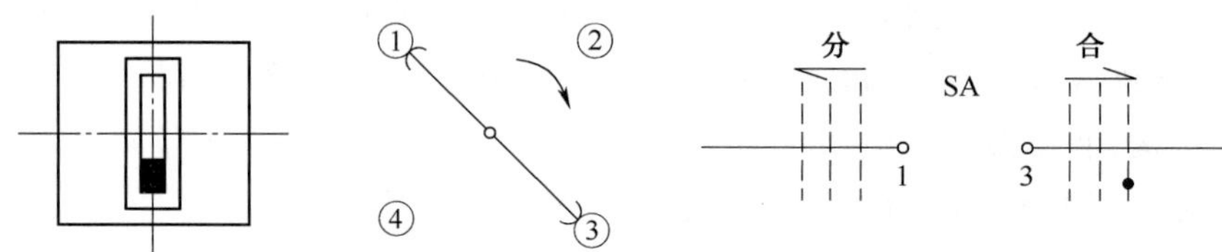

图 6-2　LW2-Z-1a、4、6a、40、20、20/F8 型控制开关

在展开图中将控制开关的 6 个位置用 6 条虚线表示。由中间向左侧 3 条虚线依次代表“预分”、“分闸”、“分后”位置，向右侧 3 条虚线依次代表“预合”、“合闸”、“合后”位置，并以小黑点表示接点接通状态。即虚线上有黑点者表示开关手柄在此位置时该对接点接通，反之不接通。

(2)控制开关的新表示方法

在一些按最新标准绘制的电路中，控制开关采用图 6-3 所示的表示方法。

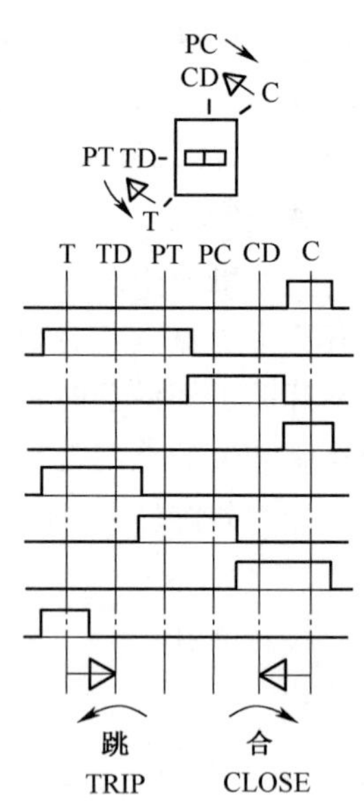

图 6-3　控制开关新表示方法

(三)断路器操动机构控制电路

电磁操动机构是靠电磁力进行合闸的机构。这种机构结构简单，加工方便，运行可靠，曾经是我国断路器应用较普遍的一种操动机构。由于是利用电磁力直接合闸，合闸电流很大，可达几十安至数百安，所以合闸回路不能直接利用控制开关触点接通，必须采用合闸接触器。

电磁操动机构的断路器控制信号电路如图 6-4 所示。图中包括如下元件：

L＋、L－——控制小母线和合闸小母线；

100L(＋)——闪光小母线；

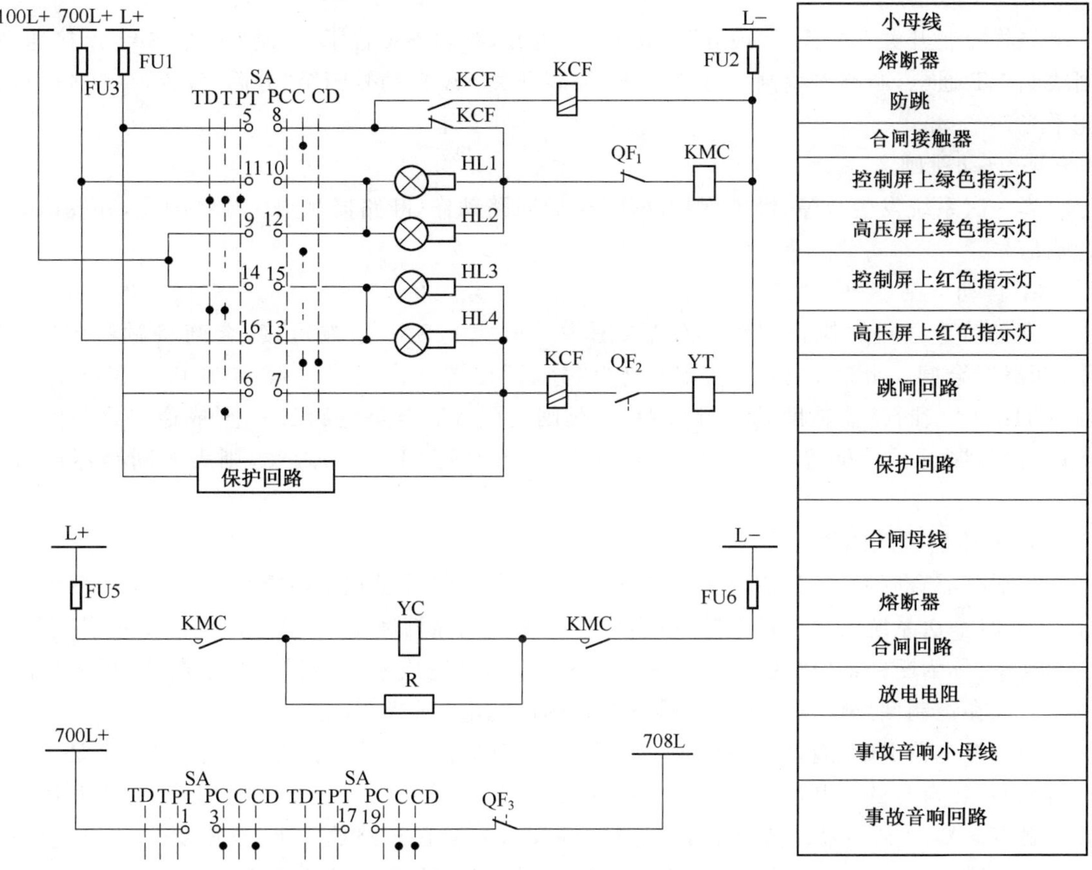

图 6-4　电磁操动机构控制及信号电路

708L ——事故音响小母线；

700L−——信号小母线(负电源)；

SA ——控制开关；

HL1、HL2 ——绿色信号灯；

HL3、HL4 ——红色信号灯；

FU1−FU6 ——熔断器；

R ——放电电阻；

KCF ——防跳继电器；

KMC ——合闸接触器；

YC、YT ——合、跳闸线圈。

控制电路原理如下：

1. 断路器处于分闸状态

手动合闸前，断路器处于跳闸位置，控制开关置于“分后”位置。则绿灯亮平光。

2. 手动合闸

在合闸回路完好的情况下，将控制开关 SA 置于“预合”位置，断路器合闸。SA_{5-8} 接通的同时，绿灯熄灭，红灯亮平光，表示断路器已经处于合闸位置。

3. 手动分闸

先将控制开关 SA 置于“预分”位置，红灯闪光，再将 SA 置于“分闸”位置，SA_{6-7} 接通，跳闸线圈 YT 通电，断路器跳闸。红灯熄灭，控制开关 SA 自动复归至“分后”位置，绿灯 HL1(2)亮平光。

4. 自动跳闸

当一次系统发生故障，继电保护动作，保护回路动作，断路器跳闸。绿灯闪光，并发出事故音响信号。

5. 自动合闸

当自动重合闸的执行回路动作后(图中未画出)，SA_{5-8} 被短接，合闸接触器 KMC 动作，断路器合闸。此时，控制开关 SA 仍为“分后”位置。由闪光电源 100L(+)经 SA_{14-15}、红灯 HL3(4)、断路器辅助动合触点 QF_2、跳闸线圈 YT 至负电源 L－，形成通路，红灯闪光。所以，当控制开关手柄置于“分后”的水平位置，若红灯 HL3(4)闪光，则表明断路器已自动合闸。

6. 断路器跳跃闭锁

当断路器合闸后，在控制开关触点 SA_{5-8} 或自动装置触点 K_1(重合闸动作)被粘住的情况下，此时一次系统又永久性故障，继电保护动作使断路器跳闸，则会短时间内出现多次分闸、合闸现象，称为断路器“跳跃”。如果发生这种情况，会造成断路器损坏甚至爆炸，扩大事故范围。所以在控制回路中增设了由防跳继电器构成的电气防跳回路。

防跳继电器 KCF 有两个线圈，一个是电流启动线圈，串联于跳闸回路中，另一个是电压自保持线圈，经自身的常开触点并联于合闸回路中，其动断触点则串入合闸回路中。当利用控制开关触点 SA_{5-8} 或自动装置触点 K_1 进行合闸时，如合在短路故障上，继电保护动作，使断路器跳闸。跳闸电流流过防跳继电器 KCF 的电流线圈使其启动，并保持到跳闸过程结束。其间动合触点 KCF 闭合，如果此时合闸脉冲未解除，即 SA_{5-8} 或重合闸出口回路被粘住，则防跳继电器电压线圈得电自保持，动断触点 KCF 断开，切断合闸回路，到达“防跳”目的。

三、项目实施

(1)绘制 LW2-Z-1a、4、6a、40、20、20/F8 六位置万能转换开关，标出手柄的 6 个位置，说明各接点在各位置的接通情况。

控制开关操作转换 6 个位置，分别用万用表测量各接点在不同手柄位置时的接通状态，检查、测量结果是否与图 6-5 所示接点状态表对应。

(2)画出断路器处于分闸位置时的接通回路。

(3)根据控制电路，执行控制断路器合闸动作步骤，并画出每一步接通的电路。

(4)根据控制电路，执行控制断路器分闸动作步骤，并画出每一步接通的电路。

(5)分析断路器自动跳闸时事故启动电路动作过程。

(6)按下列步骤执行断路器操作并检查信号。

①断路器处于分闸状态。手动合闸前，断路器处于跳闸位置，控制开关置于“分后”位置。则：

正电源 L+－SA_{11-10}－绿灯 HL1(2)－断路器辅助动断触点 QF_1－合闸接触器 KMC 线圈－负电源 L－电路接通，绿灯亮平光。此时，合闸接触器 KMC 线圈两端虽有一定的电压，

触点盒的形式	柄位置 / 触点号	手柄在不同位置时各触点闭合表						以虚线表示手柄位置，以黑点表示闭合状态
		跳后	跳闸	预跳	预合	合闸	合后	
F8		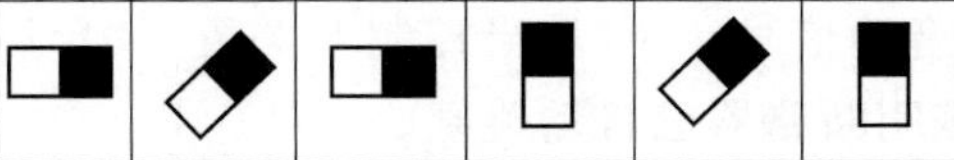						跳后 跳闸 预跳 预合 合闸 合后
1a	1-3				×		×	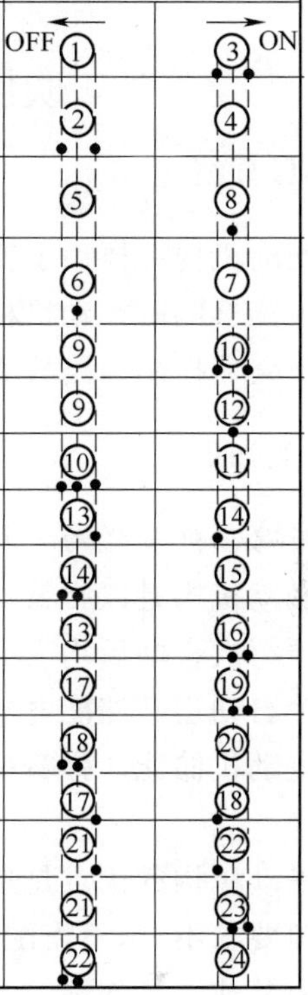
	2-4	×		×				
4	5-8					×		
	6-7		×					
6	9-10				×		×	
	9-12					×		
	10-11	×	×	×				
40	13-14			×	×			
	14-15	×	×					
	13-16					×	×	
20	17-19					×	×	
	18-20	×	×					
	17-18			×	×			
20	21-22			×	×			
	21-23					×	×	
	22-24	×	×					

图 6-5　控制开关接点与手柄状态表

但由于绿灯(带附加电阻)的分压作用,不足以使合闸接触器动作。此时绿灯亮表示断路器处于分闸位置,也对合闸回路起了监视作用。如果合闸回路故障,绿灯将熄灭。

②手动合闸。在合闸回路完好的情况下,将控制开关 SA 置于“预合”位置,绿灯 HL1(2)经 SA_{9-10} 接至闪光小母线 100L(+),绿灯闪光。此时可提醒运行人员核对操作对象是否有误。核对无误后,将 SA 置于“合闸”位置,其触点 SA_{5-8} 接通,合闸接触器 KMC 线圈通电,其动合触点闭合,使合闸线圈 YC 带电,断路器合闸。SA_{5-8} 接通的同时,绿灯熄灭。

合闸完成后,断路器辅助动断触点 QF_1 断开合闸回路,控制开关 SA 自动复归至“合后”位置,由正电源 L+—SA_{16-13}—红灯 HL3(4)—断路器辅助动合触点 QF_2—跳闸线圈 YT—负电源 L−,形成通路,红灯亮平光,表示断路器已经处于合闸位置。同时表明跳闸回路完好,而且由于红灯及附加电阻的分压作用,跳闸线圈不足以动作。

③手动分闸。先将控制开关 SA 置于“预分”位置,红灯 HL3(4)—SA_{13-14} 接至闪光小母线 100L(+)上,红灯闪光,表明操作对象无误,再将 SA 置于“分闸”位置,SA_{6-7} 接通,跳闸线圈 YT 通电,断路器跳闸。跳闸后,断路器辅助动合触点切断跳闸回路,红灯熄灭,控制开关 SA 自动复归至“分后”位置,绿灯 HL1(2)亮平光。

④自动跳闸。当一次系统发生故障,继电保护动作,保护回路动作,控制开关的触点

SA_{6-7} 被短接，跳闸线圈 YT 通电，使断路器跳闸。此时，控制开关为“合后”位置。由 100L(+)—SA_{9-10}—绿灯 HL1(2)—断路器辅助动断触点 QF_1—合闸接触器线圈 KMC—负电源 L—，形成通路，绿灯闪光。与此同时，控制开关的触点 SA_{1-3}、SA_{19-17} 闭合，接通事故跳闸音响信号回路，发出事故音响信号。所以，当控制开关置于“合后”的垂直位置，若绿灯闪光，并伴有事故音响信号，则表明断路器已自动跳闸。

项目二　分析弹簧机构控制过程

一、项目介绍

弹簧操动机构主要用于变电所牵引侧的断路器，10 kV 开关柜也主要采用弹簧机构。本项目分析断路器电磁操动机构电路展开图，分析断路器合闸和分闸过程，培养分析展开图，查找牵引侧断路器控制回路故障的能力。

二、相关知识

(一)断路器弹簧操动机构

弹簧操动机构是以弹簧储能来实现断路器分、合闸操作的一种机构，其储能由电动机实现。断路器每次合闸后均需启动电动机给合闸弹簧储能，否则下次不能操作合闸，储能完毕通过行程开关自动切断储能电动机的电源；而合闸的过程当中已经给分闸弹簧储能，因此分闸后不需启动电动机储能。弹簧操动机构同时也提供了手动储能的方式，可以通过摇臂给操动机构储能。

弹簧操动机构的优点是速度快，工作稳定，其储能过程中电动机电流不大(几安培)，因此对直流电源要求不高，不需配备专门的合闸电源。其特点比较适合自动化操作的要求，因此应用很广。但其缺点是部件较多，制造工艺要求高，检修难度较大，本体输出力特性与断路器负载特性配合较差等。

由于弹簧式操动机构的合闸电流比电磁式机构要小得多，因此已得到广泛应用。而电磁式对合闸电源要求较高，合闸电流较大，其应用主要在电压等级较低的情况下。目前室内手车式断路器多采用性能好的弹簧操动机构。

(二)弹簧操动机构控制电路

在牵引变电所的 27.5 kV 的断路器控制中，广泛采用弹簧操动机构，以解决电磁操动机构合闸电流过大的问题。

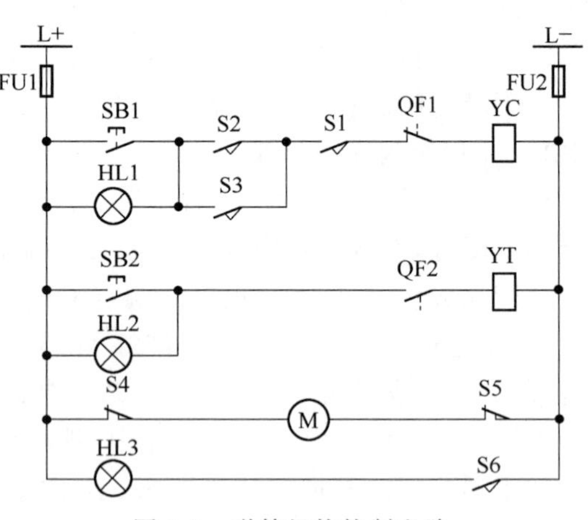

图 6-6　弹簧机构控制电路

图 6-6 为弹簧操动机构的控制电路，断路器控制原理与电磁操动机构类似，与电磁操动机构相比，少了合闸接触器，但多了弹簧储能机构及电机部分。

图 6-6 中 M 为储能电机，断路器一旦合闸，则行程开关 S4、S5 闭合，电机启动储能，储能

结束，S6 闭合，HL3 亮，表示储能完毕，同时 S4、S5 断开，电机停止。由于合闸弹簧采用了电机储能方式，因此对控制电源要求大大降低，不再需要大功率合闸电源。合闸命令使合闸线圈 YC 动作，断路器合闸，如果合闸未储能，则 S1 断开，不能进行合闸。

S2 和 S3 分别为手车运行开关和试验开关，即断路器在此位置时才可以进行合闸操作。

三、项目实施

(1)阅读 27.5 kV 真空断路器弹簧机构说明书。

(2)绘制弹簧机构内部控制电路。

(3)准备好控制电缆，并做好标记。

(4)连接控制机构外部元件。

(5)将控制电源接入操动机构端子排。

(6)按下列步骤操作弹簧机构进行控制。

将手车摇到工作位置，接通电源，如果断路器机构未储能，应能听到储能电机启动的声音，如果已经显示储能，则无电机转动声音。检查断路器的位置与指示灯是否对应，红灯对应合闸，绿灯对应分闸，如不一致，对控制电路进行检查。

执行分闸操作，将控制开关或按钮打到合闸位置，合闸线圈 YC 动作，则断路器合闸，红灯亮，同时行程开关 S4、S5 闭合，电机启动储能，储能结束，S6 闭合，HL3 亮，储能结束。同时 S4、S5 断开，电机停止。

执行合闸操作，将控制开关或按钮打到分闸位置，飞闸线圈 YT 动作，则断路器分闸，绿灯亮。

将手车摇到试验位置，进行分合闸操作，断路器应能正常分合闸。

将手车摇到试验位置与工作位置之间，操作控制开关，检查断路器动作情况。

项目三　分析液压机构控制过程

一、项目介绍

弹簧操动机构主要用于变电所牵引侧的断路器，其他中低压的开关柜也主要采用弹簧机构。本项目分析断路器电磁操动机构电路展开图，分析断路器合闸和分闸过程，培养分析展开图，查找牵引侧断路器控制回路故障的能力。

二、相关知识

牵引变电所的 110 kV 断路器，由于操作功率大，多采用液压操动机构。液压操动机构对断路器的控制过程和前面所述的两种机构控制过程及信号显示类似，所不同的是在控制电路中增加了液压系统的压力监视部分。液压系统是封闭的系统，依靠油来传递操作功。液压系统的压力正常与否对断路器的可靠运行有重要影响。液压系统的压力由油泵自动控制来保证。为保证 QF 可靠工作，操动机构的正常油压为应控制在一定范围之内，不同的液压系统其参数有所不同，但控制原理一样。图 6-7 为液压操动机构控制电路，表 6-1 液压操动机构接点压力表。

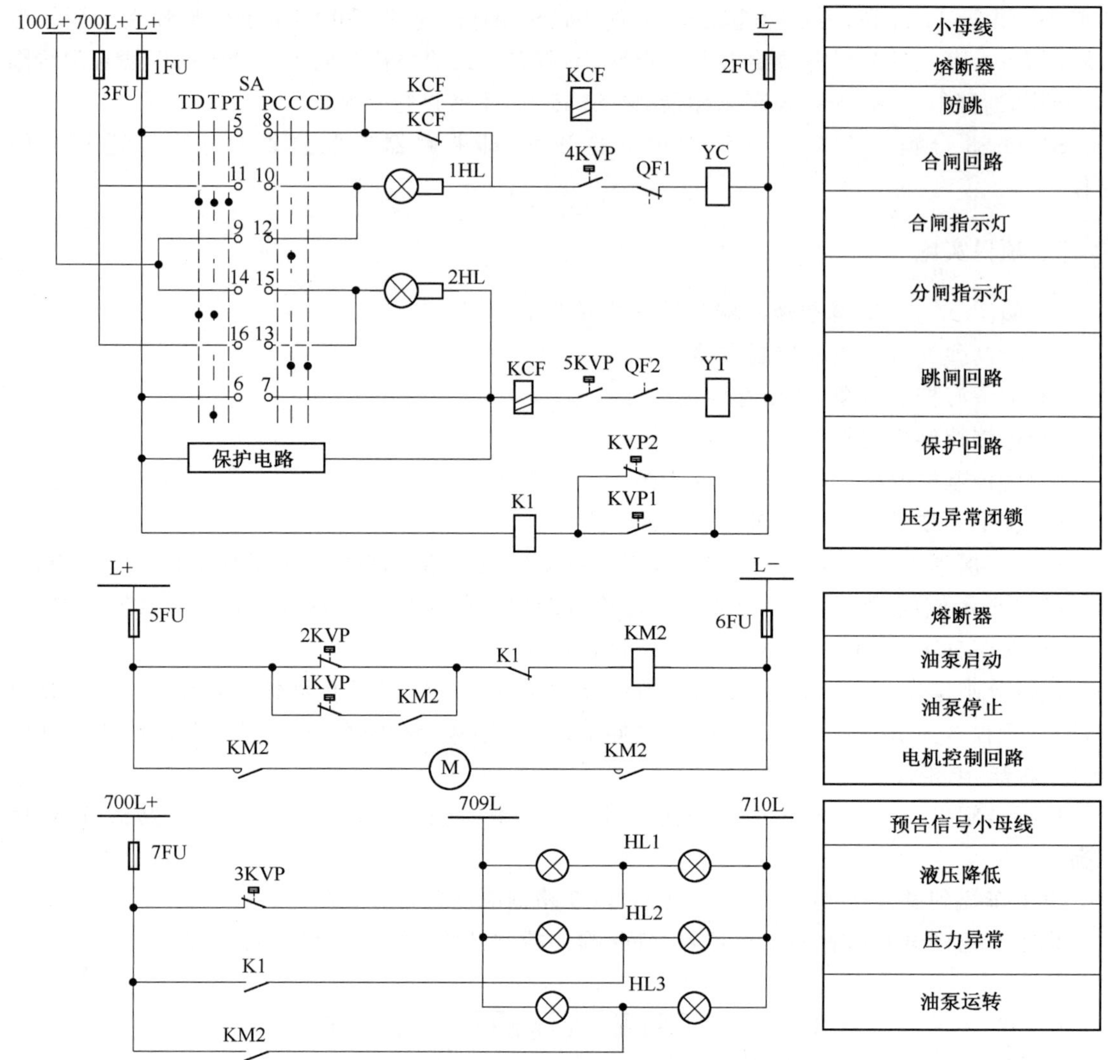

图 6-7　液压操动机构控制电路

表 6-1　液压操动机构接点压力表

接点编号	动作压力(MPa)	说明
1KVP	23.5	油泵停止
2KVP	21	油泵启动
3KVP	19	压力降低信号
4KVP	18.5	合闸闭锁
5KVP	17	分闸闭锁
KVP1	26	压力异常闭锁
KVP2	13	

三、项目实施

(1)分析当液体压力从正常值到零压、从正常值到 26 MPa 变化时电路的动作过程。

液压机构额定油压为 22 MPa，当由于漏油或其他原因造成油压低于 21 MPa 时，压力接地 2KVP 闭合，启动接触器 KM2，其两对动合触头闭合，启动油泵电动机进行增压，接触器 KM2 的动合触点闭合，点亮光字牌 HL3 发出油泵运转信号。

此时如果油压继续降低，低于 19 MPa 时，3 KVP 接点闭合，通过光字牌 HL1 发出油压降低信号；当油压降低到 18.5 MPa 以下时，合闸回路被闭锁，禁止进行合闸操作；当油压降低到 17 MPa 以下时，分闸回路被闭锁，禁止进行分闸操作。

如果液压系统油压还继续降低，低于 13 MPa，可能是液压系统发生了泄漏故障，通过油泵增压已不能实现，此时电接点 KVP2 闭合，中间继电器 K1 受电动作，其动断接点断开，切断油泵电动机的启动回路，同时通过 HL2 光字牌发出压力异常闭锁信号。

在油泵电动机增压的过程中，1KVP 和串联的 KM2 动合接点也在接通状态。当压力升高到 21 MPa 时，2KVP 接点断开，此时油泵仍然处于运转增压状态，当压力升高超过 23.5 MPa 时，1KVP 接点断开，油泵停止运转。

运行过程中如果压力高于 26 MPa 时油泵仍然运转，则 KVP1 接点闭合，使中间继电器 K1 受电动作，K1 动断接点切断接触器 KM2 的受电回路，油泵电动机不能再运行，同时光字牌 HL2 亮，发出压力异常闭锁信号。

(2)根据控制电路，执行控制断路器合闸动作步骤，并画出每一步接通的电路。

(3)根据控制电路，执行控制断路器分闸动作步骤，并画出每一步接通的电路。

(4)分析断路器自动跳闸时事故启动电路动作过程。

项目四　分析馈出线控制过程

一、项目介绍

牵引变电所的馈线断路器是运行方式日常控制最主要的开关设备。本项目以某变电所馈线断路器二次回路为例，分析馈出线的合闸和分闸过程，熟悉断路器与隔离开关的操作关系，分析断路器与隔离开关的展开图，培养查找馈出线二次控制回路故障的能力。

二、相关知识

电力牵引供变电系统从电力系统或一次供电系统接受电能，通过变压、变相或换流(将工频交流变换为低频交流或直流电压)后，向电力机车负荷提供所需电流制式(交流或直流)的电能，并完成牵引电能传输、配电等全部功能的完整系统。馈电线是连接牵引变电所和接触网的导线，也称馈出线。馈电线一般采用钢芯铝绞线，将变电所的电能输送给接触网。

牵引变电所 27.5 kV(55 kV)侧馈线方式一般有下列几种。

1. 馈线断路器 100%备用的接线

每一馈线断路器均有一台备用断路器。这种接线在工作断路器需检修时，即由备用断路器代替。断路器的转换操作简便，供电可靠性强，但一次投资较大，适合于单线电化区段牵引母线不同相的场合。

2. 馈线断路器 50%备用的接线

两条馈线公用一台备用断路器。这种接线适用于单线区段牵引母线同相的场合和复线区段每相牵引母线只有两条馈线的场合，并且馈线只向牵引网供电。每两条馈线设一台备用断路器，通过隔离开关的转换，备用断路器可代替任一馈线断路器工作。牵引母线用两台隔离开关分段是为了便于两段母线轮流检修。

3. 带有旁路断路器和旁路母线的接线

这种接线方式适用于每相牵引母线的馈线数目较多(如变电所设在枢纽地区或大的区段站处)的场合,以减少备用断路器的数量。通过旁路母线,旁路断路器可代替任一馈线断路器工作。

4. 上下行互为备用

高铁变电所供电采用全并联供电方式,通过两组断路器向上下行供电臂同时送电。断路器采用上下行互为备用方式,上行断路器与下行断路器通过电动隔离开关隔开,达到互为备用的目的,当任何一组断路器出现故障时,电动隔离开关闭合,另外一组可向上下行供电臂同时供电。

三、项目实施

图 6-8～图 6-10 是某牵引变电所的馈出线控制电路图,其中图 6-10 是馈出线控制二次接线设备及 KWB 内部接点,按下列步骤执行馈出线断路器的控制过程。

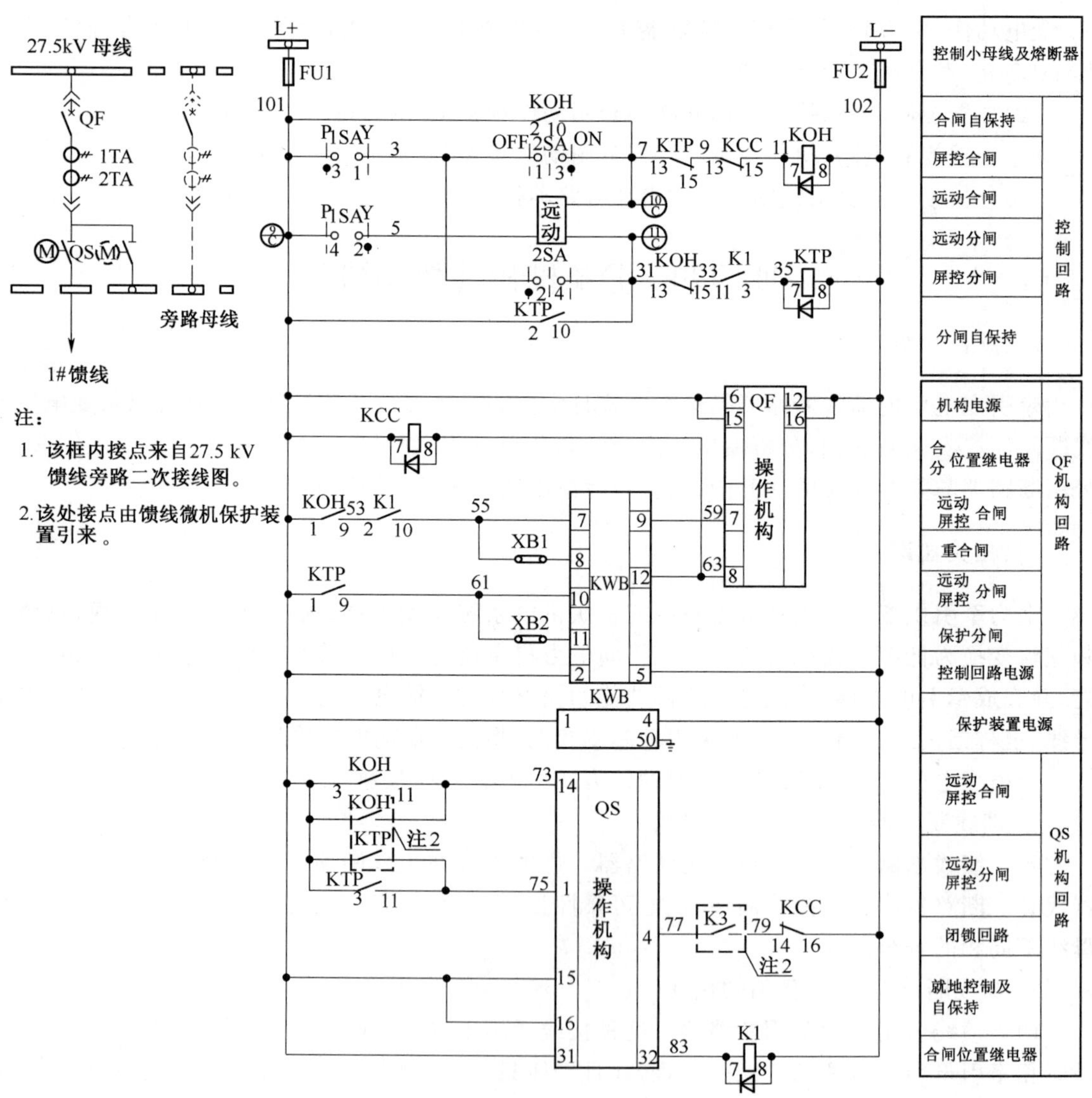

图 6-8 馈出线控制二次接线图(一)

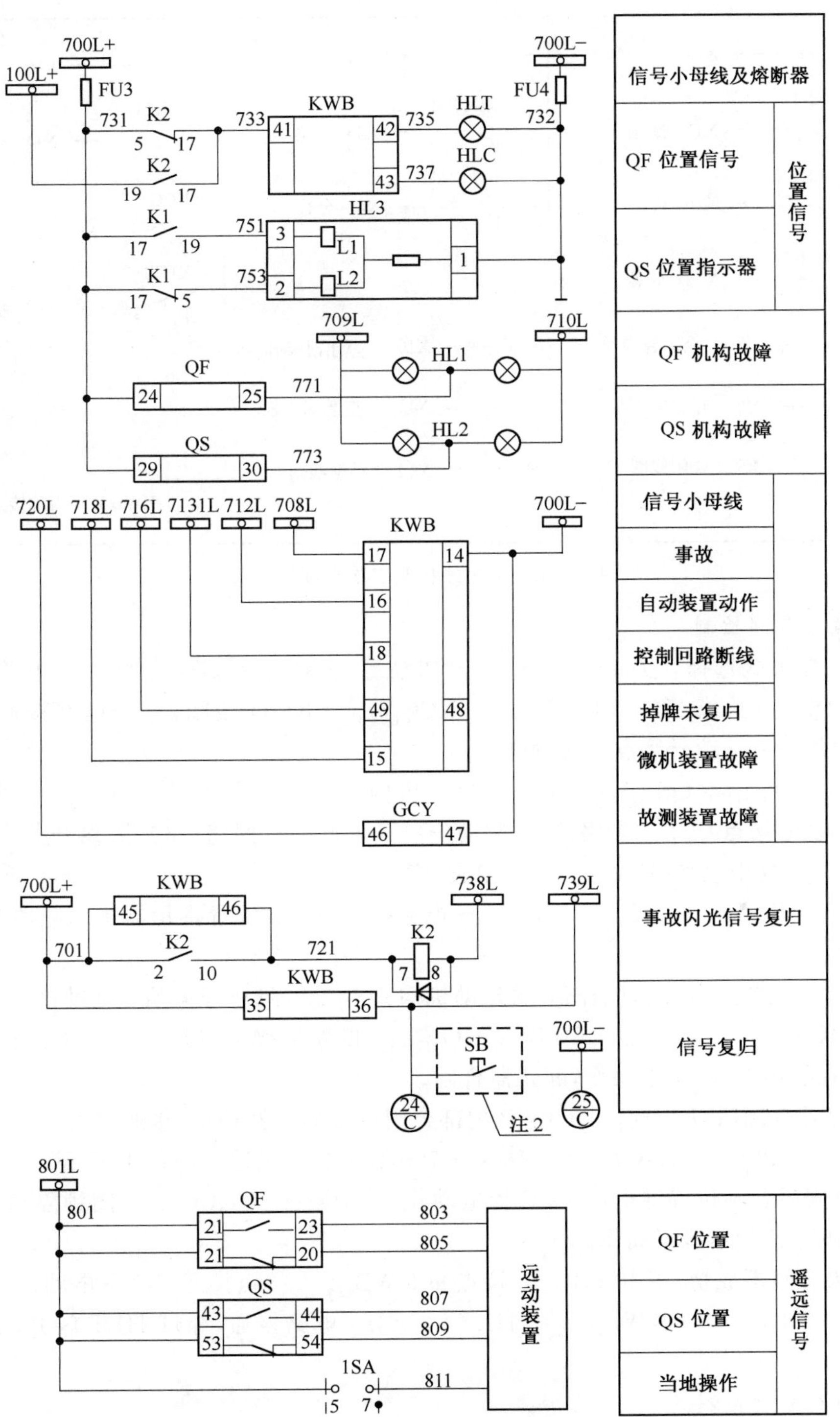

图 6-9　馈出线控制二次接线图(二)

断路器合闸前,旁路隔离开关已经在分位,其分闸位置继电器 K3 受电动作,K3 动合接点已经闭合。

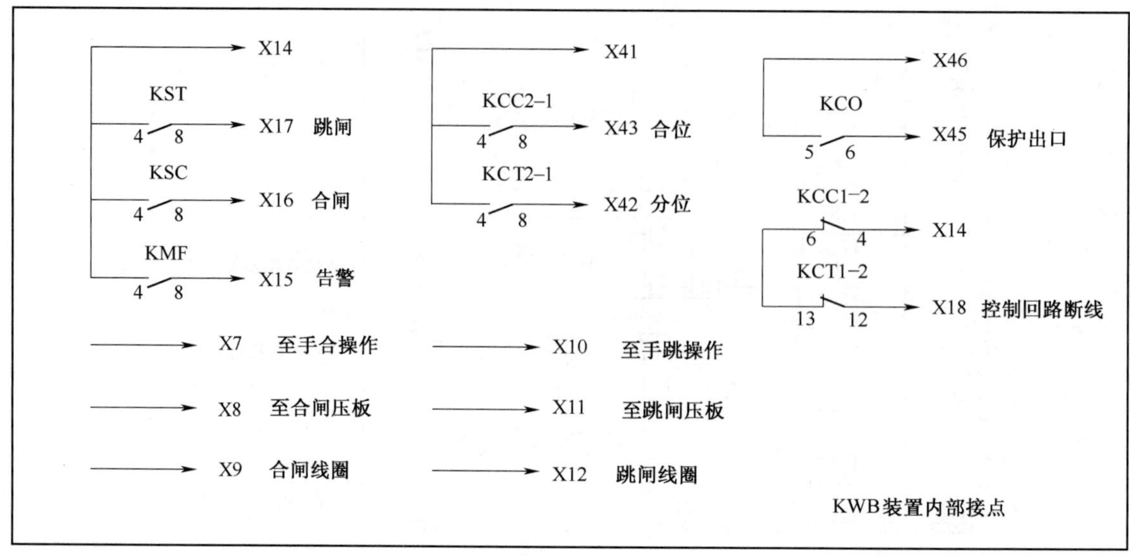

图 6-10　馈出线控制二次接线图(三)

(一)执行合闸控制

1. 将控制方式选择开关 1SA 置于屏控“P”位置,再将 2SA 旋至合闸“ON”位置,则:

L+－$1SA_{3-1}$－$2SA_{1-3}$－KTP_{13-15}－KCC_{13-15}－KOH 线圈－L－电路接通,合闸继电器 KOH 动作并由其动合接点保持,此时:

L+－KOH_{3-11}－QS_{14-4}(隔离开关操作机构)－K3 动合接点－KCC_{14-16}(断路器合闸位置继电器动断接点)－L－电路接通,驱动隔离开关电动机回路(略),隔离开关合闸,其合闸位置继电器 K1 受电动作,$K1_{17-19}$ 接点接通,使:

700 L+－$K1_{17-19}$－$3HL_{3-1}$－700 L－电路接通,HL3 位置指示器指示隔离开关在合闸位置。

2. 隔离开关合闸后,此时隔离开关操动机构 QS_{31-32}(隔离开关动合辅助接点)接通,使:

L+－KOH_{1-9}－$K1_{2-10}$－KWB_{7-9}－QF_{7-16}(断路器操动机构)－L－电路接通,断路器合闸线圈(在机构内部)受电动作,断路器合闸。

3. 断路器合闸后,KWB_{41-43}(KWB 内部合闸位置继电器接点)接通,使:

700 L+－$K2_{5-17}$－KWB_{41-43}－HLC－700 L－电路接通,红灯 HLC 亮,表示断路器已经合闸。合闸后合闸位置继电器 KCC 受电动作,其动断接点 KCC_{14-16} 闭锁隔离开关 QS 的操作回路,隔离开关不能再动作。

4. 如果合闸不成功,则 KWB_{45-46} 接点和 KWB_{41-42} 接点接通,K2 受电动作,使:

100 L+－$K2_{19-17}$－KWB_{41-42}－HLT－700L－电路接通,绿灯 HLT 闪光,表示合闸不成功。

(二)执行分闸控制

1. 将控制方式选择开关 1SA 置于屏控“P”位置,再将 2SA 旋至分闸“OFF”位置,则:

L+－$1SA_{3-1}$－$2SA_{2-4}$－KOH_{13-15}－$K1_{11-3}$－KTP 线圈－L－电路接通,分闸继电器 KTP 动作并由其动合接点保持,此时:

L+－KTP_{1-9}－KWB_{10-12}－QF_{8-16}(断路器操动机构)－L－电路接通,断路器跳闸线

圈(在机构内部)受电动作,断路器分闸。

2. 断路器分闸后,KWB_{41-42}(KWB内部分闸位置继电器接点)接通,使:

700 L+$-K2_{5-17}-KWB_{41-42}-$HLT$-$700 L$-$电路接通,绿灯HLT亮,表示断路器已经分闸。

断路器分闸后,合闸位置继电器KCC失电返回,KCC_{14-16}接点闭合,使:

L+$-KTP_{3-11}-QS_{1-4}$(隔离开关操作机构)$-$K3动合接点$-KCC_{14-16}$(断路器合闸位置继电器动断接点)$-$L$-$电路接通,驱动隔离开关电动机回路(略),隔离开关分闸,其合闸位置继电器K1失电返回,动断接点$K1_{17-5}$接点接通,使:

700 L+$-K1_{17-5}-HL3_{2-1}-$700 L$-$电路接通,HL3位置指示器指示隔离开关在分闸位置。

3. 如果分闸不成功,则KWB_{45-46}接点和KWB_{41-43}接点接通,K2受电动作,使:

100 L+$-K2_{19-17}-KWB_{41-43}-$HLC$-$700L$-$电路接通,红灯HLC闪光,表示分闸不成功。

(三)保护跳闸

1. 运行过程中如果馈出线发生故障,则KWB保护装置动作,使:

100 L+$-KWB_{2-11}-$XB2$-KWB_{10-12}-QF_{8-16}-$L$-$电路接通,分闸线圈动作,断路器跳闸。

2. 断路器自动跳闸后,KWB_{14-17}接点接通,接通事故信号小母线708L,驱动中央信号装置发出事故音响信号,同时KWB_{45-46}接点和KWB_{41-42}接点接通,K2继电器动作,绿灯HLT接通闪光小母线100L+发出闪光信号。

项目五　查找馈出线控制回路故障

一、项目介绍

分析牵引变电所二次回路断线故障常见种类,故障现象。以某牵引变电所为例,讨论231断路器控制回路断线的处理方法和要求。并在变电所的实习中加强了这方面的培训,使变电值班与运行工作的故障应急处理能力得到提高。

二、相关知识

二次回路断路的检查方法可以用以下几种。

(一)导通法

导通法是回路不通时使用仪器查故障的方法之一,此方法是用万用表的欧姆挡测量电阻。不能使用兆欧表,因为兆欧表对回路中各元件接触不良或电阻元件变值的故障测不出来。

用导通法检查时,必须先断开被测回路的电源,否则会烧坏表计。

用导通法查找回路不通的原理,是通过测某两点之间电阻值的变化来判别故障。对于接触良好的接触点,电阻应为零,严重接触不良是有一定的阻值,未接通的触点其两端电阻非常大;对于电流线圈,其电阻应很小(近于零);对于电压线圈和电阻元件,其限值应与标称值相近。

用导通法查找回路不通必须断开回路电源,某些情况下继电器失磁变位(返回)后,不易查出其接触不良问题，一般不带电压、电源的回路不通可用此方法测量检查。

（二）测电压降法

测电压降法是回路不通时使用仪表查故障的方法之二，测电压降法是用万用表的直流电压挡，测回路中各元件上的电压降。查回路不通故障无需断开电源，因此无导通法的缺点。测量时所选用表计量程应稍大于电源电压。

该方法的原理是：在回路接通的情况下，接触良好的节点两端电压应等于零，若不等于零（有一定值）或为全电压（电源电压），则说明回路其他元件良好而该触点接触良好或未接触。电流线圈两端电压应近于零，过大则有问题，电阻元件及电压线圈两端则应有一定的电压，回路中仅有一个电压线圈且无串联电阻时，线圈两端电压不应比电源电压低得多。线圈两端电压正常而其接点不动，说明线圈断线。

（三）对地电位法

对地电位法是回路不通时使用仪表查故障的方法之三，用此法查二次回路不通故障，也不需要断开电源。测前应首先分析回路各点的对地电位，然后再进行测量，将分析结果和所测值及极性相比较。

将电位分析和测量结果比较，所测值和极性与分析相同，误差不大，表明各元件良好。若相反或相差很大，表明该部分有问题。

测量各点对地电位，应使用万用表直流电压挡（量程应大于电源电压），将一支表笔接地（金属外壳），另一表笔接被测点。若被测点应带正电，则应将正表笔接触被测点，负表笔接地；反之，将负表笔接被测点而正表笔接地。若表计指示为直流电源电压的一半左右（电源电压 220 V 时约为 110 V），则表明该点到电源正极或电源负极之间是通的。

测对地电位时，读数为电源电压的 1/2 左右时，因为变电所直流系统中的绝缘监察装置的影响。

用测地电位法检查回路不通的故障，方便、准确，且不受各元件和端子安装地点的影响。回路中有两个不通点也能准确查出（两断开点之间对地电位是零）。

为了更有效地检查回路不通点和接触不良问题，可以用测对地电位法和测电压降法配合使用，这样更便于判别查找。

三、项目实施

变电所 231 二次回路断线故障处理实施。

（一）故障处理需注意的问题

（1）首先做好故障现象的记录并报告供电调度，同时申请供电调度批准处理事故。

（2）准备万用表、二次接线图、线手套、手电筒等。人员以两人为宜工作方法及分工更要明确。

（3）必须按符合实际的图纸进行工作。

（4）测量二次回路电压时，必须使用高内阻电压表。

（5）进行整组试验时，应事先查明是否与投入运行的设备有关，应将压板切换到试验位置后才进行。

（6）如停用电源设备，必须考虑停用后的影响，以防停用后造成继电保护误动或拒动。

（7）如果工作中需要拆动螺丝、二次线、压板等，应先核对图纸，并作好记录或在设备上做出明显标志，工作完成后立即恢复并复查。

（二）确认故障回路

（1）由231断路器微机保护图6-11得知，当231在分闸位置时，合闸二次接线回路是接通的，分闸位置继电器串于合闸二次接线回路中，在控制屏面上，绿灯（LD）亮。如果合闸回路不导通，则绿灯不亮，其对应的分、合闸位置继电器的两对常闭接点闭合使KDM带负电，启动中央信号回路“控制回路断线”光字牌掉牌。

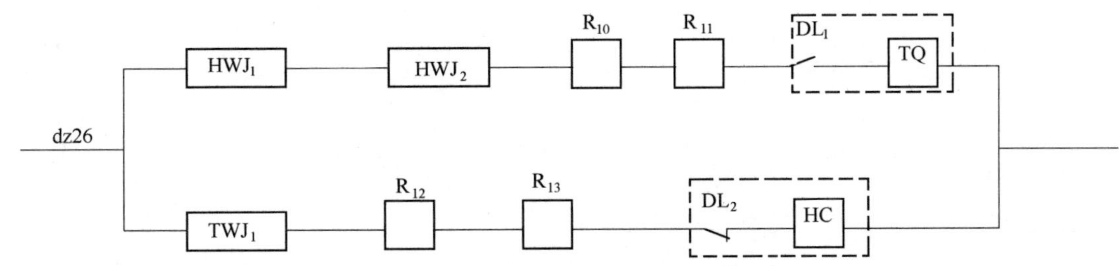

图6-11　231断路器微机保护回路图

（2）231在合闸位置，分闸二次接线回路是接通的，合闸位置继电器串于分闸二次接线回路中，在控制屏面上，红灯（HD）亮。如果分闸回路不导通，则红灯不亮，其对应的分、合闸位置继电器的两对常闭接点闭合使KDM带负电，启动中央信号回路“控制回路断线”光字牌掉牌。

所以通过控制屏面观察断路器的灯光信号，哪个断路器的红绿灯都不亮，则故障就有可能在此回路中。

（三）分段寻找及处理

1. 硬件条件是否满足

确认231断路器的信号灯本身是好的。如果信号灯具断线或接触不良，而此时自投回路或中央信号回路熔断器熔断启动“控制回路断线”光字牌掉牌。此时就很容易误导值班人员认为是231控制回路断线，耽误处理时间。

2. 确认熔断器是否熔断

（1）如图6-11用对地电位法测量该控制回路正、负极熔断器进出口电位是否相同。正常情况下正极进出口电位为＋55 V，负极进出口电位为－55 V。如正极出口电位为零或负值，负极出口电位为零或正值，则该熔断器熔断。

（2）将该回路熔断器取下来，用万用表电阻挡检测其好坏。

（3）当该断路器不影响接触网供电时，可通过分、合该断路器观察其分、合闸继电器是否动作来确认该控制回路熔断器是否熔断。控制回路不通，其原因可能是熔断器熔断，也可能是某处断线。

（4）熔断器熔断须立即更换。更换后故障仍未消除，则继续往下找。

3. 确认机构箱是否正常

（1）在机构箱与外部设备关联的端子排测量分、合闸回路的进出口回路是否正常。

确定231断路器分、合闸位置继电器线圈到机构箱的进出口：如231控制回路接线图6-12中，合闸位置继电器线圈经微机保护12号接点出来，经57号线进到机构箱的端子排8号接点上，在机构箱经闭锁杆、断路器的辅助接点，跳闸线圈从机构箱的端子排12号接点接出。12

接点通过与 16 号接点短接连接负极电源。

确定进出口电位：如 231 断路器在合闸位置，机构箱内接点正常，8 号接点电位为正，12 号接点电位为－55V。

用测量出的 8 和 12 号接点电位与正常情况比对，即可确定机构箱进出口回路是否正常。

(2)机构箱进出口回路不正常则机构箱回路有断点，对机构箱里面的几个接点分段寻找，直到排除故障为止。

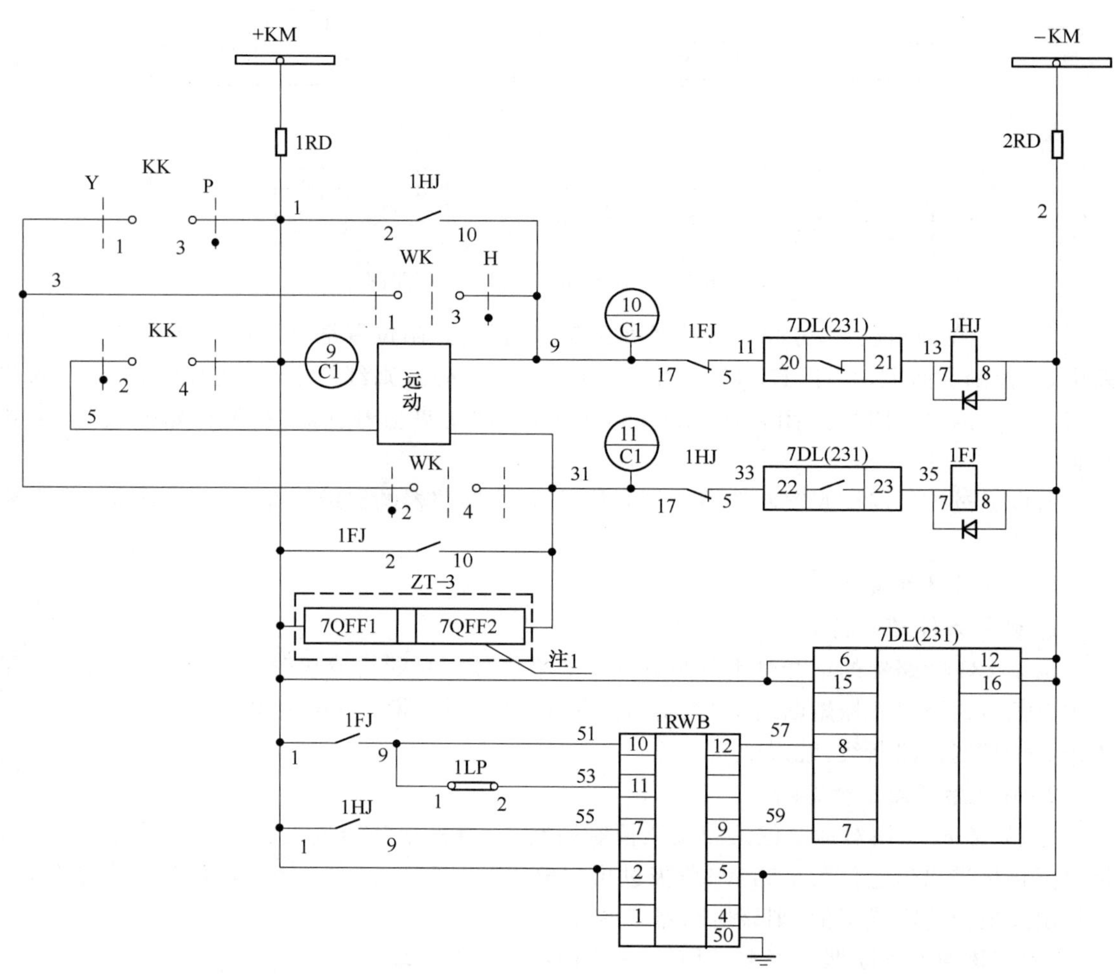

图 6-12　231 断路器控制回路图

4. 确认微机是否正常

(1)在微机与外部设备关联的端子排，测量微机进出口回路是否完好。

(2)确定 231 断路器分、合闸位置继电器在微机保护装置中的进出线。

(3)确定进出口电位。

(4)用测量出的 2 和 12 号接点电位与正常情况比对，确定微机保护进出口回路是否正常。

微机保护进出口回路不正常则故障在微机部分，如果是端子排上接点连接不良则进行加固，如果是微机插件故障上报变电检修车间做恢复性处理。

5. 连接电缆

在熔断器、机构箱、微机分别处理完后，其他的二次部分就是连接电缆，应逐个查找，直到排除故障。

模块小结

一、高压开关控制方式

(一)就地控制

即在一次电气设备安装地点进行直接控制，断路器的位置信号也在配电装置上显示，这种控制方式在各种电压等级的高压断路器都具备，但并不是牵引变电所的主要控制方式。

(二)距离控制

也称为屏控方式，即在主控制室内对变电所的一次电气设备集中进行控制，监测仪表和开关位置信号、中央信号以及继电保护装置等也都配置在主控室的屏台上，便于监视和管理。控制地点与断路器所处的地点不同，但距离不远(一般相隔数十米，都在变电所内)，其间通过控制电缆连接来实现控制。距离控制按其实现方法的不同分为：一对一的分别控制方式，即一套控制设备只能固定地控制一台断路器；集中选控方式，即一套控制设备可选择控制多台断路器，一般称为选控。尽管目前很多变电所都已经采用了遥控方式，但距离控制方式也仍然得到保留。

(三)远动控制

又称为遥控，即在远离变电所的调度端对变电所(执行端)的电气设备进行控制。已经实现远动化的供电系统，往往是远动控制与距离控制的功能两者都具备。

二、断路器操动机构控制电路

(一)电磁操动机构

电磁操动机构是靠电磁力进行合闸的机构。这种机构结构简单，加工方便，运行可靠，曾经是我国断路器应用较普遍地一种操动机构。由于是利用电磁力直接合闸，合闸电流很大，可达几十安至数百安，所以合闸回路不能直接利用控制开关触点接通，必须采用合闸接触器。

(二)断路器弹簧操动机构

弹簧操动机构是以弹簧储能来实现断路器分、合闸操作的一种机构，其储能由电动机实现。断路器每次合闸后均需启动电动机给合闸弹簧储能，否则下次不能操作合闸，储能完毕通过行程开关自动切断储能电动机的电源；而合闸的过程当中已经给分闸弹簧储能，因此分闸后不需启动电动机储能。弹簧操动机构同时也提供了手动储能的方式，可以通过摇臂给操动机构储能。

(三)液压机构

牵引变电所的 110 kV 断路器，由于操作功率大，多采用液压操动机构。液压操动机构对断路器的控制过程和前面所述的两种机构控制过程及信号显示类似，所不同的是在控制电路中增加了液压系统的压力监视部分。液压系统是封闭的系统，依靠油来传递操作功。液压系统的压力正常与否对断路器的可靠运行有重要影响，液压系统的压力由油泵自动控制来保证。

三、二次回路断路的检查方法

(一)导通法

导通法是回路不通时使用仪器查故障的方法之一,此方法是用万用表的欧姆挡测量电阻。不能使用兆欧表,因为兆欧表对回路中各元件接触不良或电阻元件变值的故障测不出来。

用导通法检查时,必须先断开被测回路的电源,否则会烧坏表计。

(二)测电压降法

测电压降法是回路不通时使用仪表查查故障的方法之二,测电压降法是用万用表的直流电压挡,测回路中各元件上的电压降。查回路不通故障无需断开电源。在回路接通的情况下,接触良好的节点两端电压应等于零,若不等于零(有一定值)或为全电压(电源电压),则说明回路其他元件良好而该触点接触良好或未接触。电流线圈两端电压应近于零,过大则有问题,电阻元件及电压线圈两端则应有一定的电压,回路中仅有一个电压线圈且无串联电阻时,线圈两端电压不应比电源电压低得多。线圈两端电压正常而其接点不动,说明线圈断线。

(三)对地电位法

对地电位法是回路不通时使用仪表查故障的方法之三,用此法查二次回路不通故障,也无需要断开电源。测前应首先分析回路各点的对地电位,然后再进行测量,将分析结果和所测值及极性相比较。

复习思考题

1. 分析断路器电磁操作机构的控制过程。
2. 分析断路器弹簧操作机构的控制过程。
3. 分析断路器液压操作机构的控制过程。
4. 阅读图 6-13,分析控制原理。

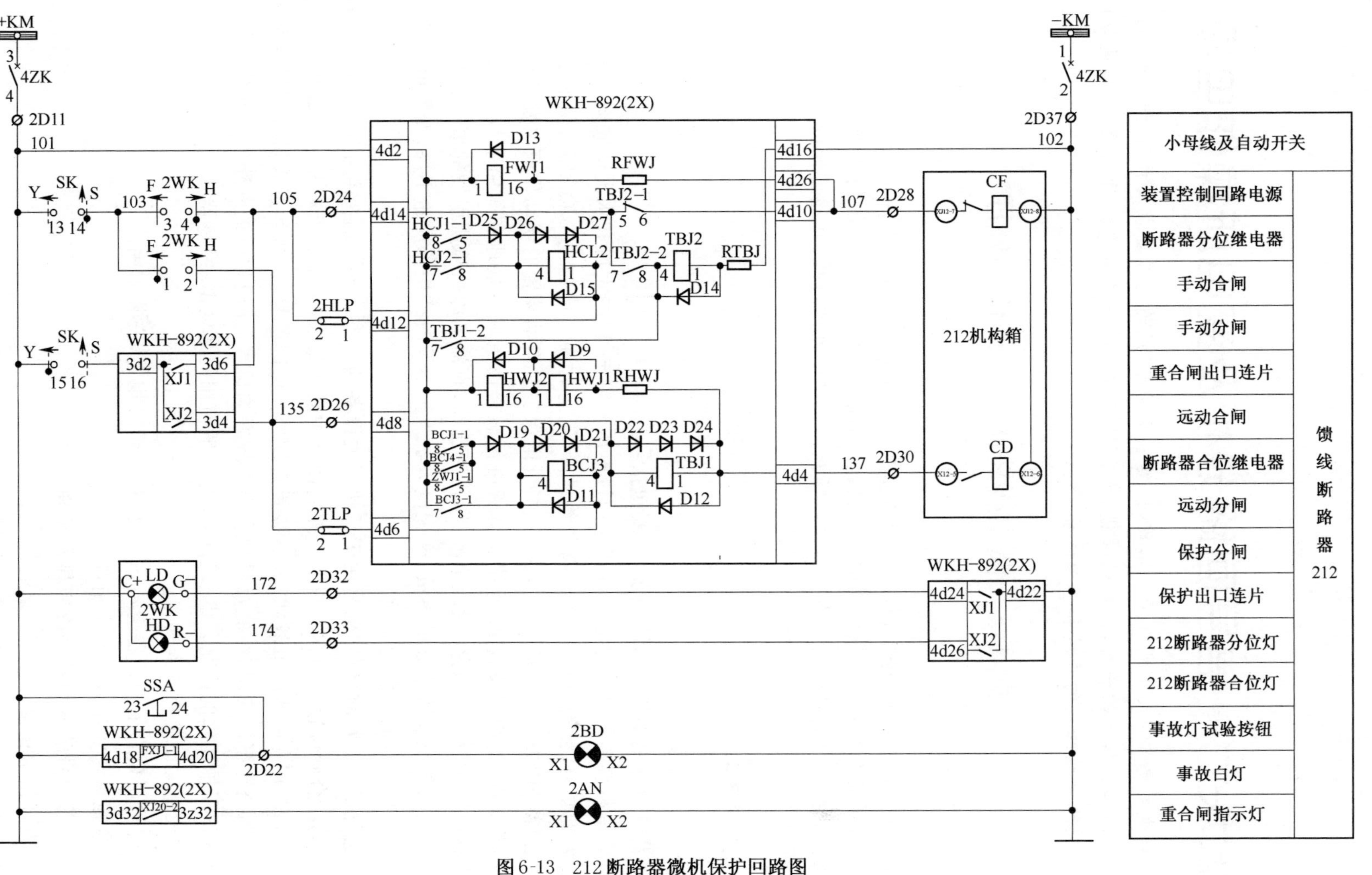

图 6-13　212 断路器微机保护回路图

模块七　信号回路分析及变电所操作电源

本模块主要学习变电所信号回路作用、类型及功能，操作电源要求及作用、组成的知识，能分辨变电所各类信号的含义，根据信号进行相应的处理，能正确检查操作电源，对接地故障进行处理，培养严谨细致的作风和职业素养。

项目一　馈出线跳闸信号动作及处理

一、项目介绍

变电所日常运行时可能面对的一种情况就是运行中的断路器突然跳闸，在发生这种情况后，运行人员需要及时采取相应的措施，对信号回路的动作处理并作出判断，要求运行人员熟悉断路器的控制及信号回路。本项目学习断路器跳闸的处理过程，并通过分析其二次接线，熟悉其信号回路。

二、相关知识

(一)事故信号

引发电力系统事故的原因很多，主要包括：

感应雷和直击雷对变配电设备产生的过电压和雷击事故；大风和水灾造成输电线路倒杆，断线引发的短路、接地事故；电气设备的绝缘降低、老化而造成的电击穿短路、接地事故；高压断路器操作机构失灵或损坏而引发的事故；继电保护及自动装置的误动作而引发断路器误动、拒合、拒断事故；绝缘支持瓷瓶，绝缘瓷套管脏污破损而造成的接地和短路事故；输入、馈出电缆头绝缘损坏而造成的短路、接地事故；所用变压器，直流电源故障所引发的事故；运行人员误操作或违反操作规程所造成的事故；变配电设备维护不及时或检修质量不高，变配电设备存在严重缺陷带病运行而引发的事故。

变电所正常运行时，位置信号用于反映开关设备的状态，指示断路器的分、合闸位置和隔离开关的分、合闸位置。如在断路器的控制回路中利用红(绿)信号灯来表示断路器合闸(分)闸位置状态。在变电所的事故状态时，装置将发出相应的信号，提醒运行人员及时发现和采取对策。在断路器事故跳闸时，能及时地发出事故音响信号，并使相应的断路器灯光位置信号闪光及可查询保护动作的情况。事故音响信号一般使用的是电笛(蜂鸣器)。

(二)控制室巡视项目和要求

(1)各种屏(台)上的设备清洁，锈蚀面积不超过规定，安装牢固。

(2)模拟盘与实际运行方式相符。

(3)试验信号装置和光字牌应显示正确。

(4)表计指示正常。

(5)转换开关、继电保护和自动装置压板以及切换开关的位置、标示牌应正确，并与记录相符。

(6)开关、熔断器、端子安装牢固，接触良好，无过热和烧伤痕迹。

(7)继电器外壳和玻璃完整、清洁，继电器内部无异音，接触点无抖动、位置正常，信号继电器无掉牌。

(8)成套保护、故障点探测仪工作正常。

(9)二次回路熔断器(或空气开关)、信号刀闸投退位置应正确，端子排的连片、跨接线应正常。

(10)硅整流器和储能电容器连接牢固，容量足够，交流电源正常供电。

(11)事故照明正常。

(三)馈出为架空线路时断路器掉闸事故的一般处理

1. 首先解除断路器掉闸音响信号，随后检查光字牌及信号继电器，判断发生事故的线路并查明原因。

2. 若装有一次重合闸自动装置的断路器，重合一次未成功时，待 1 min 后退出重合闸试送电一次，如果试送成功，应及时进行线路巡视，查找事故点。若试送失败，应排除故障后，方可送电。

3. 装有二次重合闸自动装置的断路器，重合闸两次未成功者不允许试送，若重合闸因故未动作时，可进行试送电一次。若试送失败后，应寻找故障点，排除故障后再送电。

4. 若没有重合闸装置或重合闸装置失灵时，应解除重合闸装置后试送电两次，但第二次试送电与第一次试送电应间隔 1 min。

5. 断路器掉闸时，如果断路器发生严重喷油时，不允许试送电。

6. 配出线路全线为电缆或变压器、电容器与断路器连接为电缆时，不允许试送，待查明故障点排除以后，方可试送电。

(四)断路器越级掉闸

1. 先拉开所有分路的断路器，然后合主变压器或电源电路上的断路器进行试送电，随之依次合上各分路的断路器。对有故障的分路应查明原因，排除故障以后，再进行试送电。

2. 分路断路器、主变压器或电源电路上的断路器，同时发生跳闸时，应先断开各无故障分路的断路器，随后合上主变压器或电源电路上的断路器，向母线充电，待充电完毕后，再依序合上各无故障分路的断路器，向各分路送电，最后向故障线路试送电。

向故障分路试送电以前，应检查两级继电保护配合情况，若因继电保护失调或两级继电保护整定不当，都有可能造成越级跳闸。值班员经检查后，如影响不大，可以向故障线路试送电。随后应及时向领导作汇报，经批准后，由有关人员对继电保护进行检修或重新整定。

(五)变电所馈出全部停电的故障处理

馈出线路全部停电，往往是由于母线电压消失造成的。而母线电压的消失大致有两种原因：一是母线对地绝缘损坏造成母线短路；二是线路断路器的操作机构或继电保护失灵。当发生线路故障时线路断路器拒动而造成越级跳闸所出现的母线电压消失的事故。可采取以下措施处理：

1. 若变电所馈出全部停电时，值班人员应首先观测仪表、信号指示，继电保护和自动装置的动作情况，同时还要观测母线及其他设备的外部有无发生短路的征象，全方位分析判明母线失压事故的性质及故障点。

2. 母线电压消失时，配电屏上的母线电压表指示为零，光字牌有显示，电流表剧烈振动；故障点发出爆炸声，同时有冒烟起火的征象，这可判明为母线短路事故。此时应根据一次线路接线方式，采用相应的措施切除故障母线。

(1)对双母线制系统，应立即断开变压器二次侧的断路器或电源的断路器切除故障母线，将备用母线投入运行，待改变运行方式后进行送电。

(2)对无备用母线装置但设有分段母线母联断路器的变配电所，可采取断开母联断路器的办法切除故障母线。

(3)对单母线供电方式的变配电所，应立即拉开变压器二次侧的断路器或电源的断路器，使故障母线与电源隔离以防止事故的扩大，然后作好抢修工作的准备，待修完后即时供电。

3. 母线电压消失，电源也出现无电时，而且变配电所内部也有过发生故障的迹象，此时应向调度汇报，并与前一级的变配电所进行联系，判明事故的原因和事故点，并采取相应的措施进行处理。

4. 母线电压消失，电源也无电，而且变配电所内无任何事故的迹象，这可能是由于系统因故障停电造成的，此时应向调度汇报，在停电期间变配电所内不准进行任何操作，以免发生人身或设备事故。

三、项目实施

(一)正常运行时馈线跳闸

牵引供电过程中出现馈线跳闸的次数是比较多，其原因绝大部分是接触网故障所引起。馈线跳闸时，值班人员处理的参考程序是记录、上报、检查。

(1)记录：记录跳闸时的时间，有哪些保护动作如：光字牌掉牌、故障测距、重合闸是否动作以及当时有无异常等情况(如天气情况等)。

(2)上报：把记录的内容上报给供电调度。

(3)检查：检查与跳闸有关的断路器和隔离开关，关键观察受电动力影响的断路器、隔离开关接触部分的接触是否良好，确定是否可以继续供电。

如果是设备实现了电气综合自动化管理的牵引变电所，因有微机进行实时记录各种故障数据，可不按上述程序进行，但应及时打印事故报告。迅速把有关数据向供电调度汇报，听从供电调度的指挥。如果重合闸成功，则事故属于瞬时性的，只需追查跳闸原因并做好继电保护动作记录即可。如果重合闸不成功，则应分析事故原因，及时排除故障。供电调度员和值班人员应共同对跳闸故障的有关数据进行分析，确认故障的性质和故障点。如确认是接触网故障，应等待接触网抢修完成后送电。如无法查明故障原因，则应根据强送电的要求进行处理。

(二)天窗作业后送电时馈线跳闸

馈线合闸于故障线路时跳闸，在没有查清原因前不得再合闸。天窗作业后送电时馈线跳闸，值班人员亦应按记录、上报、检查程序进行。而供电调度员在未清楚故障原因时，绝对不允许送电。如果是接触网作业的错误消令引起误送电到作业区，造成馈线跳闸的，如果再强送，可能会引起更大的人身伤亡事故。

(三)断路器跳闸

当断路器跳闸，分析二次展开图，写出事故动作过程及信号显示。

图 7-1～图 7-3 为某牵引变电所的中央信号二次接线图，下面是分析事故信号的工作过程。

(四)事故信号动作过程

1. 事故信号启动

当断路器事故跳闸时,断路器位置指示灯 HLT 闪光,事故信号小母线(708L)与信号小母线(700L—)通过微机保护装置 KWB_{17-14} 的跳闸接点接通(见馈出线控制二次接线图),使:

700L+—KCA1 线圈—708L 电路接通,事故信号继电器 KCA1 动作,其动合接点 $KCA1_{1-9}$

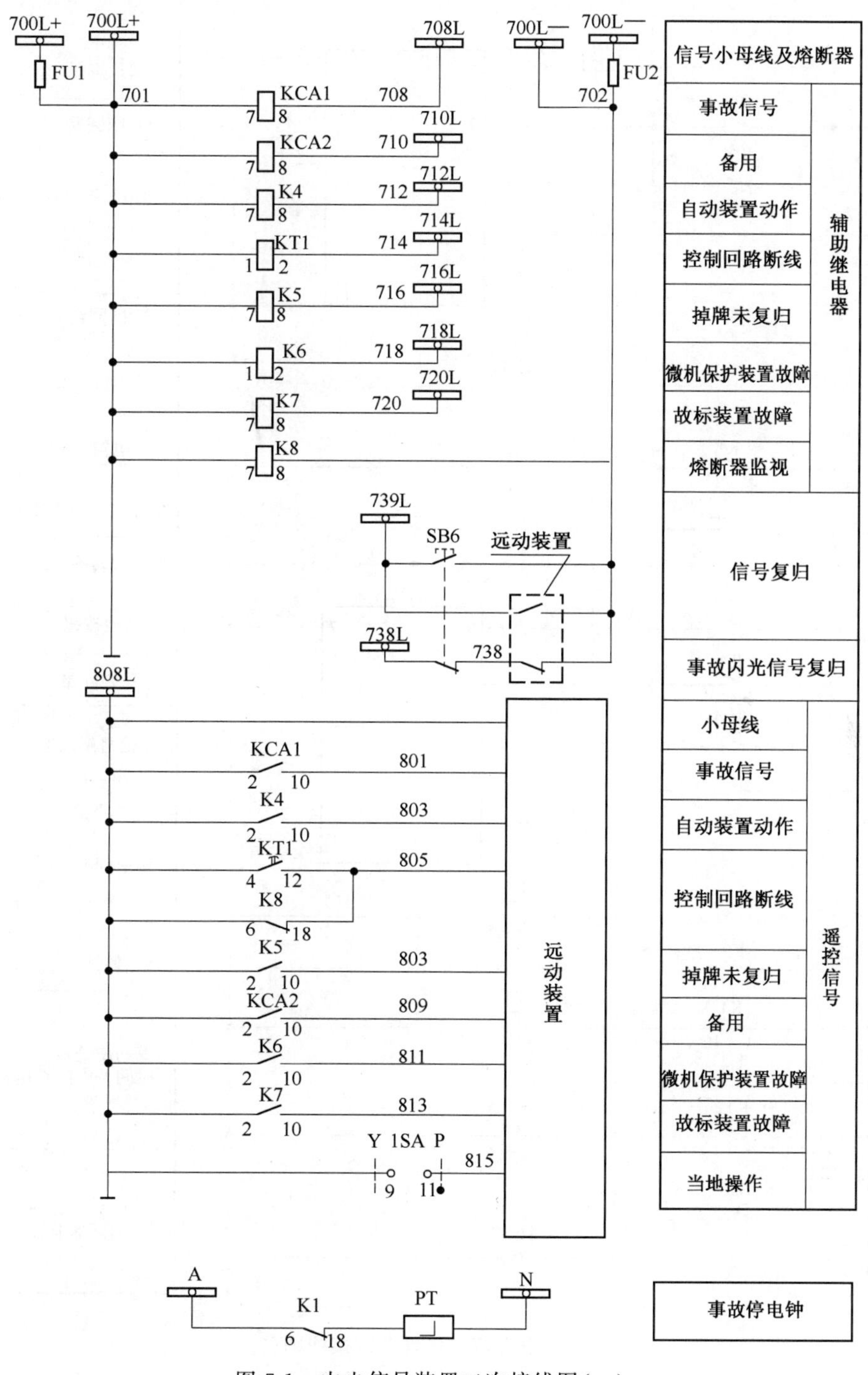

图 7-1　中央信号装置二次接线图(一)

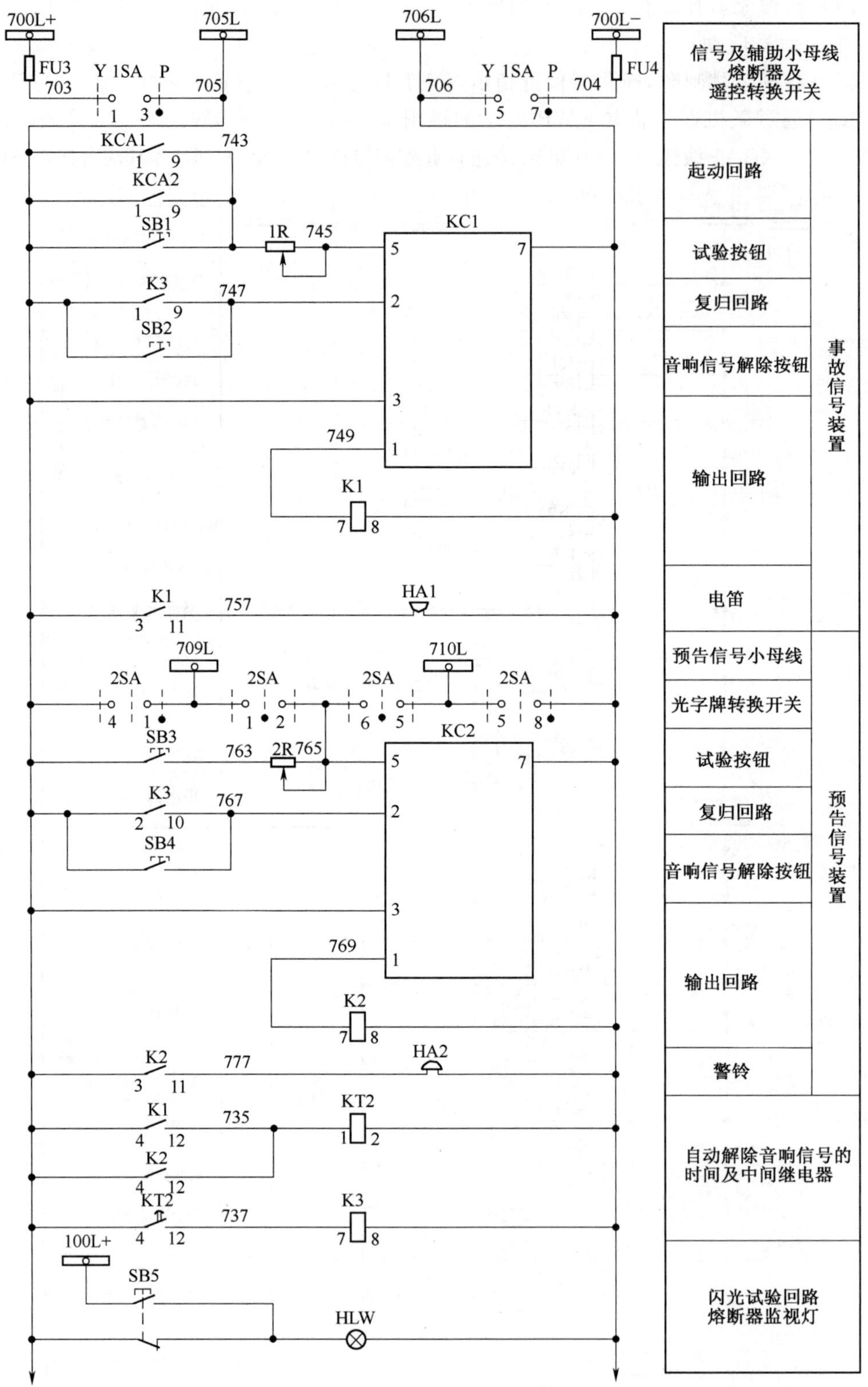

图 7-2　中央信号装置二次接线图(二)

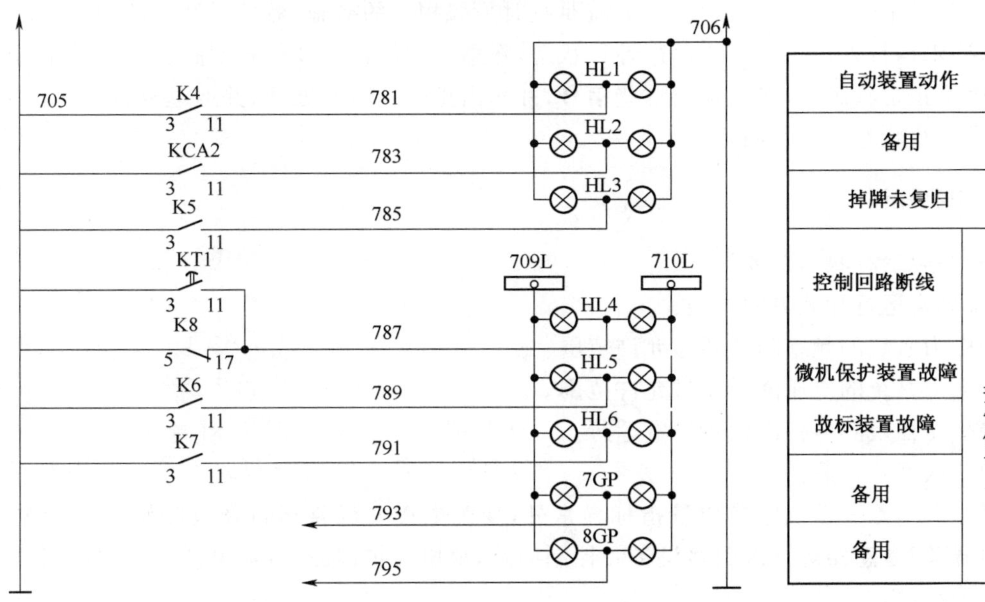

图 7-3　中央信号装置二次接线图(三)

闭合,使:

700L+－1SA$_{1-3}$－KCA1$_{1-9}$－KC$_{5-7}$1－SA$_{5-7}$－700L－电路接通,有电流脉冲流入冲击继电器 KC1,冲击继电器动作,使输出回路的中间继电器 Kl 受电动作,其动合触点 K$_{3-11}$ 闭合,启动电笛 HA1 发出事故音响信号。

2. 发遥信信号

同时事故信号继电器的动合接点 KCA1$_{2-10}$ 闭合,接通遥信信号小母线 808L,通过远动装置向电力调度发出信号。

3. 事故信号的复归

按下音响解除按钮 SB2,接通冲击继电器 KC1 的复归电路,即可实现音响信号的手动复归。

在中间继电器 K1 动作时,其动合接点 K1$_{4-12}$ 闭合,启动时间继电器 KT2,延时后 KT$_{24-12}$ 闭合,中间继电器 K3 受电动作,其动合接点 K3$_{1-9}$ 接通冲击继电器的复归回路,冲击继电器 KC1 输出回路上的 K1 被断电,电笛音响被解除,从而实现了音响信号的延时自动复归。

4. 音响信号试验及监视

为了确保中央事故信号经常处于完好状态,在回路中装设了音响试验按钮 SB1。按下 SB1,冲击继电器 KC1 动作,电笛发出音响,再经延时解除音响,从而实现了音响信号的试验。

当事故信号电源熔断器 FUl 或 FU2 熔断或接触不良时,熔断器监视继电器 K8 线圈失电,其动断触点 K8$_{5-17}$ 闭合,点亮光字牌 HL4,并发出预告音响。

项目二　异常运行状态信号动作及处理

一、项目介绍

变电所日常运行时可能发生一些异常运行情况,但并没有导致断路器跳闸,仍然维持在供电状态。在发生这种情况后，运行人员需要及时采取相应的措施，对信号回路的动作处理并做出判断，要求运行人员熟悉系统运行各种状态，熟悉相应的控制及信号回路。本项目学习当变电所发生不正常状态时，将会发出哪些信号，并作出正确判断和处理，并通过分析其二次接线，熟悉异常运行状态的信号回路。

二、相关知识

(一)异常运行状态信号

系统异常运行和故障的类型：

(1)电力系统的频率降低超过允许范围。

(2)电力系统的电压降低超过允许范围。

(3)变压器及其他一次设备异常运行。

(4)二次回路故障。

具体来说，除了系统电能质量指标异常外，变配电设备异常运行及故障主要包括主变压器、隔离开关、互感器等一次回路设备和控制回路，继电保护回路，直流电源等二次回路设备的异常运行及故障。

在变电所异常运行状态时，变电所信号装置将发出相应的信号，提醒运行人员及时发现和采取对策。在运行设备发生异常现象时，瞬时或延时发出预告音响信号，并使光字牌显示出异常状况的性质和内容。音响信号(电铃)是为了唤起值班人员的注意；光字牌信号是为了便于了解故障的设备和故障性质。

(二)电力系统频率降低超过允许范围时的处理

电力系统频率的相对稳定是主要供电质量指标之一。我国现行的频率标准是(50±0.5) Hz。

(1)当系统频率降低到 49.5 Hz 以下时，值班员要加强监视。

(2)当系统频率降至 48.5～48 Hz 以下时，值班员应检查自动按频率减负荷装置的动作情况。该装置在整定周波下没有动作时，应立即手动切断其连接的线路；当变电所的该装置容量不足时，应依照调度部门的规定自动(或手动)按频率减负荷。如变电所未装设该装置时，应按调度员的命令分别切断即定的线路，减少负荷。

(3)对于专线用户或有保安负荷的用户可供保安电源，但也应取得调度的同意。

(4)当周波恢复时，应按调度的命令逐步分路恢复对用户供电。

(三)电力系统电压降低的事故处理

电力系统电压的相对稳定度是供电的第二质量指标。

系统电压的变动范围不超过额定值的±5%；电压最低水平不应低于额定值的 90%和最高不得超过额定值的 110%情况下可以长期运行。如超过电压变动范围，运行人员应进行调整，使系统电压维持在允许变动的范围内。

(1)增加或减少该区域的调相机负荷。

(2)改变带负荷调压变压器的分接头位置。

(3)投入或退出安装在变电所内的电容器。

(4)临时改变系统的运行方式(合环或解环运行)，以达到潮流分布变化。

(5)在上述方法都不能满足要求时，则应减少或增加系统的负荷。

三、项目实施

分析当控制回路断线时的信号动作过程，复归信号，检查预告信号回路，参考图 7-1～图 7-3。

1. 预告信号启动

正常时转换开关 2SA 处于"工作"位置(中间虚线位置)，其触点 $2SA_{1-2}$ 及 $2SA_{5-6}$ 接通。设备出现不正常的运行状况时，预告信号的启动回路接通，发出预告音响，同时显示故障性质的光字牌点亮。

控制回路断线时，时间继电器 KT1 受电动作，延时后 $KT1_{3-11}$ 动合接点闭合，使：

700L＋－$1SA_{1-3}$－$KT1_{3-11}$－光字牌 HL4－709L(710L)－$2SA_{1-2}$($2SA_{5-6}$)－$KC2_{5-7}$－700L－电路接通，有电流脉冲流入冲击继电器 KC2，冲击继电器动作，使输出回路的中间继电器 K2 受电动作，其动合触点 K_{3-11} 闭合，启动警铃 HA2 发出预告音响信号。

2. 预告信号复归

按下音响解除按钮 SB4，接通冲击继电器 KC2 的复归电路，即可实现预告音响信号的手动复归。预告音响信号自动复归的过程和事故音响信号的复归过程类似，不再详述。

3. 预告信号回路试验及监视

按下试验按钮 SB3，预告音响应能正常发出音响，按下 SB4 可手动解除或延时后可以自动复归。

将 2SA 转换开关至于试验位置(右侧虚线位置)，预告信号的所有光字牌应该点亮，否则说明光字牌故障。

预告信号回路的熔断器 FU3、FU4 由白色信号灯 HLW 监视。正常时白色信号灯亮。当 FU3、FU4 熔断或接触不良时，白色信号灯熄灭。

按下 SB5 可以检查闪光回路是否完好。

项目三　交流自用电系统控制

一、项目介绍

本项目主要学习变电所低压交流系统的作用及构成，熟悉其工作过程，学习两路电源投切过程。

二、相关知识

变电所的整流装置、变电所日常生活及检修工作等，需要用到低压交流电，通常在变电所设置自用电变压器，并在变压器的低压侧设置自动投入装置。

为了可靠的向交流自用电设备供电，牵引变电所通常设有两台容量自用电变压器，一台工作，一台备用。每台能单独承担变电所的自用电负荷，并且还应装设备用电源自动投入装置。自用电变压器一般从牵引侧母线取电，若有独立于牵引变电所交流系统的地方 10 kV 三相交流电源时，则自用电变压器中的一台应由该电源供电。

三、项目实施

图 7-4 为某变电所交流系统接线图，在变压器的低压侧设置了自动投入装置，正常工作时

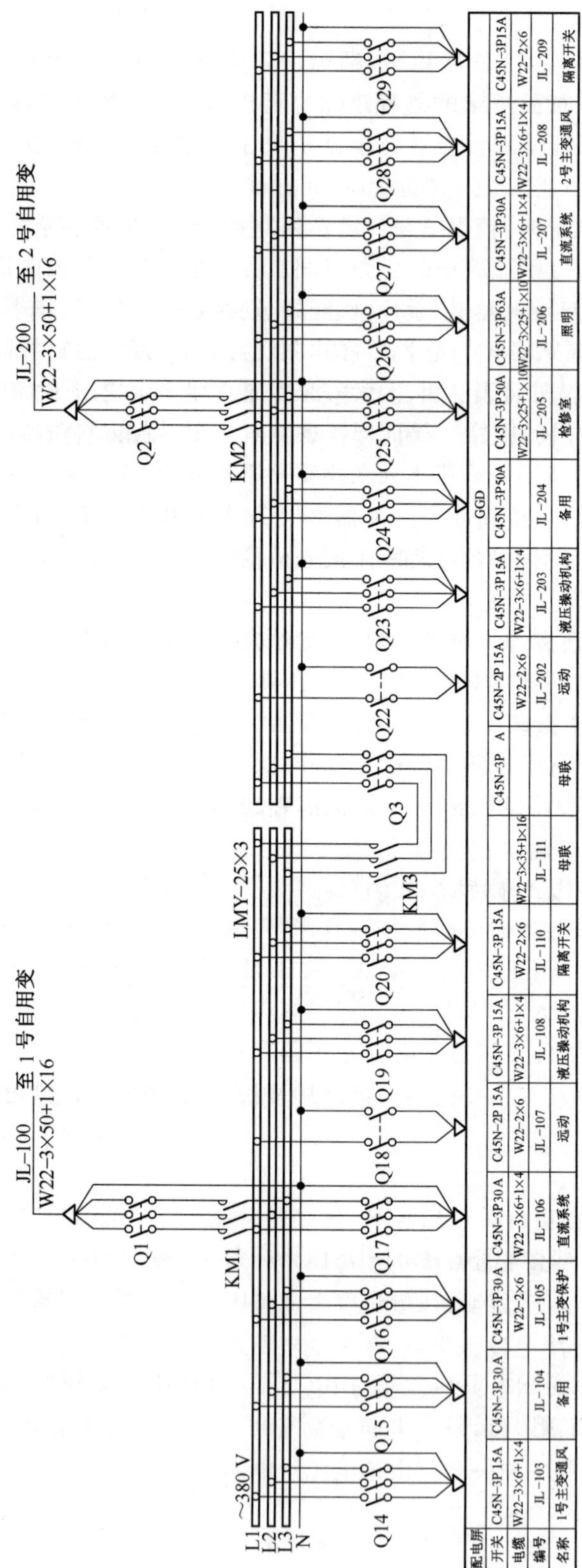

图 7-4 某变电所交流系统接线图

一路电源工作，一路电源备用，两路电源的自动投入原理如图 7-5 所示。

图 7-5 中采用交流接触器 KM1、KM2 作为自动投入开关，中间继电器 K1 可保证只要 1 号电源有电，KM1 就受电，KM2 线圈回路断开。正常时 1 号电源有电，Q1 闭合，K1 启动，其常开接点闭合，接通 KM1 的线圈，则 KM1 的常开主触头闭合，由 1 号电源向全所低压负荷供电。K1 启动后，其常闭接点断开，KM2 线圈回路断开。当 1 号电源失电时，K1 释放，KM1 释放，KM1 的辅助常闭接点及 K1 常闭接点均闭合，KM2 线圈被接通启动，其常开主触头闭合，开始由 2 号电源向全所低压负荷供电。

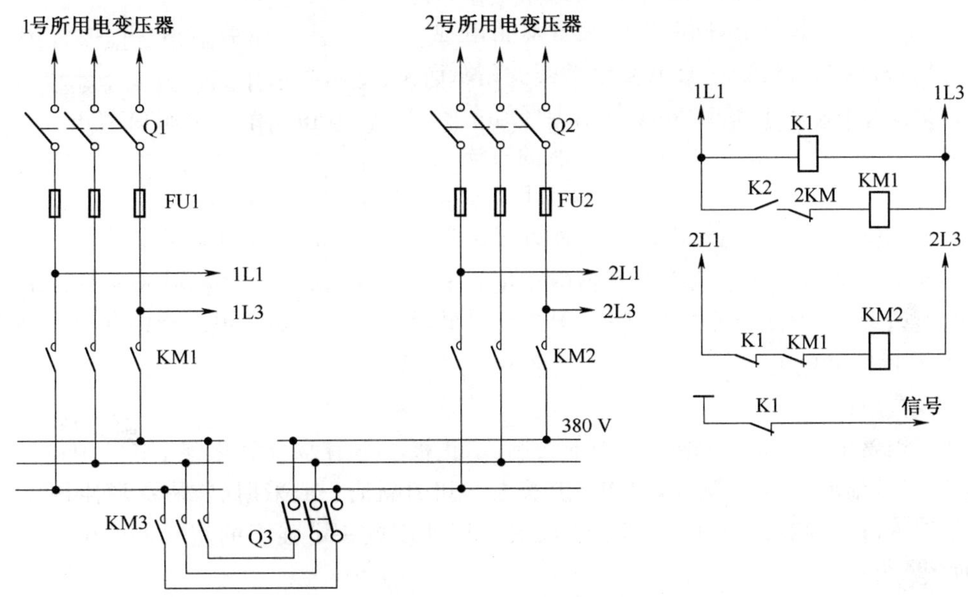

图 7-5　交流系统自动投入原理接线图

变电所低压侧母线也设有自动投入装置，当两路电源独立工作时，KM3 触头断开，当某一段母线失压跳闸时，KM3 触头闭合，由正常的一路电源供电。

项目四　直流操作电源控制及监视

一、项目介绍

本项目学习变电所直流操作电源的组成、原理及控制。

二、相关知识

变电所的操作电源是供电给高压断路器控制回路、继电保护及自动装置回路、信号回路、事故照明及其他二次回路所需的电源。因此对操作电源的可靠性要求很高，容量要求足够大，尽可能不受供电运行的影响。

（一）对直流系统的基本要求

1. 变电所一次电路正常带电运行时，直流系统有额定电压输出，保证各种正常操作和监视。

2. 变电所一次电路停电时，直流系统仍要求有额定电压输出，保证送电前的各种操作和监视。

3. 变电所一次电路发生短路故障时，直流系统的输出电压和容量应能满足保护装置动作及断路器分闸要求。

变电所的操作电源可分为直流操作电源和交流操作电源两大类。牵引变电所多采用直流操作电源，其电压一般为 DC 110 V 或 DC 220 V，牵引变电所的直流操作电源一般是由蓄电池组和整流装置构成，正常时由两者一起供电，同时整流装置对蓄电池组进行充电，蓄电池组处于浮充电运行状态；当整流装置失去交流电源时，由蓄电池组供电。直流系统基本结构如图 7-6 所示，图 7-7 为某变电所的直流系统图。

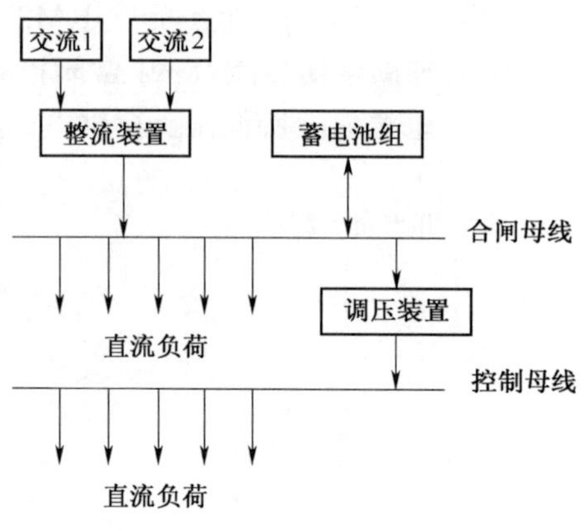

图 7-6　直流系统结构示意图

（二）蓄电池

牵引变电所常用的蓄电池主要有铅酸蓄电池和隔镍蓄电池两种。

1. 碱性镉镍蓄电池

(1)基本原理

碱性镉镍蓄电池的正、负极板均用钢板制成，正极板覆有水合氧化镍 NiO(OH) 作为活性涂层，负极板的活性涂层为镉粉 Cd，正、负极板之间的隔板一般采用热塑性塑料隔栅，为 21% 的氢氧化钾 KOH 溶液，将它们分别组装放置于用铁质或一定强度的塑料外壳中。镉镍蓄电池的充放电总化学反应式为

$$\mathrm{Cd+2NiO(OH)+2H_2O \underset{充电}{\overset{放电}{\rightleftharpoons}} Cd(OH)+Ni(OH)_2}$$

从上式可知，放电和充电过程，分别是电池极板活性物质的化学变化过程和在外加电能作用下活性物质的还原过程。充、放电过程中，电池端电势的变化仅与活性结构成分的改变有关，而与电解液 KOH 的浓度无关，这一点与常见的铅酸蓄电池不同。

镉镍蓄电池按不同使用要求，其结构形式分为密封型和开启型两种。按极板的制造工艺，则分为压接式和烧结式等。压接式密封型电池的容量(Ah)较小，如 GNY 型电烧结式或半烧结式极板多为大容量电池采用，且容量较大的电池多数为开启式结构。

(2)充放电特性

对固定额定容量(Ah)的蓄电池，其允许放电的电流数值与放电时间密切相关。蓄电池的容量单位为(Ah)，碱性蓄电池的额定容量是指按规定的正常放电电流，在正常放电时间内(一般为≤5 h，GNG40 型为 4 h)，放电至终止电压(1 V)时所输出的容量(Ah)，单个镉镍蓄电池的额定电压均为 1.2 V。

国产碱性镉镍蓄电池，按短时允许最大放电电流和规定的正常放电时间(≤5 h)内正常放电电流比大小，区分为高倍率和中倍率放电型两种。高倍率放电型电池的内阻小，瞬时放电倍率 20～30 倍，因而对变电所采用电磁操动机构断路器的跳、合闸操作是很适用的。中倍率电池的大电流放电倍率可达 3.5 倍左右。

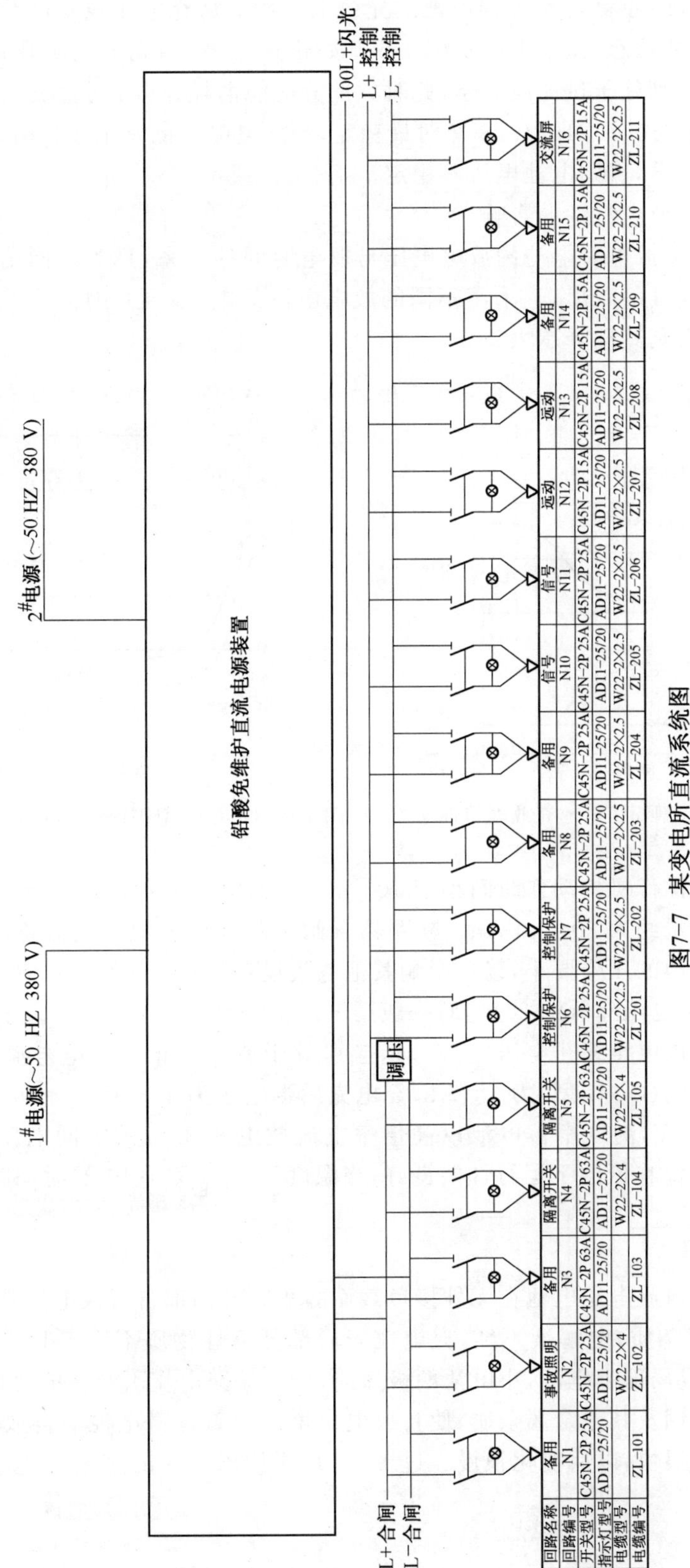

回路名称	备用	事故照明	备用	隔离开关	隔离开关	控制保护	控制保护	备用	备用	信号	信号	远动	远动	备用	备用	交流屏
回路编号	N1	N2	N3	N4	N5	N6	N7	N8	N9	N10	N11	N12	N13	N14	N15	N16
开关型号	C45N−2P 25A	C45N−2P 25A	C45N−2P 63A	C45N−2P 63A	C45N−2P 63A	C45N−2P 25A	C45N−2P 25A	C45N−2P 25A	C45N−2P 25A	C45N−2P 25A	C45N−2P 25A	C45N−2P 15A	C45N−2P 15A	C45N−2P 15A	C45N−2P 15A	C45N−2P 15A
指示灯型号	AD11−25/20	AD11−25/20	AD11−25/20	AD11−25/20	AD11−25/20	AD11−25/20	AD11−25/20	AD11−25/20	AD11−25/20	AD11−25/20	AD11−25/20	AD11−25/20	AD11−25/20	AD11−25/20	AD11−25/20	AD11−25/20
电缆型号		W22−2×4		W22−2×4	W22−2×4	W22−2×2.5	W22−2×2.5	W22−2×2.5	W22−2×2.5	W22−2×2.5	W22−2×2.5	W22−2×2.5	W22−2×2.5	W22−2×2.5	W22−2×2.5	W22−2×2.5
电缆编号	ZL−101	ZL−102	ZL−103	ZL−104	ZL−105	ZL−201	ZL−202	ZL−203	ZL−204	ZL−205	ZL−206	ZL−207	ZL−208	ZL−209	ZL−210	ZL−211

图7−7　某变电所直流系统图

图 7-8 为 GNG40 型高倍率镉镍电池的充放电特性。从充电曲线 1 可看出，4 h 内蓄电池的电压处于较稳定的状态，充电电压从第 4 h 开始迅速上升，当充电电压升到 1.65 V 时即已充足，如再继续充电则处于过充电状态，此时大部分电能消耗在电解水的过程中。从放电曲线 2 可以看出，放电电压在 1.21～1.28 V 时最稳定，当放电电压低于 1.2 V 时，放电电压迅速下降，此时应对电池充电，否则电池电压不稳定。

(3)放电倍率对放电特性的影响

以不同倍率电流放电时电池的放电电压与放电时间的关系，称为不同倍率放电曲线。如图 7-9 所示，从曲线可以看出，当采用不同的放电电流放电，在同一时间内蓄电池的压降是不同的，放电电流越大则其压降越大。

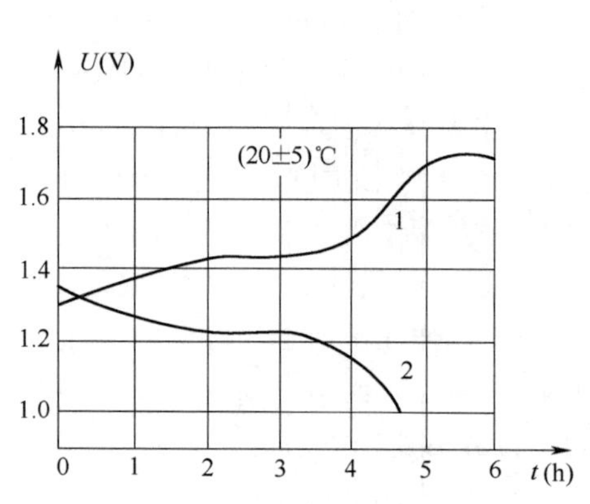

图 7-8　GNG40 型镉镍电池充放电特性

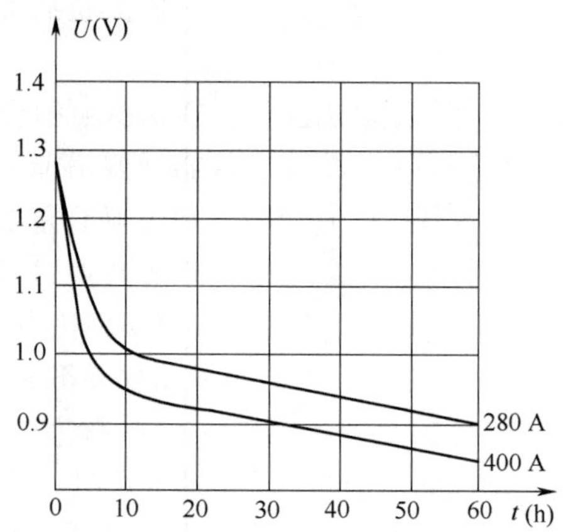

图 7-9　GNG40 型镉镍电池不同放电倍率的放电特性

一般断路器的操作机构动作时间小于 100 ms，合闸电流一般最大在 400 A 左右，断路器合闸所需蓄电池容量约为 20～40 Ah。断路器合闸过程是对电池大电流急放电的一个过程，在合闸瞬间要求电池的压降要小，以免影响其他电气设备的正常工作。GNG40 型电池在瞬时 400 A 放电时，电池电压降低约 20%，对一般用电设备是允许的。

当镉镍蓄电池放电至终止电压(1 V)时，应以等于或小于正常放电电流的正常充电电流充电。正常充电时间(GNG 型)为 6～7 h，充电完后端电压为 1.6 V。1 小时率放电制的电池电压，可允许低于 1 V，高倍率蓄电池以高倍率电流放电 0.35 s 的瞬间电压，规定为 1.04～1.12 V。镉镍蓄电池在低温下运行性能良好，当温度为－20 ℃～40 ℃时，其容量可达到额定容量的 50%～70%。

(4)自放电特性

镉镍蓄电池的自放电是电池在无外接负载而静止时的内部自行放电。其产生的主要原因是极板间隔材料有杂质，电解液不纯，充电完毕后部分活性物质不稳定等。如极板上含有杂质，将在极板上形成局部小电池，小电池两极短路，产生短路电流引起蓄电池自放电，电解液中若混进杂质，如铁、铜及其他金属杂质，使自放电量增大。碱性蓄电池的自放电一般在充电后的最初几天内发生很快，以后变化很慢。过 1～2 月或放出 1/3 的容量后，就几乎不再发生自放电。

(5)充电方法

蓄电池的常规充电方法，包括恒流充电、恒压充电和阶段充电三种。

①恒流充电法。恒流充电法采用恒流充电，充电装置输出的充电电流保持恒定，不受电池端电压变化的影响。这样就保证了电池在充电过程中的任何时刻其化学反应均匀平稳，容易使活性物质还原彻底，容量得到恢复，可使电池容量充至100%，有利于计算电池的充电容量。即将充电电流乘以充电时间得到充入电量，并且设备的利用率高，因此牵引变电所中烧结式蓄电池的核对性充电一般采用恒流充电法。

②恒压充电法。恒压充电法式在充电过程中，充电装置的输出电压恒定不变。恒压充电在刚开始充电时，充电电流相当大，大大超过正常充电电流。但随着充电的进行，蓄电池端电压逐渐升高，充电电流逐渐减小。当蓄电池电压与电源电压相等时，充电电流为零。牵引变电所中镉镍蓄电池的浮充电和均衡充电采用恒定电压充电方式。因为浮充电主要是弥补蓄电池自放电。这种充电方式，可以避免过量充电，减少氢气、氧气的产生。且操作简单，不需要经常调节电流、电阻，但充电设备利用率低，充电容量很难计算。

③阶段充电法。阶段充电法也叫分级恒流充电法，是在充电开始即第一阶段以较大的恒定电流进行充电，第二阶段将充电电流减至一半，继续进行充电，直到电池容量充足为止。该充电方法具有充电时间短、电流利用率高的优点，但充电设备利用率低，操作较复杂。

镉镍蓄电池是变电所应用较为普遍的一种蓄电池，其大电流放电性能好、功率大、机械强度高，使用寿命长，腐蚀性小，无需专用房间。

2. 阀控密封铅酸蓄电池

变电所以往采用的铅酸蓄电池组，均为开口式、防酸式或防酸隔爆式，充放电时析出的酸雾污染及腐蚀严重，又需经常维护，即补酸和水，充电时要排出氢氧的混合气体，有爆炸危险，而且伴有硫酸蒸气，有强腐蚀性，对人和设备安全有很大影响，一般要求单独装在一个房间内。随着技术发展，近年来变电所已经采用阀控密封式铅酸蓄电池，通常也称为免维护铅酸蓄电池，克服了原有蓄电池的缺点，阀控密封铅酸蓄电池性能稳定、可靠、维护工作量小，受到设计和运行人员的欢迎。

(1)阀控密封式铅酸蓄电池特点

①无需补加水和调酸的比重等维护工作。

②大电流放电性能优良，特别是冲击放电性能极佳。

③自放电电流小，25 ℃下每月自放电率2%以下，约为其他铅酸蓄电池的1/5～1/4。

④不漏液，无酸雾，不腐蚀设备及不伤人，对环境无污染。

⑤蓄电池寿命长，若在25 ℃浮充电状态使用，蓄电池寿命可达10～15年。

⑥结构紧凑，密封性能好，可与设备同室安装，可立式或卧式安装，占地面积小，抗振性能好。

⑦没有镉镍电池的记忆效应的缺点。

但阀控密封铅酸蓄电池对温度的反应较灵敏，不允许过充电和欠充电，对充放电要求较为严格，要求有性能较好的充电装置，使用维护不当将严重缩短蓄电池的使用寿命。

(2)阀控密封式铅酸蓄电池原理

铅酸蓄电池的充放电总化学反应式为：

$$PbO_2 + 2H_2SO_4 + Pb \underset{\text{充电}}{\overset{\text{放电}}{\rightleftharpoons}} PbSO_4 + 2H_2O + PbSO_4$$

由于正、负极板的电化反应各具特点，所以正、负极板的充电接受能力存在差别，当正极板充电到70%时，开始析氧(O_2)；负极板充电到90%时，开始析氢(H_2)。铅酸蓄电池实现密封的难点就是充电后期水的电解，阀控密封铅酸蓄电池采取了以下几项重要措施，从而实现了密封性能。

①采用铅钙板栅合金，提高了气体释放电位，从而减少了气体释放量，同时使自放电率降低。

②利用海绵状(绒状)铅或负极活性物质的特性，这种物质在潮湿条件下活性很高，能与氧快速反应，阴极吸收氧气，抑制了水的减少而无需补水。

③阀控密封铅酸蓄电池采用了过量的负极活性物质设计，以保证蓄电池充电时，正极充足100%后，负极尚未充到90%，这样电池内只有正极上优先析出的氧气，而负极上不产生难以复合的氢气。

④采用了新型超细纤维隔板膜，让正极释放的氧气顺利地扩散到负极并在负极上消耗掉，使氧气易于流通到负极再化合为水。

由于从正极板产生的氧气在充电时很快与负极板的活性物质起反应并恢复成水，损失极少，因此蓄电池可以构成密封式电池。当充电电流超过一定值或充电温度不是特定的温度，正极产生的气体可能不会被负极全部吸收，这种情况下，内部压力就要升高，当达到安全阀的开启值，安全阀自动开启，使电池内部压力保持在允许范围。

(3)阀控密封式铅酸蓄电池结构

阀控式密封铅酸蓄电池的结构阀控式密封铅酸蓄电池由电极、隔板、电解液、电池槽及安全阀等组成，图7-10为阀控式密封铅酸蓄电池的结构示意图，图7-11为蓄电池实物图。

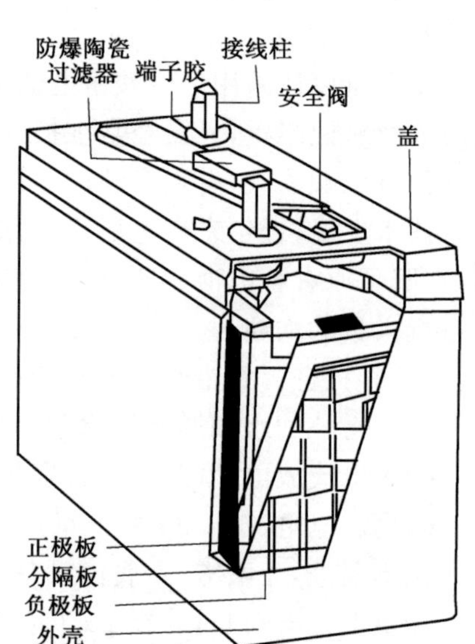

图7-10　阀控密封铅酸蓄电池结构示意图

①电极

铅酸蓄电池负极活性物质为海绵状铅，正极活化物质为二氧化铅。正电极采用管式正极板或涂膏式正极板，通常移动型电池采用涂膏式正极板，固定型电池采用管式正极板。负极板通常采用涂膏式极板，板栅材料采用铅锑合金。极板是在板栅上敷涂由活性物质和添加剂制造的铅膏，经过固化、化成等工艺处理而制成。铅膏是将活性物质与添加剂混匀，加入稀硫酸溶液，再用搅拌机拌均匀而成。

②隔板

隔板的作用是防止正、负极板短路，但要允许导电离子畅通，同时要阻挡有害杂质在正、负极间串通，隔板的主要材料是玻璃纤维或合成纤维。

③电池槽

电池槽是蓄电池的外壳，主要采用ABS、PP、PVC、SAN等材料。

④安全阀

安全阀为单向节流型，在正常浮充状态，安全阀的排气孔能溢散微量气体，防止电池的气体聚集；当电池过充等原因产生气体使阀达到开启值时，打开阀门，及时排出盈余气体，以减少电池内压；减压后自动关闭，不允许空气中的气体进入电池内，以免加速电池的自放电。

图 7-11　变电所蓄电池

(4)充电特性

阀控密封铅酸蓄电池电解液的密度比普通铅酸蓄电池高，单体蓄电池的开路电压可达 2.13～2.16 V。浮充电使用是阀控密封铅酸蓄电池的最佳运行条件，运行时，蓄电池总是处于满容量状态，在此条件下运行，阀控式密封铅酸蓄电池具有最佳的使用寿命和性能。

阀控密封铅酸蓄电池内部结构合理，极间与极间和极间与对地绝缘状况较好，蓄电池的自放电率较小。据测试，在环境温度 20 ℃储存时，蓄电池自放电每月约为 4%。运行中的浮充电压，浮充电流一定要按照厂家的规定。浮充电一般采用恒压限流方式，在环境温度为 25 ℃时最佳浮充电压为 2.23 V/单体，浮充电流小于 2 mA/(Ah)。严格防止因浮充电不当，造成蓄电池容量失效故障。阀控式密封铅酸蓄电池的充电性能，一般以它的充电特性曲线表示，充电时间取决于放电深度、充电初始电流及环境温度，图 7-12 为某系列电池充电特性曲线。由于蓄电池对温度较为敏感，所以当温度升高时，需降低浮充电压，如温度升高 5 ℃，充电电压相应减少约 15 mV。

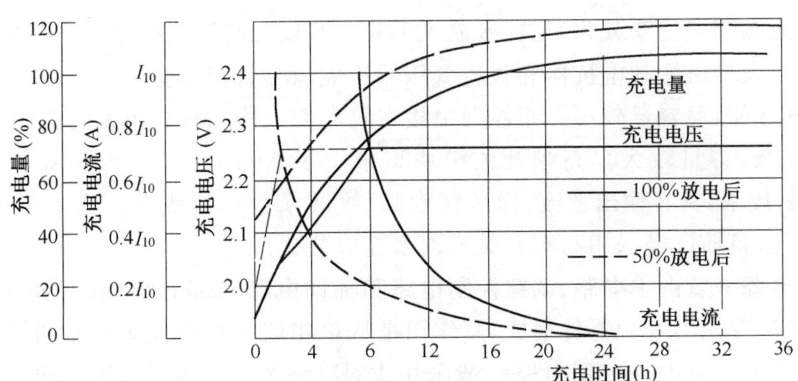

图 7-12　阀控密封铅酸蓄电池充电特性曲线

(5)放电性能

阀控密封铅酸蓄电池电解液的密度大,浮充电压高,所以开路电压和初始放电电流与防酸蓄电池相比,相对要大些。在放电过程中,蓄电池放出的容量与放电倍率有很大关系,放电电流越大,所放出的容量越少;放电电流越小,所放出的容量越多。通常以标准温度(25℃)下10 h放电率的容量为阀控式密封铅酸电池的额定容量,新蓄电池在前3次循环内达到额定容量的95%以上,即为合格。图7-13为某系列阀控密封铅酸蓄电池的放电特性曲线。

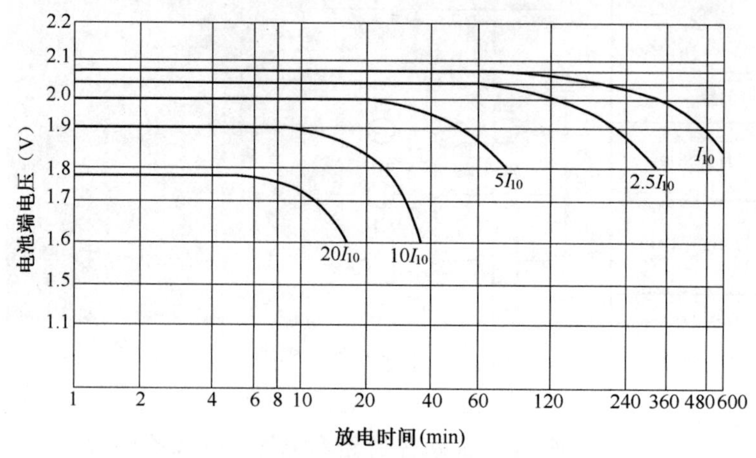

图7-13　阀控密封铅酸蓄电池放电特性曲线

(6)自放电性能

阀控式密封铅酸蓄电池长期储存时,容量逐渐损失,并进入自放电状态。观察自放电的简单方法是测量电池的开路电压,开路电压同电池剩余容量密切相关。新电池的开路电压是2.13~2.16 V/单体,储存2~3个月后,即从出厂、运输到用户安装,电池开路电压不应低于2.1 V/单体(约相当于自放电损失2%),如果在2.13 V/单体以上(约相当于自放电损失1%),则说明电池储存性能很好;如果在2.1~2.13 V/单体,则说明储存性能较好。若低于2.1 V/单体,则说明储存性能较差。当电池长期储存不用时,为防止自放电引起的过放电现象,要定期对储存状态的电池进行补充电。

(三)充电装置

蓄电池的充电装置主要分为三类,磁放大型充电装置、相控型充电装置和高频开关模块型充电装置。磁放大型由饱和电抗器和整流变压器构成,利用饱和电抗器的调整绕组进行调压,接线简单,调试方便,但容量较小。相控型由接在隔离变压器二次绕组上的晶闸管整流器进行调压,接线较复杂,容量较大。高频开关模块型采用了MOS、IGBT等半导体器件,应用了PWM脉宽调制技术,具有输出稳流、稳压精度高、纹波系数小等优点。变电所过去采用前两种类型充电装置,目前已经采用高频开关模块型充电装置。

高频开关电源一般由主电路、调整控制电路和辅助电路三部分组成。主电路由交流整流滤波、直流一直流变换器等元器件组成,其作用是从单相或三相交流电网取得交流电,并将其转换为符合要求的直流电。控制电路一般采用PWM脉宽调制电路,包括输出采样、信号放大、控制调节、基准比较等单元,其作用是对输出电压进行检测和取样,并与基准定值进行比较,从而控制高频开关功率管的开关时间比例,达到调节输出电压的目的。功率因数校正网络也是高频开关整流器的重要组成部件,其功能是通过控制过程,使输入电流波形跟踪正弦基波电流,且相位与输入电压同相,以保持输出电压稳定和功率因数接近于1。辅助电路包括手动调整、稳压电源、保护信号、事故报警以及通信接口等。

图7-14为高频开关电源的原理图。三相380 V交流输入低通滤波器,然后输入整流装置,经直流滤波后,进行直流一直流变换(高频变换),再经高频变压器输出,经整流和直流滤波后得到所需要的直流电压。

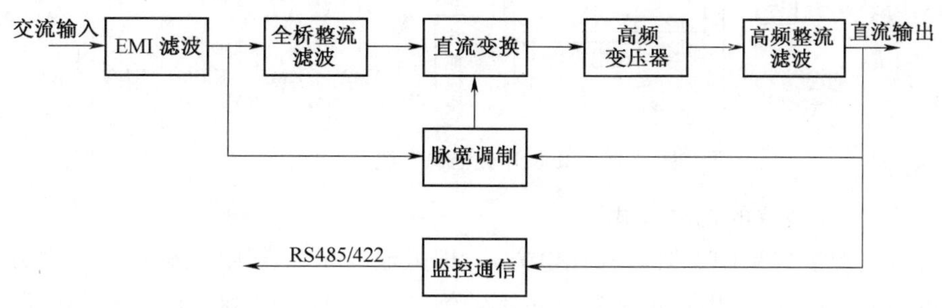

图7-14 高频开关电源原理框图

(四)直流操作电源系统

变电所直流操作电源系统由蓄电池组和整流装置构成,近年来,变电所采用GZDW微机控制高频开关直流电源系统。

该系统采用阀控密封铅酸蓄电池组和高频开关模块型充电装置,系统取消了端电池调整器和降压装置,简化接线,提高了系统的可靠性。增加了放电装置的自动开关,便于运行中的定期充放电试验。蓄电池、充电装置、负荷开关采用直流自动空气断路器,提高了切断直流回路的短路电流能力,提高可靠性。电池监测装置可以提高自动化水平,及时发现与判断电池的质量。直流绝缘监测装置和电压监视装置采用微机型装置,提高绝缘监测的灵敏度和可靠性。充电装置、绝缘监测装置、电压监视装置等均有RS232或RS485通信接口和有触点接口,便于与调度所遥测、遥信、遥控系统接口。简化了常测表计,但保留用户要求少量指针式表计,大多数均采用数字式液晶显示触摸屏显示。

1. 高频开关电源直流系统的组成

阀控密封铅酸蓄电池高频开关电源直流系统采用模块化配置,根据功能可划分交流配电模块、监控模块、电源模块(按功能又划分为供电、充电、调压等)、直流配电、其他功能模块等几个部分。

图7-15为阀控密封铅酸蓄电池高频开关电源直流系统常用配置方式原理框图,采用控制、合闸母线分离的方式向系统供电。其中交流配电模块是对交流电源进行处理、保护、监测并与充电模块接口。充电模块将交流电转变为直流电,按$N+1$并联方式运行,使用时可根据实际负荷大小选择具体模块的数目。直流配电模块负责向直流负荷供电。由于合闸母线电压较高,为保证控制母线在额定电压下正常工作,在两母线间装有调压模块,调压模块有两种,一种是装有自动调节装置的硅链降压模块;另一种是直流斩波稳压器实现DC-DC变换的无级调压模块。其他功能模块包括闪光装置、绝缘监察、报警装置等。监控模块用于对交流输入电源、充电模块、输出电源及蓄电池组进行智能管理,并实现数据监测、定值设定、越限报警,监控模块还设置RS232C和RS485串行通信接口,以实现遥测、遥信和遥控。

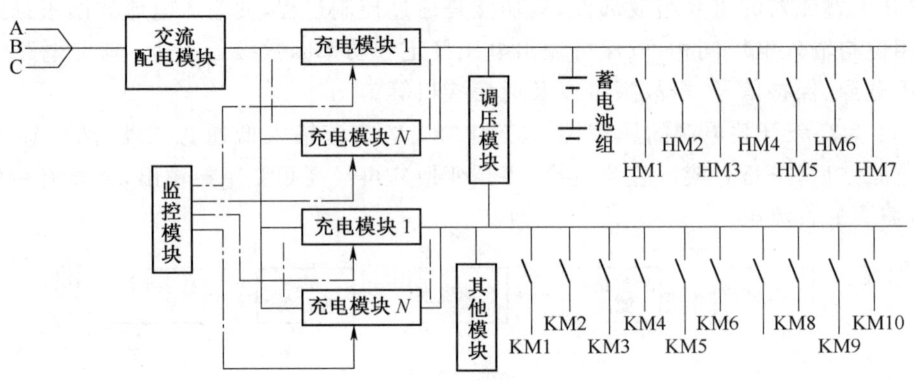

图 7-15　高频开关电源直流系统框图

2. GZDW 直流装置的充电方式

一般直流电源装置采用二阶段式充电方式，即恒流均充和定压浮充，这种充电方式的缺点是电池极板还原不够充分，因而电池容量也不够饱满。GZDW 系列直流装置采用四阶段充电方式，即恒流限压主充、定压均充、定时均充、定压浮充，电池极板的有效物质还原充分，可延长电池寿命。

该系统的输出特性如图 7-16 所示，图中 A 点为均衡充电开始工作点，A-B 之间的区域为恒流充电区域。当蓄电池充电电压上升至均衡充电电压值 B 点后，设备进入恒压充电工作方式，B-C 段为恒定电压区域，均衡充电在给定的时间内结束。均衡充电结束后，自动转换到浮充电方式运行，以补充蓄电池的自放电，使蓄电池始终以饱满的容量处于备用状态，图中 D-A 区域为浮充电运行工作阶段。

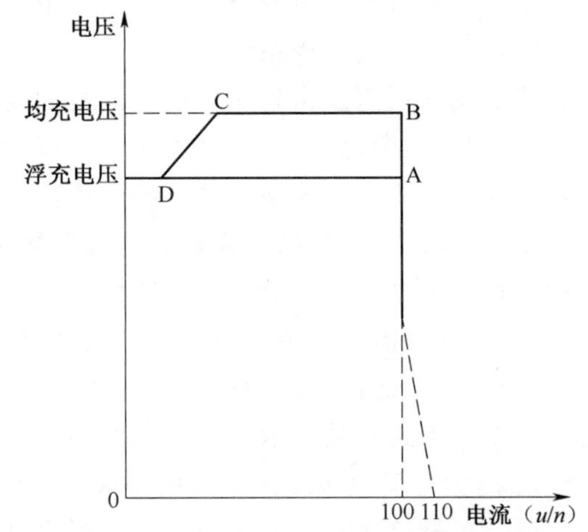

图 7-16　GZDW 装置直流输出特性图

3. GZDW 直流系统的运行过程

GZDW 装置正常运行在浮充电状态下。每隔 1～3 个月，微机控制充电装置自动转入恒流充电状态运行，阀控密封铅酸电池的充电电流设定为 $1.0I_{10}$ A(10 h 放电率的电流)。当电池组电压达到均充电压值(2.3～2.4)V×N(单体电池个数)时，微机控制充电装置自动转入恒压充电状态运行。当恒压充电电流小于整定值($0.1I_{10}$ A)时，微机开始计时，3 h 后微机控制充电装置自动转入正常浮充运行状态。

当变电所事故停电时，充电装置停止工作，蓄电池通过自动跟踪调压，无间断地向控制母线送电。交流电源中断时间大于整定值，一般 1 h 后，蓄电池组总开关将自动断开，停止供电。

交流电恢复送电时，蓄电池组总开关将自动合上，微机控制充电装置自动进入恒流充电状态运行(充电电流为 $1.0I_{10}$A)，蓄电池组电压达到整定值时(2.3～2.4)V×N 时，微机控制充电装置自动转入恒压充电运行。当恒压充电电流小于整定值($0.1I_{10}$A)时，3 h 后微机控制充电装置自动转入正常浮充运行状态。

在正常运行中，若控制母线电压低于或高于额定电压的 10%，欠电压、过电压保护应发出电压过低或过高的信号；若直流母线绝缘电阻低于规定值时，绝缘监察装置发出母线接地信号；直流系统短路时，过电流保护装置将会动作。

三、项目实施

变电所蓄电池故障处理。

（一）故障现象与判断

变电所设备巡检，在蓄电池检查试验时，将 UR1 和 UR2 退出工作，即变电所的控制和信号灯电源全部由蓄电池提供，观察蓄电池的使用情况。

图 7-17 所示是刚断开整流机，由蓄电池单独供电时的电压值，电池电压和控母电压均为 110 V。

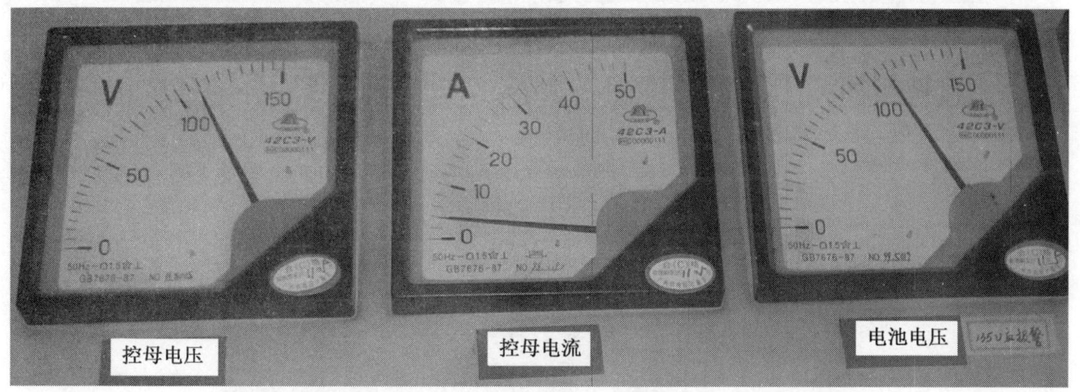

图 7-17　装置直流电压图(一)

图 7-18 所示是由蓄电池单独供电 5 min 时的电压值。电池电压和控母电压均为 100 V。

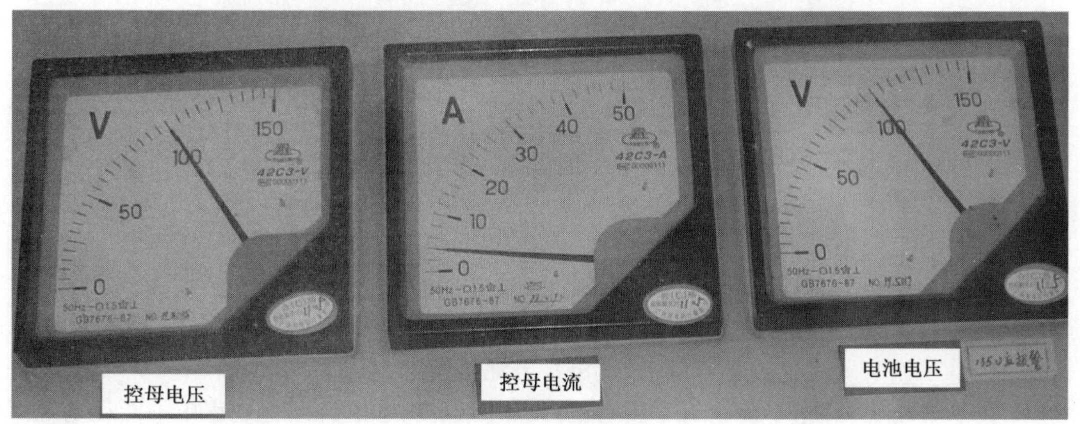

图 7-18　装置直流电压图(二)

根据蓄电池电压下降的速度判断为蓄电池存在问题。合上 UR1 或 UR2 整流机，由整流装置单独对负荷供电。在确认整流装置工作正常后，退出蓄电池，测量各个蓄电池的电压值。

1号～7号电池电压均在(12±0.4) V,8号电池5.90 V,9号电池7.25 V,如图7-19所示。

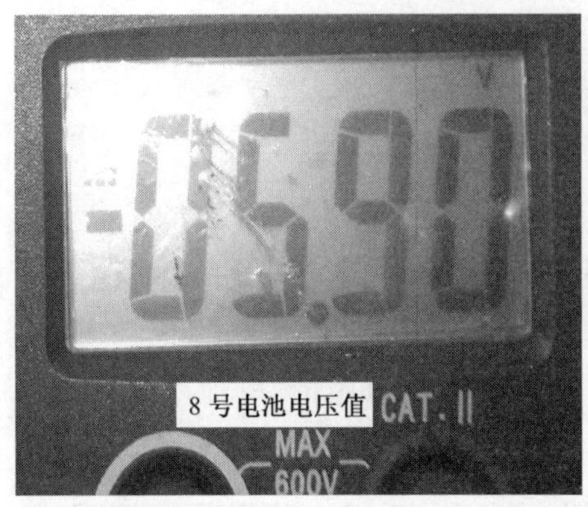

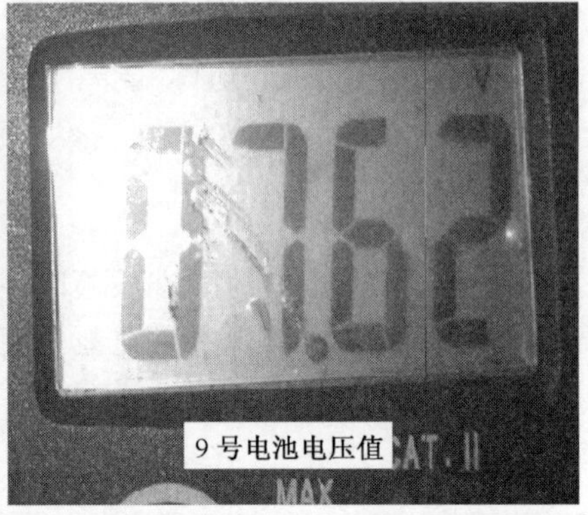

图7-19　装置直流电压图(三)

8号电池和9号电池的外观图如图7-20所示,其电池顶盖中间处颜色有明显不同,故障电池有一个白色的圆。

图7-20　故障电池图

(二)故障处理与修复

对故障电池进行处理,过程如下:

(1)准备两个同型号、同容量的电池。

(2)准备好所用的工具,主要是两个活动扳手及相应的螺栓、垫片、弹簧垫片、螺帽(以防现场卸的不适用)。

(3)确认整流装置能单独正常供电,退出蓄电池,进行更换。

(4)更换过程应注意:不能用扳手碰电池两极,防短路;在装卸电池过程中不能让电池两极同时碰到电池柜的支架,防短路。

(5)更换电池后,对蓄电池组进行强充电,约30 min左右。

(6)退出整流装置,由蓄电池单独供电,20 min左右,电池电压维持在正常水平,不会下降。同时注意各电池电压,各电池电压应均匀,不应超过±0.5 V。

(7)合上开关,投入整流装置,投入蓄电池,恢复正常供电。

项目五　直流系统接地处理

一、项目介绍

本项目学习变电所直流系统接地原因、危害及故障处理。

二、相关知识

(一)直流系统绝缘监察

变电所直流系统接线分布较广,接线复杂并且外露部分较多,工作环境多样,易受外界环境因素的影响,造成直流系统绝缘水平降低,甚至可能使绝缘损坏而发生接地。一点接地虽不会影响到直流系统的正常工作,但它是一个非常危险的不正常状态,必须及时发现和处理。否则,在此状态下,其他地方又出现另一点接地,造成两点接地就可能引起控制回路、信号回路、继电保护和自动装置等不正确的动作,甚至熔断器熔断,使直流系统供电中断,造成严重后果,因此,在直流系统中装设绝缘监察装置是非常必要的。

如图 7-21 所示电路,当 K1 点接地时,不影响电路的正常工作,此时再发生 K3 点接地时,L+→1FU→K1→K3→YT→2FU→L-电路接通,导致 YR 线圈得电,造成断路器误分闸。如果 K3 和 K4 点接地,将 YR 线圈短接,将有可能导致拒动。

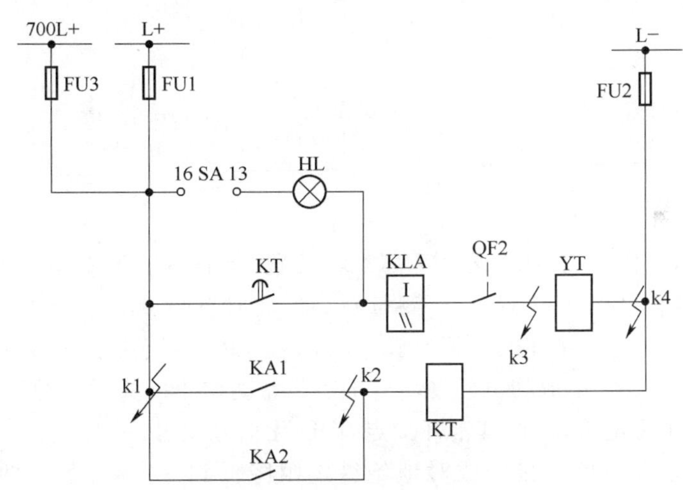

图 7-21　直流系统接地故障

为此,在直流系统中必须设置有足够灵敏度且能连续工作的绝缘监察装置。当直流母线任何一极对地绝缘下降到一定程度时,能及时地发出预告信号,提醒值班人员注意,迅速查找排除。

对于直流系统绝缘监察装置的基本要求是:

(1)能正确反映直流系统中任一极绝缘电阻下降。当绝缘电阻降至 15～20 kΩ 及以下时,应发出灯光和音响预告信号。

(2)能测定绝缘电阻下降的极性(正极或负极),以及绝缘电阻的大小。

(3)有助于绝缘电阻下降点(接地点)的查找。

下面对绝缘监察装置的工作原理进行介绍。

（二）常规直流系统绝缘监察装置

图 7-22 所示是用高内阻双直流电压表按电桥原理构成的绝缘监察装置。图 7-22 中的 R_1、R_2 与直流电源正、负极对地绝缘电阻 R_3、R_4（图 7-22 中未表示）组成电桥的四个臂。RP 为电位器，KA 为电流继电器，V_1 和 V_2 为高内阻直流电压表。这种绝缘监察装置，可以测出两极对地总绝缘电阻，再加以适当计算，可求出各级对地绝缘电阻，同时还能发出音响信号。

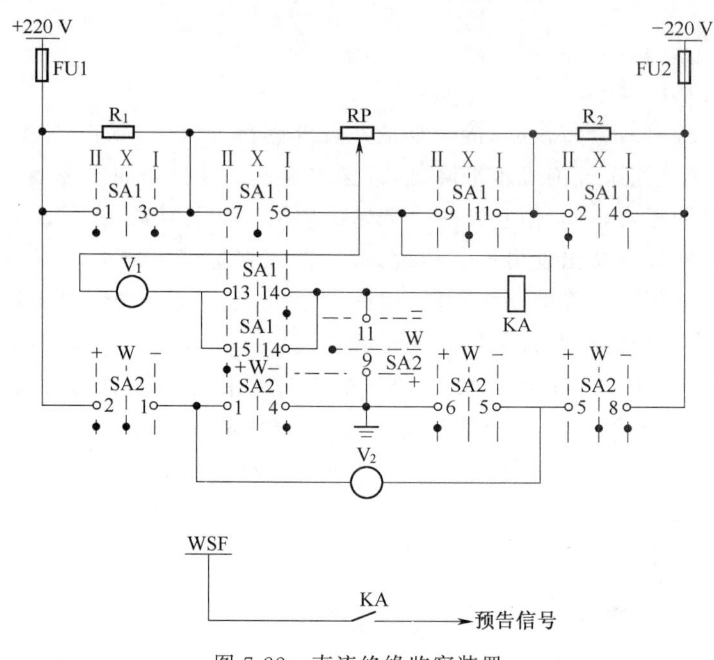

图 7-22　直流绝缘监察装置

1. 正常工作状态

在正常运行时，操作开关 SA2 置于 W（母线）位置，此时 SA2 的接地 $SA2_{11-9}$、$SA2_{5-8}$ 及 $SA2_{1-2}$ 均闭合。操作开关 SA1 置于 X（测量）位置，此时 SA1 的接地 $SA1_{7-5}$、$SA1_{9-11}$ 均闭合，电位器 RP 被短接。V_2 接在电源正负极之间，V_1 未接入，电流继电器 KA 接于 R_1、R_2 和两极对地绝缘电阻 R_3、R_4 组成的电桥平衡臂上。正常时由于两极对地绝缘电阻相等且 $R_3=R_4$，电桥平衡，KA 中无电流流过，其常开接点打开，无信号发出。

当直流系统的正极或负极接地或对地绝缘电阻降低到一定程度时，两极对地绝缘电阻 R_3、R_4 相差很大，电桥失去平衡，电流继电器 KA 中有电流流过，当电流达到 KA 的启动值是，KA 动作，其常开接点闭合，发出直流接地信号。

2. 判断接地（绝缘下降）极的方法

当值班人员收到直流系统接地的预告信号后，切换 2SA 并借助电压表 2V 的指示，可判别出哪一极接地或绝缘电阻降低。

将操作开关 SA2 扳向“－”，使其接点 $SA2_{1-4}$、$SA2_{5-8}$ 接通，当 V_2 指示母线电压则说明正极完全接地；当 V_2 指示小于母线电压则说明正极对地绝缘电阻下降。操作开关 SA2 扳向“＋”，其接点 $SA2_{2-1}$、$SA2_{6-5}$ 接通，当 V_2 指示母线电压则说明负极完全接地，当 V_2 指示小于母线电压则说明负极对地绝缘电阻下降。确定哪一级接地后可进行检查，及时排除接地点。

(三)微机型直流系统绝缘监察装置

微机直流系统绝缘监察装置采用了附加信号源的新型检测原理和微机技术,不仅能监测直流系统的绝缘水平,并能直接读出绝缘电阻值,可以掌握直流系统的绝缘状况及其变化趋势。该装置采取了较为完善的抗干扰措施,具有较强的自检和保护功能,原理接线框图如图7-23所示。

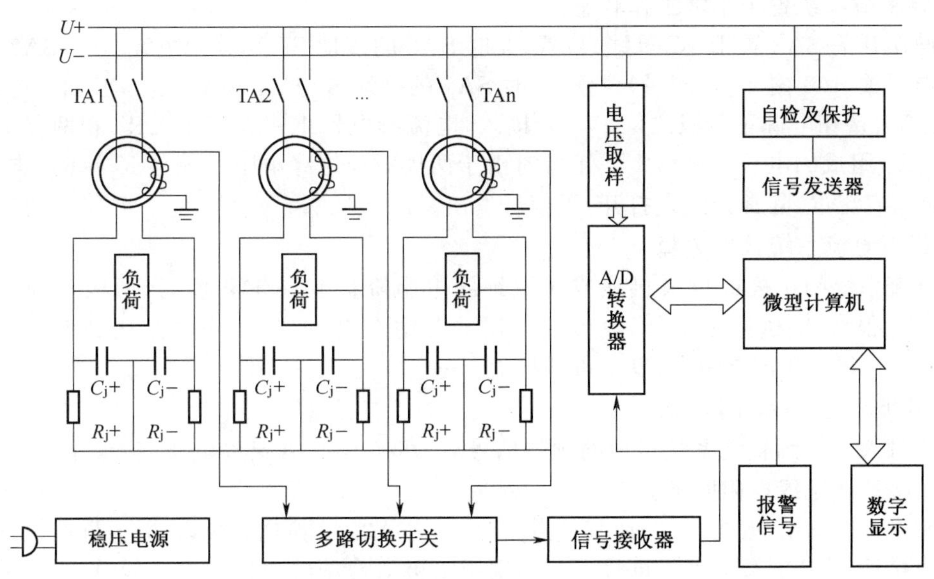

图 7-23 微机型直流系统绝缘监察装置原理框图

该装置采用了一个低频信号源作为发信部件,通过两个隔直耦合电容器 C_j+、C_j- 向直流系统正、负极母线发送低频交流信号,小电流互感器 TA 穿套在各支路的正、负极引出线上,由于穿过电流互感器的直流分量电流大小相等,相位相反,它们产生的磁场互相抵消;而交流信号是通过 C_j+、C_j- 两个隔直耦合电容加到直流母线的正、负极上的,其正、负极母线上的交流信号电压的幅值相等,相位相同,电流互感器二次侧电流就可以反应出正、负极母线对地绝缘电阻和对地等值电容状态的交流泄漏电流。正、负极对地泄漏电流的幅值不等,相位不同。每一条支路的互感器二次侧电流均反应该支路正、负极对地泄漏电流的相量和,然后用模拟乘法器和滤波器取出电阻性分量,经 A/D 转换器转换为数字量,再由微型计算机进行数据处理,显示绝缘电阻值。

装置的常规监测部分是用两个分压器取出正极对地电压和负极对地电压值,经微型计算机计算处理后,数字显示出电压值和绝缘电阻值。本装置内设有发送交流信号源的耦合电容器、泄漏电流自动检测闭锁电路,在进行支路扫查时,采取人为扯偏电压,在发送信号的同时,起到对继电器引线接地的保护作用。低频振荡器产生无畸变的正弦波,经功率放大器(最大输出功率可达 120 W)放大,经 2.5 A 熔断器和一继电器触点送入变压器一次侧,二次侧接 50 V 电压表后送入自检保护回路。自检保护回路主要是由两个耦合电容器和漏电流检测部件及继电器组成。当电容器充完电又无泄漏电流现象,信号源将叠加在直流系统上,这时可进行各支路扫查工作。信号源投入直流系统后,所有的电流互感器二次侧感应出各支路的对地泄漏电流,由微型计算机控制的译码器控制多路切换开关,逐个进行扫查,所扫查的支路与数码管显示的支路号对应,经切换开关采集的信号,通过放大器放大,送乘法器取出有功分量,再经滤波元件滤去交流成分,将直流分量送入 A/D 转换器转换为数字量,送入微型计算机,微型计算机将这些数据经过处理判断后,进行报警和数字显示出电压和绝缘电阻值及相应的支路编号。

三、项目实施

1. 将直流系统置于正常工作状态

将操作开关 SA2 置于 W(母线)位置,此时 SA2 的接地 $SA2_{11-9}$、$SA2_{5-8}$ 及 $SA2_{1-2}$ 均闭合。操作开关 SA1 置于 X(测量)位置,此时 SA1 的接地 $SA1_{7-5}$、$SA1_{9-11}$ 均闭合,电位器 RP 被短接。V_2 接在电源正负极之间,V_1 未接入,电流继电器 KA 接于 R_1、R_2 和两极对地绝缘电阻 R_3、R_4 组成的电桥平衡臂上。正常时由于两极对地绝缘电阻相等且 $R_3=R_4$,电桥平衡,KA 中无电流流过,其常开接点打开,无信号发出。

2. 模拟直流系统接地故障

当直流系统的正极或负极接地或对地绝缘电阻降低到一定程度时,两极对地绝缘电阻 R_3、R_4 相差很大,电桥失去平衡,电流继电器 KA 中有电流流过,当电流达到 KA 的启动值是,KA 动作,其常开接点闭合,发出直流接地信号。

3. 判断接地(绝缘下降)极

当值班人员收到直流系统接地的预告信号后,切换 SA2 并借助电压表 V_2 的指示,可判别出哪一极接地或绝缘电阻降低。

将操作开关 SA2 扳向“－”,使其接点 $SA2_{1-4}$、$SA2_{5-8}$ 接通,当 V_2 指示母线电压则说明正极完全接地;当 V_2 指示小于母线电压则说明正极对地绝缘电阻下降。操作开关 SA2 扳向“＋”,其接点 $SA2_{2-1}$、$SA2_{6-5}$ 接通,当 V_2 指示母线电压则说明负极完全接地,当 V_2 指示小于母线电压则说明负极对地绝缘电阻下降。确定哪一级接地后可进行检查,及时排除接地点。

模 块 小 结

一、事故信号

变电所正常运行时,位置信号用于反映开关设备的状态,指示断路器的分、合闸位置和隔离开关的分、合闸位置。如在断路器的控制回路中利用红(绿)信号灯来表示断路器合闸(分)闸位置状态。在变电所的事故状态时,装置将发出相应的信号,提醒运行人员及时发现和采取对策。在断路器事故跳闸时,能及时地发出事故音响信号,并使相应的断路器灯光位置信号闪光及可查询保护动作的情况。事故音响信号一般使用的是电笛(蜂鸣器)。

牵引供电过程中出现馈线跳闸的次数比较多,其原因绝大部分是接触网故障所引起。馈线跳闸时,值班人员处理的参考程序是记录、上报、检查。

馈线合闸于故障线路时跳闸,在没有查清原因前不得再合闸。天窗作业后送电时馈线跳闸,值班人员亦应按记录、上报、检查程序进行。而供电调度员在未清楚故障原因时,绝对不允许送电。如果是接触网作业的错误消令引起误送电到作业区,造成馈线跳闸的,如果再强送,可能会引起更大的人身伤亡事故。

二、预告信号

在变电所异常运行状态时,变电所信号装置将发出相应的信号,提醒运行人员及时发现和采取对策。在运行设备发生异常现象时，瞬时或延时发出预告音响信号，并使光字牌显示出异常状况的性质和内容。音响信号（电铃）是为了唤起值班人员的注意；光字牌信号是为了便于了解故障的设备和故障性质。

三、交流自用电系统及操作电源

变电所的整流装置、变电所日常生活及检修工作等，需要用到低压交流电，通常在变电所设置自用电变压器，并在变压器的低压侧设置自动投入装置。

为了可靠的向交流自用电设备供电，牵引变电所通常设有两台容量相等的自用电变压器，一台工作，一台备用。每台能单独承担变电所的自用电负荷，并且还应装有备用电源自动投入装置。

变电所的操作电源可分为直流操作电源和交流操作电源两大类。牵引变电所多采用直流操作电源，其电压一般为 DC 110 V 或 DC 220 V，牵引变电所的直流操作电源一般是由蓄电池组和整流装置构成，正常时由两者一起供电，同时整流装置对蓄电池组进行充电，蓄电池组处于浮充电运行状态；当整流装置失去交流电源时，由蓄电池组供电。

直流系统接地可能引起控制回路、信号回路、继电保护和自动装置等不正确的动作，甚至熔断器熔断，使直流系统供电中断，造成严重后果，因此，在直流系统中应装设绝缘监察装置。

复习思考题

1. 直流系统接地有何危害？应采取什么装置进行监视？
2. 变电所自用电系统的作用是什么？
3. 阀控铅酸密封蓄电池有何特点？其作用是什么？
4. 中央信号装置的作用是什么？
5. 什么是冲击继电器？
6. 根据变电所馈出线信号图纸，分析装置信号的动作过程。

模块八　保护装置及自动装置分析

本模块主要学习继电保护概念及要求，保护类型、展开图工作原理，能阅读分析各类保护展开图，分析保护动作过程，学习自动装置的类型及意义、自动装置工作基本原理，能分析重合闸和备用电源自动投入装置动作的基本过程，对自动装置动作结果进行分析。分析自动装置动作过程，培养对复杂问题独立思考和解决问题的能力。培养认真细致的精神，培养发现问题、分析问题、解决问题的能力。

项目一　继电保护装置构成

一、项目介绍

认识继电保护装置，了解其基本作用，了解继电保护的基本组成，理解继电保护装置"四性"的含义，能阅读简单的保护二次接线图。

二、相关知识

（一）继电保护概念

电力系统在运行过程中可能发生各种故障和不正常运行状态，其故障状态是指电力系统的某一元件的正常运行状态遭到破坏而无法正常供电的一种特殊状态；而电力系统的不正常运行状态，是指系统中电气元件的正常工作遭到破坏，但未发展成为故障时的情况。电力系统最常见的故障是各种短路，不正常运行状态有过负荷、过热、系统振荡等。

电力系统是一个连续工作的系统，系统中任何元件的故障和不正常，都将可能导致系统事故，所以尽快切除故障、排除不正常运行元件是保证电力系统正常运行的必要措施。这个任务靠人工完成是不可能的，只能靠继电保护装置完成。继电保护及自动装置是变配电所的二次设备，是保证电力系统安全可靠运行的重要措施。是近几十年来迅速发展起来的一门技术，从最简单的电流保护熔断器开始，到现在先进的计算机保护，科学家们经过艰苦的努力，已经使之成为一门独立于一般自动化技术的专门学科。

继电保护装置，是指能够反映电力系统元件故障和不正常运行状态，并能使断路器跳闸或发出信号的一种自动装置。继电保护的主要作用是：

1. 当被保护元件发生故障时，能自动、迅速而有选择地借助断路器将故障元件从电力系统中切除，以保证系统的其他元件正常运行，并使故障元件免于继续遭受损坏。

2. 当被保护元件出现不正常运行状态时，保护装置能发出信号，以便值班人员采取有效措施，或由其他自动装置进行自动调整，以消除不正常运行状态。

（二）基本原理

当电力系统发生故障或出现不正常运行状态时，系统的电气量将有着显著的变化。例如：

电流增大、电压降低、电流与电压的相位角发生变化等。继电保护装置就是利用这些变化来反应故障并构成对电力系统的保护。常用的保护有电流保护、电压保护、距离(阻抗)保护、高频保护等,图 8-1 是电力系统的继电保护原理框图。

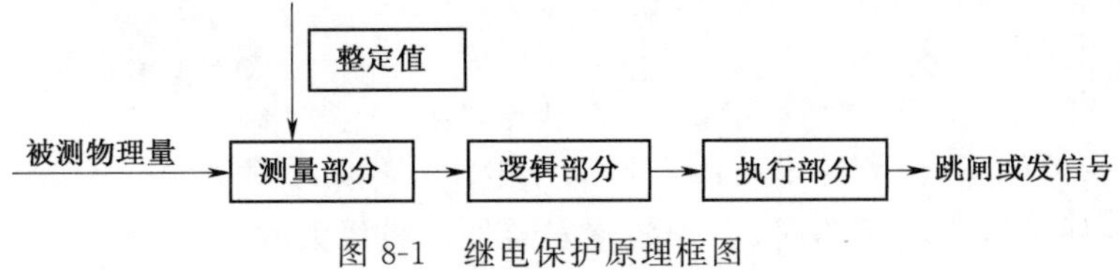

图 8-1　继电保护原理框图

(三)对继电保护装置的基本要求

一套完整的继电保护装置,通常应具备以下四种技术性能,即选择性、速动性、灵敏性和可靠性。

1. 选择性

当电力系统某一元件发生故障时,要求保护装置有选择性地只切除故障元件,将电力系统故障范围缩小到最小。

2. 速动性

所谓速动性,就是要求继电保护装置能以最短的时间将故障元件从电网上切除。保护装置的速动性要求可减轻电气设备受短路电流损坏的程度,对防止故障的进一步扩大,提高电力系统自动重合闸动作的成功率有很大的帮助。

对保护装置的速动性要求,往往要受到技术条件和经济条件的限制,因此,必须针对具体情况确定保护装置的动作时限。一般来说,电压等级越高,负荷越重要,切除故障的时间要求越短。例如,对于 110 kV/10 kV 变配电系统,主变压器的主保护动作时间只是保护装置的固有动作时间,不超过 0.1 s。

3. 灵敏性

继电保护装置的灵敏性,是指在保护范围内发生故障和不正常状态时,保护装置的反应灵敏程度用 K_s 表示。

保护装置的灵敏度与系统的运行方式有关,在系统的最大运行方式下,因为投入了全部电气设备,此时若发生短路故障,短路电流最大,对于反应故障时参数增加的保护装置(例如:过电流保护,此时也最灵敏。在最小运行方式下,因为投入了最少的电气设备,发生短路故障时短路电流最小,此时保护装置的灵敏度最低,故通常只检查此种情况下的灵敏度,K_s 的计算公式为:

$$K_s=\frac{\text{被保护区末端金属性短路时故障参数的最小计算值}}{\text{保护装置动作参数的整定值}}$$

例如,过电流保护装置的灵敏系数为:

$$K_s=\frac{I_{k\cdot min}}{I_{op}}$$

式中　I_{op}——折算到一次侧的电流继电器动作电流;

K_s——灵敏系数;

$I_{k\cdot min}$——被保护线路末端最小短路电流。

对于反应故障时参数降低的保护装置,最大运行方式下的灵敏度最低,故通常只检查此种情况下的灵敏度，其灵敏系数的计算公式为：

$$K_s = \frac{\text{保护装置动作参数的整定值}}{\text{保护区末端金属性短路时故障参数的最大计算值}}$$

例如，低电压保护装置的灵敏系数为：

$$K_s = \frac{U_{op}}{U_{k \cdot max}}$$

式中 U_{op}——折算到一次侧的电压继电器动作电压；

$U_{k \cdot max}$——保护区末端短路时，保护装置安装处母线最大残压。

4. 可靠性

保护装置的可靠性是指被保护范围内发生故障时，保护装置的可靠程度。保护装置的可靠性包含不拒动和不误动两种含义，即在保护装置应该动作的情况下，不因保护装置本身的某种原因而拒绝动作，称不拒动；在保护装置不应该动作的情况下，不因保护装置本身的某种原因而动作，称不误动。

保护装置的可靠性直接影响到电力系统的安全、可靠运行。为了提高保护装置的可靠性，必须提高保护装置安装和调试的质量，加强经常的维护管理；保护装置应尽可能地简单，采用的继电器及串联的接点应尽可能少；保护装置应当采用质量高动作可靠的继电器和元件。

对继电保护装置的四个基本要求是相互联系的，也是相互制约的，一套完善的保护装置应该采用最优方案，合理处理四个基本要求之间的关系。

三、项目实施

1. 根据电流保护展开图，说明继电保护的基本原理。

参考图 8-2，电力线路的一次设备与保护装置依靠电流互感器和断路器联系在一起，当线路正常运行时，线路只有负荷电流，电流互感器二次侧电流（流入电流继电器的电流）较小，不足以启动继电器，继电器的接点不吸合，保护装置不动作。当线路上的某一点，发生短路故障时，短路电流增大，足以使继电器启动，其常开接点闭合，并经断路器的辅助常开接点接通断路器的跳闸线圈，断路器迅速跳闸，继电保护装置切除故障线路。

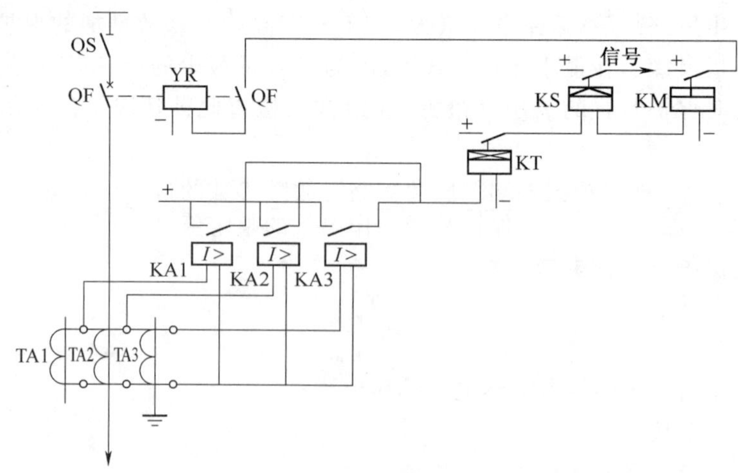

图 8-2　采用完全星形接线的定时限过流保护的原理接线图

2. 分析保护动作顺序

图 8-3 是简单电力系统的示意图，用该图可解释继电保护的选择性要求，当图 8-3 中 k1 点发生短路故障时，按照选择性的要求，距离短路点最近的断路器 QF4 先跳闸，从而保证母线 A-2 上仍有电压，线路 WL2 可继续正常供电。当图中 K2 点发生短路故障时，同理，断路器 QF2 跳闸，线路 WL1、WL4 可继续正常供电。

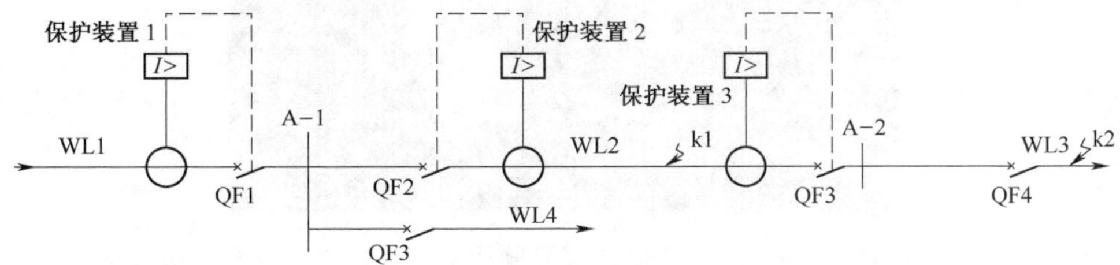

图 8-3　继电保护选择性要求示意图

由于某种原因，距离短路点最近的保护装置或断路器拒绝动作时，相邻元件的保护装置应起后备作用，保护装置的这种后备作用是十分重要和必不可少的。在图 8-3 中，当 k1 点发生短路故障时，若保护装置 3 或断路器 QF3 拒绝动作时，保护装置 2 使断路器 QF2 跳闸，这种后备作用可防止故障范围的进一步扩大，称为远后备保护。

3. 熟悉保护测试仪

图 8-4 为继电保护测试仪界面，界面左侧为开关量输入、输出接口，中间为显示屏，右侧为参数调整及操作按钮。图 8-5 为测试仪侧面电流、电压输出插孔。

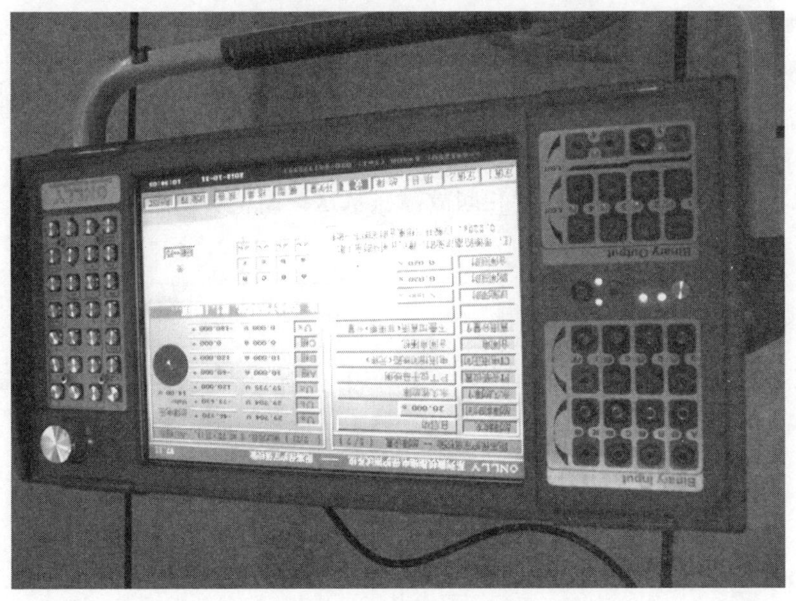

图 8-4　测试仪界面

图 8-5　测试输出

项目二　电流电压保护构成

一、项目介绍

学习三段电流保护，了解保护机理，熟悉其二次接线，通过电流保护试验，学会分析电流保护动作的方法，掌握电流保护设置方法和基本试验步骤。

二、相关知识

(一)过电流保护

1. 定时限过电流保护原理

过电流保护一般是指定时限过电流保护，简称为过流保护，图 8-6 是采用不完全星形接线的定时限过流保护的原理接线图，此种接线一般用于 10 kV 和 35 kV 的小电流接地系统，能反映各种相间故障。图 8-2 是采用完全星形接线的定时限过流保护的原理接线图，一般用于 110 kV 及以上的大电流接地系统中反应各种相间故障。从这些图中可以看出过电流保护一般由三种元件构成。

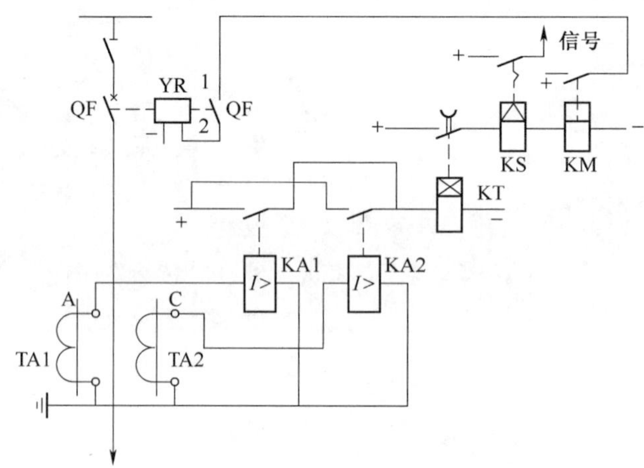

图 8-6　采用不完全星形接线的定时限过流保护的原理接线图

(1)电流元件

电流继电器 KA 作为电流元件,其作用是通过测量电流互感器 TA 变换过来的电流大小,判断是否有故障产生。当电流增大至继电器动作值时,其常开接点闭合,表示有故障产生。

(2)时限元件

时间继电器 KT 作为时限元件,其作用是使保护装置具有所必须的动作延时。当 KA 的常开接点闭合时,KT 的线圈得电,其接点延时闭合,并经信号继电器 KS 的线圈、断路器的辅助常开接点 QF 接通跳闸线圈 YR,使断路器跳闸,将故障线路切除。

(3)信号元件

信号继电器 KS 作为信号元件,其作用是在保护装置动作的同时,给出信号以便值班员确认是何种保护装置动作,并通过 KS 的机械保持接点接通"信号未复归"光字牌。

2. 过流保护的整定计算和灵敏度校验

一套完整的继电保护装置,通常应具备四种技术性能:选择性、速动性、灵敏性和可靠性。设计一套保护装置均需进行必要的整定计算和灵敏度校验。整定计算一般包括两方面内容:确定保护装置测量元件(如电流保护中的电流继电器 KA)的动作值和选择保护装置的时限元件(如电流保护中的时间继电器 KT)的动作时间;整定计算后还需进行灵敏度校验,当灵敏系数不满足保护装置的要求时,必须重新设置保护方式或采取适当的补救措施。下面简单介绍过流保护的整定计算和灵敏度校验的一般方法。

(1)动作电流的整定

选择过流保护动作电流的原则,应保证在被保护线路发生相间短路故障时能可靠地动作,在正常的最大负荷电流下不应动作。过电流保护装置的二次动作电流整定计算公式为:

$$I_{op\cdot k}=\frac{K_{rel}K_{ss}K_{w}}{K_{i}K_{re}}I_{L\cdot max}$$

式中　$I_{op\cdot k}$——电流继电器的动作电流;

$I_{L\cdot max}$——被保护线路的最大负荷电流;

K_{rel}——可靠系数,一般取为 1.15～1.25;

K_{ss}——自启动系数,一般取为 1.5～3;

K_{i}——电流互感器的变比;

K_{w}——电流互感器接线系数;

K_{re}——返回系数,取为 0.85。

(2)动作时限整定

图 8-7 所示是单侧电源辐射网络中的定时限过流保护时限配合图,从图中可以看到,每条线路始端均设置断路器和保护装置。

当线路 WL3 的 k3 点发生短路故障时,短路电流 I_{k3} 将流过保护装置 1、2 和 3,当 I_{k3} 大于它们的整定电流时,各保护装置均将启动。但按选择性要求,只要求保护装置 3 动作,并使断路器 QF3 跳闸,切除故障线路。同时,短路电流消失,保护装置 1、2 中的电流继电器均应返回。

为获得保护装置的选择性,各保护装置的动作时限应满足下面阶梯形关系:

$$t_1>t_2>t_3$$

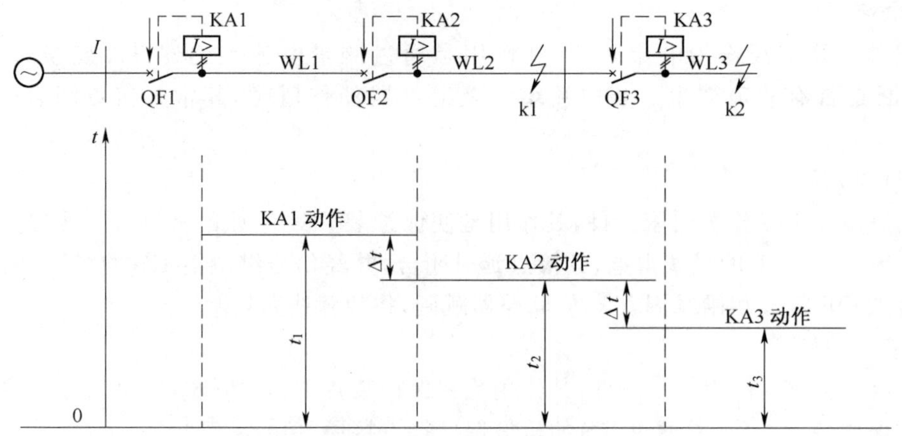

图 8-7　单侧电源定时限过流保护时限配合图

即：$t_2 = t_3 + \Delta t$　　　　$t_1 = t_2 + \Delta t = t_3 + 2\Delta t$

式中　Δt——时限级差，一般取 0.30～0.50 s，设备允许时在此范围内尽量取小值。

由此可见，定时限过流保护的选择性就是依靠时限配合来实现的。每一段线路的定时限过流保护既是本段线路的主保护，又是下一段线路的后备保护，当靠近短路点的保护装置拒动时，则上一级保护装置动作，作为后备保护切除故障。

(3)保护灵敏度校验

灵敏度是以灵敏系数来衡量的，其计算公式为：

$$K_s = \frac{I_{k\cdot min}}{I_{op}}$$

式中　I_{op}——折算到一次侧的电流继电器动作电流；

K_s——灵敏系数。作为近后备保护时，一般要求不小于 1.5；作为远后备保护时，$K_s \geqslant 1.2$；

$I_{k\cdot min}$——被保护线路末端最小短路电流。

(二)电流速断保护

在进行定时限过流保护的时限整定时，因为对保护装置有选择性的要求，最靠近电源的保护装置的动作时限最长。而实际上短路点愈靠近电源时短路电流愈大，从而导致短路电流愈大切除故障时间愈长，这是定时限过电流保护的突出弱点。为了实现短路电流愈大愈尽快切除故障的目的，可采用瞬时电流速断保护，简称为电流速断保护。

电流速断保护是通过动作电流的整定来保证选择性的，因此其动作电流必须大于下一段线路首端的最大短路电流，即按躲过被保护线路末端最大短路电流来整定。即：

$$I_{op} = K_{rel} I_{k\cdot max}$$

式中　I_{op}——电流速断保护一次侧动作电流。

$I_{k\cdot max}$——被保护线路末端的最大短路电流。

K_{rel}——可靠系数。一般取 1.2～1.3。

图 8-8 所示是电流速断保护的原理接线图，图中的中间继电器可给电流速断保护提供很短(0.06～0.08 s)的延时，这个延时可防止线路上的避雷器放电时保护装置的误动作。

电流速断保护是按躲过被保护线路末端最大短路电流来整定的，这就决定了它不能保护线路的全长，灵敏度较低，当线路运行方式变化较大时，在线路的最小运行方式下它甚至不能

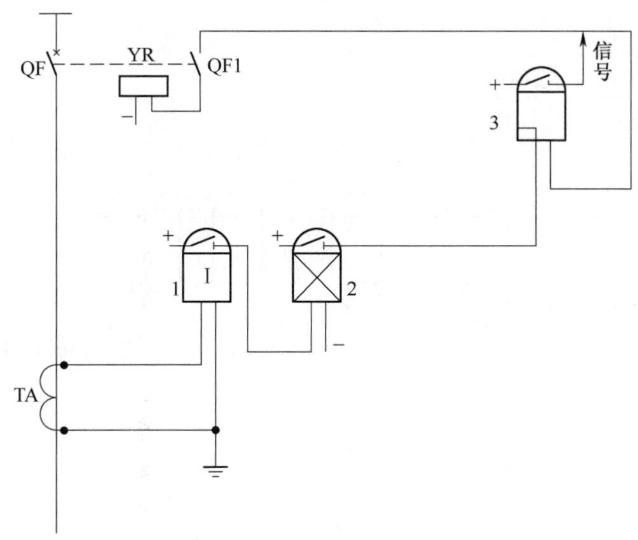

图 8-8　电流速断保护原理图

保护线路的 15%～20%，这时，它就失去了应用价值。这是电流速断保护的最大弱点。

(三)限时电流速断保护

电流速断保护不能保护线路的全长，因此它一般不能单独使用，为此再加设一套电流保护，它的动作电流比下一段线路的电流速断的动作电流略大(可靠系数一般取 1.1～1.15)，它的动作时限比下一段线路的电流速断保护大 Δt，一般取 0.5 s，则构成限时电流速断保护。

限时电流速断保护应保护本段线路的全长，因此应选取本段线路末端作为灵敏度的校验点。按规程规定，其灵敏系数应满足下式：

$$k_{s}^{\mathrm{II}}=I_{k\cdot \min}^{(2)}/I_{op.1}^{\mathrm{II}}\geqslant 1.25$$

式中　$I_{k\cdot \min}^{(2)}$——被保护线路末端的最小两相短路电流。

(四)低电压启动的过电流保护

对于系统运行方式变化大或负荷重距离长的线路，过电流保护的灵敏度难以满足要求。为此，通常采用低电压启动的过电流保护。

图 8-9 所示是低电压启动的过电流保护原理接线图，与一般的过流保护不同的是此保护装置中增加了另一种测量元件，即低电压继电器。当两种测量元件(电流继电器 KA 和电压继电器 KV)同时启动时，时间继电器 KT 线圈得电，其接点延时闭合，启动信号继电器，让断路器 QF 跳闸。

低电压启动的过电流保护，其低电压继电器的动作电压 U_{OP} 一般取为(0.6～0.7)U_N，电流继电器的动作电流可以按线路的额定电流 I_N 进行整定，因为 $I_N<I_{L\cdot \max}$(线路最大负荷电流)，由此可见，低电压启动的过电流保护的主要优点是提高了电流保护的灵敏度，因此得到了广泛的应用，在大容量的变压器保护中也常用它作为后备保护。

(五)零序电流保护

零序电流保护是利用接地故障时系统有零序电流和零序电压的产生而构成的。在根据对电力系统不对称短路的分析可知，当系统发生接地故障时，短路点的短路电流和短路电压的零

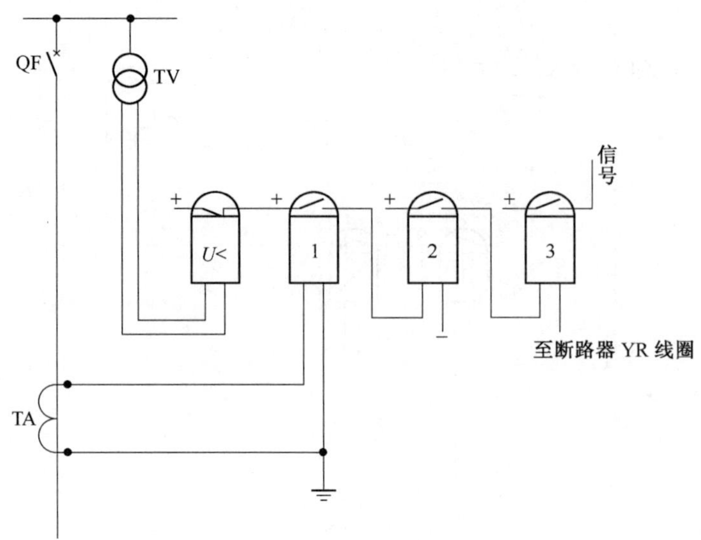

图 8-9　低电压启动过电流保护原理图

序分量之和不为零，即：

$$I_{k0}=1/3(I_{kA}+I_{kB}+I_{kC})\neq 0$$

$$U_{k0}=1/3(U_{kA}+U_{kB}+U_{kC})\neq 0$$

式中　I_{kA}、I_{kB}、I_{kC}——短路故障点的三相短路电流；

U_{kA}、U_{kB}、U_{kC}——短路故障点的三相短路电压。

图 8-10 和图 8-11 所示是利用上述原理构成的零序电流滤过器和零序电压滤过器。

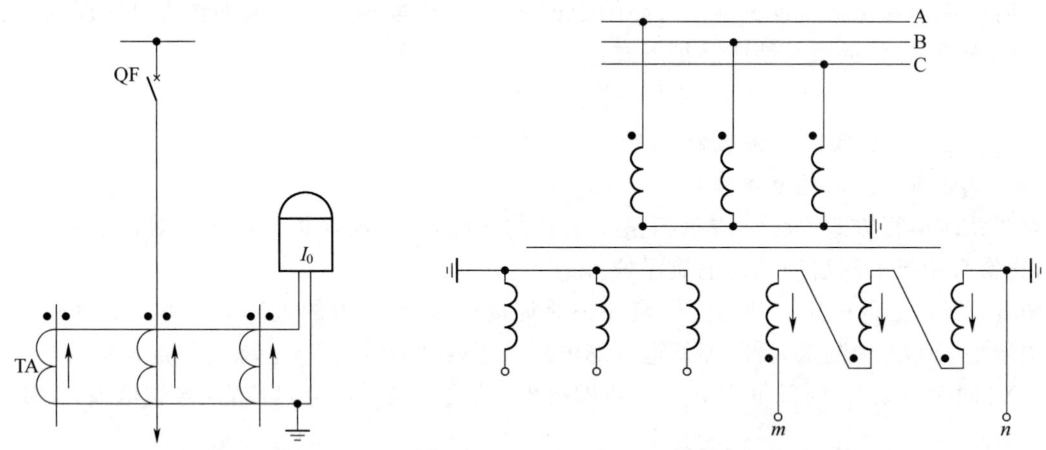

图 8-10　零序电流滤过器原理　　图 8-11　零序电压滤过器原理

在 110 kV 及以上的大电流接地系统中，可利用零序电流保护构成接地故障的保护。在 35 kV 及以下的小电流接地系统中，可利用零序电压过滤器构成绝缘监察装置，对接地故障发出信号。

电流电压保护主要用于 35 kV 及以下的小电流接地系统中，是反应相间短路故障时电流增大或电压降低而动作的一种保护装置，按照其性能和作用可分为过电流保护、瞬时电流速断、限时电流速断、低电压启动的过流保护、电流闭锁的电压保护等几种。

零序电流和零序电压保护则是反应大电流接地系统中的接地短路故障的一种保护装置，主要用于 110 kV 及以上的大电流接地系统中，用于小电流接地系统时，一般只给出预告信号。

三、项目实施

测试电流继电器的动作值和返回值测试，整定值为 8.0 A。接线方式如图 8-12 所示。

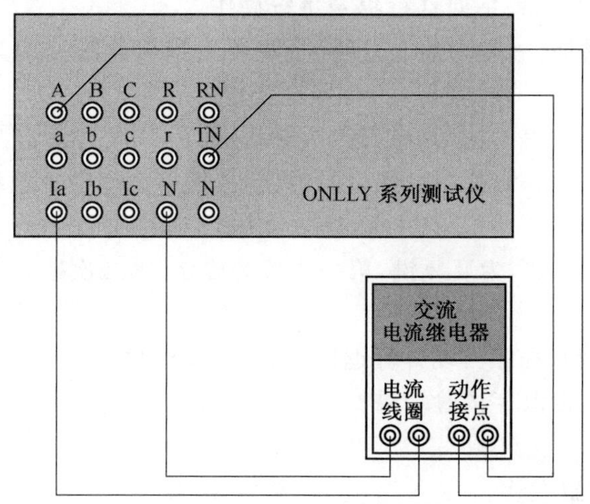

图 8-12　测试动作值接线图

注：如果继电器的电流较大，建议 I_a、I_b（I_b、I_c 或 I_c、I_a）两相并联输出，同时，设置 I_a、I_b（I_b、I_c 或 I_c、I_a）相电流的相位相同，第一变量取"I_a、I_b"（"I_b、I_c"或"I_c、I_a"），记录变量取"I_a+I_b"（"I_b+I_c"或"I_c+I_a"）。电压继电器同理，但两相串联，相位互差 180°。

（一）手控试验

1. 初始电压电流设置

根据实际情况设置电压、电流和频率的初始值，一般应能保证继电器在此电压电流状态下不动作。

此处取"A 相电流"8A，0°，"频率"50 Hz，其他暂时不理会（必要时也可以设为 0）；

2. 控制参数设置

(1)变量选择

第一变量：根据接线情况选择，此处取"A 相电流 I_a"，步长 0.1 A（根据测试规程允许的误差要求设置，一般取小于误差要求）。

第二变量、第三变量：根据需要设置，可以暂时不理会。

记录变量：默认同第一变量，必要时可另行选择。

U_x 设置：根据需要设置，可以暂时不理会。

(2)程控设置

程控/手控：选择"手控"。

变化范围、变化方式、每步时间、返回方式：无效。

(3)开关量

动作接点：根据接线情况选择，此处取"A 接点"。

确认时间：默认"15 ms"，必要时可根据实际情况修改。

开出量控制:断开、闭合,此处暂时不理会。

(4)试验步骤(注:测试仪面版上的 Power 红色按钮应保持按下状态)

①开启测试仪,选择“脱机运行”,进入主菜单;按↑↓←→键移动光标,当光标停留在“电压/电流”图标时,按 Enter 键,进入测试界面。

②完成参数设置后,将光标返回菜单条,移动到“试验”按钮时,按 Enter 键(或直接按测试仪面版上的“Start”快捷键),根据对话框提示进行操作。

③按“+”,“-”键增加、减小当前变量的值(按 Tab 键可在预设的第一、二、三变量之间切换当前变量的选择)。

④根据辅助显示区内开入接点 A、B、C、R、a、b、c、r 的变化情况(闭合、断开),按 F8(Aux2)确认动作,按 F9(Aux3)确认返回,程序自动根据记录变量的选择记录相应的动作值和返回值。

注:F8(Aux2)、F9(Aux3)为反复键,第一次按为确认,第二次按则意味着撤消前一次的确认值。

⑤按 Esc 键结束试验,程序自动计算返回系数(或灵敏角)。

⑥根据提示,选择是否保存试验结果。

(二)程控试验

1. 初始电压电流设置

初始电压电流设置,此处取“频率”为 50 Hz,其他暂时不理会(必要时也可以设为 0);试验开始后,程序将自动根据“程控设置”页中所设定的第一变量的变化起点初始化 4 路电压,3 路电流。

2. 控制参数设置

(1)变量选择

第一变量:根据接线情况选择,此处取“A 相电流 I_a”,步长 0.1 A(根据测试规程允许的误差要求设置,一般取小于误差要求)。

第二变量、第三变量:无效。

记录变量:默认同第一变量,必要时可另行选择。

U_x 设置:根据需要设置,可以暂时不理会。

(2)程控设置

程控/手控:选择“程控”。

变化范围:第一变量的变化起点和终点,应能覆盖继电器的动作/返回值。保守起见,此处取起点为 5 A,终点 10 A。

变化方式:为了同时测量动作值和返回值,此处取“始→终→始”。

每步时间:应大于继电器的动作或返回时间,由于本继电器为速动,此处取 0.1 s(或 0.5 s)。

返回方式:此处取“动作返回”。

(3)开关量

动作接点:根据接线情况选择,此处取“A 接点”。

确认时间:默认“15 ms”,必要时可根据实际情况修改。

开出量控制:断开、闭合,此处暂时不理会。

(4)试验步骤(注:测试仪面版上的 Power 红色按钮应保持按下状态)

①启测试仪,选择“脱机运行”,进入主菜单后,按↑↓←→键移动光标,当光标停留在“电压/电流”图标时,按 Enter 键,进入测试界面。

②完成参数设置后,将光标返回菜单条,移动到“试验”按钮时,按 Enter 键(或直接按测试仪面版上的“Start”快捷键),根据对话框提示进行操作。

③试验结束后,系统根据测试情况提示是否保存试验结果。

注:必要时,可按“Esc”键提前中止试验。

项目三　距离保护分析

一、项目介绍

学习距离保护,了解保护机理,熟悉其二次接线,通过距离保护试验,学会分析距离保护动作方法,掌握距离保护设置方法和基本试验步骤。

二、相关知识

(一)距离保护原理

电流、电压保护的主要优点是简单、可靠、经济,但是,对于容量大、电压高或结构复杂的网络,它们难于满足电网对保护的要求。电流、电压保护一般只适用于 35 kV 及以下电压等级的配电网。对于牵引供电系统,一般需要采用距离保护。距离保护是以距离测量元件为基础构成的保护装置。其动作和选择性取决于本地测量参数(阻抗、电抗、方向)与设定的被保护区段参数的比较结果。而阻抗、电抗又与输电线的长度成正比,故名距离保护。距离保护是主要用于输电线的保护,一般是三段式或四段式。第一、二段带方向性,作本线路的主保护。其中第一段保护线路的 80%～90%,第二段保护余下的 10%～20%并作为相邻母线的后备保护。第三段带方向或不带方向,有的还设有不带方向的第四段,作为本线及相邻线段的后备保护。

距离保护是反应保护安装处至故障点的距离,并根据距离的远近而确定动作时限的一种保护装置。测量保护安装处至故障点的距离,实际上是测量保护安装处至故障点之间的阻抗大小,故有时又称之为阻抗保护。距离保护也有一个保护范围,短路发生在这一范围内,保护动作,否则不动作,这个保护范围通常用整定阻抗的大小来实现的,图 8-13 所示为线路发生短路时的情况。

正常运行时保护安装处测量到的线路阻抗为负荷阻抗 Z_{fh},即

$$Z_{cl}=\frac{\dot{U}_{cl}}{\dot{I}_{cl}}=Z_{fh}$$

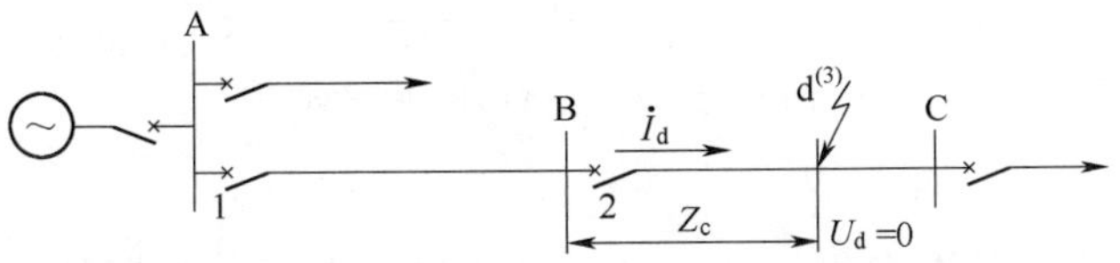

A　B　C　1　2　$\dot{I}_d$　$d^{(3)}$　Z_c　$U_d=0$

图 8-13　线路发生短路时的阻抗

在被保护线路任一点发生故障时，测量阻抗为保护安装地点到短路点的短路阻抗 Z_d，即

$$Z_{cl}=\frac{\dot{U}_{cl}}{\dot{I}_{cl}}=\frac{\dot{U}_{残}}{\dot{I}_d}=Z_d$$

距离保护反映的信息量比反映单一的物理量电流保护灵敏度高。

距离保护的实质是用整定阻抗与被保护线路的测量阻抗比较。当短路点在保护范围以外时，即 $Z_{cl}>Z_{zd}$ 时继电器不动。当短路点在保护范围内，即 $Z_{cl}<Z_{zd}$ 时继电器动作。因此，距离保护又称为低阻抗保护。整定阻抗就是使距离保护刚能动作的最大测量阻抗。

（二）时限特性

距离保护的动作时间 t 与保护安装处到故障点之间的距离 l 的关系称为距离保护的时限特性，目前获得广泛应用的是阶梯型时限特性，如图 8-14 所示。这种时限特性与三段式电流保护的时限特性相同，一般也作成三阶梯式，即有与三个动作范围相应的三个动作时限 t'、t''、t'''。

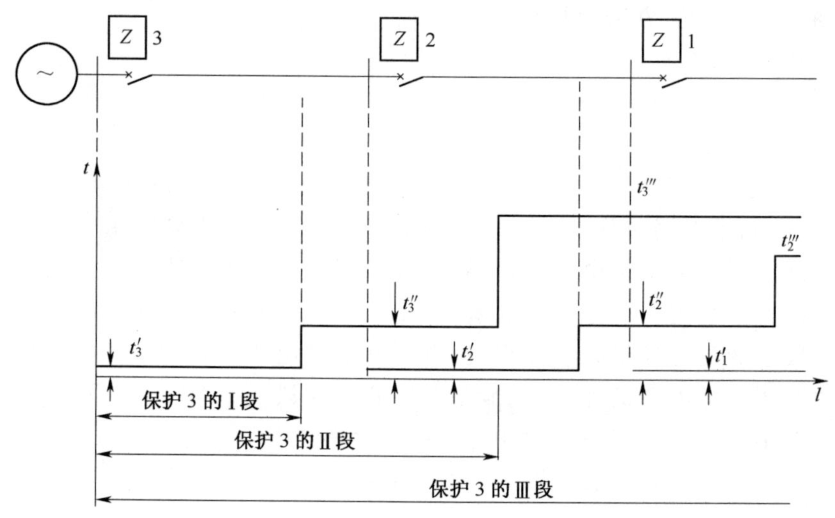

图 8-14　距离保护的时限特性

（三）距离保护组成

三段式距离保护装置一般由以下四种元件组成，其逻辑关系如图 8-15 所示。

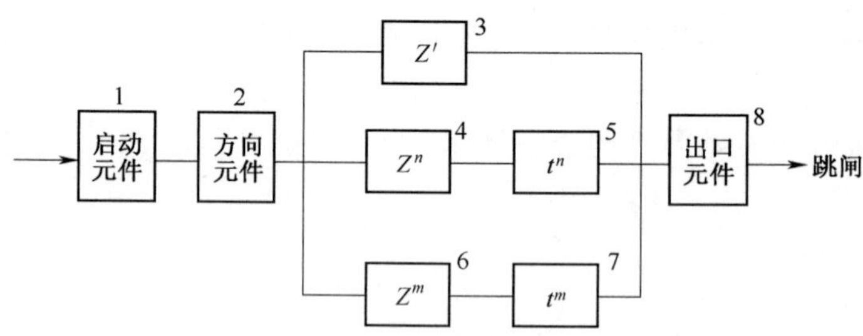

图 8-15　距离保护原理框图

1. 启动元件

启动元件的主要作用是在发生故障的瞬间启动整套保护。早期的距离保护，启动元件采用的是过电流继电器或者阻抗继电器。

2. 方向元件

方向元件的作用是保证保护动作的方向性，防止反方向故障时，保护误动作。采用单独的方向继电器或方向元件和阻抗元件相结合。

3. 距离元件

距离元件(Z'、Z''、Z''')的主要作用是测量短路点到保护安装处的距离(即测量阻抗)，一般采用阻抗继电器。

4. 时间元件

时间元件(t''、t''')的主要作用是，根据预定的时限特性确定动作的时限，以保证保护动作的选择性，一般采用时间继电器。正常运行时，启动元件 1 不启动，保护装置处于被闭锁状态。当正方向发生故障时，启动元件 1 和方向元件 2 动作，距离保护投入工作。

如果故障点位于第Ⅰ段保护范围内，则 Z'动作直接启动出口元件 8，瞬时动作于跳闸。如果故障点位于距离Ⅰ段之外的距离Ⅱ段保护范围内，则 Z'不动作，而 Z''动作，启动距离Ⅱ段时间继电器 5，经 t''时限，出口元件 8 动作，使断路器跳闸，切除故障。

如果故障点位于距离Ⅱ段之外的距离Ⅲ段保护范围内，则 Z'、Z''不动作，而 Z'''动作，启动距离Ⅲ段时间继电器 7，经 t'''时限，出口元件 8 动作，使断路器跳闸，切除故障。

三、项目实施

距离保护定值校验是定性分析距离保护各段动作的灵敏性和可靠性，一次性自动完成相间距离Ⅰ、Ⅱ、Ⅲ段定值和接地距离Ⅰ、Ⅱ、Ⅲ段定值校验。

根据规程，一般是以 5%误差为标准对动作值进行定点校验，即距离保护Ⅰ、Ⅱ、Ⅲ段在 0.95 倍定值时应可靠动作；在 1.05 倍定值时应可靠不动作。

(一)保护设置

1. 保护相关设置

在保护装置中设置保护动作阻抗和动作时限。

2. 设置保护压板

在测试仪“定值整定”里，把运行方式控制字“投Ⅰ段接地距离”、“投Ⅱ段接地距离”、“投Ⅲ段接地距离”、“投Ⅰ段相间距离”、“投Ⅱ段相间距离”、“投Ⅲ段相间距离”均置为“1”，其他的均置为“0”；在“压板定值”中，仅把“投距离保护压板”置为“1”；在测控装置上，仅投“距离保护”硬压板。

(二)试验接线

将测试仪的电压输出端“U_a”、“U_b”、“U_c”、“U_n”分别与保护装置的交流电压“U_a”、“U_b”、“U_c”、“U_n”端子相连。

将测试仪的电流输出端“I_a”、“I_b”、“I_c”分别与保护装置的交流电流“I_A”、“I_B”、“I_C”(极性端)端子相连；再将保护装置的交流电流“$I_A{}'$”、“$I_B{}'$”、“$I_C{}'$”(非极性端)端子短接后接到“IN”(零序电流极性端)端子，最后从“IN’”(零序电流非极性端)端子接回测试仪的电流输出端“IN”。

将测试仪的开入接点“A”、“B”、“C”、“R”分别与保护装置的分相跳闸出口接点“跳 A”、“跳 B”、“跳 C”以及“重合闸”接点相连，具体如图 8-16 所示。

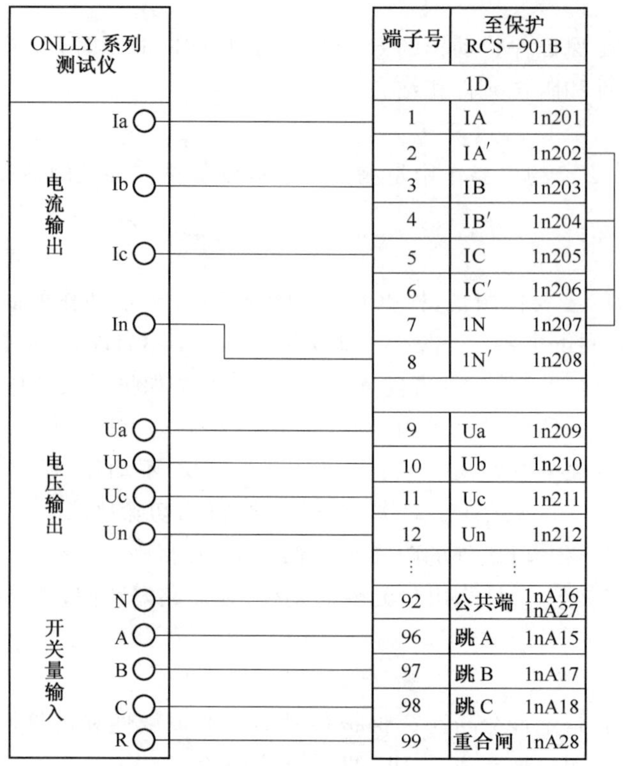

图 8-16　距离保护定值校验接线图

(三)距离保护Ⅰ、Ⅱ、Ⅲ阻抗定值校验

在"距离保护定值校验"菜单里,根据测试项目和故障类型的选择,试验分别由若干个子试验项目构成,各子试验项目的试验过程为:故障前→故障,跳闸→重合闸→再跳闸(永跳),其中,每一个子试验项目中故障的启动方式由用户设置(自启动或按键启动)。

1."定值 1"页面设置(图 8-17)

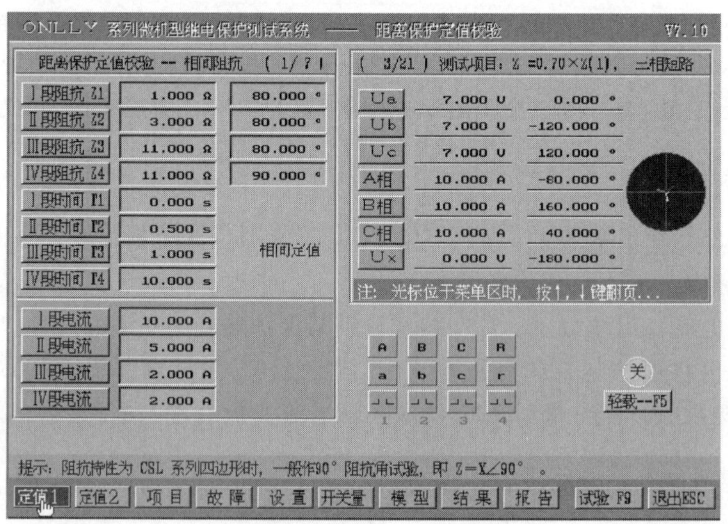

图 8-17　"定值 1"页面设置

(1)Ⅰ段阻抗 Z1、Ⅱ段阻抗 Z2、Ⅲ段阻抗 Z3:根据保护定值分别设为相间距离Ⅰ段、相间距离Ⅱ段、相间距离Ⅲ段阻抗定值。阻抗角均设置为 80°(取正序灵敏角)。由于该保护没有距离Ⅳ段,可不考虑“Ⅳ段阻抗 Z4”的设置。

(2)Ⅰ段时间 T1、Ⅱ段时间 T2、Ⅲ段时间 T3:根据保护定值分别设为相间距离Ⅰ段、相间距离Ⅱ段、相间距离Ⅲ段时间定值。由于该保护没有距离Ⅳ 段,可不考虑“Ⅳ段时间 T4”的具体设置,只需保证 T4>T3 即可。

(3)短路电流值:根据相间距离各段阻抗的大小,分别设置“Ⅰ段电流”为 10.0 A;“Ⅱ段电流”为 5.0 A;“Ⅲ 段电流”为 2.0 A。由于该保护没有距离Ⅳ段,可不考虑Ⅳ段电流的设置。

2.“定值 2”页面设置(图 8-18)

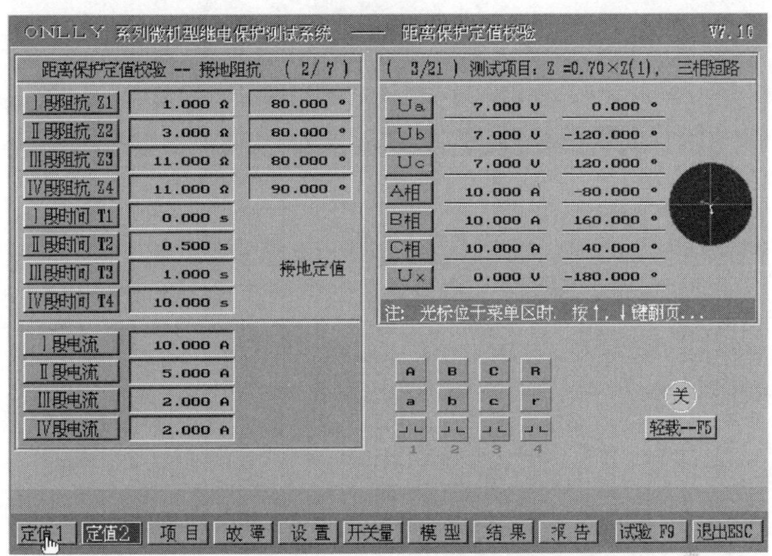

图 8-18　“定值 2”页面设置

(1)Ⅰ段阻抗 Z1、Ⅱ段阻抗 Z2、Ⅲ段阻抗 Z3:根据保护定值分别设为接地距离Ⅰ段、接地距离Ⅱ段、接地距离Ⅲ段阻抗定值。阻抗角均设置为 80°(取零序序灵敏角)。由于该保护没有距离Ⅳ段,可不考虑“Ⅳ段阻抗 Z4”的设置。

(2)Ⅰ段时间 T1、Ⅱ段时间 T2、Ⅲ段时间 T3:根据保护定值分别设为接地距离Ⅰ段、接地距离Ⅱ段、接地距离Ⅲ段时间定值。由于该保护没有距离Ⅳ段,可不考虑“Ⅳ段时间 T4”的具体设置,只需保证 T4>T3 即可。

(3)短路电流值:根据接地距离各段阻抗的大小,分别设置“Ⅰ段电流”为 10.0 A;“Ⅱ段电流”为 5.0 A;“Ⅲ段电流”为 2.0 A。由于该保护没有距离Ⅳ段,可不考虑Ⅳ段电流的设置。

3.“项目”页面设置(图 8-19)

根据需要选择各段阻抗定值的测试倍数,倍数可以改变,打“√”者表示选中测试。根据规程满足±5%误差的要求,各段的测试项目选择为 0.95 和 1.05。若想测试保护的动作时间,也可同时选择 0.7 倍测试倍数。

4.“故障”页面设置(图 8-20)

根据需要选择需要进行测试的故障类型,打“√”者表示选中测试,同时可设置该类故障的故障方向,一般都设为正向故障。

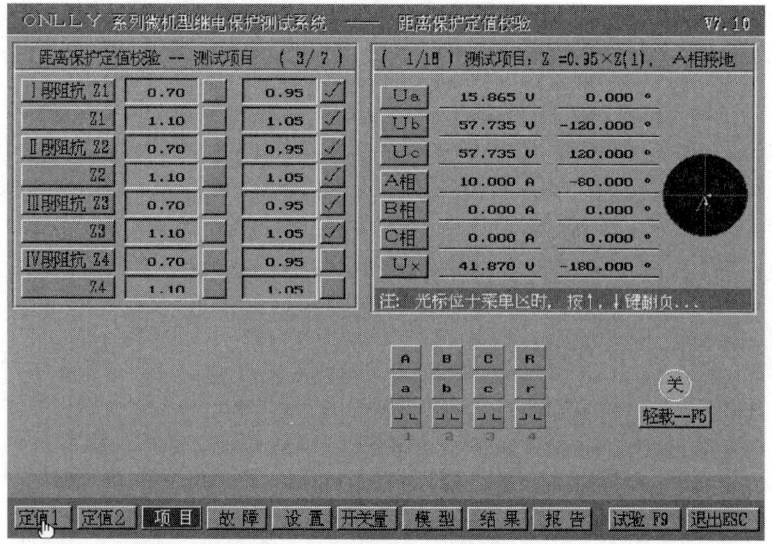

图 8-19 “项目”页面设置

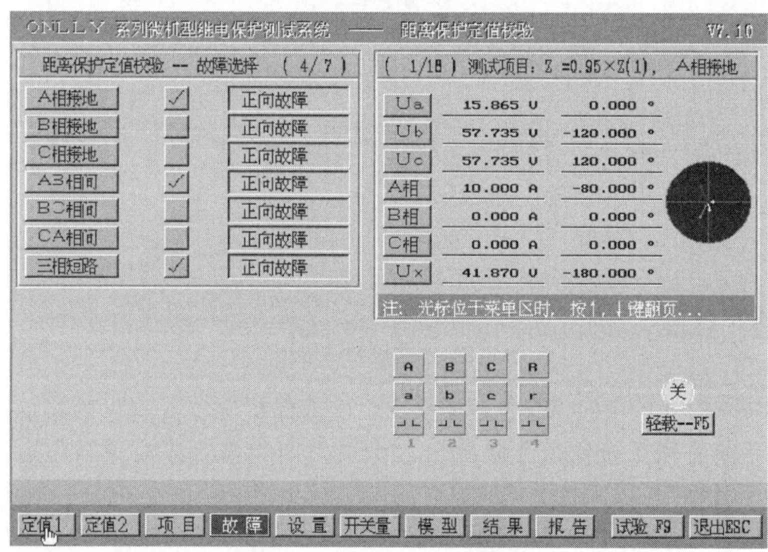

图 8-20 “故障”页面设置

5.“设置”页面设置(图 8-21)

(1)【故障触发】。选择各故障触发的方式,一般设为“自启动”。

(2)【故障前时间】。该时间的设置一般大于保护的复归时间(含重合闸充电时间)。由于本次试验不测重合闸,故只大于保护的复归时间即可,设为 12.000 s。

(3)【永久故障】。设置所有待测试故障的性质,设为“瞬时性故障”。

(4)【试验限时】。每次子试验项目从进入故障到结束之间的时间,一般地,应保证保护在该时间内可以完成整个“跳闸→重合→再跳闸”的过程。由于本次试验不测重合闸,只需完成“跳闸→重合”的过程,故试验限时只大于距离Ⅲ段的时间即可,设为 2.000 s。

(5)其他的参数设置均取默认值,如图 8-21 所示。

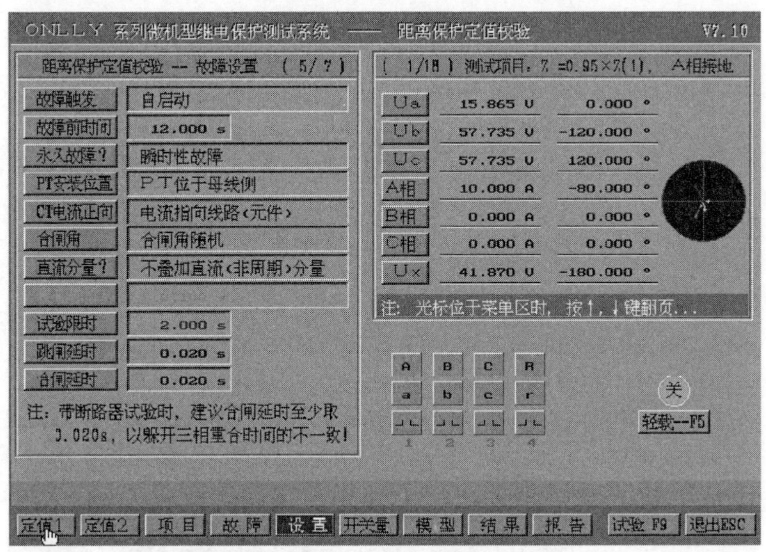

图 8-21　“设置”页面设置

6.“开关量”页面设置(图 8-22)

【开入接点】。该保护采用分相跳闸出口,故根据实际接线,把开入接点 A 设为“跳 A 接点”,开入接点 B 设为“跳 B 接点”,开入接点 C 设为“跳 C 接点”,开入接点 R 设为“重合接点”,确认时间默认为“15 ms”。开关量由于不影响试验,不考虑设置。

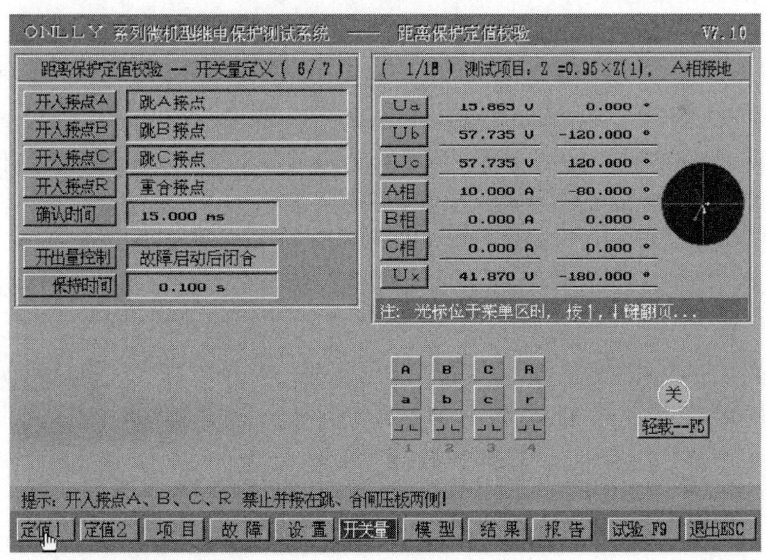

图 8-22　“开关量”页面设置

7.“模型”页面设置(图 8-23)

(1)【计算模型】。一般取“电流恒定”,即定电流(短路电流)方式。

(2) 额定电压。保护 PT 二次侧的额定相电压,一般为 57.735 V。

(3) 频率。电压、电流的输出频率,为 50.0 Hz。

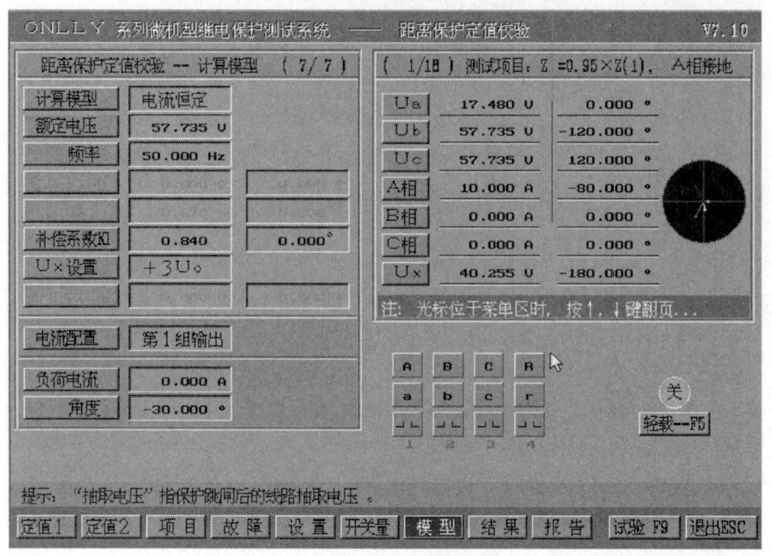

图 8-23 "模型"页面设置

(4)补偿系数 K1。短路阻抗 Z1 的零序补偿系数，根据该保护的定值参数，K1 的设置方式选为(Z0-Z1)/3Z1，幅值为 0.84(取零序补偿系数)，角度为 0°。

(5)电流配置。根据实际接线，设为第 1 组电流输出。

(6)其他的参数设置均取默认值，如图 8-23 所示。

(四)试验过程及结果记录

参数设置完毕后，按测试仪面板上的"Start"快捷键开始试验，或按"试验 F9"按钮开始试验。

在距离保护定值校验过程中，每测试一个子试验项目，测试仪均先输出空载状态(输出时间为故障前时间 12.0 s，等待保护复归)，然后自动进入故障状态，直到保护动作出口，开入接点闭合，记录动作时间，最后自动结束本次试验，进入下一个子试验项目。等所有子试验项目测试结束后，根据提示选择是否保存试验结果。

由于此次试验不测试距离Ⅳ保护，故有关距离Ⅳ保护的参数可不考虑设置，但在"定值"页面设置中必须保证 $T_4>T_3>T_2>T_1$。

如果只需要校验距离保护某一段的灵敏性和可靠性，可通过修改"项目"页面设置中的"测试倍数"来达到要求。合理设置"定值"页面设置中的各段短路电流值，以保证计算出的短路电压不越限。

项目四 牵引网保护分析

一、项目介绍

牵引网是电力牵引的重要组成部分，其保护主要由牵引变电所的馈线测控装置来实现。针对牵引网及其负荷有特点，主要设置了距离保护作为主保护，电流保护作为辅助保护，本项目主要学习牵引网的保护及构成。

二、相关知识

（一）牵引网特点

1. 牵引网的结构复杂，运行条件较差，因而发生短路故障的机会相对较多；

2. 牵引网负荷电流变化剧烈，最大负荷电流很大；

3. 牵引网的阻抗比一般电力系统输电线的阻抗大；

4. 牵引网的负荷阻抗角较大，短路阻抗角较小；

5. 牵引网负荷电流的波形畸变较大。

（二）既有线路牵引网保护配置

1. 单线单边供电

(1)过电流保护。不考虑自启动 、不考虑保护装置的返回系数 。过电流保护装置的动作时间应大于电力机车保护装置的动作时间(0.06～0.08 s)，一般取为 0.1 s。由于过电流保护装置的动作时间很短，为“过电流速断”保护。

(2)距离保护。当过电流保护的灵敏度不能满足要求时，可采用距离保护作为牵引网的主保护。距离保护通常以圆特性或四边形特性方向阻抗继电器作为启动元件和测量元件，并且用过电流保护作为消除距离保护的死区或者构成双重保护。

2. 单线双边供电

(1)两段电流保护。Ⅰ段采用瞬时电流速断保护，Ⅱ段采用过电流保护 。

(2)Ⅰ段仍采用瞬时电流速断保护，Ⅱ段采用方向距离保护。当两段电流保护方式中的Ⅱ段过电流保护灵敏度不能满足要求时可采用此种方式 。

(3)两段距离保护。如果Ⅰ段采用瞬时电流速断不能保证最小运行方式下保护范围的要求，Ⅱ段过电流保护又不能满足灵敏度的要求时，则改用此种方式。

当变电所的母线有两回或多回馈电线时，如果相邻馈线短路，有可能引起保护装置误动作。两条馈电线的保护装置都将动作。为此，馈线保护必须有方向性。

3. 复线单边供电

(1)当分区所内的断路器及隔离开关全部断开时，实行复线单边分开供电，其保护方式与单线单边供电方式相同。

(2)当分区所断路器闭合，隔离开关断开时，实行复线单边并联供电。我国复线区段实际采用此种供电方式。这种形式与单线双边供电方式完全类似，故可以采用两段式保护。

（三）客运专线保护

客运专线普遍采用全并联 AT 牵引供电系统，采用 2×27.5 kV(AT)供电方式，牵引变压器采用单相接线，外部电源采用 220 kV，接触网标称电压 25 kV，长期最高电压 27.5 kV，短时(5 min)最高电压 29 kV，设计最低工作电压 20 kV；牵引变电所设两台(2×27.5 kV)单相变压器，两者互为备用；27.5 kV 设备采用户内布置方式；27.5 kV 侧母线采用电动隔离开关分段；馈线备用方式 100％备用。

由于客运专线列车运行速度快、效率高、牵引负荷大、供电臂中负荷突变率高，因此为了保证高速客运专线牵引供电系统高效、可靠、安全地运行，牵引网需要配置新型保护装置。根据全并联 AT 供电系统的牵引网特性，AT 所和分区所并联于其中，为了满足继电保护的灵敏性、速动性、可靠性、选择性的要求，全并联 AT 牵引网供电臂在正常供电下(非越区供电)，牵引变电所馈线保护配有阻抗Ⅰ段保护、低电压启动过电流保护、电流增量保护和一次重合闸功能。

1. Ⅰ段阻抗

阻抗Ⅰ段保护，为距离保护，既反映被保护线路故障时电压的降低，又反映电流的升高，通过阻抗继电器完成母线电压值 U_k 与馈线电流 I_k 的比值 Z_k 的测量，在牵引网保护中作为主保护。距离保护是由阻抗继电器完成电压 U_k 和电流 I_k 的比值测量，根据比值的大小来判断故障的远近，并利用故障的远近确定动作时间的一种保护装置。通常将该比值称为阻抗继电器的测量阻抗，表示为 $Z_k=U_k/I_k$（其中 Z_k 为测量阻抗，U_k 为测量电压，I_k 为测量电流）。Ⅰ段阻抗保护瞬时动作，为保证选择性，保护区不能伸出该线路，即测量阻抗小于该线路阻抗时动作。可靠系数为0.8～0.85。牵引变电所馈线出口处至分区所牵引网任何位置出现短路故障，牵引变电所馈线断路器都能瞬时动作，实现Ⅰ段阻抗保护，因此，Ⅰ段阻抗应按供电臂的全长1.2倍整定阻抗，同时采用非AT供电方式的单位阻抗。这是因为在线路出现永久性故障时，在重合闸到第二次保护跳闸期间，AT所和分区所已退出运行，牵引供电方式为非AT供电方式，非AT供电方式单位阻抗大于全并联AT供电方式的单位阻抗。考虑速动性，阻抗Ⅰ段保护时限为0.1 s，考虑到AT所和分区所自耦变压器投运时励磁涌流的冲击，加入二次谐波闭锁条件。

2. 低电压启动过电流

用于切除过电流的故障，对于不对称短路故障，由于要取用故障电流，故过流元件应装于电源侧，电压元件可取自牵引变压器低压侧。如电流大于整定值且时限大于动作时限时，则继电器动作。

高铁牵引变电所设置电流元件目的是保护全长，因此选择过电流元件，时限设置为0.1 s。针对AT所和分区所自耦变压器产生励磁涌流情况，过电流必须躲过励磁涌流。高速铁路牵引负荷大，可能会引起牵引电流大于短路电流，灵敏度和可靠性都会降低，因此需要加入低压启动过电流和二次谐波闭锁条件，以提高保护的可靠性。

为了实现“前加速”，即接触网任何位置发生短路故障时，变电所的出口断路器都能瞬时动作，即实现Ⅰ段阻抗保护，则需按供电线路全长的1.5倍整定阻抗。

3. 电流增量保护

牵引网发生短路故障时，阻抗保护能保护动作，但是牵引网发生高阻抗接地故障时，其测量阻抗较常规故障时要高数倍至数十倍，阻抗保护将不能正确动作。由于机车在线路中的大电感作用，在正常负荷与故障状态下，短时间内电流的增量不同的差异构成馈线保护称为电流增量保护。其原理是通过比较正常状态下的负荷电流和高电阻故障电流随时间变化的分量 ΔI 的不同来检出故障。

电流增量为　$\Delta I=I_{gh}-I_{gq}$

式中　I_{gh}——故障后的电流；

I_{gq}——故障前的电流。

动作方程　$60\Delta I\geqslant\Delta I_{zd}$

式中　ΔI_{zd}——电流增量继电器动作整定值。

ΔI 的整定值应为躲过该区间一列列车启动时的最大电流值。一般情况下，一个供电区间的最大负荷电流约能达到列车最大电流的两倍左右，所以与普通的过电流继电器相比，ΔI 型保护继电器的选择能力为它的两倍。但电力机车过分相或电分段就无法避开负荷电流变化的分量，此外，由于电力机车启动的励磁涌流都可能使 ΔI 型保护误动作，所以必须对其性能进行改善，利用负荷电流中的三次谐波成分和二次谐波电流抑制继电器动作。

三、项目实施

1. 根据图 8-24 所示分析保护原理。

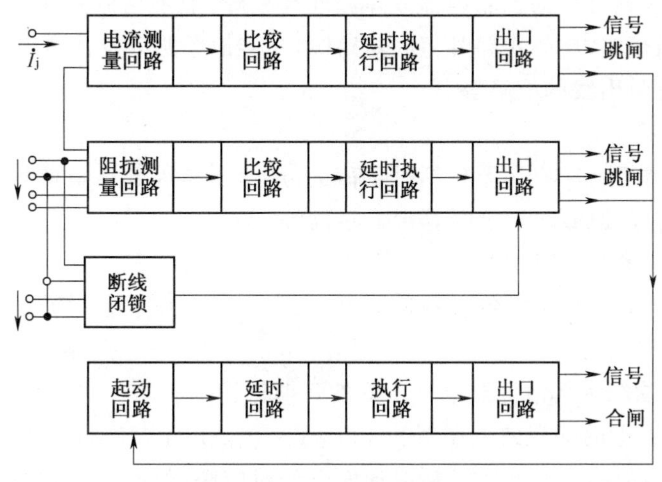

图 8-24　保护原理框图

2. 根据图 8-25 所示分析保护原理。

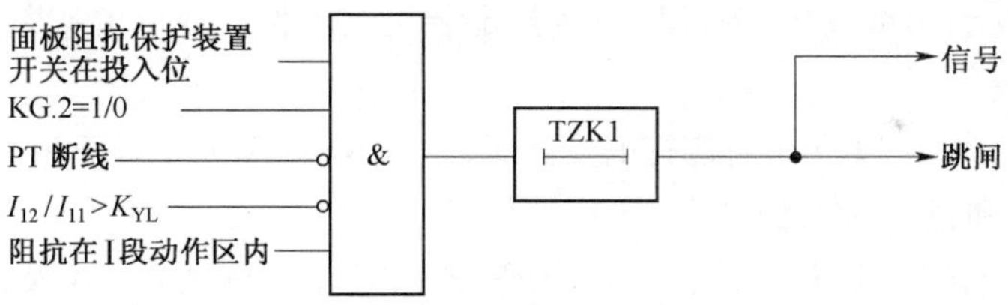

图 8-25　谐波闭锁距离Ⅰ段保护框图

项目五　变压器保护分析

一、项目介绍

了解变压器的运行状态及故障类型，熟悉其保护配置，学会分析各种保护动作机理，阅读相关二次接线，通过熟悉保护测控装置，学会变压器保护测控装置的界面、操作方法，掌握变压器保护测控装置的设置。

二、相关知识

(一)电力变压器的运行状态

电力变压器是变电所最重要的电气设备，它的故障及不正常运行将直接影响供电系统的安全运行。为此，电力变压器均需采取多种保护方式，以构成最完善的保护。

对电力变压器的保护设置必须充分考虑其主要运行状态，即正常运行、空载合闸还是短路故障及各种不正常运行状态。

1. 空载合闸

变压器在空载合闸时常常产生较大(最大可达额定电流的 6～8 倍)的合闸涌流，此电流可引起保护装置误动作，是保护设置必须考虑的问题。

2. 短路故障

变压器的短路故障可分为油箱内部故障和外部故障，前者指的是变压器油箱内所发生的故障，如线圈的相间短路、层间短路和匝间短路、单相接地短路以及铁芯烧毁等；后者指的是油箱以外的，如套管及引出线的故障等。

3. 不正常运行状态

变压器的不正常运行状态主要包括过负荷运行、变压器外部负荷侧短路故障引起的线圈过电流、油箱漏油引起油面降低、变压器温升过高等。

(二)电力变压器的保护设置

根据规程要求，对变压器的各种故障及不正常运行工作状态，应装设下列相应的保护装置。

1. 防止变压器油箱内部故障和油面下降的瓦斯保护

800 kV · A 及以上的油浸式变压器和 400 kV · A 及以上的车间内油浸式变压器，均应装设瓦斯保护。当箱内故障产生轻微瓦斯或油面下降时应瞬时动作为信号(轻瓦斯)；当产生大量瓦斯时应动作于各侧断路器跳闸(重瓦斯)。

2. 差动保护或电流速断保护

对变压器套管、引出线及内部故障，应按规定装设差动保护或电流速断保护作为变压器的主保护。

(1)对 6 300 kV · A 以下并列运行的变压器及 10 000 kV · A 以下单独运行的变压器，宜装设电流速断保护和过电流保护。

(2)对 6 300 kV · A 及以上并列运行的变压器以及 10 000 kV · A 及以上单独运行的变压器、6 300 kV · A 及以下单独运行的重要变压器、2 000 kV · A 及以上用电流速断保护灵敏度不符合要求的变压器均应装设差动保护。

(3)前面几种保护应动作于断开变压器的各侧断路器。

3. 过电流保护

对由变压器外部相间短路引起的过电流，应装设延时动作于跳闸的过电流保护。

(1)400 kV · A 及以上、一次电压为 10 kV 及以下，采用 Yd 连接的变压器，可采用两相三继电器式的过流保护。

(2)过电流保护宜用于降压变压器。

(3)低电压启动的过电流保护，宜用于升压变压器和过电流保护灵敏度不能满足要求的降压变压器。

4. 零序保护

在中性点直接接地电力网中，如变压器的中性点直接接地运行，对外部单相接地引起的过电流应装设零序电流保护。

5. 过负荷保护

400 kV·A 及以上变压器,应根据可能出现过负荷的情况,装设过负荷保护。过负荷保护采用单相式,带时限动作于信号。在无经常值班人员的变电所,过负荷保护可动作于跳闸或断开部分负荷。

6. 其他保护

对变压器温升过高或冷却系统故障,应装设可作用于信号或动作于跳闸的装置。

图 8-26 所示是电力变压器保护设置示意图,习惯上将重瓦斯保护、电流速断保护(或纵连差动保护)称为变压器的主保护,它们瞬时动作于断路器跳闸;过电流保护、零序过流保护称为后备保护,它们延时动作于断路器跳闸;过负荷保护、过热保护和轻瓦斯保护称为辅助保护,其中,前两者延时动作于信号,轻瓦斯保护瞬时动作于信号。

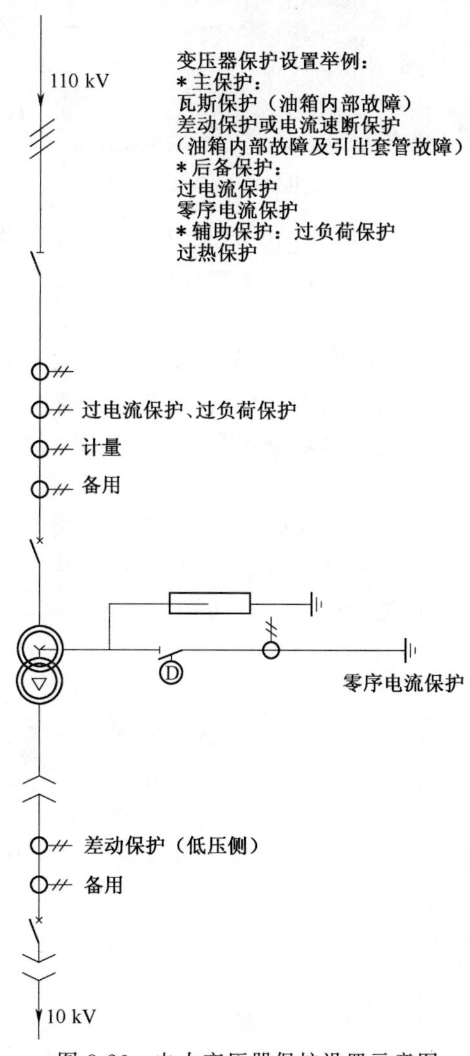

图 8-26 电力变压器保护设置示意图

(三)电力变压器的主保护

1. 瓦斯保护

瓦斯保护主要由瓦斯(气体)继电器构成。气体继电器位置如图 8-27 所示。当变压器油箱内部故障时，瓦斯保护将会动作。

图 8-27　电力变压器瓦斯保护

大型变压器内部发生严重漏油或匝数很少的匝间短路故障以及绕组断线故障时，差动保护及其他反映电量的保护均不能动作，而瓦斯保护却能动作，因此，瓦斯保护是变压器内部故障的重要保护装置。

瓦斯保护有轻、重瓦斯保护之分，装于油箱与油枕之间的连接导管上。当变压器严重漏油或轻微故障时，在所产生的气体压力作用下，引起轻瓦斯保护动作，延时作用于信号；当变压器内部发生严重故障时，变压器油和绝缘材料分解产生大量气体，油箱内气体经导管冲向油枕，冲动重瓦斯保护动作，瞬时作用于跳闸。

轻瓦斯保护动作值采用气体容积大小表示。整定范围通常为 250～300 cm^3。重瓦斯保护动作值采用油流速度大小表示。整定范围通常为 0.6～1.5 m/s。瓦斯保护虽然简单、灵敏、经济，但它动作速度较慢，且仅能反映变压器油箱内部的故障，因此，瓦斯保护需要与差动保护共同使用。

2. 电流速断保护

运用于变压器的电流速断保护和线路上的电流速断保护基本相似，当灵敏性满足要求时，可以作为变压器的主保护，但与瓦斯保护、过电流保护相配合才能达到良好的效果。电流速断保护装设于变压器的电源侧，当电源侧为大电流接地系统时，保护装置采用三相完全星形接线；当电源侧为小电流接地系统时，采用两相不完全星形接线或采用两相三继电器接线。

3. 动作电流整定

(1)按躲过变压器低压侧母线三相短路时的最大短路电流进行整定，即：

$$I_{op\cdot K}=\frac{K_{rel}K_{w}}{K_{i}}I_{k\cdot max}^{(3)'}$$

式中　$I_{op\cdot K}$——电流继电器的动作电流；

$I_{k\cdot max}^{(3)'}$——变压器低压侧母线三相短路时的最大短路电流折算到高压侧的电流值；

K_{rel}——可靠系数，一般取为 1.15～1.25；

K_{i}——电流互感器的变比；

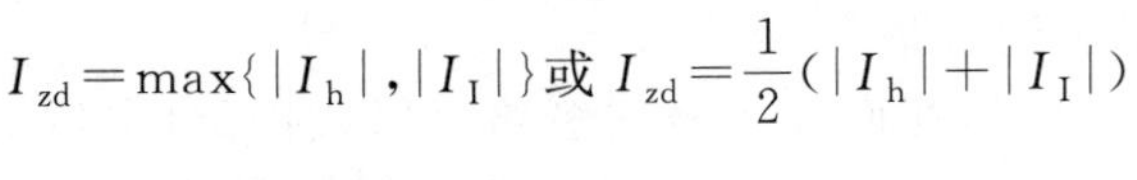

$$I_{zd}=\max\{|I_h|,|I_I|\}\text{或}I_{zd}=\frac{1}{2}(|I_h|+|I_I|)$$

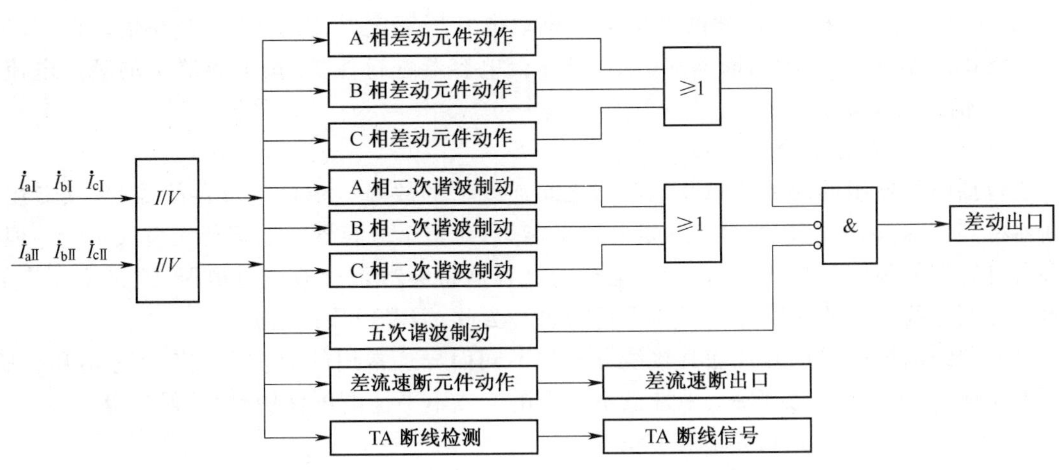

图 8-32　二次谐波闭锁的差动保护逻辑框图

3. 分析变电所变压器保护回路

分析变电所变压器保护回路构成，查找其相应二次设备连接。

项目六　电容器保护

一、项目介绍

过低的功率因数将造成电能和设备的巨大浪费，为了防止这种情况，国家对用户的功率因数作出了限制。规定用户在电网高峰时的负荷功率因数，高压用户应不低于 0.9，其他用户功率因数不低于 0.85，农业用户不低于 0.8。如果达不到以上要求，则必须进行无功补偿以提高系统的功率因数，变电所主要采用电容器补偿装置。

二、相关知识

(一)故障特点及其保护

1. 并联电容器组的主要故障及其保护方式

电容器组常见的故障有渗油、漏油、外壳鼓胀等，严重时内部串联的小电容器逐步击穿形成极间短路甚至引起爆炸。电容器组的保护方式根据故障类型的不同而设置，主要有下面几种。

(1)电容器组与断路器之间连线的短路

容量为 400 kVar 及以上的 6～10 kV 的电容器组，一般采用油断路器或真空断路器操作，与断路器之间连线的短路故障，应采用带短延时的过电流保护而不宜采用电流速断保护，因为速断保护要考虑躲过电容器组合闸冲击电流及对外放电电流的影响，其保护范围和效果不能充分利用，灵敏性很难满足要求。

容量为 400 kVar 以下的 6～10 kV 的电容器组，除采用油断路器或真空断路器操作外，亦可采用负荷开关操作，此时可采用 RN1 型熔断器作为电容器组与负荷开关之间连线的短路保护。采用油断路器或真空断路器操作时，也宜采用带短延时的过电流保护作为主保护。

(2)单台电容器内部极间短路

对单台电容器内部绝缘损坏而发生极间短路,可以对每台电容器分别装设 YRZ1 型或 RN1 型熔断器进行保护,其熔丝的额定电流可取电容器额定电流的 1.5～2.0 倍。也可以采用一个 YRZ1 型或 RN1 型熔断器对一组 3～5 台电容器进行保护,按电容器组的额定电流的 1.5～2.0 倍进行整定。

(3)电容器组多台电容器故障

它包括电容器组的内部故障及电容器之间连线上的故障。单台电容器故障时,其专用的熔断器将其切除,因为电容器具有一定的过载能力,对整个电容器组的运行无多大影响。但是当多台电容器故障同时被切除后,继续运行的电容器将会严重过载或过电压,这是不允许的。电容器之间连线上的故障同样会产生严重后果。为此,需考虑保护措施。

电容器组的继电保护方式随其接线方案的不同而异。常用的保护方式有零序电压保护、电压差动保护、桥式差电流保护、中性点不平衡电流或不平衡电压保护、横差保护等。

2. 电容器组不正常运行及其保护方式

电容器组常见的不正常运行故障有过负荷、过电压和失压,保护装置此时动作于信号或跳闸。

(1)电容器组过负荷

电容器过负荷是由系统过电压及高次谐波所引起,按照国标规定,电容器应能在有效值为 1.3 倍额定电流下长期运行,对于电容量具有最大正偏差的电容器,过电流值允许达到 1.43 倍额定电流。

由于按规定电容器组必须装设反映母线电压稳态升高的过电压保护,又由于大容量电容器组一般需装设抑制高次谐波的串联电抗器,故可以不装设过负荷保护。

(2)电容器组过电压

电容器组只允许在 1.1 倍额定电压下长期运行,因此,当系统引起母线电压升高时,为保护电容器组不致损坏,应装设母线过电压保护,且延时动作于信号或跳闸。

(3)电容器组失压

当系统故障母线电压失去后,电容器组和母线电压又同时投入,电容器组端子上残余电压又未放电到 0.1 倍额定电压时,可能使电容器组承受高于长期允许的 1.1 倍额定电压的合闸过电压而使电容器组损坏,因而应装设失压保护。

(二) 电力电容器保护的构成

1. 熔断器保护

熔断器保护是电容器最简单有效的保护装置,既可以对每台电容器分别装设 YRZ1 型或 RN1 型熔断器进行保护,也可以采用一个 YRZ1 型或 RN1 型熔断器对一组 3～5 台电容器进行保护,按单台或电容器组的额定电流的 1.5～2.0 倍进行整定。

2. 过电流保护

用于电容器组与断路器之间连线的短路及并补装置内部部分接地故障的保护。电流取自供给并补装置的总电流,按电容器组额定电流 I_N 的 1.3 倍进行整定。用延时的方法躲过合闸涌流(一般取 0.3～0.5 s)。

(1)动作电流整定:

$$I_{op \cdot K}=\frac{K_{rel}K_w}{K_i}(1.3I_N)$$

式中　K_{rel}——可靠系数，考虑躲过冲击电流取 2～2.5；

K_i——电流互感器的变比；

K_w——电流互感器接线系数。

(2)灵敏度校验。保护装置的灵敏度应按电容器组安装处最小两相短路电流 $I^{(2)}_{k\cdot min}$ 进行校验，即：

$$K_s=\frac{I^{(2)}_{k\cdot min}}{I_{op}}\geqslant 1.2$$

式中　I_{op}——$I_{op\cdot k}$ 折算到流互一次侧的电流继电器动作电流。

3. 电容器组过电压保护

当电容器组所接母线电压升高时，为保护电容器组不致损坏，过电压保护延时动作于信号或跳闸。过电压保护所采用的电压取自母线电压，按保护动作电压母线额定电压的 $1.15U_N$ 倍整定，即：

$$U_{op\cdot k}=1.15U_N$$

当电容器组设有以电压为判据的自动投切装置时，可不另设过电压保护。

4. 电容器组失压保护

失压保护的动作电压一般取 0.5 倍母线额定电压，带短延时动作于跳闸，即：

$$U_{op\cdot k}=0.5U_N$$

三、项目实施

1. 分析电容器保护回路构成，查找其相应二次设备连接，如图 8-33 所示。

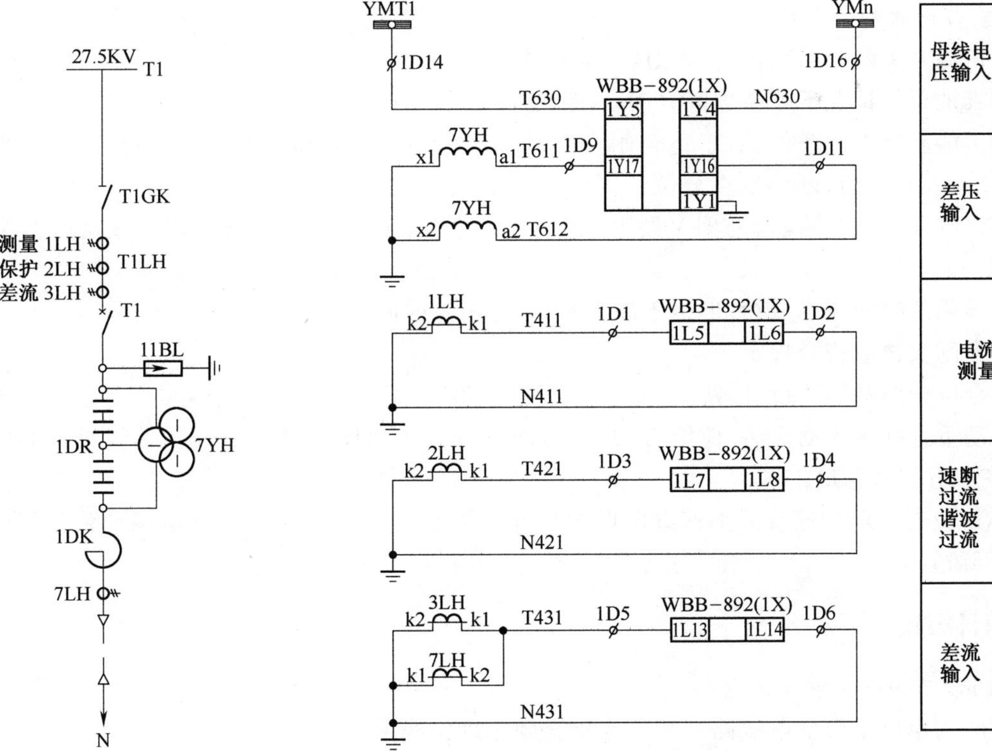

图 8-33　并联电容补偿装置保护接线图

2. 检查电容器分合闸回路是否完好。

项目七　自动重合闸装置

一、项目介绍

自动重合闸是变电所馈出线测控装置中的功能之一，是重要负荷供电可靠性的重要保障措施。本项目主要分析自动重合闸的动作条件及闭锁措施，分析重合闸的展开图。

二、相关知识

(一)重合闸作用

运行经验表明，电力系统的故障特别是架空线路上的故障大多是暂时性的，这些故障在断路器跳闸后，大多能很快地消除。例如雷击闪络或鸟兽造成的线路短路故障，往往在雷闪过后或鸟兽烧死以后，线路大多能恢复正常运行。因此，如采用自动重合闸装置(ARD)使断路器重新合闸，迅速恢复供电，从而大大的提高供电的可靠性，避免因停电而给国民经济带来巨大损失。

一端供电线路的三相 ARD，按其不同特性有各种不同的分类方法。按重合次数分，有一次重合闸式、二次重合闸式和三次重合闸式等。

运行经验表明，ARD 的重合成功率随着重合次数的增加而显著降低。对架空线路来说，一次重合成功率可达 60%～90%，而二次重合成功率可达 15%，三次重合成功率可达 3%左右。因此变配电所中一般采用三相一次重合闸。

(二)重合闸的动作条件

1. 用控制开关断开断路器时，ARD 不应动作。

2. 在其他任何情况下断路器断开时，ARD 则应可靠动作。

3. 为了能满足上述条件，对于重合闸一般设计成“不对应”启动。所谓“不对应”启动，即控制开关 SA 在合后位，断路器在分位。

4. 用控制开关合断路器，随即又跳开，则 ARD 应不动作。这种情况一般由永久性故障造成。

5. 重合闸的时间应尽量短，但也不能太短，以免熄弧时间不够。

6. 重合闸次数应符合规定。

7. 重合闸电路必需要设“防跳”电路。

8. 自动重合闸装置动作后，应能自动复归，准备下一次动作。对于 10 kV 等级以下的电路，也允许采用手动复归。

9. ARD 应选择前加速或后加速继电保护装置动作方式，以便更好地与继电保护装置相配合，加速切除故障。

三、项目实施

(一)阅读三相一次重合闸电路

图 8-34 为单侧电源供电线路三相一次重合闸原理接线图。

图 8-34 中点画线框内为重合闸装置内部接线。其中担负执行任务的中间继电器 KM，有

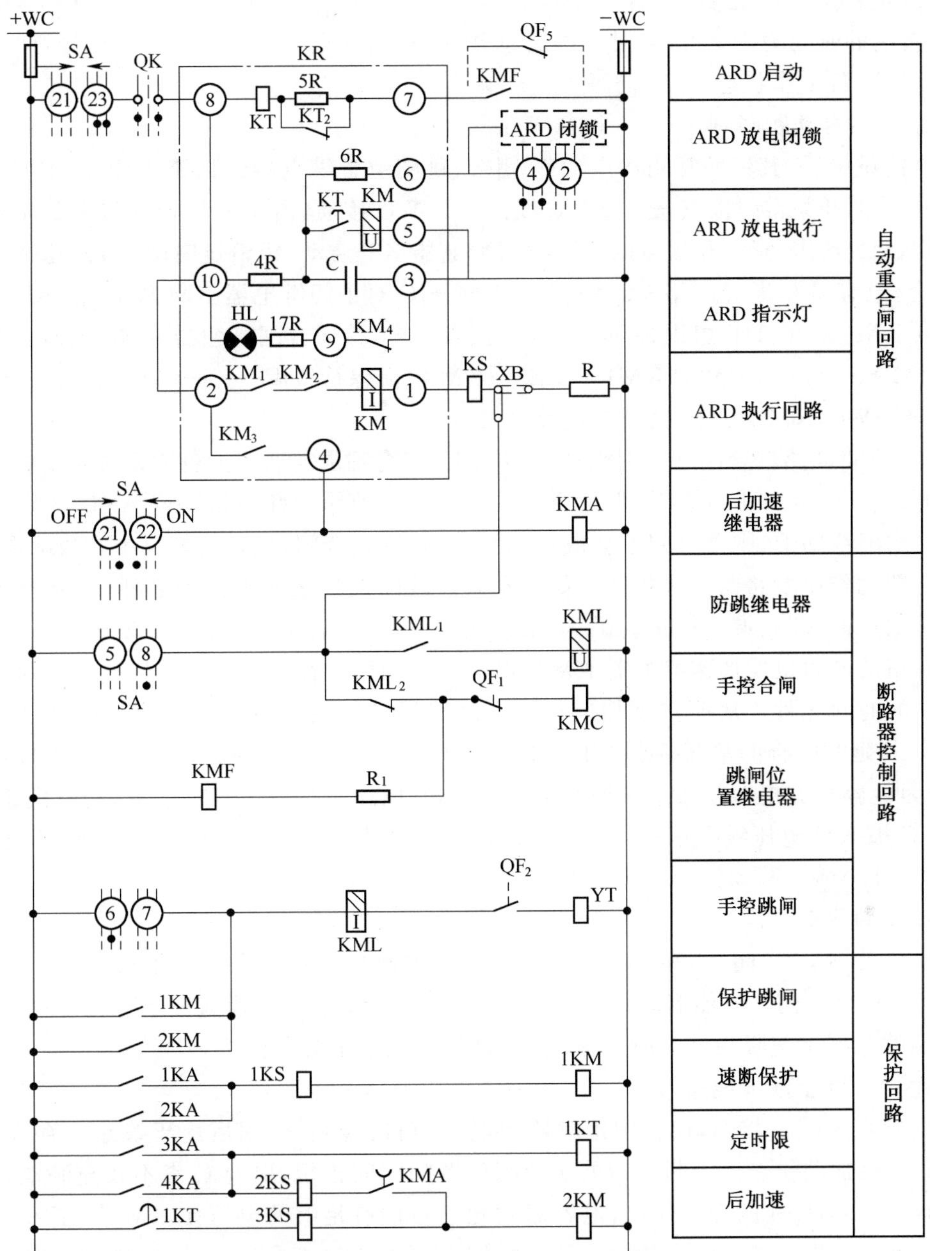

图 8-34　三相一次重合闸原理接线图

两个线圈，电流线圈自保持，电压线圈是动作线圈，KT 是控制时间的时间继电器（可在 0.25～3.5 s 之间调节），电容器 C 是在线路正常时充电，线路事故跳闸后利用它放电使 KM 启动，即启动 ARD，使断路器重合，4R 是充电电阻，6R 是放电电阻，HL 是信号灯。

（二）分析重合闸动作过程

1. 线路正常时

断路器处在合闸状态，控制开关 SA 的手柄位置在合后位置。此时，$SA_{21\text{-}23}$ 闭合，转换开关接点 QK 处于接通状态，跳闸位置继电器的常开接点或断路器的辅助常闭接点 QF 并未闭合，时间继电器 KT 不能动作，而电容器 C 经＋WC→SA_{21-23}→QK→4R→C→－WC 回路充电，C 充满电的时间为 15～25 s，处于准备动作状态，监视重合闸运行状态的信号灯 HL 亮，显示装置处于准备工作状态。

2. 断路器自动跳闸时

断路器跳闸后，其辅助常闭接点 QF_1 闭合，跳闸位置继电器经回路＋KM→KMF 线圈→R1→QF_1 辅助开关常闭接点→员 KMC 线圈→－WC 接通，由于分压合闸接触器 KMC 不能动作，而 KMF 动作，其常开接点闭合。时间继电器 KT 启动，经整定时限后，其延时常开触点 KT_1 闭合，电容器 C 通过回路＋C→KT_1→KM→-C 对中间继电器 KM 放电，使 KM 动作，其常闭接点 KM_4 断开，HL 熄灭；KM_{1-3} 常开接点闭合，接通合闸接触器 KMC 回路：

＋WC→SA21-23→QK→KM1→KM2→KM 电流保持线圈→KS→XB→KML2→QF1→KMC→－WC，KMC 动作，使断路器重合。

若 ARD 将断路器合闸于瞬时性故障线路上，则合闸成功所有元件自动复归，电容器 C 又开始充电，经 15～25 s 后电容充满电，为下一次 ARD 动作做好准备。若 ARD 将断路器合闸于永久性故障线路上，则重合闸不会成功，因为断路器重合闸之后，主电路中有故障电流，保护装置将立即动作使断路器再次跳闸。如果永久性故障发生在速断保护之外，断路器的第二次跳闸则是加速的，即后加速保护。因为 ARD 第一次动作后 KR 动作，其常开接点闭合，在接通合闸回路的同时也使加速继电器 KMA 得电，其延时开断的常开接点 KMA 立即闭合，短接过流保护的时间元件。从而实现加速保护。断路器二次跳闸后，KMF 动作再次启动时间继电器 KT，其延时闭合的常开接点 KT_1 闭合，接通电容 C 的放电回路，但执行元件 KM 不能被启动，因为电容 C 充电时间很短一般为 15～25 s，其电压不足以让 KM 启动，同时由于 KT_1 闭合，电容 C 被 KM 电压线圈旁路，KM 线圈与电阻 4R 串联，由于 4R 的分压，KM 不会启动，从而保证了 ARD 装置只动作一次。

3. 手动跳闸时

控制开关 SA_{6-7} 闭合，跳闸线圈得电，断路器跳闸。同时，一方面 SA_{21-23} 断开，切断 ARD 装置正电源，使之不能启动；另一方面 SA_{4-2} 闭合，电容 C 通过放电电阻 6R 放电，使电容 C 两端的电压迅速降为零。所以 ARD 在这种情况下不会动作。

4. 手动合闸于故障线路时

控制开关 SA_{5-8} 接通，使合闸接触器得电，断路器合闸，合闸后由于线路上存在故障，势必引起继电保护动作。由于断路器处于合闸位置的时间很短，电容 C 来不及充满电，同时，由于断路器跳闸后，KM 的旁路作用，电容 C 再也不可能有足够的电压使 KM 启动，重合闸不会动作。可见不但当手控合闸于故障线路时能够保证重合闸不会动作，而且能在这种情况下加速断路器跳闸。

为了防止断路器多次重合于永久性故障线路上，图 8-34 中采用了防跳继电器 KML 在手动合闸及自动重合闸过程中均能防止断路器跳跃。例如，当 ARD 装置第一次将断路器合闸于永久性故障线路上时，保护装置再次动作断路器跳闸。若此时 KM_1、KM_2 卡住或粘住，如没有 KML，则合闸接触器线圈 KMC 经 KM_1、KM_2 接点受电，使断路器再次重合，继电保护又使断路器再次跳闸，从而形成跳跃。有了 KML 以后，断路器在跳闸的同时启动 KML，KML 的电压线圈经卡住的 KM_1、KM_2 接点和本身的常开接点受电自保持，这样借助于其常闭接点的断开，切断重合闸电路，防止断路器跳跃。

5. 画出一次重合闸逻辑框图并分析动作过程。

项目八 自动投入装置

一、项目介绍

为了提高供电可靠性，对于具有一级负荷或重要的二级负荷的变、配电所，为保证对重要负荷的不间断供电、常采用备用电源自动投入装置(APD)。

在具有两个独立电源的变、配电所，若其中一个电源不论何种原因而断开，另一个电源就能自动投入恢复供电，这种装置就叫备用电源自动投入装置。装设 APD 可以大大地缩减用电负荷的停电时间，减少值班人员的工作量和减少误操作的可能性。

二、相关知识

(一)备用电源自动投入装置的基本形式

1. 一个工作电源和一个备用电源，APD 装在备用电源的进线开关(如断路器)上，如图 8-35(a)所示，正常运行时备用电源断路器断开，当工作电源因故障或其他原因切除后，其断路器断开，备用电源电压正常，断路器在 APD 作用下自动投入，恢复对负荷的供电。

2. 对具有两个独立工作电源分别供电的单母线分段运行的变电所，APD 应装设在母线分段开关(如断路器)上，如图 8-35(b)所示。正常运行时，分段开关断开，两相电源分别给两段母线供电。当两相电源中任一个电源失电时，相应的断路器跳闸，母线上的分段断路器在 APD 的作用下自动投入，由另一电源继续供电给全所的重要负荷。因此互为备用的电源容量必须满足一级负荷和重要的二次负荷的需要。

第 1 种 APD 方式适用一个电源为专盘专线，另一个电源为备接的情况；第 2 种方式适用于两相电源可靠程度相同的情况。

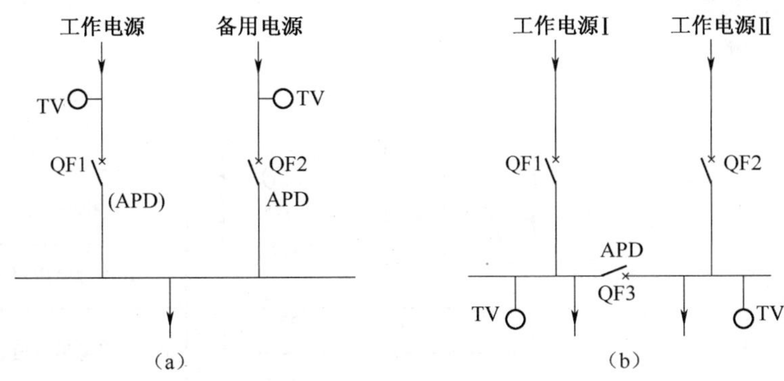

图 8-35 备用电源自动投入的形式

(二)对备用电源自动投入装置的基本要求

对 APD 有下列基本要求：

1. 工作电源不管什么原因(故障或误操作)失压时，APD 应可靠地动作。

2. 备用电源必须在工作电源已经断开，且备用电源有足够高电压时才允许投入。

3. APD 的动作应尽量快，以缩短停电时间和利于电动机自启动。

4. 只允许 APD 动作一次，以避免将备用电源投入到永久性故障上去(如母线短路)。

5. 当电压互感器任一个熔断器熔断时，APD 装置不应该启动。

6. 当采用 APD 时，应该校验备用电源的过负荷能力及电动机自启条件。若备用电源的过负荷能力不够或电动机自启动条件不能保证时，可在 APD 动作的同时切除一部分次要负荷。

三、项目实施

(一)分析一工作一备用电源的 APD 装置

图 8-36 所示为一工作电源一备用电源变电所电源断路器 APD 原理接线图(工作电源主电路未画出)。为提高备用率，图中两路电源的断路器均装设 APD 装置，即两电源在实际运行中可以互相备用，每套 APD 装置均由两部分组成，即失压启动部分和 APD 部分。

图 8-36 中 SA 是用来操作断路器的控制开关，QK 是用来投入或退出 APD 的选择开关。当要 APD 投入时，QK 打在投入位“J”

正常运行时，工作电源给全所负荷供电，操作程序及原理为：操作控制开关 1SA 使工作电源断路器合闸，由工作电源向负荷供电。此时如值班人员误操作电源 2 的控制开关 2SA，将其置合闸位置，电源 2 的断路器也不能合闸，因为电源 1 的断路器辅助开关的常闭接点 $1QF_7$ 此时是断开的。

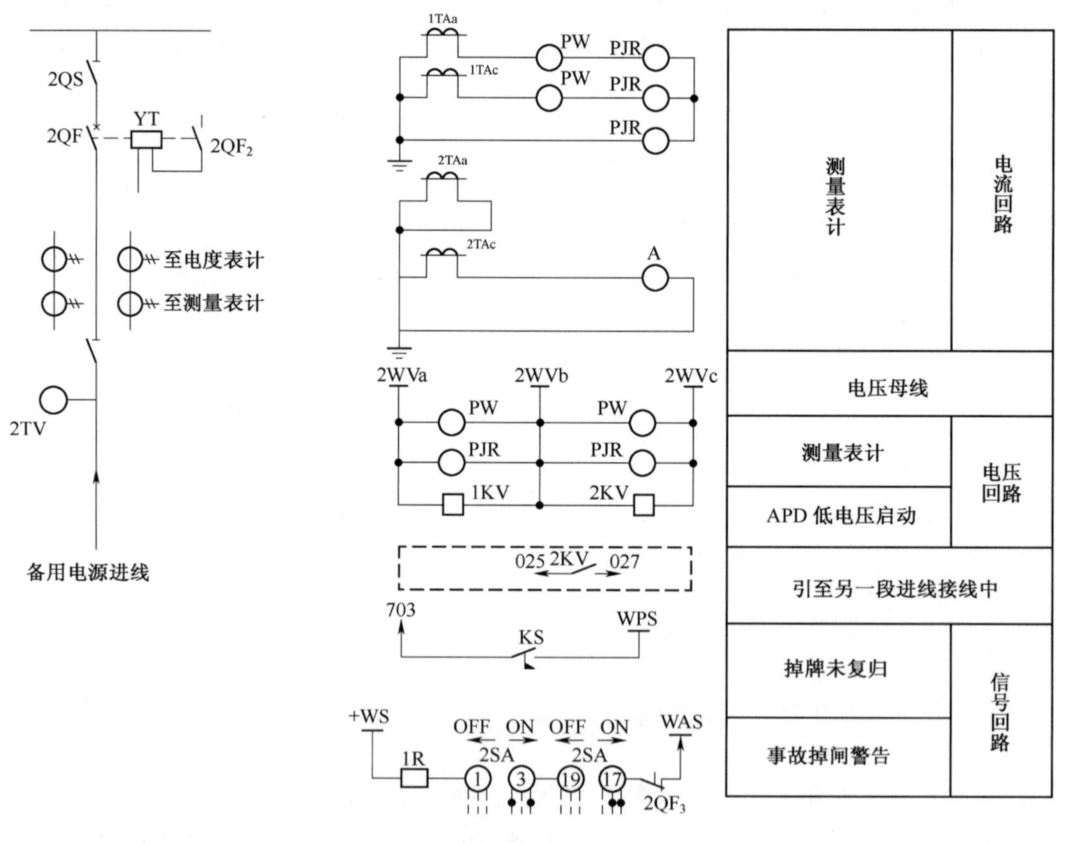

图 8-36

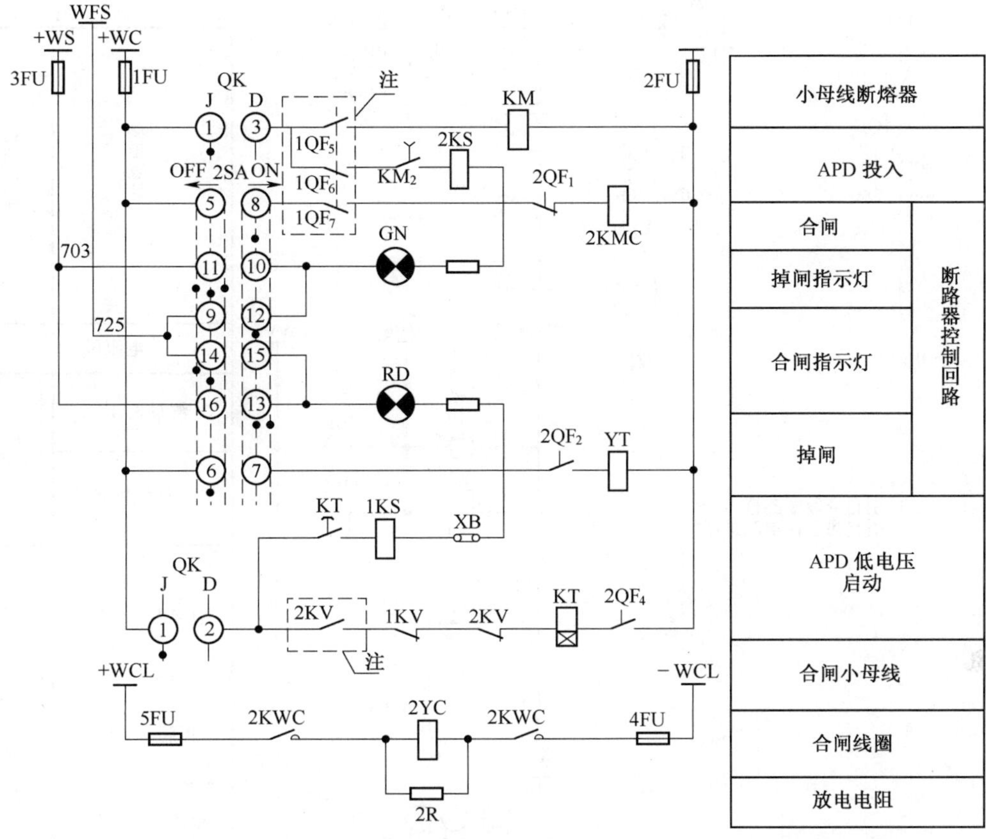

图 8-36　一工作电源一备用电源 APD 原理接线图(虚线为另一侧电源断路器接点)

当工作电源 1 因故失压时,其电压继电器 1KV、2KV 均释放,其常闭接点闭合(为了防止电压互感器的任一相熔断器或电压继电器断线而引起 APD 误动,在此采用了两个电压继电器,将其常闭接点串接在 APD 的启动回路中),若备用电源的电压高于母线最低允许工作电压,其电压继电器 2KV 的常开接点闭合,接通时间继电器 KT,经过 t s 的延时后,KT 的延时常开接点闭合接通电源 1 断路器的跳闸线圈 YT,使该断路器跳闸。电源 1 的断路器跳闸后,其辅助开关常闭接点 $1QF_6$ 接通,+WC 经 1FU→$QK_{1\text{-}3}$→$1QF_6$→KM_2(延时断开)→2KS 线圈→$2QF_1$→2KMC→2FU→－WC 通,电源 2 的断路器 2QF 闭合,APD 动作完成,并且信号继电器 2KS 启动,发出 APD 动作信号。

电源 1 的断路器跳闸后,其辅助开关的常开接点断开了中间继电器 KM 的受电回路,从而保证了 APD 只能动作一次。

(二)分析两独立工作电源的 APD 装置

图 8-37 和图 8-38 所示为具有两个独立工作电源的变电所电源断路器的 APD 接线图,此 APD 应该装设在母线分断断路器上。图 8-37 所示是电源进线断路器控制二次接线图,图 8-38 所示是具有 APD 的母线分段断路器二次接线图。APD 的低压启动部分设于进线断路器二次回路中。

工作原理分析:正常运行时,母线分段断路器 3QF 断开,其两侧隔离开关 3QS、3QS′闭合,作好 3QF 自动合闸的准备。两路电源的断路器 1QF 与 2QF 均处于合闸状态,平时由两电源分别供电。1QF、2QF 辅助开关的常开接点在平时总让中间继电器 KM 处于受电状态。当电

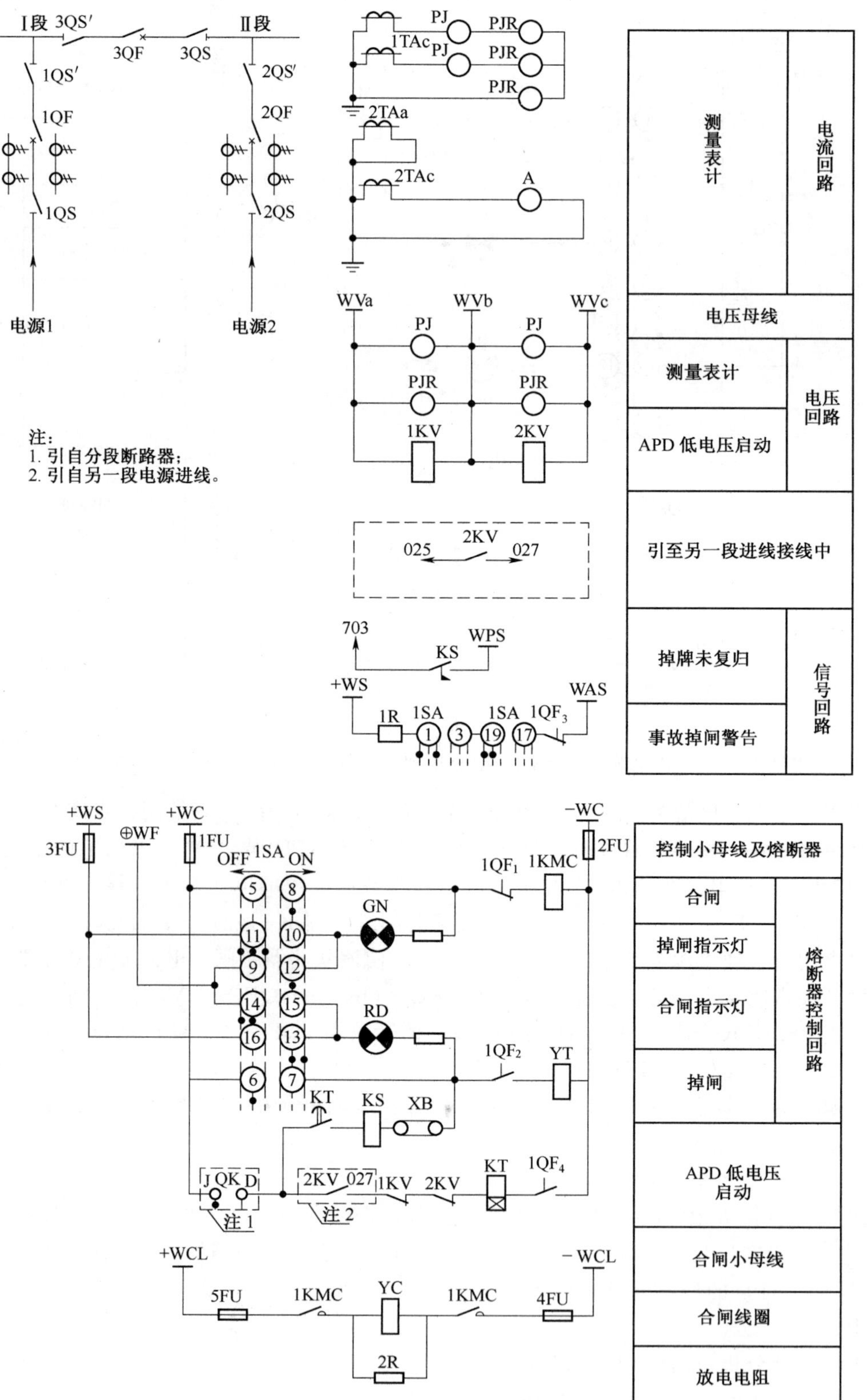

图 8-37　电源进线断路器控制二次接线图

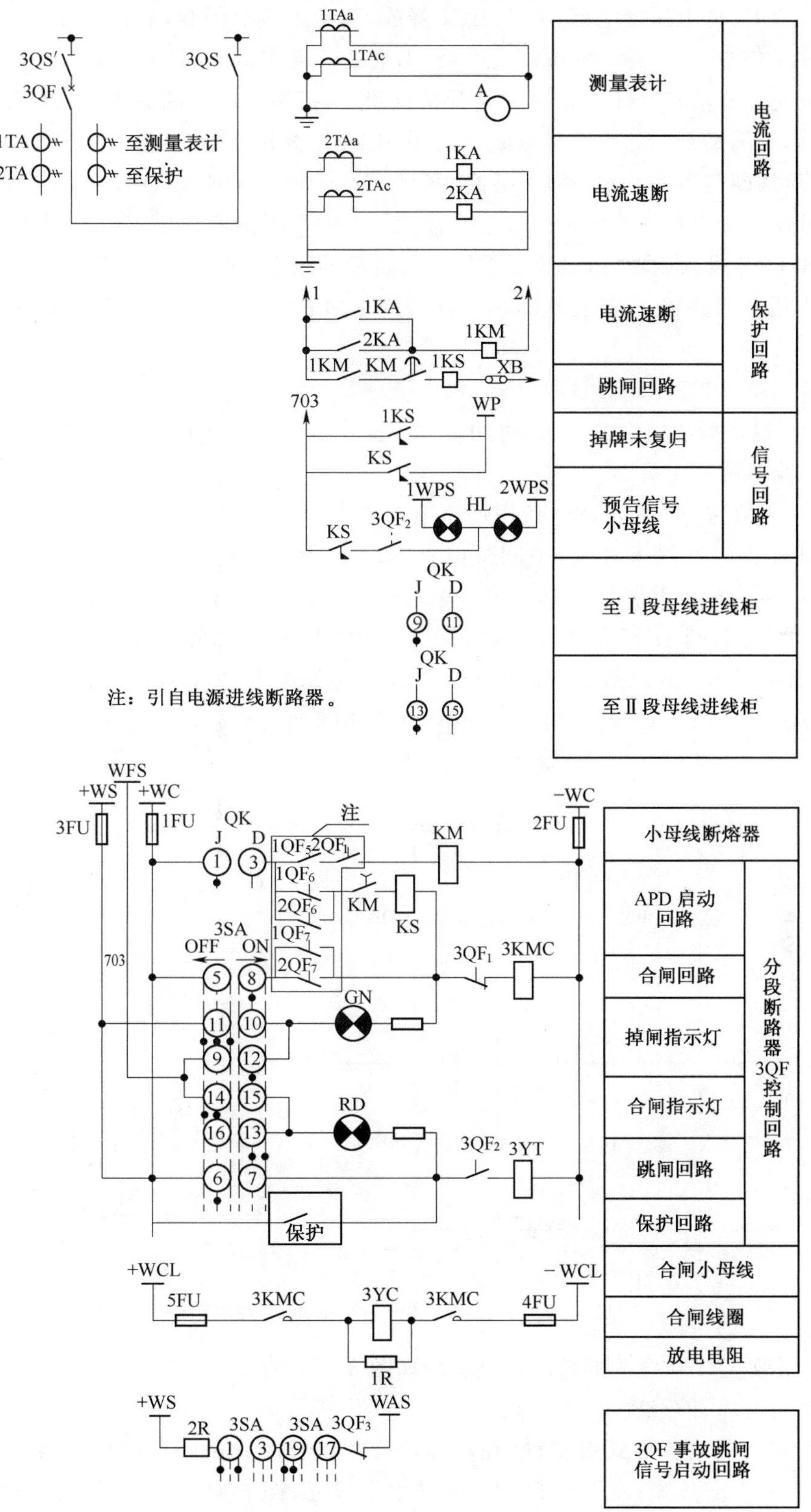

图 8-38　母线分段断路器二次接线图

源 1 因故失压时,低电压继电器 1KV、2KV 释放,其常闭接点闭合,若此时Ⅱ段母线电压超过其最低允许工作电压,电源 2 的电压继电器 2KV 处于动作状态,其常开接点闭合,接通时间继电器 KT,经过 t s延时后,KT 的延时常开接点闭合,接通电源 1 断路器的跳闸线圈 YT 使该断路器跳闸,其辅助开关的常开接点断开,切断中间电器 KM 的受电回路,其辅助开关的常闭接点闭合,母线断路器 3QF 合闸,接触器 3KMC 经＋WC→QK→$1QF_6$ 辅助开关的常闭接点→KM 延时(t s)断开的常点→KS→$3QF_1$ 辅助开关的常闭接点→3KMC→—WC 接通 3QF 自动合闸。如 3QF 投入成功,由电源 2 承担全所负荷的用电,如Ⅰ段母线上有永久性故障,则在保护装置作用下断路器 3QF 再次跳闸。此时因 KM 的延时断开接点已打开,APD 不会再次动作。

(三)分析低压网络的 APD 接线图

1 000 V 以下低压网络的 APD 可用带远控操作机构的空气自动开关或接触器来实现,一般都是采用交流操作电源。

图 8-39 所示为一工作电源—备用低压电源变电所的自投接线图。图中采用交流接触器 1KM、2KM 作为自动投入开关,中间继电器 KM 可保证只要 1 号电源有电,1KM 就受电,2KM 线圈回路断开。正常时将 1QF 和 2QF 合上,1QF 闭合时,KM 启动,其常开接点闭合,接通 1KM 的线圈,则 1KM 的常开主触头闭合,由 1 号电源向全所低压负荷供电。KM 启动后,其常闭接点断开,2KM 线圈回路断开。当 1 号电源失电时,KM 失电,1KM 释放,1KM 的辅助常闭接点及 KM 常闭接点均闭合,2KM 线圈被接通启动,其常开主触头闭合,开始由 2 号电源向全所低压负荷供电,APD 动作完毕。

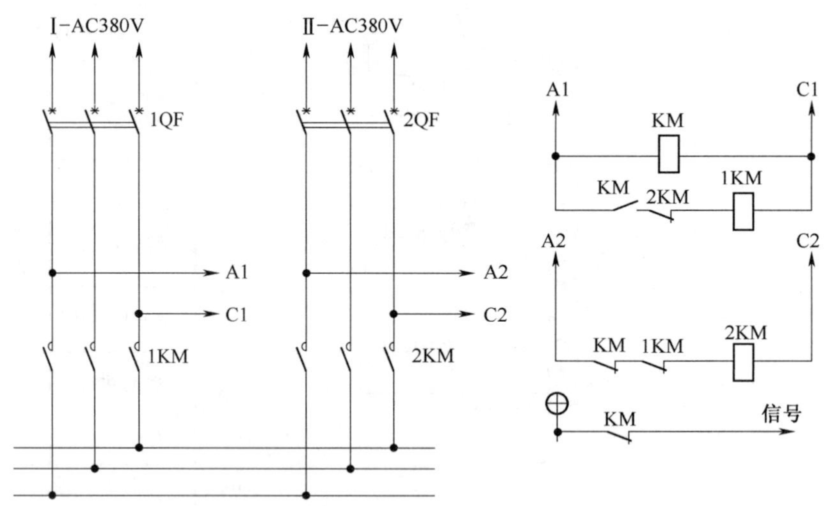

图 8-39　一工作电源一备用低压自投接线图

具有两个独立工作电源的低压自投接线如图 8-40 所示。

(四)备用电源自动投入试验

高铁变电所的自投方式有多种,在实际运行中试验时只做四种即可。四种分别是:1 号进线失压,1 号主变故障;2 号进线失压,2 号主变故障,图 8-41 所示为备用电源自动投入主接线图。

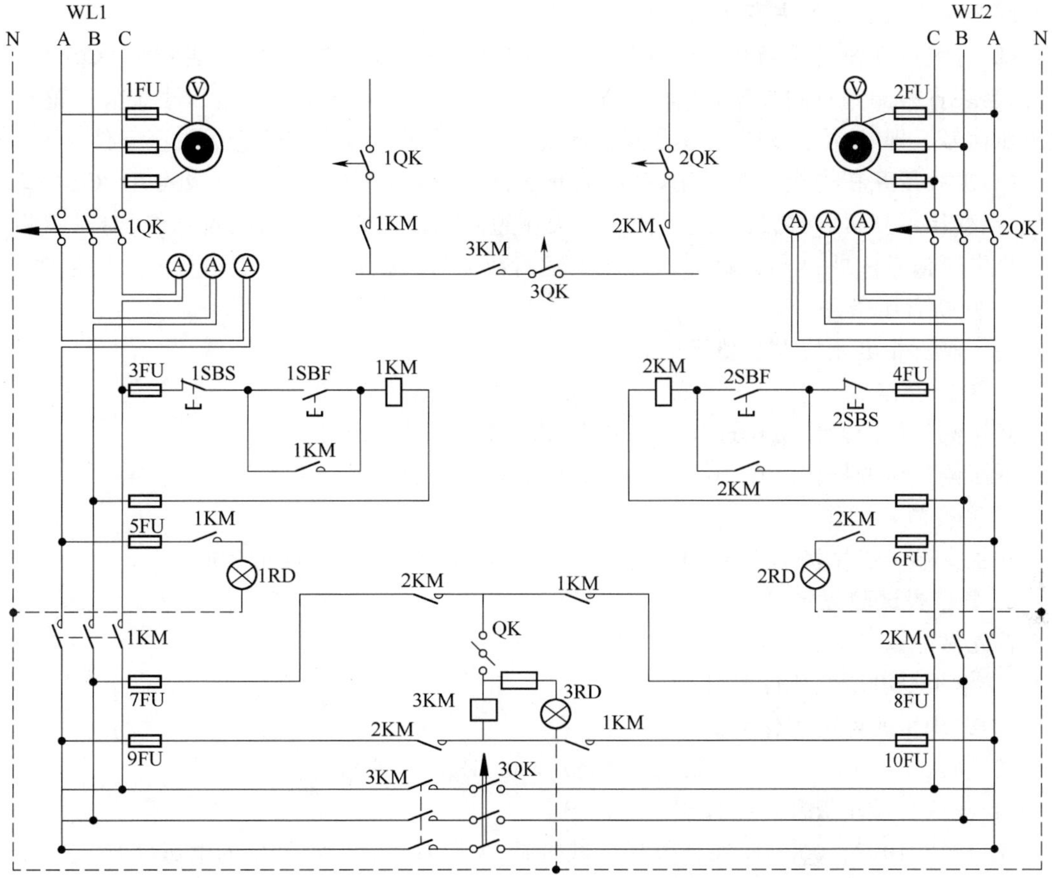

图 8-40　两独立工作电源的低压自投接线图

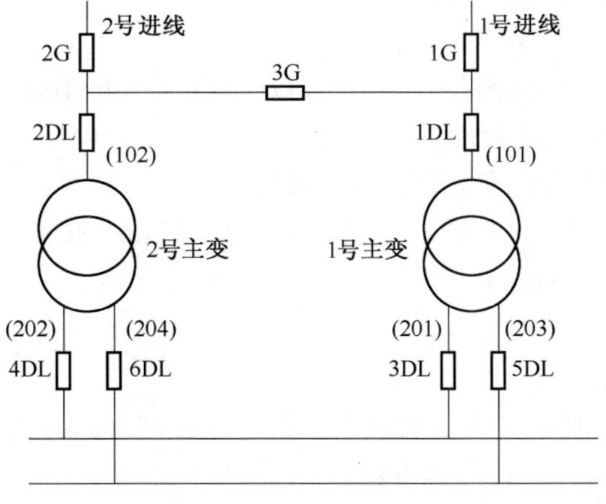

图 8-41　备用电源自动投入

1. 判断失压条件

(1)进线压互在进线隔开外侧，高压侧断路器 1QF(2QF)和进线隔开 1QS(2QS)在合位，变压器高、低两侧的电压值均小于失压整定值时,直接发失压信号。即:1 号进线带 1 号主变运行或 2 号进线带 2 号主变运行的失压条件。

(2)进线压互在进线隔开外侧,高压侧断路器 1QF(2QF)在合位,进线隔开 1QS(2QS)在分位,当装置检测到对侧失压,即 DC-SY(4Z22)有开入量,且低压侧的电压小于失压整定值时发失压信号。即:2 号进线带 1 号主变运行或 1 号进线带 2 号主变运行的失压条件。

(3)进线压互在进线隔开外侧,高压侧断路器 1QF(2QF)在分位,进线隔开 1QS(2QS)在合位,当变压器高、低两侧的电压值均小于失压整定值时 SY(CK)继电器动作,向对侧测控装置发出失压信号。即:1 号进线带 2 号主变运行或 2 号进线带 1 号主变运行的失压条件。

2. 判断有压条件

高压侧三相电压均大于整定值。

3. 失压操作

高压侧失压的操作是在进线压互端子箱分 1ZK(保护)开关。

低压侧失压的操作是在 201(204)GIS 柜上方柜端子排处分 F15 开关。

4. 主变故障操作

在主变端子箱短接 101 与 019 线压力释放,短接 101 与 021 线重瓦斯。

5. 备自投试验程序

首先做好以下准备工作:

(1)申报变电所全所停电计划。

(2)办理全所停电工作票。

(3)确认 1012(1DL 处)、1022(2DL 处)、1002GK(3G 处)在分位。

(4)确认自投压板及自投控制字均已投入。

注:1012、1022、1002GK 在合位进行试验时,失压时注意先把 275 的电压(F15)退下。

在完成上述准备工作后,按下列步骤完成 1 号进线带 1 号主变运行(2 号进线带 2 号主变运行)失压自投过程

(1)确认主变的控制方式开关打在远方位。

(2)本侧进线失压时(分 F15 和 1ZK)。

(3)判断进线失压备自投是否投入,1QF、3QF、5QF(2QF、4QF、6QF)三台断路器依次分闸,再分 1QS(2QS)。向对侧装置发送联络信号。

(4)向对侧装置发送联络信号,倒直列(交叉)。

(5)自投装置合:直列 2QS(1QS),2QF、4QF、6QF(1QF、3QF、5QF)。交叉 2QS(1QS),1QF、3QF、5QF(2QF、4QF、6QF)。

(6)装置完成自投动作后按复归。

6. AT 分区所的自投试验

(1)试验前确认条件:联络隔离开关(2Z8)在合位,控制方式打远方位,自投装置复归。

(2)打当地位合 2411、241,打回远方位。

(3)在 1AT 端子箱的 L441、N441 加量(碰壳),动作值 0.23 A。自投装置分 241DL、合 2421、242。

(4)在 2AT 端子箱的 L441、N441 加量(碰壳),动作值 0.23 A。自投装置分 242DL、合 2411、241。

(5)在 1AT 端子箱短接 28、29(017 重瓦斯或在 AT 上短接瓦斯保护 3-4)。自投装置分 241DL、合 2421、242。

(6)在 2AT 端子箱短接 8、29(017 重瓦斯、或在 AT 上短接瓦斯保护 3-4)。自投装置分 242DL、合 2411、241。

(7)在 1AT 端子箱短接压力 17、18(019),自投装置分 241DL、合 2421、242。

(8)在 2AT 端子箱短接压力 17、18(019),自投装置分 242DL、合 2411、241。

(9)在 1AT 端子箱短接温度Ⅱ段 15、16(021),自投装置分 241DL、合 2421、242。

(10)在 2AT 端子箱短接温度Ⅱ段 15、16(021),自投装置分 242DL、合 2411、241。

(11)在 241 开关柜 T 的(131、132 端子)T431、N2431 加量(差动),动作值 1.04 A(注意:243、244 动作值 1.02 A)。自投装置分 241DL、合 2421、242。

(12)在 241 开关柜 T 的(131、132 端子)T431、N2431 加量(差动),动作值 1.04 A(注意:243、244 动作值 1.02 A)。自投装置分 242DL、合 2411、241。

3AT、4AT 自投重复上述步骤。

模块小结

一、继电保护装置

继电保护装置,是指能够反映电力系统元件故障和不正常运行状态,并能使断路器跳闸或发出信号的一种自动装置。当被保护元件发生故障时,能自动、迅速而有选择地借助断路器将故障元件从电力系统中切除,以保证系统其他元件的正常运行,并使故障元件免于继续遭受损坏;当被保护元件出现不正常运行状态时,保护装置能发出信号,以便值班人员采取有效措施,或由其他自动装置进行自动调整,以消除不正常运行状态。

定时限过流保护最靠近电源的保护装置的动作时限最长,而实际上短路点愈靠近电源时短路电流愈大,从而导致短路电流愈大切除故障时间愈长,为了实现短路电流愈大愈尽快切除故障的目的,可采用瞬时电流速断保护配合。对于系统运行方式变化大或负荷重距离长的线路,过电流保护的灵敏度难以满足要求,通常采用低电压启动的过电流保护。

距离保护是反映保护安装处至故障点的距离,并根据距离的远近而确定动作时限的一种保护装置。

二、变压器保护

重瓦斯保护、电流速断保护(或纵联差动保护)为变压器的主保护,它们瞬时动作于断路器跳闸;过电流保护、零序过流保护为后备保护,它们延时动作于断路器跳闸;过负荷保护、过热保护和轻瓦斯保护为辅助保护,前两者延时动作于信号,轻瓦斯保护瞬时动作于信号。

三、既有线路牵引网保护配置

一般采用单线单边供电,设置保护:

(1)过电流保护。

(2)距离保护。当过电流保护的灵敏度不能满足要求时,可采用距离保护作为牵引网的主保护。距离保护通常以圆特性或四边形特性方向阻抗继电器作为启动元件和测量元件,并且用过电流保护作为消除距离保护的死区或者构成双重保护。

四、客运专线保护

客运专线采用全并联 AT 供电系统，为了满足继电保护的灵敏性、速动性、可靠性、选择性的要求，全并联 AT 牵引网供电臂在正常供电下(非越区供电)，牵引变电所馈线保护配有阻抗Ⅰ段保护、低电压启动过电流保护、电流增量保护和一次重合闸功能。

五、自动装置

线路自动跳闸时，自动重合闸装置使断路器重新合闸，迅速恢复供电，从而提高供电的可靠性。

变电所其中一个电源不论何种原因而跳闸，另一个电源能自动投入恢复供电，任何一台主变跳闸，则可自动投入另一台主变。大大缩减用电负荷的停电时间，提供供电可靠性。

复习思考题

1. 根据馈线测控装置展开图，查找重合闸动作回路。
2. 分析图 8-40 所示一次重合闸动作逻辑。

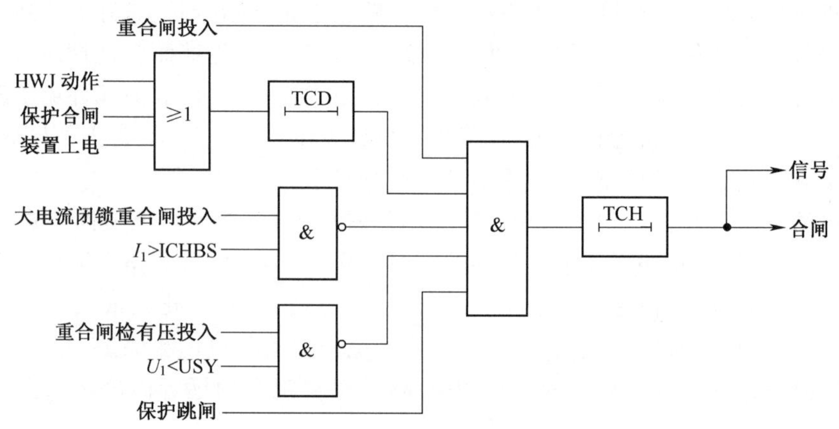

图 8-42　一次重合闸功能框图

3. 熟悉继电保护测试仪界面。
4. 测量馈出线定时限过电流保护的动作值和动作时间。
5. 分析变压器保护二次展开图。
6. 测量电流继电器动作值和返回系数。
7. 查找变压器高压侧开关控制回路。

模块九　监控装置工作分析

本模块主要学习监控装置工作基本原理，熟悉变电所监控系统的结构，熟悉当地监控系统的运行及基本操作，学习变电所通信及远程控制原理，熟悉界面基本操作及各功能意义，能通过远程控制变电所设备，对变电所进行监控及操作，培养对复杂问题独立思考和解决问题的能力。

项目一　综合自动化系统结构

一、项目介绍

本项目主要了解变电所综合自动化系统的基本原理，了解系统基本结构及相关设备。

二、相关知识

变电所综合自动化系统的发展过程与集成电路技术、微计算机技术、通信技术和网络技术密切相关。随着这些技术的不断发展，综合自动化系统的体系结构也不断发生变化，其性能和功能以及可靠性等也不断提高。

变电所的一、二次设备可大致分为3层，即变电所层(2层)、间隔层(1层)(或称单元层)和设备层(0层)。图9-1是变电所综合自动化系统的示意图。

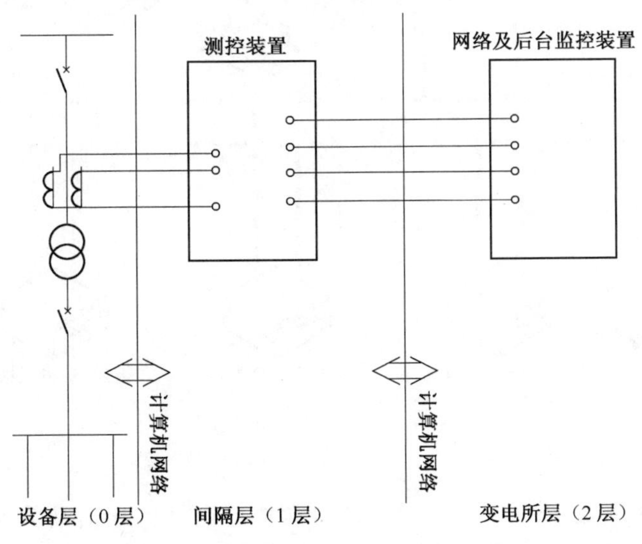

图9-1　变电所综合自动化系统示意图

1. 设备层(0层)

设备层主要指变电所的变压器和断路器、隔离开关、电流、电压互感器等一次设备。

2. 间隔层(1层)

变电所综合自动化系统主要位于间隔层(1层)和变电所层(2层),和传统变电所的二次设备相同,间隔层一般按断路器间隔划分,具有测量、控制部件和继电保护部件,各间隔之间通过现场总线或局域网联系。

3. 变电所层(2层)

变电所层除完成全所性的监控任务外,还通过监控机和上层管理(如调度中心)进行通信。变电所层设局域网(如以太网)供各主机之间和监控主机与间隔层之间交换信息。

变电所层的监控机也称上位机,通过局部网络与保护管理机和数据控制机通信。监控机的作用是主要负责无人值班的变电所与调度中心的通信,使变电所综合自动化系统具有RTU的功能,完成"四遥"任务;在有人值班的变电所,除了仍然负责与调度中心通信外,还负责人机联系,使综合自动化系统通过监控机完成当地显示、制表打印、开关操作等功能。

综合自动化系统结构有分散式和集中式两种

1. 分散式结构

在该模式下,被控站的IED设备作为独立网关与当地监控系统直接连接,通信网络为10M/100M的以太网,通信介质为屏蔽双绞线。此模式适用于被控站IED设备为就地分散安装且具备网络通信接口的场所。分散式的网络结构如图9-2所示。因10M/100M以太网在监控系统得到普遍应用,因此这种模式的优点是接入方便,应用维护简单。可以设置为单网或双网结构。

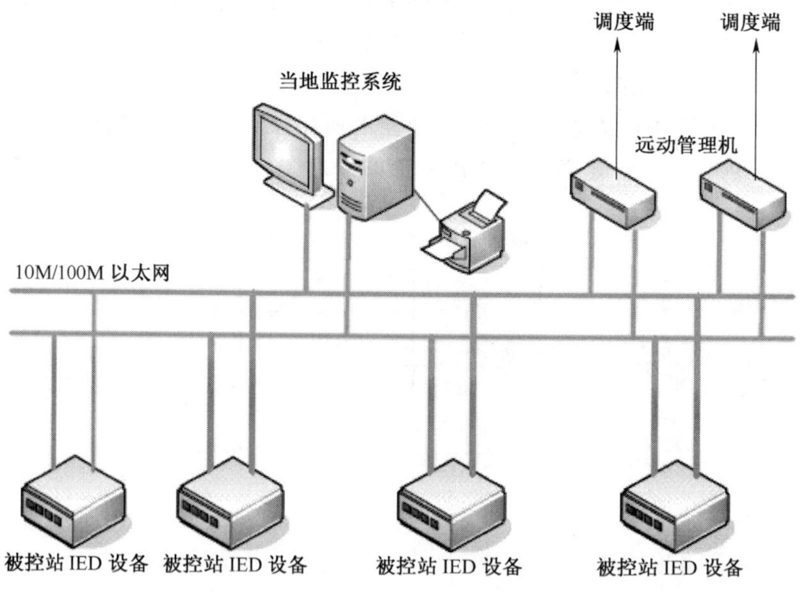

图9-2　分散式结构

2. 集中式结构

在该模式下,被控站的IED设备通过光纤自愈环形网络和通信网关连接,当地监控系统只和通信网关连接,由通信网关集中管理与IED设备的通信。此模式下通信网络层为自愈式双环以太网,通信介质为光纤。适用于被控站IED设备集中组屏安装,运行环境有较强的电磁干扰而对通信要求较高的场所。集中式的网络结构如图9-3所示。这种模式的优点是系统主干网采用自愈式双环光纤以太网，所有的环网接入设备全部针对工业环境设计，是普通的网络接入设备不可比拟的。双环结构具备自愈功能，自愈的原理就是将所有的设备分布在信号流向相反的两个环上，平时只有主环在工作，次环处于备份状态；当环上某处光纤断裂或某节点发生故障时，其相邻节点的主环、备环自动环回，这时，环网仍然是一个闭环使通信链路保持畅通。故障点链路恢复后，备环回到备份状态。这种自愈型环网极大的提高了光纤通信的可靠性。集中模式下采用光纤介质，相比普通 10M/100M 以太网的屏蔽双绞线而言具有抗电磁干扰、防雷击的能力，因此在牵引变电所这种强电磁干扰的环境下保证通信稳定可靠。

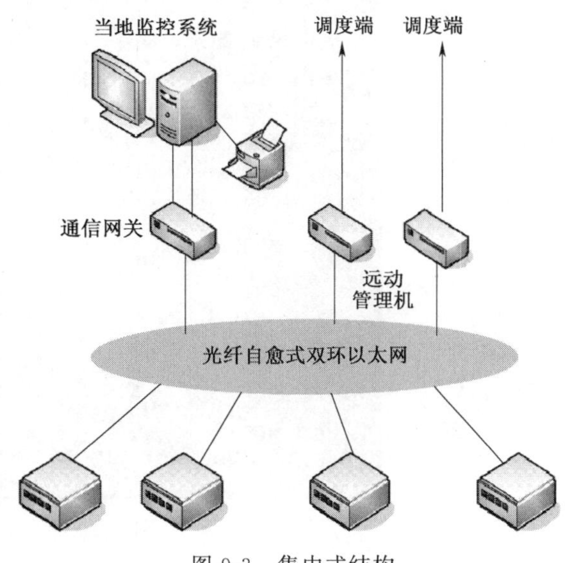

图 9-3　集中式结构

三、项目实施

（一）认识变电所综合自动化系统结构

查找变电所各测控装置与监控系统的连接，熟悉综合自动化系统的结构及功能。

（二）认识测控装置结构

认识测控装置各模块（图 9-4～图 9-11），了解各模块功能及装置接线。

图 9-4　测控装置正面

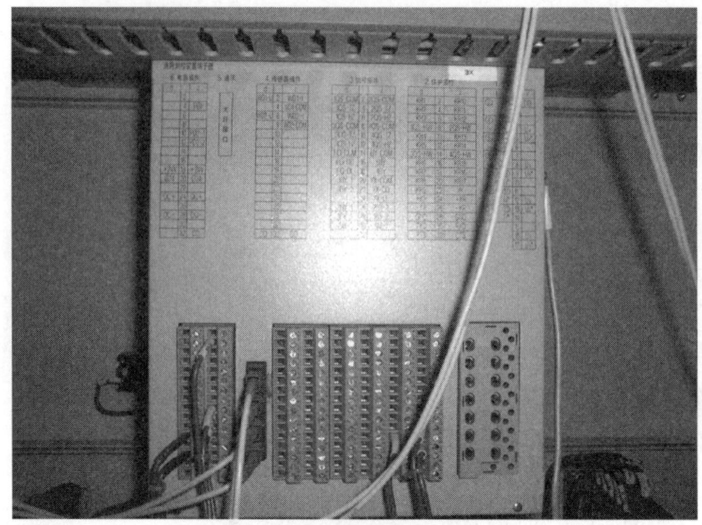

图 9-5　测控装置背面

图 9-6　测控装置结构

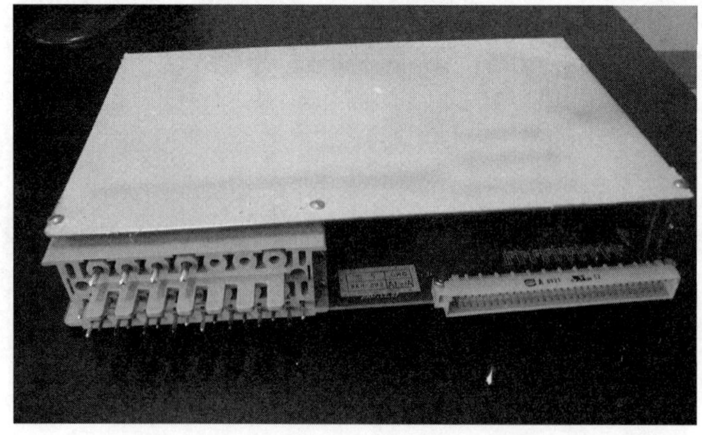

图 9-7　交流模块

图 9-8　保护模块

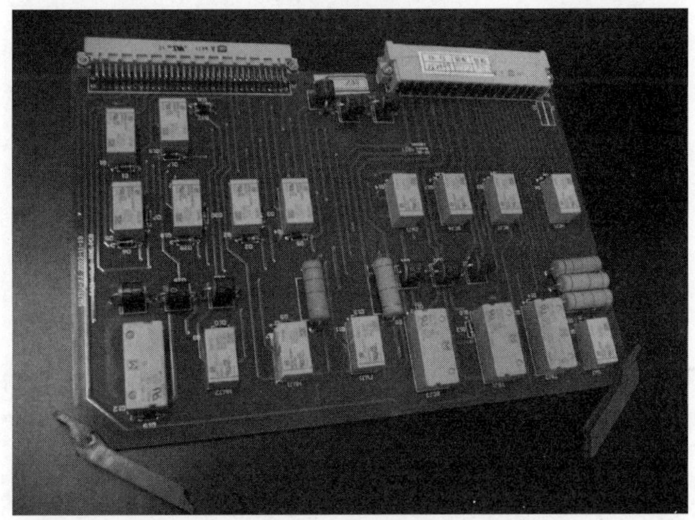

图 9-9　跳闸模块

图 9-10　通信模块

图 9-11 信号模块

项目二 变电所监控系统

一、项目介绍

本项目学习后台监控系统基本操作，学会登陆、遥控基本操作，学习后台监控系统的基本维护操作。

二、相关知识

变电所后台监控系统利用计算机及网络技术，完成数据采集、事件顺序记录 SOE、故障记录、故障录波及测距、操作控制、安全监视、人机联系、打印、数据处理与记录等功能。

1. 数据采集

变电所的二次系统需要采集大量的数据，用来完成对一次系统进行保护、测量、控制等功能。数据采集是综合自动化系统最基本的功能。

2. 事件顺序记录 SOE

事件顺序记录 SOE(Sequence of Events)包括断路器跳合闸记录、保护动作顺序记录等，是监控子系统重要的功能之一。微机保护或监控系统必须有足够的内存，能存放足够数量或足够长时间段的事件顺序记录，确保当后台监控系统或远方集中控制主所通信中断时，不丢失事件信息，并应记录事件发生的时间（应精确至毫秒级），为故障分析提供最直接的资料。

3. 故障记录、故障录波和测距

(1)故障录波与测距。110 kV 及以上的重要输电线路和一些特殊电力线路（如：电气化铁路的接触网）距离长、发生故障影响大，必须尽快查找出故障点，以便缩短修复时间，尽快恢复供电，减少损失。设置故障录波和故障测距是解决此问题的最好途径。变电所的故障录波和测距可采用两种方法实现，一是由微机保护装置兼作故障记录和测距，再将记录和测距的结果送监控机存储及打印输出或直接送调度主所，这种方法可节约投资，减少硬件设备，但故障记录量及测量精度有限；另一种方法是采用专用的微机故障录波器，并且故障录波器应具有串行通信功能,可以与监控系统通信。

(2)故障记录。35 kV 及以下电压等级配电线路很少专门设置故障录波器,为了分析故障的方便,可设置简单故障记录功能。故障记录是记录继电保护动作前后与故障有关的电流量和母线电压,故障记录量的选择可以按以下原则考虑:如果微机保护子系统具有故障记录功能,则该保护单元的保护启动同时,便启动故障记录,这样可以直接记录发生事故的线路或设备在事故前后的短路电流和相关的母线电压的变化过程;若保护单元不具备故障记录功能,则可以采用保护启动监控数据采集系统,记录主变压器电流和高压母线电压。记录时间一般可考虑保护启动前 2 个周波(即发现故障前 2 个周波)和保护启动后 10 个周波以及保护动作和重合闸等全过程的情况,在保护装置中最好能保存连续 3 次的故障记录。对于大量中、低压变电所,没有配备专门的故障录波装置,而馈出线较多、故障率高,在监控系统中设置了故障记录功能,对分析和掌握情况、判断保护动作是否正确很有好处。

4. 操作控制功能

综合自动化变电所中,操作人员都可通过 CRT 屏幕对断路器和电动隔离开关进行分、合闸操作,对变压器分接开关位置进行调节控制,对电容器进行投、切控制,同时能接受遥控操作命令,进行远方操作;为防止计算机系统故障时无法实现遥控操作命令,在设计时,应保留人工直接跳、合闸的操作方法。断路器操作应有闭锁功能,操作闭锁应包括以下内容:

(1)断路器操作时,应闭锁自动重合闸功能。

(2)当地操作和远方操作要互相闭锁,保证只有一种操作方式,以免互相干扰。

(3)根据实时信息,自动实现断路器与隔离开关间的闭锁操作功能。

(4)无论当地操作或远方操作,都应有防误操作的闭锁措施,即要收到返校信号后,才执行下一项,必须有对象校核、操作性质校核和命令执行三步,以保证操作的正确性。

5. 安全监视功能

监控系统在运行过程中,对采集的电流、电压、频率、主变压器油温等量,要不断进行越限监视,如发现越限,立刻发出告警信号,同时记录和显示越限时间和越限值,另外,还要监视保护装置是否失电,自控装置工作是否正常等。

6. 人机联系功能

变电所采用微机监控系统后,可以通过 LED 显示器、鼠标和键盘观察全站的运行状况和运行参数,亦可对全站的断路器和隔离开关等进行分、合操作,彻底改变传统的依靠指针式仪表进行测量及依靠模拟屏或操作屏进行操作的控制方式。

特别要强调指出的是:对无人值班变电所也必须设置必要的人机联系功能,以便当巡视或检修人员到现场时,能通过液晶显示器、七段显示器或便携机观察站内各设备的运行状况和运行参数,对断路器等开关设备控制应具有人工当地紧急操作的功能设施。

7. 打印功能

对于有人值班的变电所,监控系统可以配备打印机,完成必要的打印记录功能;对于无人值班变电所,可不设当地打印功能,各变电所的运行报表集中在调度中心打印输出。

8. 数据处理与记录功能

监控系统除了完成上述功能外,数据处理和记录也是很重要的环节。历史数据的形成和存储是数据处理的主要内容。此外,为满足继电保护专业和变电所管理的需要,必须进行一些数据统计。

三、项目实施

以 TA21 设备为例介绍装置的启动、关闭操作及遥控操作。

(一)后台监控装置启动

(1)合上综合自动化监控装置电源开关,监控后台机受电并启动。

(2)后台机启动后,显示"登录到 Windows"对话框,输入用户名和密码,并点击"确定"按钮,进入 Windows 系统桌面。

(3)双击桌面上的"后台监控系统"图标,系统桌面出现"系统登录程序"对话框,输入用户名和口令,并点击"确定"按钮,进入"TA21 当地监控系统"界面,如图 9-12 所示。

图 9-12　TA21 当地监控系统"界面

(4)点击"当地监控"按钮,进入"TA21 当地监控子系统"。点击"打开主页"图标,出现"打开工程主页"对话框,在"打开工程主页"上选中线路名,并点击"确定"按钮,出现"当地监控子系统-[主页]"界面,点击"牵引变电所"图标,进入"牵引变电所目录",选中要打开的图标,单击确定打开监控界面。

(二)综合自动化监控装置的关闭

将各子系统退出运行,子系统界面弹出"用户管理权限检查窗口",在用户名称处选择"系统管理员",在用户密码处输入"密码",并点击"确定"按钮,子系统即可退出;主系统退出时也需要权限认证,操作方法和子系统退出方法一样。断开综合自动化监控系统电源开关。

(三)断路器的分合闸操作

(1)在监控子系统的 10 kV 主接线图中,把鼠标移到要操作的断路器图标上,鼠标指针即变成"手形"。

(2)点击后,弹出遥控操作对话框如图 9-13 所示。

图 9-13　遥控操作对话框

(3)核对要操作的断路器及当前状态,选定要执行的命令“合”或“分”,确认无误后,点击“执行”按钮,会弹出口令输入框。

(4)输入密码后,点击确定,即实现对断路器的分闸或合闸操作。

(5)操作完成后,要核对断路器的状态及遥信信息是否正确。

(四)综合自动化装置检查维护

1. 测控装置日常检查维护

(1)外部检查维护

①装置及附件外壳应无划伤、碰伤及污损等情况。装置的液晶显示屏脏污时,应用柔软的丝绸布擦拭干净。

②装置面板上各信号指示灯应显示正常,通信良好,并与实际运行情况相符。若有与实际不符应检查处理。

③装置面板上的各按键、转换开关、按钮应与设备运行情况相符,动作灵活、接触良好,无卡滞现象。

④装置及各附件设备的标志应齐全完好、清晰、整洁,并与实际设备相一致。

⑤各附件设备安装位置应正确牢靠,型号、规格应与安装接线图相符。表面应无灰尘、杂物,表面灰尘应用干净的毛刷或吸尘器除尘去污。

⑥电缆、端子排及各接线端子应电气连接良好;连接线应无过热、断股和散股、过紧或虚接、混线及电气损伤和机械损伤。端子排标号应与图纸相符且清晰齐全。各部螺栓(螺母)连接紧固良好无锈蚀、损坏、松动、变形。

⑦核对保护测控装置应投入的保护与后台机显示投入的保护应一致。

⑧装置界面显示时间与后台机显示时间应一致,不一致时校对时钟。

⑨装置面板及所有插件与机箱应可靠接地。

(2)内部检查维护

在内部检查之前,必须办理工作票将设备退出运行,用一字或十字螺丝刀将设备面板上的螺钉松开,打开外壳,逐个拔出插件,以便检查内部插件。

①逐个检查插件插头有无断针,集成块应无断脚和破损,插件面板应平整,用柔软的毛刷或小功率的电吹风清除插件上各元器件灰尘,将装置内部清扫干净,若有油污,应用干净的丝绸蘸酒精擦拭干净。

②检查插件的焊接点有无虚焊、开焊、熏黑现象,印刷电路板有无变形,铜箔线有无断裂、脱线。若有上述现象,应进行修复处理。

③各插件的元器件应无电气损伤,如:击穿、闪络、放电、绝缘老化或机械损伤、断线、断裂、破损、变形、螺栓滑扣等现象。

④拔插件时应无卡滞现象,插槽光滑、笔直、无阻碍物;各插件之间应保持一定的距离,不能相互影响。

⑤插件本身应无变形、氧化或酸化现象;固定插件的外框应结实、牢靠、无变形。

⑥各装置内部检查维护完成后,应按各插件的安装位置恢复原位。

(3)外部接口检查维护

①通信接口检查维护

通信接口与其相连接的位置应接触良好、接线正确。若装置能正确接收到通信信息,则通信装置和网络接口是好的,同样方法可检查装置其他网络接口。若无信息显示,应检查接线是否正确、接触是否良好。

②GPS 对时接口检查

将装置的 GPS 对时接口与微机通信管理装置相连,检测 GPS 对时功能是否正常。

2. 后台机系统检查维护

(1)监控系统维护功能检查维护

检查系统数据库、主站报文、装置报文是否正常,与标准值比较有无错码和误码现象,发现异常及时查找出原因并进行处理。

(2)后台机检查维护

①后台机界面检查维护

在综合自动化装置后台机界面查看继电保护整定值,断路器、隔离开关等设备位置信号、变位信号,继电保护动作事故信号及故障报告、故障录波、波形分析、报警信号,自动装置动作信号,电压、电流、功率等电量实时值。另外综合自动化装置后台机需要查看最大值、最小值、曲线图及负荷录波,日报、月报报表,各种历史记录、操作记录、事件记录、自检报告等。检查综合自动化装置后台机与保护测控装置、远动系统、交直流系统间通信良好。

在进行各项功能测试时,一人必须始终监视综合自动化装置后台机各种信号的变化情况,发现问题及时处理。

②后台机键盘检查维护

操作键盘字母、数字、功能键、光标移动键,查看各键应该正常。操作鼠标,应灵活可靠。

③打印机检查维护

打印机应无缺纸、墨盒无墨等现象。打印字迹应清楚正确,无错打、漏打、卡滞、不正确跳行和缺墨等现象。检查综合自动化装置后台机与打印机之间的电缆连接线及插接应正确良好,固定牢固。

3. 保护测控装置检查维护

(1)保护测控装置键盘检查维护

①操作键盘字母、数字、功能键、光标移动键,查看各键应该正常,操作应灵活可靠。

②SERIAL 串口。检查用于外接 PC 机调试本装置的 SERIAL 串口是否正常。

(2)保护测控装置界面检查

在综合自动化装置后台机界面查看继电保护整定值,继电保护动作事故信号及故障报告、故障录波、波形分析、报警信号,自动装置动作信号,电压、电流、功率、角度等电量实时值。各种历史记录、操作记录、事件记录等。检查保护测控装置与综合自动化装置后台机通讯良好。

4. 通信管理机检查维护

检查通信管理机的各种指示灯显示是否正常,发现异常及时查找出原因并进行处理。

5. 事故音响检查维护

结合屏柜进行事故和预告音响测试。首先根据工程实际需要定义管理机的"遥信点报警属性",然后产生各种保护事件或遥信变位,观察中央信号是否正常。

6. 检查维护注意事项

(1)综合自动化系统停、送电的操作顺序。停电时,先停交流回路(电压、电流),再断开综合自动化装置系统的直流开关和其他措施;送电的顺序相反。在进行定值校验时亦采取上述顺序进行操作。

(2)拔插保护测控装置插件时,应先断开交流电压和交流电流回路及直流电源后再进行,防止损坏插件。

(3)在接触微机设备时,必须采取防静电措施,基本要求如下。

①在接触保护测控装置插件时,任何时候要系上腕带,即先系腕带,后接触微机设备插件。若无腕带,要将双手先对地放电,然后再接触微机保护插件,并注意不允许触及微机设备的电路部分。

②设备清扫时,清扫器具要接地,禁止用手和金属物品直接触及保护测控装置的电路部分,防止静电损坏元器件。对于清扫不净地方,要用麂皮沾酒精擦拭干净。

③在进行焊接时,注意电烙铁的金属部分要接地,并且在撤除电源后,才能进行焊接,防止静电损坏元器件。

④防止绝缘器具、衣服、领带、毛巾等物品触及保护测控装置插件,因为它们带有强烈的静电。

(4)在使用插件时,应轻拿轻放,轻拔轻插,随时放在箱体内或防静电屏蔽袋内,防止插件的电气损伤和机械损伤。

(5)保护插件应存放在特制的箱体内,并放置在通风、干燥、震动小、远离强磁场的地方。特制的箱体外壳为铁制屏蔽材料,内部为柔软的绝缘弹性材料,每个插件之间应设有绝缘的、柔软的、不易产生静电的隔离层,箱体外壳应可靠接地(接地电阻不大于 10 Ω)。保护插件在运输时也应存放在上述箱体内或屏蔽袋内。

(6)对于停止使用的电流回路、电压回路,在断开与其连接电源后应将其分别短接,防止电磁干扰损坏元器件。

(7)在正常运行时,不允许使直流电源瞬时停电。因为直流电源瞬时停电后再有电,将由于冲击干扰使保护误动。

(8)保护测控装置电源不能频繁打开和关闭,防止损坏零部件。

(9)保护试验结束后,对需要投入的保护应该再投入一次。防止出现虚投入现象,而使保护不能工作。

项目三　监控系统保护配置及修改

一、项目介绍

本项目学习保护定值查询及修改。

二、相关知识

变电所的保护主要包括电流、电压、距离、差动等保护方式,保护配置、定值的查询与修改可以在后台监控系统进行,也可以在测控装置上进行。

三、项目实施

在当地监控系统主界面,点击“工程师站”图标,进入“工程师站子系统”主界面,点击“打开工程”项,出现“选段名称”项,点击“选段名称”项,出现“牵引变电所”项,点击“牵引变电所”项,出现各种保护名称的下拉菜单，选中某项保护名称（如 1 号主变压器保护）并单击，然后点击“定值”项，即可出现保护定值下拉菜单界面，如图 9-14 所示。定值管理”的工作包括定值查询、定值修改、定值区切换等。

图 9-14　工程师站界面

在“定值管理”页面，定值参数显示内容包括：定值序号、定值名称、定值单位、定值范围。用户可以选择当前 CPU 号（系统能够自动根据装置定义参数，提供本装置有效的 CPU 号供用户选择）和目标定值区（有效值为 0～7 和“当前”）；当前定值区显示的是当前装置、当前 CPU 的当前定值区号。当用户在“装置列表”中选择不同的保护装置或改变 CPU 号时，定值参数的显示内容将随装置或 CPU 号的不同而变化。

（一）后台监控定值查询、校对的操作程序

1. 保护定值查询与校对

在“定值”界面，如图 9-15 所示，如果需要查看定值，首先选中要查看的装置、CPU 号以及定值区号；然后点击“查询”按钮，系统就会向装置下发一个定值召唤命令。如果用户选择的目标定值区号为“当前”，则查询的是指定装置、指定 CPU 的当前定值区的定值；如果用户选择的目标定值区号为 0～7 中的数值，则查询的是指定装置、指定 CPU 的指定定值区的定值。

在定值召唤过程中，系统显示“正在等待‘定值查询’应答”窗口，并以进度条和等待时间动态显示等待情况。在等待过程中，如果想终止定值查询，可随时操作“取消”按钮。

如果定值召唤成功，则定值表中就会显示出该装置指定 CPU 号指定定值区号的当前定值；如果等待装置应答超时，系统会显示超时信息。

如果装置定值分多帧报文上送，则系统的等待应答窗口中将显示当前等待的报文帧号，只有当多帧报文全部收到，系统才认为定值召唤成功，并进行定值显示。

将继电保护定值整定书上的定值与后台机上保护定值一一校对，确定电流互感器变比、电压互感器变比、继电保护定值正确。

2. 保护配置查询与校对

如果装置用控制字来进行保护投退，在“定值”界面双击“定值控制字”定值，如图 9-16 所

序号	定值说明	定值	单位	最小值	最大值	相
1	电流速断动作电流	15.00	A	0.10	100.00	保
2	安装位置	变电所				
3	电流速断动作时限	0.05	s	0.03	1.00	
4	过电流动作电流	5.00	A	0.10	100.00	保
5	母线电压接入方式	TF线电压				
6	过电流动作时限	1.00	s	0.10	5.00	
7	电流增量动作电流	5.00	A	0.10	50.00	保
8	电流增量动作时限	1.00	s	0.10	10.00	
9	阻抗I段动作电阻	1.00	Ω	0.10	200.00	保
10	阻抗I段动作电抗	1.00	Ω	0.10	200.00	保
11	阻抗I段动作时限	0.50	s	0.03	5.00	
12	阻抗II段动作电阻	2.00	Ω	0.10	200.00	保

图 9-15　定值查询

示，该定值为蓝色显示，即可弹出装置的保护配置窗口，在投入的保护前的方框内会出现对勾，表示保护投入，反之该保护退出。

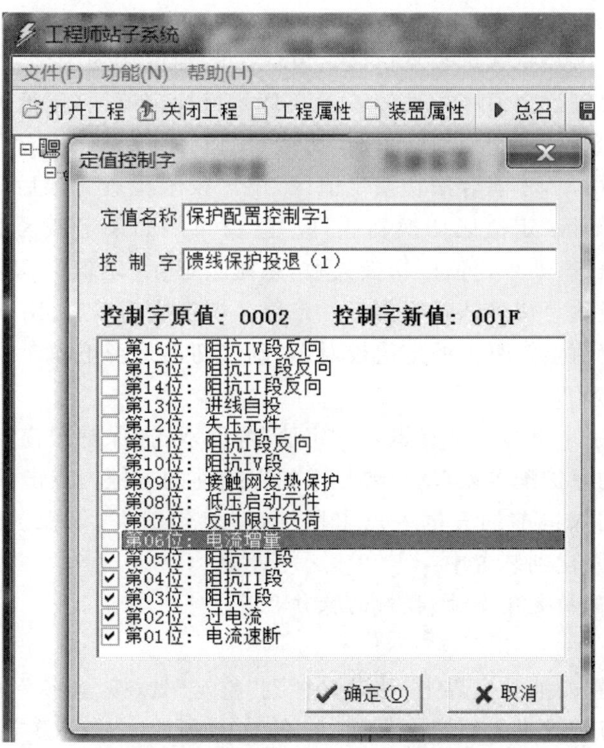

图 9-16　用控制字来进行保护投退

利用继电保护定值整定书上的要求与综合自动化装置后台机上控制字投退一一校对，确定控制字投退正确。

3. 整定方式查询与校对

本系统的定值管理支持一次或二次整定方式，在“定值”界面点击“整定方式”项，立即显示“整定方式选择”窗口，此窗口可以看到是一次或二次整定方式。利用继电保护定值整定书上的要求进行校对。

(二)后台机上保护定值的修改程序

1. 保护定值的修改程序

定值修改只有在定值查询成功后才能进行，首先选择需要进行定值修改的装置、CPU号和定值区号，进行定值查询；然后双击要修改的定值(不是定值名称，而是数值或代码)，输入新的定值，如果是非数字型的定值将会弹出一个选择框，进行选择即可。输入所有新定值后，点击该窗口上的“修改”按钮，系统将检查修改定值的合法性，如果修改的定值不合法，系统给出提示信息；如果修改的定值合法，系统将进行用户权限检查，用户权限检查无误后，系统将下发定值修改命令，并显示“正在等待‘修改定值’返校应答”窗口；如果返校正确，则系统提示用户定值修改是执行还是撤消；如选择“执行”按钮，系统将下发定值修改执行命令，并显示“正在等待‘修改定值执行确认’”窗口；确认正确后，系统将显示“定值修改发送成功!”信息。如选择“撤消”按钮，系统将下发定值修改撤消命令；如果定值修改成功，工程师站将会收到装置上送的“整定值固化”信息。这时用户应该再查询一次定值，以确认修改是否正确。

2. 定值区切换程序

所谓定值区切换，就是将保护装置目标定值区中的定值作为当前定值参与运行。定值区切换的方法为：选中要进行定值区切换的装置、CPU、目标定值区(定值区不能选择“当前”，否则系统将给出提示信息，并中止切换)，单击“切换”按钮，系统首先进行用户权限检查，只有具有定值区切换权限的用户，才能合法切换定值区，用户权限检查无误后，系统将下发定值区切换命令，并显示“正在等待‘定值区切换确认’应答”窗口。如果定值区切换成功，系统会显示“定值区切换成功!”信息；如果定值区切换失败，系统会显示“定值区切换失败!”信息；如果等待确认超时，系统会显示等待确认超时信息。定值区切换成功以后，用户应该再次查询当前区定值，并与继电保护定值整定书上的定值校对，以确认切换是否正确。

3. 保护配置修改程序

如果装置用控制字来进行保护投退，在“定值”界面双击“保护配置”型定值，该定值为蓝色显示，即可弹出装置的保护配置窗口，在要投入的保护前的方框内点击鼠标，会出现对勾，表示保护投入，在要退出的保护前的方框内点击鼠标，使对勾消失，该保护退出，然后再点击“写入”，即可将新的定值固化到装置中。

(三)测控装置上保护定值查询、校对的操作程序

1. 用户整定

在主变主保护装置的液晶主界上，移动光标到“整定”处，按“确认”键，显示输入密码界面。输入正确密码，按“确认”键进入整定主界面，如图 9-17 所示。定值整定主界面下有 5 个子菜单，分别为：“用户整定参数”“系统整定参数”“保护配置”“消抖延时”“密码修改”。选中某个子菜单后按“确认”键，即可进入此子菜单界面。

修改整定值要进行“固化”才能写入系统。系统参数主要由生产厂家和设计单位设定，装

1 用户整定参数　（1/3）	
差动速断 A 相动作电流	20.00A
差动速断 B 相动作电流	20.00A
差动速断 C 相动作电流	20.00A
比率差动 A 相动作电流	03.00A
比率差动 B 相动作电流	03.00A
比率差动 C 相动作电流	03.00A
比率Ⅰ段 A 相制动电流	05.00A
比率Ⅰ段 B 相制动电流	05.00A
新定值　旧定值　固化　下页	
原整定时间：2008-05-20 17:50:30	

1 用户整定参数　（2/3）	
比率Ⅰ段 C 相制动电流	05.00A
比率Ⅰ段制动系数	00.40
比率Ⅱ段 A 相制动电流	08.00A
比率Ⅱ段 B 相制动电流	08.00A
比率Ⅱ段 C 相制动电流	08.00A
比率Ⅱ段制动系数	00.60
二次谐波闭锁元件	20%
高压侧 PT 断线电压	65.00V
新定值　旧定值　固化　下页	
原整定时间：2008-05-20 17:50:30	

图 9-17　用户整定参数界面

置出厂时已经过严格的调整，用户不可随意修改。

在此界面可以查询、校对“高压侧电流微调系数、高压侧电压微调系数、低压侧电流微调系数、差动微调系数、高低压侧 PT 变比”。

2. 保护配置查询、校对

当光标移动到“元件”菜单项，按“确定”键后，即可进入保护配置界面，保护配置用于投入/退出保护测控装置中各种保护元件。利用继电保护定值整定书上的要求与“保护配置”菜单项投/退情况校对，确定各种保护投/退正确。

“消抖延时”和“密码修改”操作方法与上述相似，由于此两项一般不能随便改动，故不再赘述。

（四）测控装置上保护定值的修改程序

1. 保护定值的修改程序

当光标移动到“用户整定参数”菜单项，按“确认”键进入主变主保护装置的用户整定参数界面。用户整定参数界面下部有一行操作选项，分别为：“新定值、旧定值、固化、上页、下页”，功能说明如下：

新定值，选中点击后显示新定值；旧定值，选中点击后显示旧定值；固化，选中点击后将定值存储；上页，选中点击后显示当前定值组上一页；下页，选中点击后显示当前定值组下一页。

整定值界面左上角数字为当前定值区号，操作员可据此选择查看不同定值区的内容。

用户整定区包含了常用保护元件的保护参数和保护时限，用户可根据要求进行如下操作进行修改定值。首先利用“↑↓→←方向键”选中欲修改的数据，操作“＋或－”键，使数据达到要求值，选中“固化”项，按“确认”键，数据即被存储。按“退出”键退出用户整定参数界面。

2. 保护配置的修改程序

当光标移动到“保护配置”菜单项，按“确认”进入保护配置界面。用于投入/退出保护测控装置中各种保护元件、用户可根据变电所的实际情况选择需要的保护元件，通过“＋”、“－”键修改保护元件后面所对应的选项，来投入或退出保护元件。选中“固化”项，按“确认”键修改项即被存储。按“退出”键退出保护配置界面。

3. 消抖延时的修改程序

当光标移动到“消抖延时”菜单项，按“确认”进入消抖延时界面。装置可根据接点的实际情况，自定义开入消抖延时时间的大小。一般情况下，时间整定范围在 0 ms～60 s。根据现场情况，用户可修改各个开入的消抖延时时间。首先利用“↑↓→←方向键”选中欲修改的数据，操作“＋或－”键，使数据达到要求值，选中“固化”项，按“确认”键数据即被存储。按“退出”键退出消抖延时界面。

其他装置消抖延时定值项与主变主保护相同。

4. 密码修改程序

当光标移动到“密码修改”菜单项，按“确定”进入密码界面。该选项对系统操作员用户提供了密码修改功能。通过密码对用户进行了分级管理，以保护系统的某些重要数据和分级进行的特殊操作。修改时需首先输入原密码，并输入两次新密码，新密码可以由四位数字组成，经验证正确后，新密码生效，装置会自动记录新密码，下次登录时将以新密码为准。用户使用该功能时请谨慎，防止误改密码或遗失口令。当密码遗失，不能进入装置主界面，需与生产厂家联系解决。

5. 装置控制字的修改程序

在主界面下，移动光标到“元件”处，按“确认”键，进入装置控制字状态显示界面。通过“＋”、“－”键修改保护元件后面对应的选项，来投入或退出保护元件。选中“固化”项，按“确认”键修改项即被存储。按“退出”键退出元件界面。

模 块 小 结

变电所综合自动化系统主要位于间隔层和变电所层，与传统变电所的二次设备相同，间隔层一般按断路器间隔划分，具有测量、控制部件和继电保护部件，各间隔之间通过现场总线或局域网联系。变电所层除完成全所性的监控任务外，还通过监控机与上层管理（如调度中心）通信。变电所层设局域网（如以太网）供各主机之间和监控主机与间隔层之间交换信息。

变电所层的监控机也称上位机，通过局部网络与保护管理机和数据控制机通信。监控机的作用，在无人值班的变电所，主要负责与调度中心的通信，使变电所综合自动化系统具有RTU的功能，完成“四遥”任务；在有人值班的变电所，除了仍然负责与调度中心通信外，还负责人机联系，使综合自动化系统通过监控机完成当地显示、制表打印、开关操作等功能。

被控设备通过光纤自愈环形网络和通信网关连接，当地监控系统和通信网关连接，通信采用自愈式双环以太网，通信介质为光纤。被控设备集中组屏安装，系统主干网双环结构具备自愈功能，综合自动化系统后台监控及测控装置均可实现保护整定、查询、修改等功能。

复习思考题

1. 进入登录界面，熟悉监控画面及各部分功能。
2. 对馈出线断路器进行遥控分合闸。
3. 查询馈出线保护配置。
4. 查询馈出线保护整定值。
5. 在后台监控系统里修改主变保护整定值。
6. 在馈出线测控装置上修改过流保护整定值。

模块十　直流牵引供电系统

本模块主要内容包括：直流牵引供电系统（地铁）的供电方式；直流牵引供电系统中各类变电所的电气主接线形式；主要电气设备类型、功能及要求。

项目一　直流牵引供电系统的供电方式

一、项目介绍

本项目学习地铁供电系统的特点、供电基本要求，了解杂散电流产生原因及危害。熟悉直流牵引供电的集中供电方式和分散供电方式。

二、相关知识

（一）地铁对供电系统的要求

一般大型厂矿企业的用电多集中在一个地区，而地铁供电系统则沿着地铁线路几十公里的范围内伸展，这是地铁供电系统与其他用户不同的地方。地铁作为城市电网的重要用户，属于一级负荷。地铁供电系统的主变电所、牵引变电所、降压变电所，都要求能获得两路电源。

为便于运营管理和减少损耗，要求集中式供电的主变电所的站位和分散式供电的电源点，要尽量靠近地铁线路，减少引入地铁的电缆通道的距离。

地铁供电系统电压等级有以下几种：

（1）交流 110 kV、63 kV 为主变电所的电源电压。其中 63 kV 电压级为东北电网所特有。

（2）交流 35 kV 为主变电所电源电压或牵引供电系统电源电压，如北京、青岛地铁的主变电所电源电压和上海、广州、深圳、香港的牵引供电系统电源电压均属于 35 kV 等级。

（3）交流 10 kV 牵引供电系统和变配电系统适用这一电压级。

（4）交流 380/220 V 为地铁动力照明等低压负荷用电的电源电压。

（5）交流 36 V：安全照明电源电压。

（6）直流 1 500 V 或 750 V 为接触网（轨）电源电压。

（7）直流 220 V 或 110 V 为变电所直流操作电源电压和事故照明电压。

（二）城市对地铁的供电方式

地铁供电系统是为地铁运营提供电能的。地铁列车是电力牵引的电动列车，其动力是电能；此外，地铁中的辅助设施包括照明、通风、空调、排水、通信、信号、防灾报警、自动扶梯等也都依赖电能。

地铁供电电源一般取自城市电网，通过城市电网一次电力系统和地铁供电系统实现输送或变换，然后以适当的电压等级供给地铁各类设备。

地铁供电系统实际上由两大部分组成，一部分为外部电源，即城市电网；一部分为地铁内部供电系统，即通常所说的地铁供电系统。地铁作为城市电网的一个用户，一般都直接从城市电网取得电能，无需单独建设电厂，城市电网也把地铁看成一个重要用户。城市电网对地铁供电的电压等级有 220 kV 、110 kV、63 kV、35 kV 和 10 kV，究竟采用哪一种电压等级，由不同城市的电网构成和地铁的实际需要而定。

地下铁道与轻轨交通直流电力牵引供电系统的牵引网供电额定电压，我国采用 750 V、1 500 V 两种等级，这是由地铁和城市交通线路受净空（特别是地铁）限制、牵引电机整流子换相和大功率硅整流元件反向电压水平，以及安全因素等条件综合考虑确定的。牵引网的接触导线采用接触网和接触轨（第三轨）两种方式。

地铁供电系统包括以下三部分：主变电所、牵引供电系统和变配电系统。牵引供电系统主要由牵引变电所和牵引网两部分组成。变配电系统主要由降压变电所和配电负荷网两部分组成。牵引变电所和降压变电所合建在一起，称为牵引降压混合所。

牵引供电系统和变配电系统的电源电压一般是一致的，如北京和南京地铁为 10 kV，广州地铁为 33 kV，深圳地铁为 35 kV，巴黎地铁为 15 kV，莫斯科地铁为 10 kV，纽约地铁为 34.5 kV。牵引供电系统和变配电系统电源电压是不一样的，如上海地下铁道和香港地下铁道，牵引供电系统电源电压为 33 kV，变配电系统电源电压 10 kV，它们的电源均来自 220 kV（或 110 kV）主变电所。

城市电网对地铁的供电方式有三种：集中供电方式、分散供电方式和混合供电方式。

(三)杂散电流概念

所谓杂散电流是专门指直流牵引供电系统中，以走行轨作负极回流导体的供电网络，在实际运行中，有少量电流不沿回流轨回到牵引变电所的负极，而是沿着大地回到牵引变电所或根本不回到牵引变电所，流向大地的低电位处，好像迷失方向一样，哪里的地电位低就流向哪里，哪里电阻率低就从哪里流过，形成杂散电流，也称迷流。只要地下的金属管线流过杂散电流，在电流流过的地方，就会造成腐蚀，城市有轨电车、地下铁道都会产生杂散电流，因此要加以防范。

三、项目实施

认识和分析各种供电方式。

(一)集中供电方式

在沿地铁线路，根据用电容量和地铁线路的长短，建设地铁专用的主变电所。主变电所引入电压与城市电网的供电电压有关，一般为 220 kV 和 110 kV，由发电厂或区域变电所对其供电，再由主变电所降压为地铁供电系统所需的电压级(35 kV 或 10 kV)。由主变电所构成的供电方案，称为集中供电，各主变电所具有两路独立的 220 kV(或 110 kV)电源进线。集中供电方式有利于地铁公司的运营和管理，各牵引变电所和降压变电所的 35 kV 或 10 kV 由环网电缆供电，具有很高的可靠性。广州、深圳、上海和香港地铁即为此种供电方式。集中供电方式如图 10-1 所示。

(二)分散供电方式

根据地铁供电系统的需要，在地铁沿线直接从城市电网引入多路电源，由区域变电所直接对地铁牵引变电所和降压变电所供电，称为分散供电。因为我国各大城市的电网在逐渐取消或改造为 35 kV 这一电压等级，要想在 10～30 km 的范围内引入多路 35 kV 电源是不现实

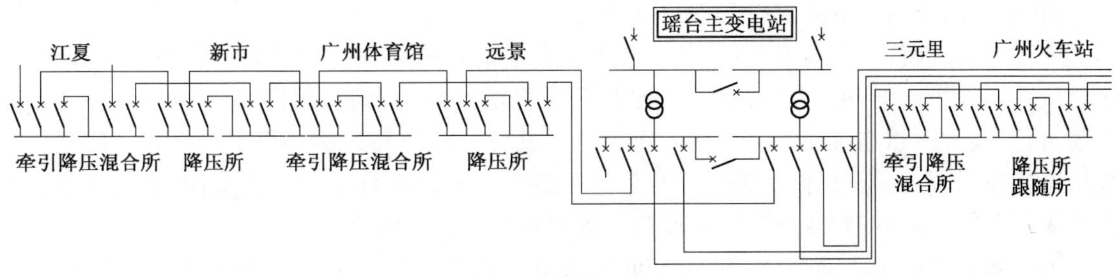

图 10-1　集中供电方式

的。所以，这种供电方式多为 10 kV 电压级。分散供电方式要保证每座牵引变电所和降压变电所都能获得双路电源。北京地铁 5 号线采用此种供电方式。分散供电方式如图 10-2 所示。

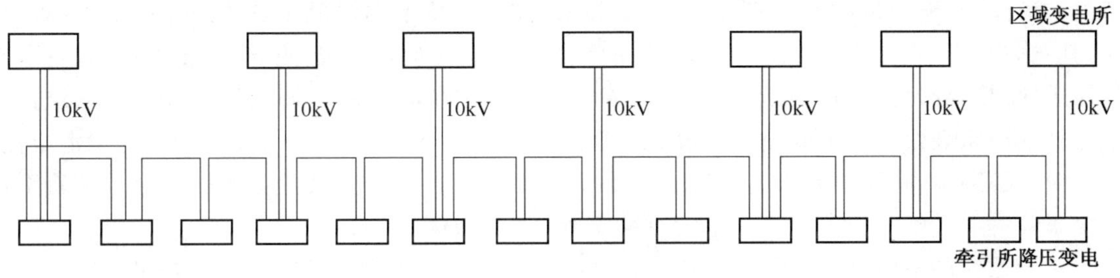

图 10-2　分散供电方式

（三）混合供电方式

即前两种供电方式的结合，以集中供电方式为主，个别地段引入城市电网电源作为集中供电方式的补充，使供电系统更加完善和可靠。北京地铁 1 号线和环线采用此种供电方式。

（四）分析牵引供电系统的杂散电流产生原因及防护措施

1. 杂散电流产生原因

杂散电流的产生和其他电流的产生一样，都是由于有电位差才产生电流。在直流牵引系统中，充分利用钢轨作为回流导体，这是目前普遍的做法。在回流钢轨中，电流也是由高电位流向低电位，即从车辆受流，通过车轮、钢轨流回牵引变电所的负极，故列车所在处即为高电位，牵引变电所处即为低电位。钢轨对地有一定的过渡电阻，这样就会因电位差和过渡电阻的存在形成对地的泄漏电流，虽然钢轨对地的电位并不是固定不变的，它是与距变电所的距离、电流大小、回流轨的电阻大小直接相关的。即距变电所越远，牵引电流越大，回流电阻越大，产生的泄漏电流越大。增大走行轨对地的过渡电阻，减小走行轨的电阻、是减小杂散电流的行之有效的办法。杂散电流既杂且散，很难给它规定一个固定的线路，通过人为的努力，可能使有些电流回到它的发生地，也可能有些电流会流向其他地方，这就会给地铁以外的地下金属管道、金属结构造成电蚀危害。

2. 杂散电流的防护原则

杂散电流在工程设计中应采取“以防为主，防排结合”的原则，需要多专业的协调配合，对不同的专业采取不同的措施。

杂散电流防护的内容：一是防，即采取各种有效措施，减小流入结构钢筋和大地的杂散电流；二是导，把泄漏出去的电流重新收集，让它流回到变电所的负极，即所谓排流。首先是防，以防为主，防排结合，这样既可保护地铁结构钢筋，又可使杂散电流不外流，让它消失在地铁内部，防止地铁以外的地下金属管线发生电腐蚀。

就供电系统而言，为降低杂散电流，牵引供电距离不宜太长，除车辆段线、检修线外，正常运营应采用双边供电，避免单边供电。为降低走行轨的纵向电阻，区间每隔 400 m 左右设均流线，均流线为铜芯绝缘线。变电所的所有电气设备外壳应与结构钢筋绝缘处理。隧道内的金属设备外壳，各种金属管线、隧道结构钢筋不能与走行轨有直接的电气连接，变电所的接地装置应与主体结构钢筋相绝缘，车辆段的车场单独设牵引变电所。

为了减少杂散电流的影响，对线路也要采取相应的措施。走行轨焊成大于 100 m 的长轨，相邻两轨间，接缝应采用可靠的铜引线连接。钢轨和扣件之间，扣件和轨枕之间应采用绝缘橡胶垫。轨道固定螺纹道钉应采用玻璃钢套管，单只绝缘套管的绝缘电阻大于 4 MΩ。走行轨采用点支撑，混凝土垫块应高于整体道床，轨道下平面和道床之间有 30 mm 缝隙。在隧道内，走行轨对地的过渡电阻应大于 15 Ω/km。在走行轨下的混凝土整体道床中敷设纵向钢筋，其总截面不小于 1 600 mm^2。道床下的纵向钢筋接头间应焊接，每隔 5 m 做横向连接，在整体道床伸缩缝处排流钢筋断开，并引出端子。在线路纵向断面和道床的设计中应从结构上保证杜绝道床表面积水。线路断面设置合理的排水系统，防止钢轨扣件受污而增加漏泄电流。

对于各种金属管线，要求金属管进出地铁隧道部位通过绝缘法兰盘连接。穿越钢轨下部的金属管采取措施与轨道绝缘。铠装电缆需有外绝缘护套。

对于地铁的主体结构，要求隧道、车站结构应有性能良好的防水层，采用防水混凝土。隧道结构段内纵向分布钢筋应焊接，其横向主筋和分布钢筋亦应焊接。在变形缝两侧焊接出预埋钢块，以便于杂散电流测量。车站、隧道结构中的钢筋不可当作自然接地体用。

对于在车辆段的检修与停车库，要求车场的电缆敷设在电缆沟内，车场内的走行轨与正线走行轨绝缘隔离。车库、检修库的走行轨与房屋结构及其他金属物体隔离，不得有电气连接。车场与城市管网相连的水管及其他金属管路在离开车辆段的部位，应设绝缘法兰盘，以减少车辆段与城市地下管网之间的相互影响。

项目二　地铁供电系统的主要电气设备

一、项目介绍

地铁的电气设备由于主要安装在地下，环境潮湿，通风散热条件恶劣，安装运输条件较差，故要求设备应无油、防火、防潮、防腐、低噪声、自冷式和防鼠咬等。本项目的学习内容主要是电气设备，对比与交流电气化电气设备的异同。

二、相关知识

主要电气设备包括变压器、断路器、隔离开关、互感器、电力电缆、母线、避雷器等，主要采用 GIS 结构或高压开关柜的结构，可参考模块二。

三、项目实施

认识地铁供电系统中各种电气设备。

(一)主变压器

110 kV(或 220 kV)主变电所的主变压器一般采用油浸有载调压变压器，生产该类型的变压器生产厂较多，有沈阳变压器厂、保定变压器厂和西安变压器厂等，电力系统一直采用国产大型油变，但国内油变存在漏油及有载开关不过关等问题，因此地铁主变考虑其重要地位一般选用带进口有载分接开关的国产油浸变压器，如果变电所由于种种原因设在地下时，可考虑采用国外先进的油浸变压器，国内变压器价格约为国外变压器的二分之一。

广州地铁 1 号线采用的是德国西门子公司制造的三相三绕组油浸式电力主变压器。主变压器油箱为加强筋焊接钢箱，适用于真空注油。主变压器设有压力释放装置，当油箱内压力超过 0.05 MPa 时能释放过高的压力。主变压器油箱的机械强度满足在变压器发生内部故障时不发生机械变形。主变压器符合 IEC 有关标准，在任何分接头运行时均能承受三相对称短路电流的时间为 2 s，且各部位不会出现明显变形损坏和短路后线圈温度最高不超过 250 ℃，主变压器外形如图 10-3 所示。

图 10-3　主变压器的外形

（二）牵引整流机组

由牵引变压器与整流器构成整流机组，将交流电压变成直流电压。通常由两套整流机组并列运行，向牵引网供电，是地铁牵引供电系统的核心。牵引变压器与硅整流器组成一套整流机组，其作用是将交流电变压整流为 750 V 或 1 500 V 的直流电，作为牵引变电所向电动车辆供电的电源。正常情况下，由两套整流机组并列运行向牵引网供电。鉴于牵引供电的特殊性，要求整流机组有一定的过载能力。为抑制牵引网产生的谐波电流，整流机组构成至少采用 12 脉波整流。如广州地铁 2 号线、深圳地铁均已采用 24 脉波整流。

1. 牵引变压器

牵引变压器（整流变压器）一般安装于地下，如图 10-4 所示。故要求变压器能耐潮、防火，线圈为真空高温环氧树脂浇注，无空隙、无气泡、不吸潮、不吸尘、不开裂。铁芯采用优质冷轧硅钢片叠成。为防腐蚀，外表涂树脂防腐，其余部件作防锈处理。并要求牵引变压器损耗小，噪声低，这样可以减小对环境的影响，降低通风散热所需的能量损耗。变压器体积宜尽量小，以便地下吊装和运输。变压器高低压绕组采用铜导线绕制，用环氧树脂在真空条件下加高温浇注成型。牵引变压器的过载能力符合 IEC146 Ⅵ级负载等级的要求：100%额定电流时可连续运行，150%额定电流时可持续运行 2 h，300%额定电流时可持续运行 1 min。绝缘等级不应低于 F 级，冷却方式空气自冷，制造标准符合国家相关的标准。

图 10-4　整流变压器外形

2. 整流器

整流机组的另一重要元件是硅整流器。整流器直接输出 1 500 V 或 750 V 直流电向接触网供电。正常情况下由两套整流机组并列运行向牵引网供电，硅整流器采用两组三相桥式整流并联或串联，具有完整的控制信号装置并有独立安装的框架结构，其外形如图 10-4 所示。

整流机组因安装于地下，由于环境条件的限制，要求硅整流器损耗低，噪声小，因此硅整流装置设计成空气自冷式，本身不装风机，降低了其噪声的影响。为了通风散热，其顶部与底部为敞开式，并有 10×10 的铁丝网罩封好。门的下部设有百叶窗，以利于通风。整流器用铜母线连接，并联二极管的特性和几何形状应相同，并采取有效措施保证并联二极管间的电流平衡。采用大功率、高电压二极管，每个二极管能承受 2.5 倍工作峰值的逆向电压，硅整流器应有足够的电流储备系数和电压储备系数。硅整流器内部用熔断器保护，熔断器熔断应有明显的标志并有动作接点引出。硅整流器和整流变压器一起由交流侧断路器保护，整流器装设有过电压吸收装置。过载能力符合 IEC146 Ⅵ级负荷等级的要求，100%额定电流可连续运行，150%额定电流可运行 2 h，300%额定电流可运行 1 min。

当一套整流机组退出运行时，一般情况下，另一套机组同时也应退出运行，此时，相邻的两牵引变电所通过该变电所直流母排或接触网越区隔离开关实行越区供电；紧急情况下，根据系统及负载情况，可只运行其中一套整流机组，此时，电调应严格监视整流机组的过负荷情况。

(三)动力变压器

动力变压器是变配电系统的主要设备,如图 10-5 所示,主要负责向低压系统供电。由于消防的要求,传统的油变压器是不能在地下使用的。即便在地面,由于变电所深入楼群和公用建筑物,也不能使用油变压器。目前,在地下使用的动力变压器有两种形式,一种为普通干式绝缘变压器,另一种为环氧浇注变压器。由于制造技术和水平的提高,防潮性能好的环氧树脂浇注变压器应用较广。北京地铁采用的是普通干式变压器;而上海、广州、深圳地铁则采用环氧浇注变压器。干式变压器的冷却方式为空气自冷,变压器也可以自带自动控制的小风机。

图 10-5　动力变压器外形

(四)交流高压开关

交流高压开关包括 110 kV、35 kV 和 10 kV 的开关。110 kV 开关设备也采用气体绝缘封闭式成套组合电器,其外形如图 10-6 所示。对于 35 kV 和 10 kV 的开关,由于受安装空间的限制,一般均采用成套设备,过去多为手车式开关柜。一方面,油断路器不准在地下使用;另一方面,由于 SF_6 比空气重 6 倍,一旦发生泄漏,地下无法排出,会大量沉积于站台板下的电缆通道内,因而 SF_6 断路器也不宜在地下使用。因此地下变配电所一般选用真空断路器,并有带电显示装置,35 kV 开关采用气体绝缘封闭式开关柜(GIS)。开关柜带有接地隔离开关,与断路器有可靠的机械连锁。断路器处于合闸状态时,接地开关不能操作;若接地隔离开关处于合闸状态,断路器不能操作。在 GIS 中采用了三工位隔离开关,所谓三工位隔离开关是指开关具有三个位置:合闸、断开和接地。由于三工位共用一个操作机构,因此可以杜绝其误操作。GIS 采用户内 SF_6 气体绝缘、金属封闭式结构,主要由金属外壳单元组成,且外壳接地,允许流过故障电流。

GIS 在结构上能保证正常运行安全监视。所有气室之间密封,正常寿命可达三十年,寿命期间高压部分不需要日常维护,使用十年后机构部件也只需简单检修。

开关柜间的连接灵活、便捷,满足现场组装的要求。开关柜由断路器气室、母线气室、电缆室及控制小室组成,主要气室在工厂内完成密封组装,在现场安装时需要做辅助气室充气工作。

开关柜由相对独立的断路器气室、三工位隔离开关小室、母线气室、控制小室、操动机构小室及电缆小室组成。断路器气室及母线气室均在工厂内完成密封组装后总装于开关柜内,牢固的连接不会受外界及自身的电动力而破坏。

图 10-6　110 kV GIS 外形

(五)直流开关柜

直流开关柜的主要设备是直流快速断路器,开关柜为手车式结构,便于操作。直流开关柜是直流馈出的关键设备,对这一开关的关键技术要求是:

1. 开关的速动性

直流开关的速动性要求其固有动作时间和全分断时间越快越好。一般固有动作时间在 2～4 ms,全分断时间在 20 ms 以内。

2. 开关的极限分断能力

在不同的时间常数下,开关的极限分断能力也不同。众所周知,在地下铁道供电系统不同的短路点发生短路时,其短路电流的时间常数是不一样的。在变电所出口处,时间常数为 10 ms,在变电所末端,时间常数约为 80 ms。正是由于这一原因,要求直流快速开关的分断能力在各种不同的短路点都能切断短路电流。开关的极限分断能力 i 的表达式如下:

$$i = I(1 - e^{-\frac{t}{T}})$$

式中的稳态短路电流 $I=U/R$,其中 $T=L/R$ 称为时间常数。显然,开关分断速度越快,实际分断的电流就越小,短路电流在上升过程中即被切断。

3. 开关分断最小感性电流

开关分断最小感性电流亦称临界电流,开关能分断最大短路电流,也能分断感性小电流。

4. 开关设有电流增量 $\Delta I(\mathrm{d}i/\mathrm{d}t)$保护

在直流回路中,远端的最小短路电流往往比列车的启动电流还小,如果按常规电流保护设计保护装置，开关整定值必须躲开列车启动电流，当出现最小短路电流时，开关就不能跳闸。为了使保护装置能满足灵敏性要求，必须依靠电流上升率的不同来实现保护，这就是电流增量 $\Delta I(\mathrm{d}i/\mathrm{d}t)$ 保护。图 10-7 所示为直流快速开关的外形图。

图 10-7　直流快速开关的外形图

（六）低压开关柜

地下铁道的降压变电所设于地下，环境潮湿，因此要求产品耐潮、防火。开关柜外壳为金屑铠装，无焊接。在正常运行中不爬电、不漏电、能连续运转、安全使用并尽可能做到免维护。内部所用导线为阻燃型电线。0.4 kV 开关多采用抽屉式开关柜，可以方便地进行操作和维护。进线主开关和馈出开关都能灵活方便地推入拉出且分断能力一致。柜面设置有必要的测量表计、控制按钮和灯光信号。抽屉式开关有工作、试验、分离三个位置，在每一位置上都能锁定。开关柜有专门的电缆通道，以方便电缆接线。其电缆可以是柜下进线，也可以是柜顶进线。开关柜为 TN-S 系统，柜顶有 4 极控制小母线。同类型的断路器小车可灵活方便地互接。控制回路设有高分断能力熔断器。馈出开关柜据设计需要也可以作成固定式的，与开关柜配套的电容器补偿柜可以作成固定式结构，但柜形应能和开关柜并列。电容器为干式无油的金属膜电容器，并根据负荷大小进行自动无功功率补偿，其功率补偿到 0.90 以上。

（七）蓄电池屏

因地铁的交流电源比较可靠，事故照明电源一般不用发电机组，而用镉镍蓄电池组，这是因为发电机组常年不用，占用空间和设备较大，且排废气对环境造成污染，不好处理。蓄电池屏内所用导线为阻燃型电线，碱性蓄电池安装于屏内，作为不停电电源，要求具有高可靠性、寿

图 10-8 低压开关柜外形

命长、内阻低，能承受大的事故负荷和冲击负荷，维护简单，成套性强，无环境污染。地铁变电所用蓄电池组，包括充电、浮充电装置、蓄电池组、调压环节、合闸母线、控制母线及各种保护环节。作为事故照明的蓄电池组，比普通直流屏多一块事故电源屏。按变电所的设计要求，地下的事故电源正常时两路三相交流供电一主一备，只有当两路电源都失压时，才自动切换到直流合闸母线，继续由蓄电池组供电。因而要求事故电源屏的三相交流接触器为 4 极接触器，相线和零线同时通断。事故屏设 4 根母线，正常为 A、B、C、N，馈出为单相回路。发生事故时，A、B、C 三根母线为正极，N 为负极，自动切换到蓄电池组的合闸母线。

供给车站、区间的事故照明，时间不少于 60 min，以便使地下车站的旅客能安全撤出到地面。

（八）电力电缆

电力电缆包括 110 kV、35 kV、10 kV 交流电力电缆和 1 500 V 或 750 V 直流电力电缆。110 kV 和 35 kV 采用单芯交联聚乙烯绝缘、低烟低卤阻燃电力电缆。直流电缆布置于隧道（或地面）及变电所内电缆夹层桥架（或支架）上或敷设于地面电缆沟槽的电缆支架上，部分敷设于可能短时积水的电缆沟内。所以直流电缆选用铜芯交联聚乙烯绝缘、低烟无卤阻燃电力电缆。

（九）电力监控系统（SCADA）

国内地铁系统除北京地铁发展较早外，上海及广州地铁都是上个世纪末的新生事物，起步晚，所采用的设备均比较先进，其变配电系统几乎全部采用了先进的综合自动化系统，而 SCADA 系统的作用相当于综合自动化系统的远程监视控制系统。

1. 电力监控系统（SCADA）的作用

SCADA 系统的作用是保证在控制中心对供电系统中的主变电所、牵引变电所及降压变电所的供电设备及接触网电动隔离开关的运行状态进行监视、控制及数据采集。电调通过SCADA操作站的画面及模拟屏监视整个供电系统的运行,当供电设备发生故障时,SCADA设备会发出报警音响,模拟屏上相关变电所及故障设备闪动。电调通过人机界面的记录栏查看故障信息,作出分析判断并根据故障原因进行故障处理。

2. SCADA系统的组成

SCADA系统由三部分组成:主机设在调度控制中心;远程控制终端设在各变电所;信息通道采用通信网络。控制终端通过通信网络与控制中心连接。SCADA系统的构成如图10-9所示,其监控模式如图10-10所示。

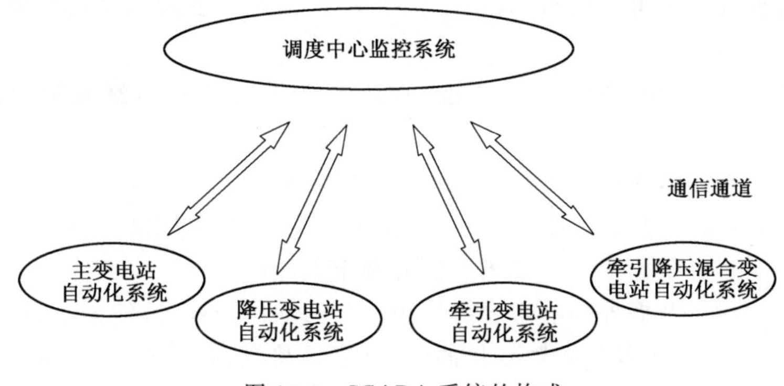

图10-9　SCADA系统的构成

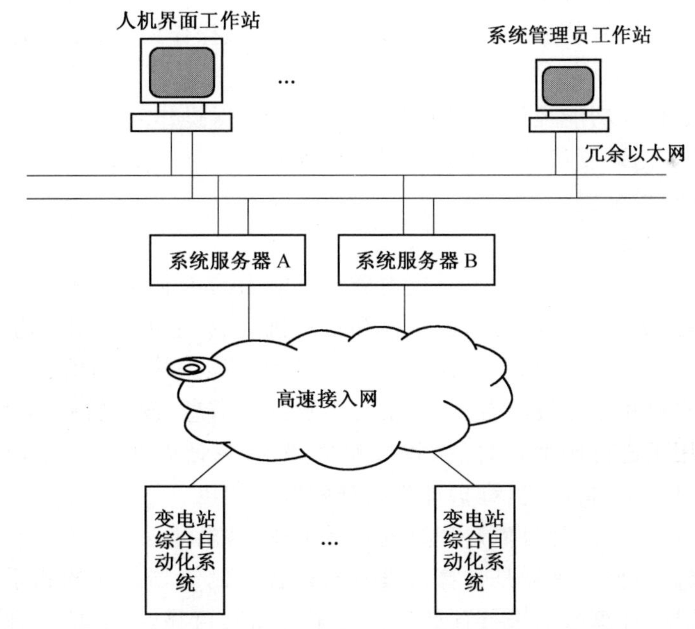

图10-10　SCADA系统的监控模式

3. SCADA系统的功能

(1)控制功能。既可单控,又可以进行程序控制,并对控制对象实行控制闭锁,比如发生事故跳闸后,此开关自动闭锁,操作人员不能再实施控制操作,而解锁操作只能手动执行。

控制中心对各种变电所的遥控,一般有三种方式:①选点式操作,即单控,调度员可根据站名、开关号以及动作状态进行选择操作。②选站式操作，调度员通过对所控站名、动作状态的选择，按系统的运行方式发出指令，进行停送电操作。③选线式操作，调度员对运行线名、动作状态进行选择，实现全线停送电操作。每个远程控制终端还应具有遥控测试功能，由控制中心向控制终端发送测试命令制终端向控制中心返回执行信息。

(2)遥测功能。即控制中心对各变电所的量值遥测。遥测的主要参数包括进线、母线、馈线的电压、电流、有功电度、无功电度、有功功率、无功功率及主变压器温度等。

(3)送信功能。送信功能及变电所的各种实时信息，包括断路器开关的位置、保护信号和预告信号，通过通信网络传输到控制中心，并显示在模拟屏上。系统还具有提供帮助信息的能力，调度员通过选择提示区可得到帮助信息，包括文字和图形，提示调度员如何处理故障，尽快恢复正常运行。

(4)自检功能。SCADA 系统具有自检功能，能够进行事故追忆及自身故障的自检和巡检。

(5)显示功能。可显示供电系统图、变电所主接线图、SCADA 系统图、各种程控表、操作记录清单、事故记录、报警记录、系统配置图、电流电压曲线、接触网图、各种统计报表。除显示上述图表和曲线外，还可根据用户的要求提供各种定义画面。

(6)数据处理功能。数据处理的主要内容包括开关动作记录、故障记录、操作记录、报警以及预告记录、各种统计报表、各种参数变化曲线、极限值检测、过负荷记录、电流、电压最大值、最小值及相对时间等。

(7)打印功能。自动按时序打印；召唤打印、报警和统计数据及屏幕画面打印。

(8)汉字功能。在所有的显示画面中，包括报警记录、操作记录、时序记录及曲线文字描述中采用汉字显示。

(9)口令功能。口令功能提供不同级别的口令，以确保操作安全。

(10)培训功能。为调度员及操作人员提供培训软件。

4. SCADA 系统的配置

(1)控制中心的主要设备

①计算机设备。控制中心采用具有抗电磁干扰能力的工业计算机，具备监视和控制能力。按功能可分为以下三类：调度计算机，由主机和备用机组成，主机、备用机均可承担系统的运行管理工作，二者互为备用，具有自动切换及手动转换的功能。接触网信息计算机，用于显示接触网的工作状态，它放在信号控制台上，为信号系统提供信息，没有特殊口令，不能发出控制指令。维护计算机，用于进行画面设计、数据库定义、软件修改及扩充工作，并完成画面复制工作。一般调度计算机，主、备用机，维护计算机都配置打印机。

②不间断电源(UPS)。为保障计算机的正常工作，蓄电池采用全封闭免维护蓄电池。

③通信处理器。通信处理器是计算机设备与远程控制终端之间的联系设备，负责对各种命令、信息、测量数据、计算数值进行预处理。为了提高其可靠性，通信处理器采用冗余设计，双重配置，互为备用，相互监视，自动切换。

④模拟显示屏。模拟显示屏用于显示地铁供电系统，包括所有的断路器、隔离开关及接触网等的运行状态。模拟显示屏上有各站的站名灯，各站站名灯下还有用以显示报警、预告、故障的显示灯。当发生报警和预告时，站名灯、报警灯及预告灯闪烁。模拟显示屏上还设有双色灯用以显示断路器及隔离开关的工作状态，并具有闪烁功能，以光带方式显示接触网的带电状

态。模拟显示屏上配置两套音响装置，一套用于报警，一套用于预告。

⑤时钟系统。模拟显示屏上有一套时钟系统，显示年、月、日、时、分、秒。时钟与计算机时钟同步，计算机时钟又与控制中心主母钟同步，主母钟由通信系统提供。

⑥局域网。局域网用于联络各种计算机。

(2)远程控制终端

远程控制终端设备采用体积小、元件优化、性能可靠、设计新颖的产品。主要硬件模块包括主处理器、接口板、通用功能模块及电源模块。

远程控制终端与控制中心的连接方式采用点对点的结构，这样不仅加快了信息响应的时间。而且当一个通道发生故障时，只影响一个变电所不影响 SCADA 系统。

(3)通信通道

通道结构为点对点方式，为保证控制终端不受外界干扰，终端与通道接口之间应采取相应的保护措施。

(4)测试设备

一般应配置带打印机的便携式计算机测试设备，并配置相应的硬件和软件以执行维修任务。测试设备可对控制终端内部数据进行诊断和修改。

(5)备品备件

按 SCADA 系统的正常运行和维修的需要备用。

5. SCADA 的运作模式

SCADA 系统全线运作模式，主要采用控制中心 OCC 中央设备集中监视和控制，也可由主变所设立的站控计算机，实现站控控制模式。在控制中心故障情况下，执行站控控制方式。SCADA 系统可以根据运行实际需求，更改部分运行模式。

项目三　地铁变电所电气主接线

一、项目介绍

本项目分别学习地铁供电系统中主变电所、牵引变电所、降压变电所、牵引降压混合变电所的主接线，熟悉其运行方式。

二、相关知识

地铁供电系统是一种特殊的企业供电系统，地铁变电所的主要类型有主变电所、直流牵引变电所、降压变电所、牵引降压混合所和跟随所。系统中各类变电所电气主接线的设计要求，与一般厂矿变配电所相比并没有太大的差异，应满足可靠性、灵活性、安全性和经济性的基本要求。

三、项目实施

认识地铁牵引供电系统中各种电气主接线，了解其运行方式。

(一)主变电所

主变电所从电力系统的区域变电所或城市降压变电所接受电能，向地铁和城市轻轨交通沿线直流牵引变电所、降压变电所集中供电，并以环网和双电源进线方式保证牵引、电力负荷的不间断供电。主变电所一般设在电气化线路的两端或中间，条件允许时也可从城市降压变电所直接向直流牵引变电所等供电。

主变电所的作用是将城市电网的(110 kV 或 220 kV)高电压，降压后以相应的电压等级(35 kV 或 10 kV)分别供给牵引变电所和降压变电所。为保证供电的可靠性，一条地铁线路一般设置两座或两座以上主变电所，主变电所由两路独立的电源进线供电，内部设置两台相同的主变压器。根据牵引负荷容量和动力负荷容量的大小情况不同，主变压器采用三相三绕组(或双绕组的变压器)的有载调压变压器，使 35 kV 电压和 10 kV 电压来自不同的变压器。采用有载调压变压器使得电源进线电压波动时，二次侧电压可维持在正常值范围内。

图 10-11 所示是某地铁主变电所的电气主接线图，110 kV 侧采用单母线分段接线，分段开关采用隔离开关。正常运行时分段开关断开，当一路电源进线出现故障时，两台变压器即可从另一路正常电源进线获得电能。35 kV 侧采用单母线分段接线。在有两个主变电所时，为了确保牵引变电所的可靠供电，可从 35 kV 的两段母线上各引一路送到专设在其他合适地点的线路联络开关处，以供故障时联络之用。当某一主变电所停电时，由该所母线供电的牵引变电所可通过线路联络开关从另一主变电所 35 kV 侧获得电能，任一主变电所停电并且另一主变电所一路电源失压时，可切除二三级负荷，以保证牵引变电所的不间断供电，使电动列车仍能继续运行。

(二)牵引变电所

地铁牵引变电所的功能是将城市电网区域变电所或地铁主变电所送来的 35 kV(10 kV)电能，经过降压和整流变成牵引所用的直流电能。在电力牵引系统中，牵引变电所起着举足轻重的作用，是电力机车或动车组正常运行的重要保障。它的运行状态不但对牵引供电系统有影响，还会对电力系统构成影响，可以说它是电力牵引系统的心脏。

牵引变电所的容量和设置的距离是根据牵引供电计算的结果，并作经济技术比较后确定的，一般设置在沿线若干车站及车辆段附近，变电所间隔一般为 2～4 km，牵引变电所按其所需总容量设置两组整流机组并列运行，沿线任一牵引变电所故障，由两侧相邻牵引变电所承担其供电任务。

地铁、城市轻轨交通直流牵引变电所有时会与向车站、区间供电的降压电力变电所合并，形成牵引、降压混合变电所。此时，主电路结构和电气设备与一般直流牵引所相比有所不同。在有再生电能需向交流电网返送的情况下，直流牵引变电所必须增设可控硅逆变机组(包括交流侧的自耦变压器)，其功能和设备也相应增加，运行、技术都较复杂。直流牵引变电所间距仅几公里，一般不设分区所和开闭所。

分散供电方式的牵引变电所的电源一般来自电力系统的区域变电所，集中式供电方式的牵引变电所电源来自主变电所。

牵引变电所主接线包括高压交流受、配电系统和直流(750～1 500 V)受、馈电系统两部分，整流机组则是作为交、直流系统变换的重要环节设置的。

牵引变电所的主接线图如图 10-12 所示，两路 35 kV 进线电源来自城市电网区域变电所或地铁主变电所，通过环网电缆引入电源。两组整流机组均由相同的牵引降压变压器和整流器组成，它们的直流侧并联工作，为使并联时的直流电压相等且负荷分配均衡，35 kV 侧采用不分段单母线，牵引变压器一般采用三绕组变压器，两个二次绕组和整流器组成多相整流，整

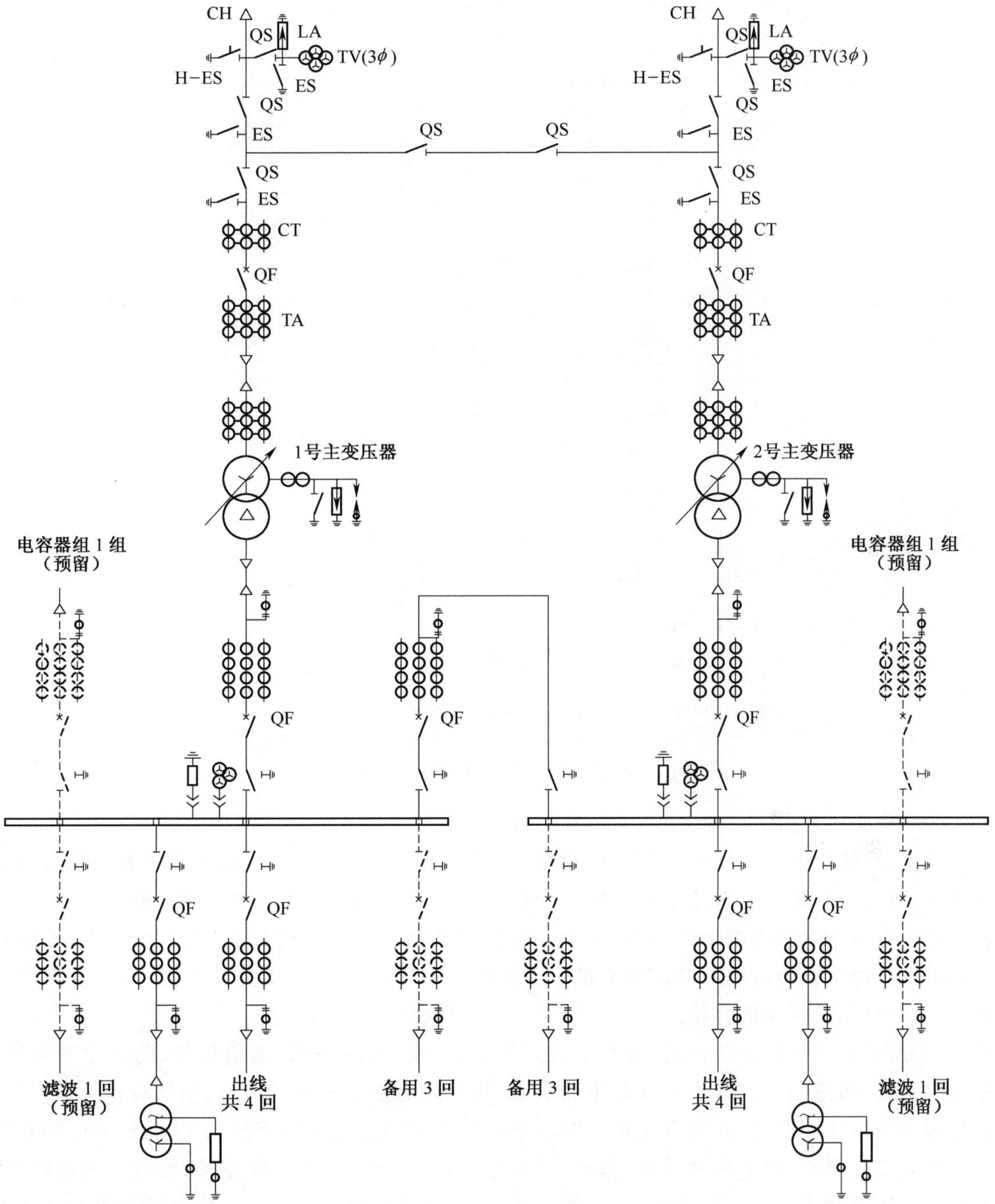

图 10-11　主变电所的电气主接线图

流器输出的直流电的正极经直流快速空气开关或电动隔离开关接到直流侧的正母线上，直流电的负极经隔离开关接到负母线上，通过直流馈线将电能送到接触网，负母线通过开关、回流线与走行轨相联，这样，通过电动列车的受电器与接触网的接触滑行，就构成一个完整的直流牵引电动机受电回路。

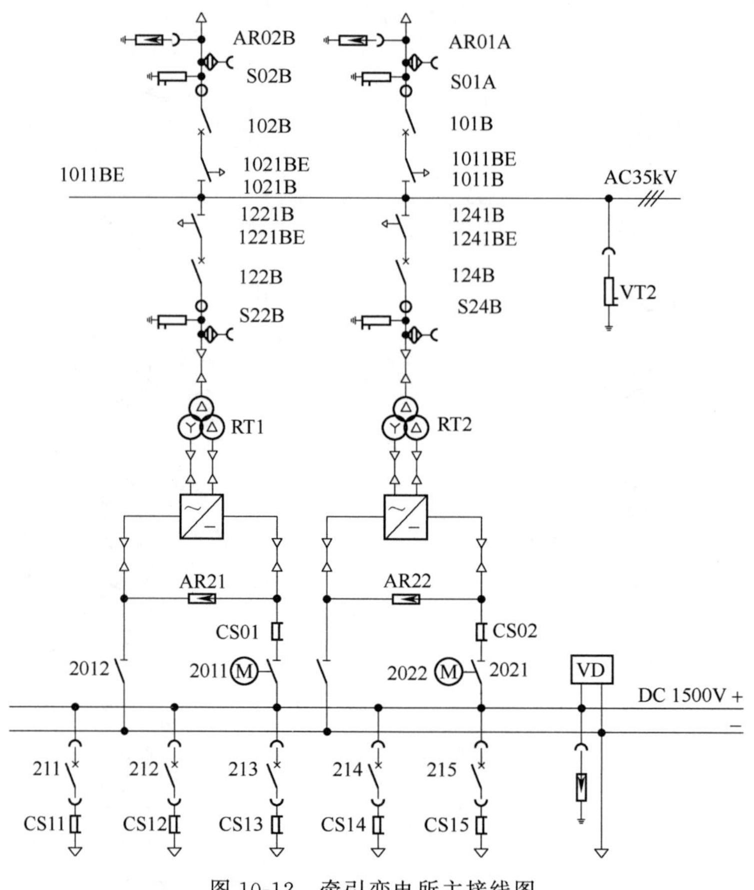

图 10-12　牵引变电所主接线图

（三）降压变电所

地铁、轻轨供电系统中的降压变电所是为车站与线路区间的动力、照明负荷和通信信号电源供电而设置的，也可与直流牵引变电所合并，形成前述的牵引、降压混合变电所。

降压变电所对供电电源的要求，应按一级负荷考虑，由环行电网或二路电源供电，进线电压侧采用单母线分段或引入两路独立的电源系统。一般设有两台动力变压器，每台变压器应满足一、二级负荷所需的容量。正常情况下，由两台变压器分别供电。

动力、照明的一级负荷，包括排烟事故风机、消防泵、事故照明、通信信号、防灾报警系统、售检票系统、防淹门等。这类负荷如中断供电，将导致地下车站及其通信、信号设备不能工作，引起列车运行秩序混乱，并在发生事故时不能报警和消防。二级负荷包括车站、线路区间和作业场所的工作照明，地下车站风机、排水、排污泵、自动扶梯、人防工程等，这类负荷一旦断电，将对正常运营造成困难。除上述一、二级负荷以外，还有维修、清扫机械、空调等动力和其他照明为三级负荷。

动力、照明负荷配电系统采用 380/220 V 电压，中性点直接接地的三相四线制。配电母线为单母线自动开关分段，动力变压器低压侧通过自动开关与每段母线连接，动力与照明的一、二级负荷应有两路低压电源供电，降压变电所的电气主接线如图 10-13 所示，低压侧采用单母线分段，并在分段开关设置自动投入装置。

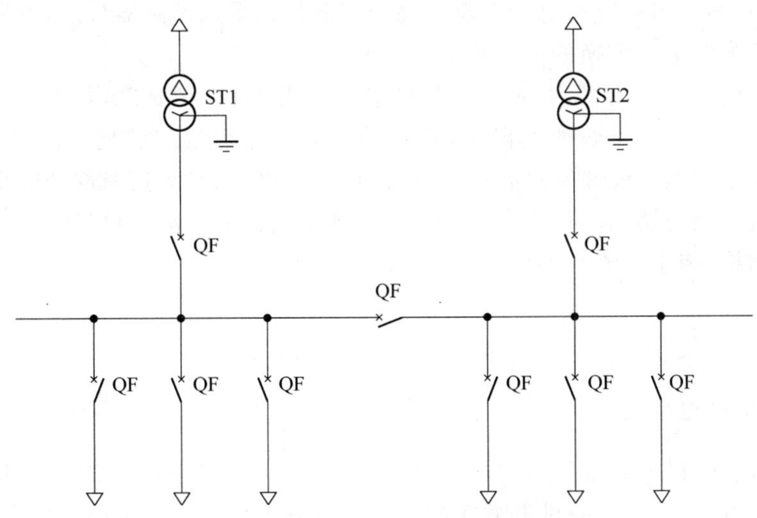

图 10-13　降压变电所电气主接线图

(四)牵引降压混合变电所

集中式供电方式的牵引、降压混合变电所典型主接线如图 10-14 所示。交流侧电源进线设有两回路互为备用的独立电源电缆线,每路电源进线容量应满足车站两个变电所(牵引、降压混合所和降压所)全部一、二级负荷的要求。此外,高压母线的馈出线是相邻变电所电源进线所需要的。正常运行时两路进线同时为两段母线连接的负荷供电,进线断路器均合闸,母线分段断路器断开。当任一电源进线发生故障而断路时,则由自动装置动作使母线分段断路器

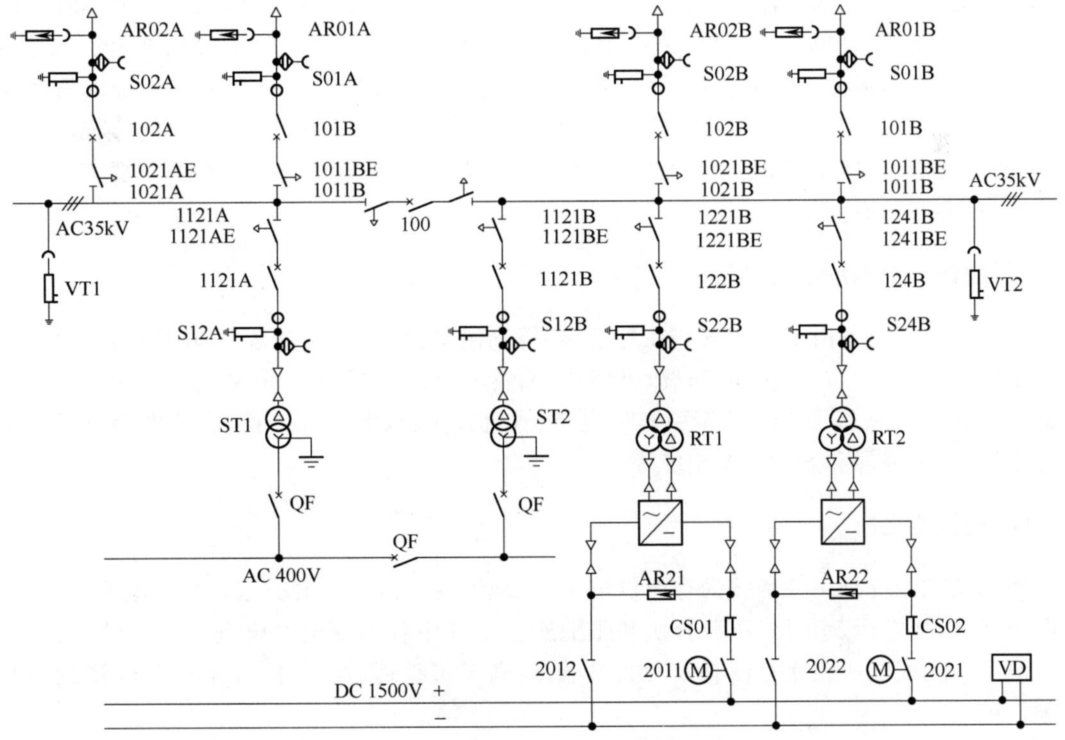

图 10-14　牵引降压变电所电气主接线图

合闸，全变电所负荷由另一电源进线供电。高压汇流母线采用断路器分段，有利于母线维修和任一电源进线故障时电路转换的灵活性。

交流高压配电回路设有两台并联工作的整流机组 RT1 和 RT2，两台动力变压器 ST1、ST2 分别连接于分段汇流母线的两段上，每台动力变压器容量应满足一、二级动力与照明负荷的需要。当整个供电系统环网只有一路电源时，允许将二、三级负荷部分或全部切除。高压断路器柜采用真空断路器、金属全封闭开关柜，直流牵引变电所高压单母线不分段。直流快速开关为手车式结构，装于直流开关柜内。

模 块 小 结

一、直流牵引供电系统

直流牵引(地铁)供电系统作为城市电网的重要用户，属于一级负荷。城市电网对地铁的供电方式有集中供电方式、分散供电方式和混合供电方式三种。由主变电所构成的供电方案，称为集中供电，各主变电所具有两路独立的 220 kV(或 110 kV)电源。集中供电方式有利于地铁公司的运营和管理。在地铁沿线直接从城市电网引入多路电源，由区域变电所直接对地铁牵引变电所和降压变电所供电，称为分散供电。由上述两种供电方式的结合，以集中供电方式为主，个别地段引入城市电网电源作为集中供电方式的补充，确保地铁供电系统完善和可靠性。

二、杂散电流的形成及防护

杂散电流是专门指直流牵引供电系统中，以走行轨作负极回流导体的供电网络，在实际运行中，有少量电流不沿回流轨回到牵引变电所的负极，而是沿着大地回到牵引变电所或根本不回到牵引变电所，流向大地的低电位处，形成杂散电流，也称迷流。只要地下的金属管线流过杂散电流，在电流流过的地方，就会造成腐蚀，城市有轨电车、地下铁道都会产生杂散电流，因此要加以防范。杂散电流在工程设计中应采取“以防为主，防排结合”的原则，需要多专业的协调配合，对不同的专业采取不同的措施。

三、地铁供电系统电气设备

地铁的电气设备由于主要安装在地下，环境潮湿，通风散热条件恶劣，安装运输条件较差，故要求设备应无油、防火、防潮、防腐、低噪声、自冷式和防鼠咬等。其主要的电气设备有主变压器、110 kV GIS、35 kV GIS、牵引整流机组、直流开关柜、低压开关柜、交流电力电缆和直流电力电缆、蓄电池屏和 SCADA 系统等。

四、地铁变电所

地铁供电系统是一种特殊的企业供电系统，地铁变电所的主要类型有主变电所、直流牵引变电所、降压变电所、牵引降压混合所和跟随所。系统中各类变电所电气主接线的设计要求，与一般厂矿变配电所相比并没有太大的差异，应满足可靠性、灵活性、安全性和经济性的基本要求。

复习思考题

1. 地铁供电系统的主要电压等级有哪些？
2. 什么是集中供电、分散供电？各有何特点？
3. 杂散电流是如何产生的？有何危害？其预防原则及措施如何？
4. 地铁牵引供电系统由哪些部分组成？
5. 地铁供电系统中有哪些主要电气设备？其作用如何？
6. 地铁变电所有哪些类型？其在地铁供电系统中的作用是什么？
7. 地铁 SCADA 的主要功能是什么？
8. 直流快速开关的结构特点和作用是什么？
9. 牵引变电所的作用是什么？降压所的作用是什么？

参考文献

[1]贺威俊,高仕斌．电力牵引供变电技术[M]. 成都:西南交通大学出版社,2005.

[2]林永顺．电气化铁道供变电技术(一次系统)[M]. 北京:中国铁道出版社,2006.

[3]陶乃彬．电气化铁道供变电技术(二次系统)[M]. 北京:中国铁道出版社,2006.

[4]黄益庄．变电站综合自动化技术[M]. 北京:中国电力出版社,2000.

[5]阎晓霞,苏小林．变配电所二次系统[M]. 北京:中国电力出版社,2004.

[6]徐海明,王全胜．变电站直流电源设备的使用与维护—阀控密封铅酸蓄电池[M]. 北京:中国电力出版社,2007.

[7]王亚妮．变配电技术[M]. 北京:中国铁道出版社,2006.

[8]芮静康．供配电实用技术问答[M]. 北京:中国电力出版社,2002.

[9]金建源．新标准二次电路图识图[M]. 北京:中国水利电力出版社,2004.

[10]杨新民,杨隽琳．电力系统微机保护培训教材[M]. 北京:中国电力出版社,2000.

[11]上海超高压输变电公司．常用中高压断路器及其运行[M]. 北京:中国电力出版社,2004.

附录1　二次电路图用图形符号
开关、控制和保护器件

（摘自国家标准 GB/T 4728.7—2008）

图形符号	含　义	说　明
◖	接触器功能	
×	断路器功能	
—	隔离开关功能	
ō	负荷开关功能	
■	由内装的测量继电器或脱扣器启动的自动释放功能	
▽	位置开关功能	
⊖→	正向操作功能 肯定操作功能	
	动合（常开）触点 开关	一般符号
	动断（常开）触点	
	先断后合的转换触点	
	中间断开的双向转换触点	
	先合后断的转换触点	
	当操作件被吸合时，暂时闭合的过渡动合触点	
	当操作件被释放时，暂时闭合的过渡动合触点	
	当操作件被吸含或释放时，暂时闭合的过渡动合触点	

续上表

图形符号	含　义	说　明
	(多触点组中)比其他触点提前吸合的动合触点	
	(多触点组中)比其他触点滞后吸合的动合触点	
	(多触点组中)比其他触点滞后释放的动断触点	
	(多触点组中)比其他触点提前释放的动断触点	
	当操作件被吸合时延时闭合的动合触点	
	当操作件被释放时延时断开的动合触点	
	当操作件被吸合时延时断开的动断触点	
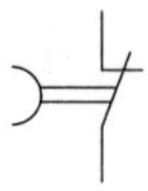	当操作件被释放时延时闭合的动断触点	
	当操作件被吸合时延时闭合，释放时延时断开的动合触点	
	有自动返回的动合触点	
	无自动返回的动合触点	
	有自动返回的动断触点	
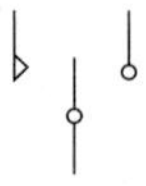	一边有自动返回，另一边无自动返回的中间断开的双向触点	
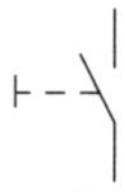	手动操作开关	一般符号

续上表

图形符号	含　义	说　明
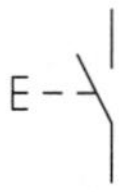	具有动合触点且自动复位的按钮开关	
	具有动合触点且自动复位的拉拔开关	
	具有动合触点但无自动复位的旋转开关	
	具有正向(肯定)操作功能的单次推压按钮开关,带动合触点	
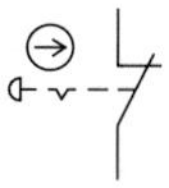	具有正向(肯定)操作功能且有保持功能的蘑菇头式紧急停车开关,带动断触点	
	位置开关,动合触点	
	位置开关,动断触点	
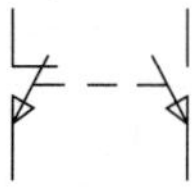	位置开关,对两个独立电路作双向机械操作	
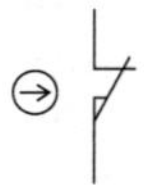	动断触点能正向(肯定)断开操作的位置开关	
 θ	热敏开关,动合触点	
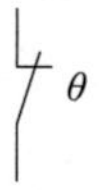 θ	热敏开关,动断触点	
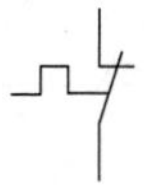	热敏自动开关的动断触点	例如,双金属片
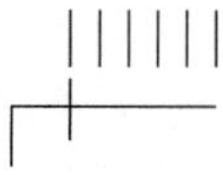	多位置开关	示出六个位置
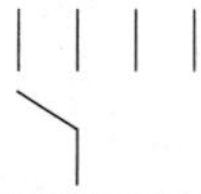	多位置开关	示出四个位置

续上表

图形符号	含　　义	说　　明
	多位置开关	带位置图
	接触器 接触器的主动合触点	
	具有由内装的测量继电器或脱扣器触发的自动释放功能的接触器	
	接触器 接触器的主动断触点	
	断路器	
	隔离开关	
	具有中间断开位置的双向隔离开关	
	负荷开关(负荷隔离开关)	
	具有由内装的测量继电器或脱扣器触发的自动释放功能的负荷开关	
	手工操作带有闭锁器件的隔离开关	
	自由脱扣机构	
	三极机械式开关装置，手动或电动操作，具有自由脱扣机构和： ——热过负荷脱扣器 ——过电流脱扣器 ——带自锁的手动脱扣操作件 ——遥控脱扣线圈 ——一个动合和一个动断辅助触点	示例
	具有弹簧贮能电动操作的三极机械式开关装置，且有： ——三个过负荷脱扣器 ——三个过电流脱扣器 ——手动脱扣器 ——遥控脱扣线圈 ——一个动合和一个动断辅助触点 ——一个限位开关用于电动机的起动与停止操作	示例

续上表

图形符号	含　义	说　明
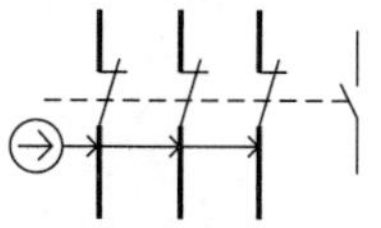	三个动断主触点有正向(肯定)操作功能而辅助动合触点无正向(肯定)操作功能的开关	示例
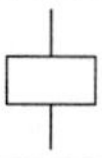	操作器件 继电器线圈	一般符号
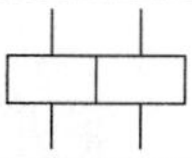	具有两个独立绕组的操作器件	组合表示法
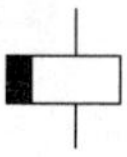	缓慢释放继电器的线圈	
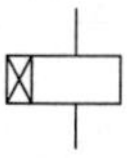	缓慢吸合继电器的线圈	
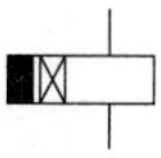	缓吸和缓放继电器的线圈	
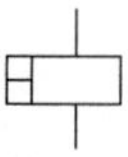	快速继电器(快吸和快放)的线圈	
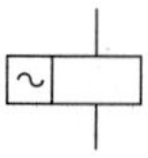	交流继电器的线圈	
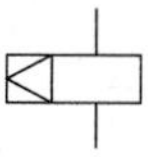	机械保持继电器的线圈	
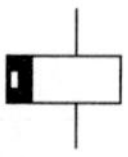	极化继电器的线圈	当标有极性圆点的绕组端子相对于另一绕组端子是正极时,动触点朝向标有极性圆点的位置运动
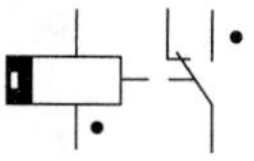	在绕组中只有一个方向的电流起作用,并能自动复位的极化继电器	当标有极性圆点的绕组端子相对于另一绕组端子是正极时,动触点朝向标有极性圆点的位置运动
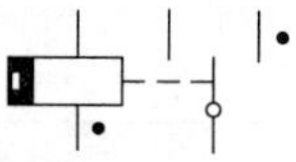	在绕组中任一方向的电流均可起作用的具有中间位置并能自动复位的极化继电器	当标有极性圆点的绕组端子相对于另一绕组端子是正极时,动触点朝向标有极性圆点的位置运动
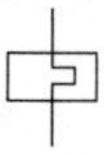	热继电器的驱动器件	
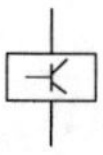	电子继电器的驱动器件	
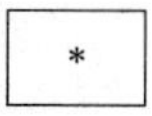 *	测量继电器 与测量继电器有关的器件	方框符号

续上表

图形符号	含　　义	说　　明
$U_{\perp}$	对机壳故障电压(故障时的机壳电位)	限定符号
U_{rsd}	剩余电压	
$I\leftarrow$	反向电流	
I_{d}	差动电流	
I_{d}/I	差动电流百分比	
$I_{\perp}$	对地故障电流	
I_{N}	中性线电流	
I_{N-N}	两个多相系统中性线之间的电流	
P_{α}	相角为 α 时的功率	
├╲┤	反延时特性	
$U=0$	零电压继电器	
$I\leftarrow$	逆电流继电器	
$P<$	欠功率继电器	
$I>$ ├─┤	延时过流继电器	
$2(I>)$ 5…10A	具有两个测量元件、整定范围从 5 A 到 10 A 的过电流继电器	
$Q>$ ├← 1Mvar ├╱┤ 5…10s	无功过功率继电器 ——能量流向母线 ——整定值 1Mvar ——延时调节范围为 5～10 s	
$U<$ 50…80V 130%	欠压继电器 整定范围为 50～80 V 返回系数 130％	
$I^{>5A}_{<3A}$	有最大和最小整定值的电流继电器示出限量 3 A 和 5 A	
$Z<$	欠阻抗继电器	

续上表

图形符号	含　义	说　明
$N<$	匝间短路检测继电器	
	断线检测继电器	
$m<3$	在三相系统中的断相故障检测继电器	
$n\approx 0$ $I>$	堵转电流检测继电器	
$I>$ 5×	具有一路在电流大于 5 倍整定值动作，另一路为反延时特性的两路输出的过流继电器	
	瓦斯保护器件(气体继电器)	
	自动重闭合器件 自动重合闸继电器	
	熔断器	一般符号
	火花间隙	
	避雷器	
	静态开关	一般符号
	静态(半导体)接触器	

续上表

图形符号	含　　义	说　　明
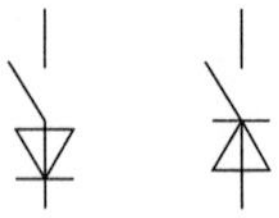	静态开关,只能通过单向电流	
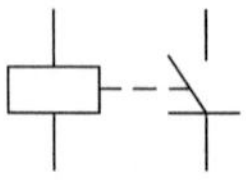	静态继电器	一般符号
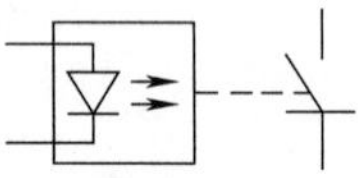	具有用作驱动元件的光敏二极管的静态继电器	
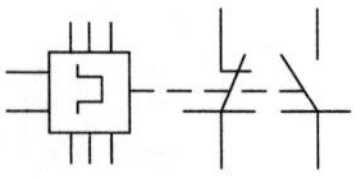	具有两个半导体触点的三极热式过负荷继电器	驱动器需独立辅助电源
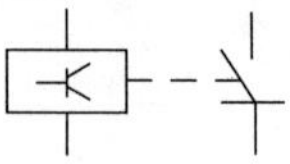	具有半导体动合触点的半导体操作 器件	
 X//Y *	电气上独立的耦合器件	双平行斜线可由交叉线代替
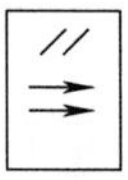 //	电气上独立的光耦合器件	

附录2　二次电路图用图形符号
测量仪表、灯和信号器件

（摘自国家标准 *GB/T4728.8—2008*）

图形符号	含　义	说　明
○ *	指示仪表	
□ *	记录仪表	
□ *	积算仪表	
V	电压表	
A $I_{\sin\varphi}$	无功电流表	
→ W P_{max}	由积算仪表激励的最大需量指示器	
var	无功功率表	
$\cos\varphi$	功率因数表	
φ	相位表	
Hz	频率表	
	同步指示器	
Θ	温度计	
W	记录式功率表	
W var	组合式记录功率表和无功功率表	

续上表

图形符号	含　义	说　明
	录波器	
h	小时计 计时器	
Wh	电能表(瓦时计)	
→ Wh	仅测量单向传输能量的电能表	
↦ Wh	计算从母线流出能量的电能表	
⇤ Wh	计算流向母线能量的电能表	
↤↦ Wh	计算双向流动能量的电能表(输入或输出)	
Wh	多费率电能表(示出二费率)	
Wh $P>$	超量电能表	
Wh →	带发送器电能表	
→ Wh	从动电能表(转发器)	
→ Wh	带有打印装置的从动电能表	
Wh P_{max}	带最大需量指示器电能表	
Wh P_{max}	带最大需量记录器电能表	
varh	无功电能表	
	计数功能	限定符号

续上表

图形符号	含　　义	说　　明
	脉冲计(电动计数器件)	
− +	热电偶	极性符号示出
	钟	一般符号
	灯 信号灯	一般符号
	闪光型信号灯	
	机电型指示器的信号部件信号牌	
	机电型位置指示器	带有一个失励位置和两个工作位置
	电铃	
	报警器	
	蜂鸣器	
	由内置变压器供电的指示灯	

附录3　二次电路图用图形符号移植自其他技术文件的器件、连接和标记

1. 电信交换和外围设备用图形符号(摘自国家标准 GB/T4728.9—2008)

图形符号	含　义	说　明
	扬声器	

2. 电信传输用图形符号(摘自国家标准 GB/T4728.10—2008)

图形符号	含　义	说　明
	放大器	三角形指向传输方向
	光纤或光缆	

3. 建筑安装平面布置图用图形符号(摘自国家标准 GB/T 4728.11—2008)

序　号	图形符号	含　义	说　明
11—11—01		中性线	
11—11—02		保护线	
11—11—03		保护线和中性线共用线	
11—11—04		具有中性线和保护线的三相配线	示例

4. 二进制逻辑元件(摘自国家标准 GB/T 4728.12—2008)

序　号	图形符号	含　义	说　明
12—27—01	≥1	"或"元件	若不会引起混淆,≥1 可以用 1 代替
12—27—02	&	"与"元件	

续上表

序　　号	图形符号	含　　义	说　　明
12—27—11	1	非门	
12—28—01	&	有非输出的与门(与非门)	
12—28—02	≥1	有非输出的或门(或非门)	
12—28—03	2 3 4 5 & ≥1 6	与—非—转换	
12—32—01	X/Y	编码器 代码转换器	
12—40—01	t_1　t_2	给定延迟时间的延迟元件	
12—40—02	100 ms	延迟元件(100 ms)	
12—42—01	S R	R-S触发器	
12—44—01	⎍	可重复触发单稳(当有输出脉冲期间)	每当输入变到“1”状态,输出就变到或保持“1”状态。经过一时间间隔后,输出返回到“0”状态,时间间隔从输入最后一次变到“1”状态算起。
12—44—02	1⎍	非重复触发单稳(当有输出脉冲期间)	仅当输入变到“1”状态,输出才变到“1”状态。经一时间间隔后,输出返到“0”状态,而不管在此期间输入电量有何变化。

5. 电气设备用图形符号(摘自国家标准 TB/T 5465.2—2008)

标准编号	图形符号	含　　义	说　　明
5005	+	正极	使用或产生直流电设备的正极
5006	—	负极	使用或产生直流电设备的负极
5007	|	通(电源)	接通电源的电源开关 已接通电源的电源开关位置
5008	○	断(电源)	断开电源的电源开关 已断开电源的电源开关位置

续上表

标准编号	图形符号	含　义	说　明
5009		等待、休眠	设备的一部分已接通(合闸),而使设备处于等待使用状态的开关或开关位置
5010		通/断(按一按)	第一次按使电源接通、第二次按使电源断开的电源开关
5017		接地	接地端子
5018	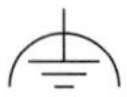	无噪声接地	无噪声接地电极的端子
5019		保护接地	与外保护导体相连接或与保护接地电极相连接的端子
5020		接机壳 接机架	连接机壳、框架的端子
5021		等电位	相互连接后使设备或系统的各部分达到相同电位的端子
5031	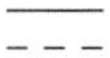	直流电	直流端子
5032		交流电	交流端子
5033	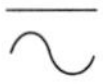	交直流两用	交直流两用端子
5034	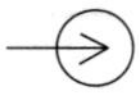	输入	输入端
5035	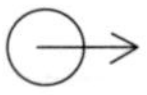	输出	输出端

附录4　小母线新旧文字符号及其回路标号

序　号	小母线名称	旧符号及标号		新符号及标号	
		文字符号	回路标号	文字符号	回路标号
(一)直流控制、信号和辅助小母线					
1	控制回路电源	+KM、-KM	1、2；101、102；201、202；301、302；401、402	L+　L-	101、102、201、202；301、302；401、402
2	信号回路电源	+XM、-XM	701、702	700L+、700L-	7001、7002
3	事故音响信号(不发遥信时)	SYM	708	708L	708
4	事故音响信号(用于直流屏)	1SYM	728	728L	728
5	事故音响信号(用于配电装置)	2SYMⅠ、2SYMⅡ、2SYMⅢ	727Ⅰ、727Ⅱ、727Ⅲ	7271L、7272L、7273L	7271、7272、7273
6	事故音响信号(发遥信时)	3SYM	808	808L	808
7	预告音响信号(瞬时)	1YBM、2YBM	709、710	709L、710L	709、710
8	预告音响信号(延时)	3YBM、4YBM	711、712	711L、712L	711、712
9	预告音响信号(用于配电装置)	YBML YBMⅡ、YBMⅢ	729Ⅰ、729Ⅱ、729Ⅲ	729lL、7292L、7293L	7291、7292、7293
10	控制回路断线预告信号	KDMⅠ、KDMⅡ、KDMⅢ	713Ⅰ、713Ⅱ、713Ⅲ	7131L、7132L、7133L	7131、7132、7133
11	灯光信号	(-)XM	726	726L(-)	726
12	配电装置信号	XPM	701	701L	701
13	闪光信号	(+)SM	100	100L(+)	100
14	合闸电源	+HM、-HM		L+、L-	
15	“掉牌未复归”光字牌	FM、PM	703、716	703L、716L	703、716
16	指挥装置音响	ZYM	715	715L	715
17	自动调速脉冲	1TZM、2TZM	717、718	717L、718L	717、718
18	自动调压脉冲	1TYM、2TYM	Y717、Y718	7171L、7181 L	7171、7181
19	同期装置越前时间	1TQM、2TQM	719、720	719L、720L	719，720
20	同期合闸	1THM、2THM、2THM	721、722、723	721L、722L、723L	72l、722、723

续上表

序　号	小母线名称	旧符号及标号		新符号及标号	
		文字符号	回路标号	文字符号	回路标号
(一)直流控制、信号和辅助小母线					
21	隔离开关操作闭锁	GBM	880	880L	880
22	旁路闭锁	1PBM、2PBM	881、900	881L、900L	881、900
23	厂用电源辅助	+CFM、-CFM	701、 702	701L+、701L-	7011、7012
24	母线设备辅助	+MPM、-MFM	701、702	702L+、702L-	702l、7022
(二)交流电压，同期和电源小母线					
25	同期电压(运行系统)	TQMa′、TQMc′	A620、C620	620L1、620L3	U620、W620
26	同期电压(待并系统)	TQMa、TQMc	A610、C610	610L1、610L3	U610、W610
27	自同期发电机残压	TQMj	A780	780L1	U780
28	第一组(或奇数)母线段电压	1YMa、1YMb(或YMb)1YMc、$1YM_L$、$1S_C$YM、YM_N	A630、B630(或B600)C30、L630、Sc630、N600	630L1、630L2(或600L2)、630L3、630L0、(试)630L3、600LN	U630、V630(V600)W630、L630、(试)W630、N600
29	第二组(或偶数)母线段电压	2YMa、2YMb(或YMb)2YMc、$2YM_L$、$2S_C$YM、YM_N	A640、B640(或B600)，C40、L640、S_C640、N600	640L1、640L2(或600L2)、640L3、640L0、(试)640L3、600LN	U640、V640(V600)W640、L640、(试)W640、N640
30	6～10kV备用母线段电压	9YMa、9YMb、9YMc	A690、B690、C690	690L1、690L2、690L3	U690、V690、W690
31	转角	ZMa、ZMb、ZMc	A790、B790(或B600)，C790	790L1、790L2(或600L2)、790L3	U790、V790(V600)、W790
32	低电压保护	1DYM、2DYM、3DYM	011、013、02	011L、013L、02L	011、013、02
33	电源	DYMa，DYMN		L1、N	
34	旁路母线电压切换	YQMc	C712	712L3	W712

注：表中交流电压小母线的符号和标号，适用于电压互感器二次侧中性点N接地方式；括号中的符号和标号，适用于二次侧V相接地方式。